荆楚文庫

〔乾隆五十九年〕蘄水縣志

〔清〕高舉　修
〔清〕徐養忠　纂

荆楚文庫編纂出版委員會
武漢大學出版社

荊楚文庫

〔乾隆五十九年〕蘄水縣志

QIANLONG WUSHIJIU NIAN QISHUI XIANZHI

圖書在版編目(CIP)數據

〔乾隆五十九年〕蘄水縣志/〔清〕高舉修;〔清〕徐養忠纂.
—武漢:武漢大學出版社,2024.1
ISBN 978-7-307-23836-7
Ⅰ.乾…
Ⅱ.①高… ②徐…
Ⅲ.浠水縣—地方志—清代
Ⅳ.K296.34
中國國家版本館 CIP 數據核字(2023)第 116904 號

責任編輯:黄河清
整體設計:范漢成 曾顯惠 思 蒙
責任校對:李孟瀟
出版發行:武漢大學出版社(中國・武漢)
地址:武昌珞珈山
電話:(027)87215822 郵政編碼:430072
録排:武漢恒清圖文菲林輸出工作室
印刷:湖北新華印務有限公司
開本:787mm×1092mm 1/16
印張:30.25 插頁:6
版次:2024 年 1 月第 1 版 2024 年 1 月第 1 次印刷
定價:128.00 元

ISBN 978-7-307-23836-7
9 787307 238367 >

《荆楚文庫·方志編》編纂組

組　長：劉偉成　陽海清（執行）

副組長：劉傑民（執行）　王　濤　謝春枝　郝　敏　嚴繼東　范志毅（執行）

參編人員（按姓氏筆畫排名）：

王　濤　李云超　宋澤宇　范志毅　郝　敏　柳　巍　馬盛南　陳建勛

夏漢群　梅　琳　陽海清　彭余焕　彭筱澂　楊愛華　雷　静　劉水清

劉偉成　劉傑民　謝春枝　戴　波　嚴繼東

編　審：周　榮

顧　問：沈乃文　李國慶　吴　格

出版説明

湖北乃九省通衢，北學南學交會融通之地，文明昌盛，歷代文獻豐厚。守望傳統，編纂荆楚文獻，湖北淵源有自。清同治年間設立官書局，以整理鄉邦文獻爲旨趣。光緒年間張之洞督鄂後，以崇文書局推進典籍集成，湖北鄉賢身體力行之，編纂《湖北文徵》，集元明清三代湖北先哲遺作，收兩千七百餘作者文八千餘篇，洋洋六百萬言。盧氏兄弟輯録湖北先賢之作而成《湖北先正遺書》。至當代，武漢多所大學、圖書館在鄉邦典籍整理方面亦多所用力。爲傳承和弘揚優秀傳統文化，湖北省委、省政府決定編纂大型歷史文獻叢書《荆楚文庫》。

《荆楚文庫》以『搶救、保護、整理、出版』湖北文獻爲宗旨，分三編集藏。

甲、文獻編。收録歷代鄂籍人士著述，長期寓居湖北人士著述，省外人士探究湖北著述。包括傳世文獻、出土文獻和民間文獻。

乙、方志編。收録歷代省志、府縣志等。

丙、研究編。收録今人研究評述荆楚人物、史地、風物的學術著作和工具書及圖册。

文獻編、方志編録籍以一九四九年爲下限。

研究編簡體横排，文獻編繁體横排，方志編影印或點校出版。

《荆楚文庫》編纂出版委員會

二〇一五年十一月

前言

《〔乾隆五十九年〕蘄水縣志》二十卷首一卷末一卷，清高舉修，清徐養忠纂，清乾隆五十九年（一七九四）刻本。

高舉，漢軍鑲黄旗監生，官宜昌府通判，清乾隆五十四年（一七八九）任蘄水知縣。徐養忠，邑人，乾隆十九年（一七五四）進士，原任河南輝縣知縣。

邑志自明正統胡奎始，明歷五修，清歷三修，前志由邑令邵應龍續修於乾隆二十三年（一七五八）。其後三十餘年，蘄邑風土日益月新，品德懿美、文采風流之輩蒸蒸蔚起，已有續志之需。前任邑令謝錫位曾奉檄重修，未成即去，高舉繼任。至乾隆五十六年（一七九一），湖北欲修省志，因飭下屬各州邑上呈志書。高舉率先捐廉以倡議修志，其後籌得衆鄉紳所資經費，遂開志局，延請徐養忠等人，參考順治劉佑志、康熙李振宗志及乾隆邵志，删繁謹諱，補缺正僞，合爲二十二卷。乾隆五十九年，蘇扎哈接任知縣。此時志書方成，蘇扎哈乃爲志作序，其後是志付梓。因是志成於蘇扎哈任上，後志稱其爲蘇志。

志分十綱：地理、建置、賦役、學校、職官、選舉、人物、藝文、雜志、外志，卷首列序跋、目録、職員、輿圖，每卷卷端鐫『署縣事宜昌府通判高舉 知蘄水縣事蘇扎哈纂輯』。其體例大致依邵志而設，略作更改。如並邵志『秩官』『名宦』爲『職官志』；『選舉』一門在邵志基礎上細分子目。是志内容於邵志多有增益。邵志沿革列表，缺少眉目，是志考以原文，附於表後以便觀覽。『賦役』一門，邵志照《賦役全書》爲準，是志仍之，唯蘆課、驛站有所增裁，遵新册載之。『學校』一門以邵志爲底，加以釐訂，凡廟學、祀典等相關皆備書之。『人物』之『文苑』『宦蹟』『武勳』『孝友』『篤行』『尚義』『列女』依類增入。劉志有『典籍』一門，邵志已將其删去，書目載本人傳内，是志輯舊志未梓者增附本傳内。

據《中國地方志聯合目録》，是志有乾隆五十九年刻本，故宫、南京、台圖有藏。本次據南京圖書館藏本影印。

邵志現今存本破損嚴重，是志收録其序文及職員名單，不致失傳。是志目録載有凡例，而該底本未見，光緒多祺所續志書中有録其原文，可取之以參考。該底本原缺卷之十五第五十葉。（彭筱溦）

目録

重脩蘄水縣志序

余以己酉秋來權邑事計
至今五寒暑矣猶憶蒞事
之始見夫土地衰延風俗
醇厚秀者事詩書樸者勤
稼穡歎其沭浴於我
朝重熙累洽之中樂業有常
而文明日盛洵黃屬一望
縣詎非談吏治者所樂與
撫摩而噢咻者哉顧茲邑
建置已久山水鬱佳伊古
以來所爲名勝古蹟以及

人物文章必有異於他邑
者爰取邑志披覽之頗得
梗概越二年辛亥春
制府畢公以纂脩湖北省
志請於
朝得
俞旨因飭各州邑脩呈志乘以
備採纂甚盛事也蘄水志
自明正統間[illegible][illegible]學嗣是
重纂者四餘杭[illegible]中志寖
淺出卷二十有六頗爲詳
備尚何待後人之參互考

訂哉然自乾隆戊寅以來
我
皇上久道化成延洪保大
恩施疊沛不遺一隅大小守土
之臣承流宣化各盡其職
用是戶口之繁滋土風之

茂美孝弟節義之競相激
勸名儒哲士文采風流之
蒸蒸蔚起日異月新即一
蘄邑亦有彌進而彌上者
而志乘缺如積年已三十
有七則其有需於續脩也

實亟乃其工則難易蓋之
何者廣屋大廈創自前人
勤麃餘勞思已過半後之
人入此室爰意有所未愜
第稍為更之視其家所少
者第補苴而潤色之去其

事甚易而為之或不以其
時謀之或不能以其喻纘
之議之而經費或苦於無
藉以辦難成功此其事又
甚難先是前令謝公奉
委大中丞刪削違礙之檄

有事重脩而未卒業余之来也既蒞且乃又重以制府命數數與邑人士商舉推為余責迨去年冬余自顧菲材日勞勞於簿書錢穀讞鞫文牒諸不免曠

廢寘而此事區區續輯亦遷延至今用深惕懼爰集諸紳士告之曰志但非權令事也第余來代庖以諸辜職無狀慙誠無可自恕獨志為一邑文獻所係諸紳士亦與有責焉余踵前令數議脩而闔邑皆應之曰唯唯余思以報　諸大憲顧先捐廉以相倡首計邑中歲比五穀物阜財豐紳士誠慨然襄事應亦易

集余不敢以權令諉諸紳士生於斯績學於斯著籍於斯諟研深悉者語未竟咸欣然應諾踴躍勸輸余于是諏吉開館奉延邑紳徐子蘭渚徐子吉亦尚子

鬱村頎子遂良刪其繁蕪謹其觸諱凡有增入采之博而校之精六閱月而告竣費皆紳士中明幹者司之官吏無與焉莫不矢公矢慎備極苦心余遂得藉

手以報
大憲得供通志之採去勸戒莫昭於志而廢脩恒視乎其時余以於蘄值大有頻書之際得與邑人士黽勉將事而遂以成書迴視

綜之之始之措意於此深知其易而實難其難者斯真好會逢其適寧非余之厚幸也與後之人稽簡編於今日謀康績於將來紀事纂言鋪揚

醲化必更有以標一邑之盛而此一編介乎前後著述之間謀之者久而成之也難事實頗詳決擇甚當亦為權令幸也夫

時

重修蘄水縣志序

今年春二月值大選選蘄水者爲戚公學標而余得河南涉縣諸僚友謂余曰方今聖化涵濡風同道一天下無不

治之省省無不治之郡縣子以京察優等出膺民社縱盤根錯節不足爲利器虞涉爲彰德郡西北邑距京師僅千里民樸而事簡誠易爲理

子應游刃有餘抑亦初歷外任者所樂得而小試乎當是時已蒙聖恩改授蘄水則又咸相賀且勉曰蘄黃故楚形勝地下接三吳蘄水又黃州望縣

夙號衝繁聖天子量能授官以吾子連報最俾換爲之子自此益懋乃猷則他日受主知而慰民望者方未有艾余悚媿謝不敏銜

命而行實深惕懼夏六月抵鄂渚與久於楚者接亟諮訪蘄邑之風土人情暨政治難易緩急之縣僉曰子奚以諮訪為哉我國家太和翔洽九有阜康蘄

之為邑山川娟淨桑竹陰翳其習尚寂勤儉其人士能文章蓋其磅礴鬱積於天與地者甚固而淑尤楚北淳厚邑也予今日鳴琴其間第率舊章而撫字之

效可立見又奚以諮訪為哉雖然生齒日繁事會日冗且又七省通衢稽察之司委積之任非其人即不可以理頭别駕高公以幹敏權邑事獨治而久夫亦

視乎其人耳余應之曰唯唯既下車見夫物阜民恬與所聞無以異竊私心自喜顧茲簿書錢穀農桑學校一切前人為之而效者余以初膺外任承其後方

不免蝗負虞而是時邑志
適戍諸紳亟問序於余余
披覽梗概躍而起曰此間
風土人情與政治之難易
緩急莫著於是矣昔傅翽
爲山陰令問劉元明曰願

以舊政告新令余際是書
之竣奚啻聞舊政於高公
哉抑余思之漢薛恭與尹
賞換縣皆理不負薛贛君
奏令計戚公以名進士莅
涉當必無遜古人獨余檮

昧無識謬叨
公輔大人薦遂奉
特調來蘄則凡所以飭簠簋勵
保障上佐
太平之化於萬一而稍抒報
稱者固未敢自信其能焉

否也雖今日捧覽圖經敢
自詡周知一方之故而無
難斂布哉援筆序之聊誌
余氷惕之衷適逢志成而
彌加儆也云爾
時

乾隆五十有九年歲次甲寅小春月知蘄水縣事長白蘊扎哈謨

明程昌序

志叙曰志類爲五第卷爲六析以提其要志沿革以昭興廢志疆域以辨廣狹志秩官以爲民極志名宦以著循良志學校以崇教化志孝行以重大倫志御製以彰恩典以及户口田賦科目鄉賢例凡當詳者括鴻纖貫幽顯舉無遺善迪惟旦風世者志之出經常者志之後行異巧閒文粗述無以而録焉

明閻士選序

今天下郡邑皆有志夫志志也將動其心之所主也孔子憑魯史作春秋子輿氏直以繼詩亡春秋何以繼詩亡也感人動物莫近於詩而詩亡則春秋繼作豈人心鑿枘與言悦猶未能窺領而大書直書可動其所謂繇淵武楚名標杌亦大爲諫也壁實賜也鑿刀耶也援桴救也所稱引非不明然大乃取而貌之檮杌正以人心雖當放逸而試一誦之檮杌有不蹶然動者乎嗣是主文之職若顯若沒卿明得微言創爲傳傳者轉也所其特移人心爰及子長取式呂覽通號曰紀鴻具叔皮論中興室之後厥有孟堅氏綴十志大都意各有所指匯擷英摩芳云蘄在楚爲古

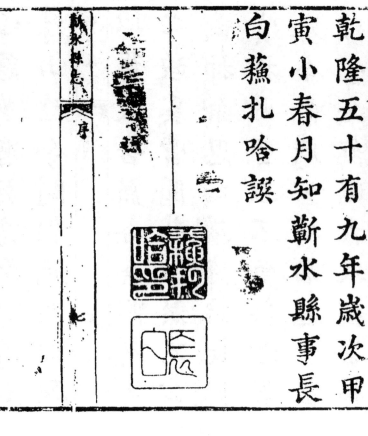

聚四通之地不佞三載於兹惟是日夜無敢寧乃間取故志繙閱之洋洋足徵而田賦稍異於舊諸故事有當增入者乃博選文學搜其詳而輯於諸生期晉不佞以正人心之義宣道其中故標目則例不眡異以從古不濫濯以投好使凡眛眛睞睞欲維其童蒙之心而覺視於天地之間者或觸而動爲人物之首忠孝也循良之重教化也山川之以人物也坊之以人重也冠節孝而後科第也田賦之定以也藝文之首經也感人心之義也夫淑腆援润以垂不朽者史氏之職而宣化正俗以維人心者有司之務不佞業有司惟言有司之務凡我士民竦身而載聽視者觀志所稱倫矣其香以襲其羽以儀不佞与士民共矢之耳士民生斯地將比肩百里旦莫遇之誦其詩讀其書於淑諸人可也若巒阬塘陂輷殷甲他邑則盍敢張爲

原序　順治十四年丁酉

邑令　劉佑　曲周人

古者國都有紀郡邑有載以至裨官小史亦復有考有述罔非網羅舊聞徵信於當世使治術人心囊括包舉以極夫有道之隆也稽其源蓋肇於禹貢及周禮之職方其後則班固之作漢地里志張華之作博物志虞世基等之作十郡志以及明初之命儒臣作一統志年代愈遙考稽愈夥甚矣志之所關匪輕也蘄在楚幅員中一隅耳然未可以一隅視也考蘄在秦爲南郡地在漢爲蘄春邑梁隋以後或稱浠水域名蘭谿稱名不一而要之歷千秋百祺以迄於今兹者蓋亦甚久遠也夫自有此天地便有此疆宇便有此山川人物政教風俗而握管者不能詠治掌故裒輯典實以發揮天地磅礴之所鍾靈異之所萃及創制之經營習俗之得失以與一代之志相輔其何以資明備翊經濟耶余筮仕蘄半載獵得蘄志考徵之而典籍煌煌者付秦炬爲悒悒乏垂之有易出者以蘄志一冊進讀之乃始幸焉繼惜焉而終乃大懼焉幸則幸夫兵燹之後遺帙猶存惜則

惜夫紀載所傳蘄自嘉隆迄今闕失蓋八十年而懼則懼夫上而千古下而萬禩昔時之蹤跡古治之傳流與夫貞婦烈士不朽之芳魂高人韻友不朽之緒論無所憑藉而僅藉此一帙之斷簡殘篇萬一獲持步踵致感淹滅不錄鴻文典策不絕於水火甲兵者反絕於成平晏安也耶乃悄謀紳衿補其遺略其蒐輯務廣其去取務刻而諸紳衿亦復不憚購求付楊傳老彙成以与予念相副嗟乎言修輯于久安之日易言修輯于兵火之後難計蘄自崇禎乙亥以迄今

茲其間流離焚燬蓋不知有幾而尚有表表芳踪赫赫彪著若前日事然其所為文章必真文章所為節義必真節義所為綱紀法度必真綱紀法度而不以與其贋混淆粹信參半者等視也者予乃作而喜喜而授之梓今試披而覽之其圖經沿革即禹貢之紀墳埴黎赤也其山水建置即周禮之紀山藪川浸男女畜擾也其秩官選舉典籍異聞即班固之紀政治風俗藝文典禮也而物產食貨僊釋方技罔不畢具又豈不与博物十郡之遺意相彷彿哉噫纂盛矣詳而約嚴而有體以尋奇踪悉幽討漱腴增韻吾願蘄士民重之勉之以審謡俗鏡得失兢兢厝注以毋厲我蘄則予也又何敢不自重之自勉之也治術人心並登三古奚難哉

原跋　順治十四年丁酉

楊繼經　邑人

古今之所以常存而不墜者惟名而已矣山川以名而靈人物以名而著性情功業以名而益名存則人思慕名存則人思奮慕與奮即人心之所由興而世道之所由治也蘄之為治舊矣蘄人之知奮與慕亦

舊矣而獨是高明者或能窮極夫宇宙之大而不能不茫然於州里之近庸固者或謹安夫踐履之常而卒不識夫行習縣來之舊問山川焉不知問人物焉不知問性情功業焉不知豈可慕可奮者偏在九州之大千歲之遥而几席之近瞬息之前竟無一可為觀感懲創之助者耶善夫古人之為志也志与史同源而異名其紀可必覈其徵闕必詳其立言必懺其持論必正故天下容有不畏法之人而斷無不畏史之人則天下容有不畏罪之人而斷無不畏志之人

志也者與史相為表裏者也蘄志也者與蘄相為終始者也夫志與史相為表裏則不可以一日缺蘄志與蘄相為終始則不可以一日弛而缺焉弛焉之若此者毋亦人皆知譔志必畏史而曾無一破積畏者暢然而用之也丙申冬曲安劉公蒞此土索蘄志讀之而不可得遲之有易生者以一帙進亦復殘散廢闕自穆廟而止夫明之功業文章循良卓異未有盛於神熹者也而闕不得書後亦將何所據以為愜然慮之因進蘄之衿紳而謀修復之而諸衿紳亦慨然任事或旁為搜或進為訂或表及已枯之骨或搜及未慰之靈以至疆域典籍風俗田賦罔不細大咸稽纖悉畢具以庶幾存史之意而因以無負公毅然修復之心嗟乎公之有功於蘄可謂大矣今試執簡而被可以懲可以勸也可以予可以奪也可使山川在前人物在列性情功業在望而予以斷之推之進之退之而模之範之也微公言蘄之人徒知志之宜修而不復任徒知志之宜修而不復亟則將不復有志不復有志則將不復有蘄而所為數千百年山川人

物性情功業悉於光耀之間於無有又何從得可慕可奮者而慕之奮之也哉予故曰公之有功於蘄大也是公心之幸而世道之慶也因走筆以紀其略

續修志序　康熙二十三年甲子　邑令　李振宗　嘉善人

邑志脩於明萬歷之初年重脩於順治之十有四年煌煌然有裨於邑治者至重也然非得縣生有纂作襲之一策劉公佑為之博謀廣蒐楊先生繼任為之殫心於編輯也百餘年間其中疆域形勝之變遷田賦規畫之損益鄉薦紳之名號爵秩牧長之里籍政教邑人氏之德行文學孝義節烈賢人名士之作為古文詩歌足以動激勸而備采獻者吾知其泯滅無傳矣由是觀之志之繫於邑治者誠若是其至重哉方今六合晏清

朝廷崇右文治纂修典籍次第告成復

命左右大臣輯天下郡邑全志以垂萬世茲一隅者其何敢以告無聞耶甲子之夏乃謀於薦紳先生暨邑人士舉邑志而續修之脩丁酉以後之秩官名宦德行文學節烈藝文而續於前志之末若夫沿於昔而安

於七仍于今而不能不或變於後者封域形勝也利
於昔而弊於今酌于今而不必不盡變于古者田賦
規畫也後或有所更定則志可得而循留心邑治者
之任也予惟敬以俟之厚於昔而薄於今醲于今而
不能不善挽於後者習俗推遷人心趨向也後將有
所轉移亦志之可得而裁者亦留心邑治者之任也
尤不獨予一己之敬以俟之也

重修志序乾隆二十三年戊寅 黄郡守錢鋆常熟人

志者紀事之書與國史相表裏別白之於其信也博

綜之於其該也該者病支裁之於其質也信者病僿
疏之數其文也蓋是故者在國為良史而在一邑之
志為信書然予以謂國史易好而邑志難工何也史
自遷固以下出於一人之手者固多善本他書一皆
薈萃當世之士熟於掌故審決擇而能文章者分任
其事集衆長以成一册故其文該又復重之歲月以
俟其論定故其言信邑志則徵才於鄉曲而期于速
成博物洽聞之士有至有不至是故蓋之者難也國
史通紀一代之事務存其大者或一二端人或一二

事已為可傳然五代史成於歐陽論者謂其本刪略
尚不能無遺憾而邑志偏於一隅故實舊聞略者
多雖使蓋長者為之於其書之傳抑猶難也蘄水於
楚北為大邑科目之盛甚有名於楚予嘗署篆斯土
度其疆域察其土風覽其山川土田之盤礴而沃衍
城郭溝池之廣且深閭閻之相周而比閭之相次綴
蔚乎奥區也於物則桑麻果蔬禽魚參養生植之繁
富於人則仁人義士孝子節婦之觀感而興起士夫
生其間者又往往博學多能相與作為詩歌往復咏

歎其鄉之軼事以傳之無窮予目覩而心識之方將
裒輯其事勒為成書以志一時之盛旋謝篆去未之
逮也適餘杭邵君令是邑建議續修戊寅秋志成問
序於予予考蘄邑志創始於明
國朝重修於順治丁酉續修於康熙甲子距今七十餘
年間
列聖相承薰蒸涵育有加無已雖窮鄉僻壤故實舊聞皆
足紀錄蘄號大邑其舍闕略之憾可知而邵君才識
異敏簿書之暇不廢文史在志局者皆一時宿望勸

事甚勤而視書之成亦難其道有衆善又可知七觀其書别白真贋恃綜典故簽然若燭照数紀無有遺隱信而賅賅而不支不支而文蓋明乎國史得失之迹而謹爲之其爲可傳之書無疑也夫予莫不慶予因循而成于齋稷志者風化所關而守令之所由據圖而觀予閱七十餘年間邵君始克爲之斯以見成予之難而向之心識而未逮者幸有成予之志其亦可藉以不朽也夫

重修志序 乾隆二十三年戊寅　　邑令 邵應龍 餘杭人

知縣者能知一縣事也固不僅總總於簿書會計之間凡邑内之山川人物興廢因革必了然心目瞭如指掌庶無負長官守土之責耳然一人知之〻不能使人人知之七人知之不能使後人知之如欲使人人及後人共知則非修志不爲功蘄邑原有舊志一編

國初丁酉纂於曲安劉公之手又越二十八年續数卷於魏塘李公此固今昔人所共知也然自魏塘而後迄今年適七十

國家之涵濡滋育已歷三朝之久雖疆域城郭依然如舊而其間政教風俗忠孝節義以及循吏名賢豈無歷〻可徵膾炙於康衢委巷間乎顧距今未遠猶傳於父老之口設更越数十年而星霜屢變所問故予而遺老老矣使後人難信參半抱文獻無徵之憾是誰之咎歟余用是愁然懼惕然興於丁丑秋徵吉開館延邑孝廉潞山徐君徵士櫻野南君及諸文學士採数十年來之予故合前志細加參訂缺者補之訛者更之繁者删之複者去之分門别彙共編成二十六卷歷寒暑一週始告厥竣披覽之下若者爲興廢

若者爲因革若者爲山川之險易若者爲人物之振興如網在綱有條而不紊可爲一人知即可爲人人知可爲今人知併可爲後人知信今傳後纖顯闡幽於此志不無小補然余又曷敢自伐厥功哉亦盡吾知縣之職爾是爲序

重修志叙 乾隆二十三年戊寅　　徐本僊 邑人

志壽世之文也天地法象之壽古今變通之壽匪人不壽人匪言行不壽人之言行匪紀載不壽而紀載之所以能壽者要亦存乎有壽世之心耳夫天下之大

一邑之小固有外於此者也修抗卯公宰吾蘄者三
年政教之善雖可殫述大抵秉物以正而和不戾物
蒞乃惟勤而靜不尚乃飭士董民不干赫赫聲而一
一以當務為急人情所因仍者卻若無拘而實有
係於風勵勸懲之大者以傾囊倡聲毅然自躬而莫
敢或遑蓋非視官猶家視民猶身而實有壽世之心
者不能也蘄邑列有舊志擇焉語焉雖未極精詳讀
之者猶見先民面目願自康熙二十三年迄於今七
十有五年矣中間人物事功豈無足述而斷焉莫續

將文獻之日凋而芳軌之悉泯則亦因仍前郷之恒
習而罔有壽世之實心焉耳公切惘之進厥里宿博
誘與言俾舊編於手為釐定發士民之蓄心出人文
於野求賢子孫志存先代者皆得各自表揚而又必
據考以實以慎棄取未一週而志事告竣明足以鑑
之斷足以戒之是誠有壽世之實心而為扶世翼教
升者至深且遠矣吾見白石清泉之秀一啟若蘭
谿金谷之芬重開霧翳蘄之人遂歌而戶祝者能有
涯乎至廼寧修濫美處遇幽光則又春秋善善從長
之心也由是而為霖作楫其不忍人之政又何可量
也予以老病未克勷役喜其為吾邑善政善教之尤
大者真甚盛德事不可無言因擊節而為之敘

重脩志序 乾隆二十三年戊寅

范思皇 邑人

邑侯卯公治蘄三年民馴乃靜百廢具興慨然重脩
邑志率圻之宿學襄其事閱期而竣莫盛舉也圻舊
志殘闕無論已
國朝自曲周劉公起而修之搜羅纂輯而規模始備至
攜李李公續輯之文增於舊事省於前亦謂略無遺

誤均難遽信也自甲子迄今七十餘年矣求一不精
不詳之志而亦不可得豈蘄無足志耶抑先之宰蘄
者皆視為不急之務而蘄人士亦相與安之之故耶
夫山川田賦無大更張也而士習風俗則隨時善變
者也戶口之增繁科目之次第猶可按冊而溯也而
德行道藝節義文章非實有以彪炳寰區照耀耳目
恐未必不歷久而就湮也必矣蘄之志顧可緩乎哉
然其不可緩而故置之仁者不為然其不可緩而為
之而但以博一時之譽少垂遠之則其與不為等也

公於政事之暇彙蘄之往迹舊聞摭拾旁蒐不遺餘力且取劉李兩公之志而重訂焉遺者補之誤者正之蕪者芟之略者詳之一準以史氏之筆削俾足以信今而傳後其用意也深其爲善也摯所謂良工心苦者非耶蘄於是有志矣不但七十年來之風土人物嘉行芳範免致湮没而無聞即前之兩志亦雖舊猶新矣予廢業禮不敢文多公之大有造於蘄也遂不能以無言且嘉是舉也公倡之蘄人士爭踴躍赴之固風行草偃之機乎而公之善政善教已見一斑矣是爲序

蘄水縣志目錄

蘄水縣志纂修職員

總裁

署縣事宜昌府通判　高擧

知蘄水縣事　蘇扎哈

總修

進士原任河南輝縣知縣　徐養忠

分修

舉人原任崇陽縣教諭　徐立階

副榜原任興山縣教諭　尚惇典

舉人揀選知縣　顧佑賢

監修

蘄水縣儒學教諭　程明澄

蘄水縣儒學訓導　陳受培

蘄水縣縣丞　馬尚襄

總理

舉人候補守禦所千總　駱朝鍾

監生　范蔚岑

蘄水縣儒學生員　張宏勳

經理

布政司經歷職銜　程大經
蘄水縣優行生員　程正學
蘄水縣儒學生員　張之福
蘄水縣儒學生員　方觀組

分校

歲貢生候選訓導　彭可萬
黃州府儒學廩生　徐應谷
蘄水縣儒學生員　李榮章

蘄水縣儒學生員　周錫範
監生　程良晉
蘄水縣儒學生員　范世桑
蘄水縣儒學廩生　程名采
蘄水縣儒學廩生　周夢堅

監刊

蘄水縣典史　朱玥珪
舉人揀選衛千總　鄧繼禹
候選縣丞　劉祚國

布政司理問職銜　閔言中
千總職銜　周灝
監生　陳志湯

採訪

舉人揀選知縣　陳士珂
戊申科舉人　畢從德
戊申科舉人　華豐貞
舉人揀選知縣　徐應璿
舉人揀選知縣　陳光詔

丙午科舉人　徐連城
己酉恩科舉人　李郁煥
己酉恩科舉人　余兆鵬
己酉恩科舉人　徐翼亭
拔貢生候選教諭　徐立箴
拔貢生候選教諭　潘紹溥
歲貢生候選訓導　李運齋
歲貢生　王永祚
增貢生　徐立樞

副　榜　程開英
副　榜　陳學登
蘄水縣儒學生員　王應徵
候選鹽大使　王登雲
歲　貢　生　程元善
原任山西鹽知事　盧廣植
州同職銜　范世永
職　員　聞大勳
貢　生　胡應元

蘄水縣儒學生員　何應龍
蘄水縣儒學生員　歐陽泰
蘄水縣儒學生員　駱兆棻
黃州府儒學生員　楊國璜
蘄水縣儒學生員　楊琨
蘄水縣儒學生員　吳應台
監　生　李含象
監　生　謝元書
黃州府儒學生員　徐九賦

劉志舊修姓氏
知縣劉佑　縣丞湯楫如　典史王如德　教諭李子翼
訓導王大章　潘如安　鄉紳畢九臣　朱朝熙
卯之宗　黃正色　李見璧　饒應元
畢期玕　畢十臣　周壽明　邢子愿
楊繼經　何之旭　夏奇男　姚師孟
諸生朱絅　卯世華　姚師會　徐應昌
姚師周　張屏公　張邦福　陳穆顏
楊繼緒　楊繼綬　陳再白

李志續修姓氏
知縣李振宗　縣丞李容　典史施鳳翔　教諭金玉
訓導李之岳　鄉紳王保釐　李成棟　張邦福
南之傑　畢友宜　畢紹昌　周梓
楊純貞　張屏公　畢紹爽　邢雲
諸生孫祚昌　官純儉　曾論　張逢年
官純滋　胡梴詔

鄧志重修姓氏
知縣邵應龍　教諭涂天根　訓導周卜寧　縣丞潘汝鳳

典史余宗焞總修　徐明理　南昌齡分修　徐燭理

方　雒　王永謙　畢從升總理　徐鳳遥

汪啟詠　張大鵬經理　程作楫　徐開渚

羅永學採訪　徐宗璉　蔡文泗　胡承仁

徐立松　汪承澤　李闇柏　李本時

王安泰　張必達　程錫璧　何電

楊廷棟　歐龍溪　盧經邦　徐基厚

范延文　程開嵩　尚國柱　萬孝玉

周　源　周世堂　徐立榜　畢封臺

周巨觀　龔世麒

丙午科舉人　徐連城

已酉恩科舉人　李郁煥

已酉恩科舉人　余兆鵬

已酉恩科舉人　徐翼亭

拔貢生候選教諭　徐立籃

拔貢生候選教諭　潘紹渟

歲貢生候選訓導　李運齊

歲貢生　王永祚

增貢生　徐立樞

副榜　程開英

副榜　陳學登

蘄水縣儒學生員　王應徵

候選鹽大使　王登雲

歲貢生　程元善

原任山西鹽知事　盧廣植

州同職銜　范世永

職員　聞大勳

貢生　胡應元

蘄水縣儒學生員　何應龍

蘄水縣儒學生員　歐陽泰

蘄水縣儒學生員　駱兆棻

黃州府儒學生員　楊國璜

蘄水縣儒學生員　楊　琨

蘄水縣儒學生員　吳應台

監生　李含象

監生　謝元書

黃州府儒學生員　徐九賦

分校

歲貢生候選訓導　彭可萬

黃州府儒學廩生　徐應谷

蘄水縣儒學生員　李榮章

蘄水縣儒學生員　周錫範

監生　程良晉

蘄水縣儒學生員　范世桑

蘄水縣儒學廩生　程名采

蘄水縣儒學廩生　周夢堅

輿圖

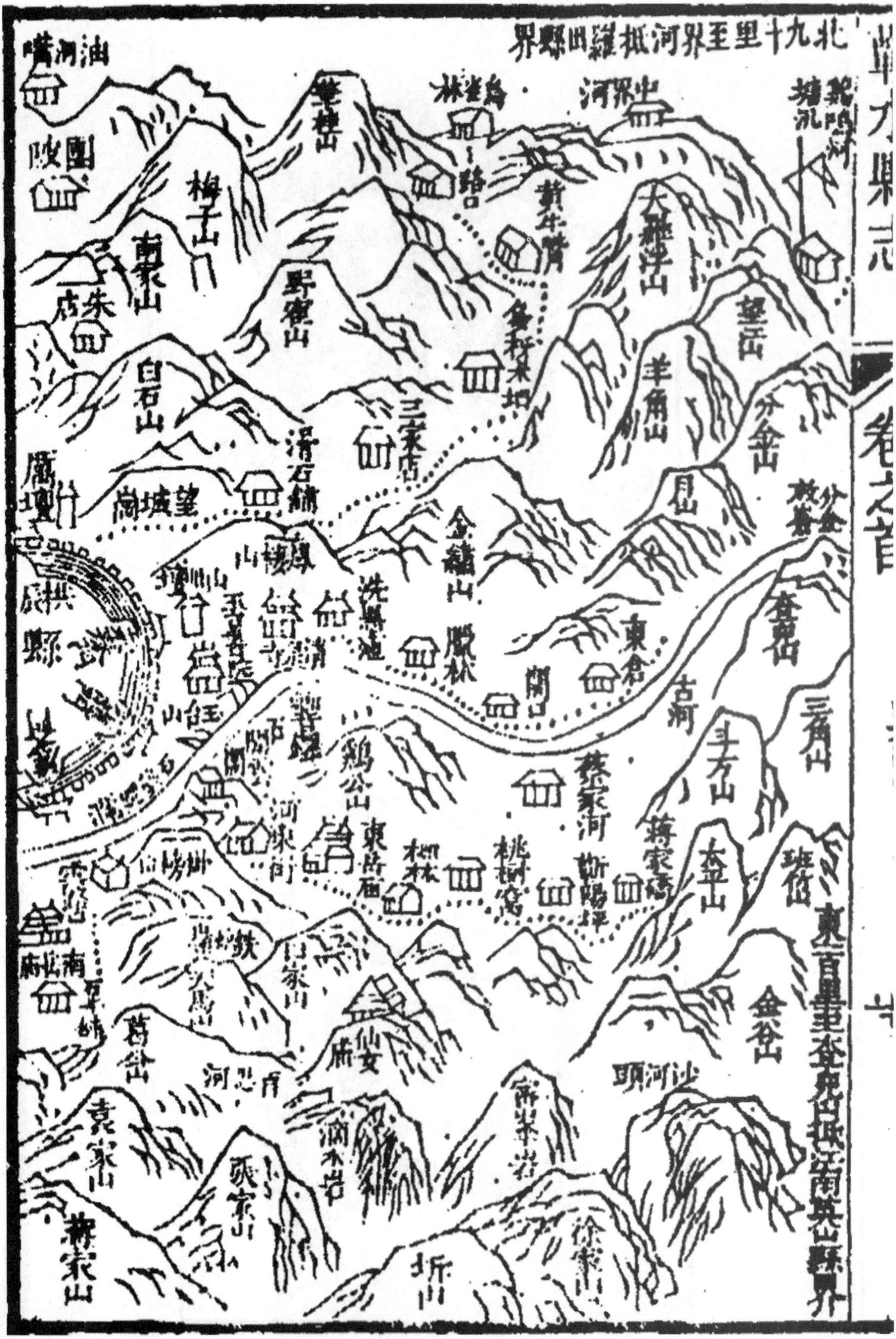

蘄水縣志
卷之首
北九十里至界河抵羅田縣界
油河嘴
團陂
梅子山
南家山
朱店
白石山
野雞山
鳥雀林
路口
中界河
三家店
滑石鋪
望城崗
金雞山
洗馬畈
鷄公山
東岳廟
桃樹窩
蔡家河
斗方山
三角山
羊角山
分金山
金谷山
沙河頭
仙女廟
滴水岩
張家山
袁家山
蔣家山
徐家山

石門山
白華山
大江
文昌閣
天竺寺
界嶺

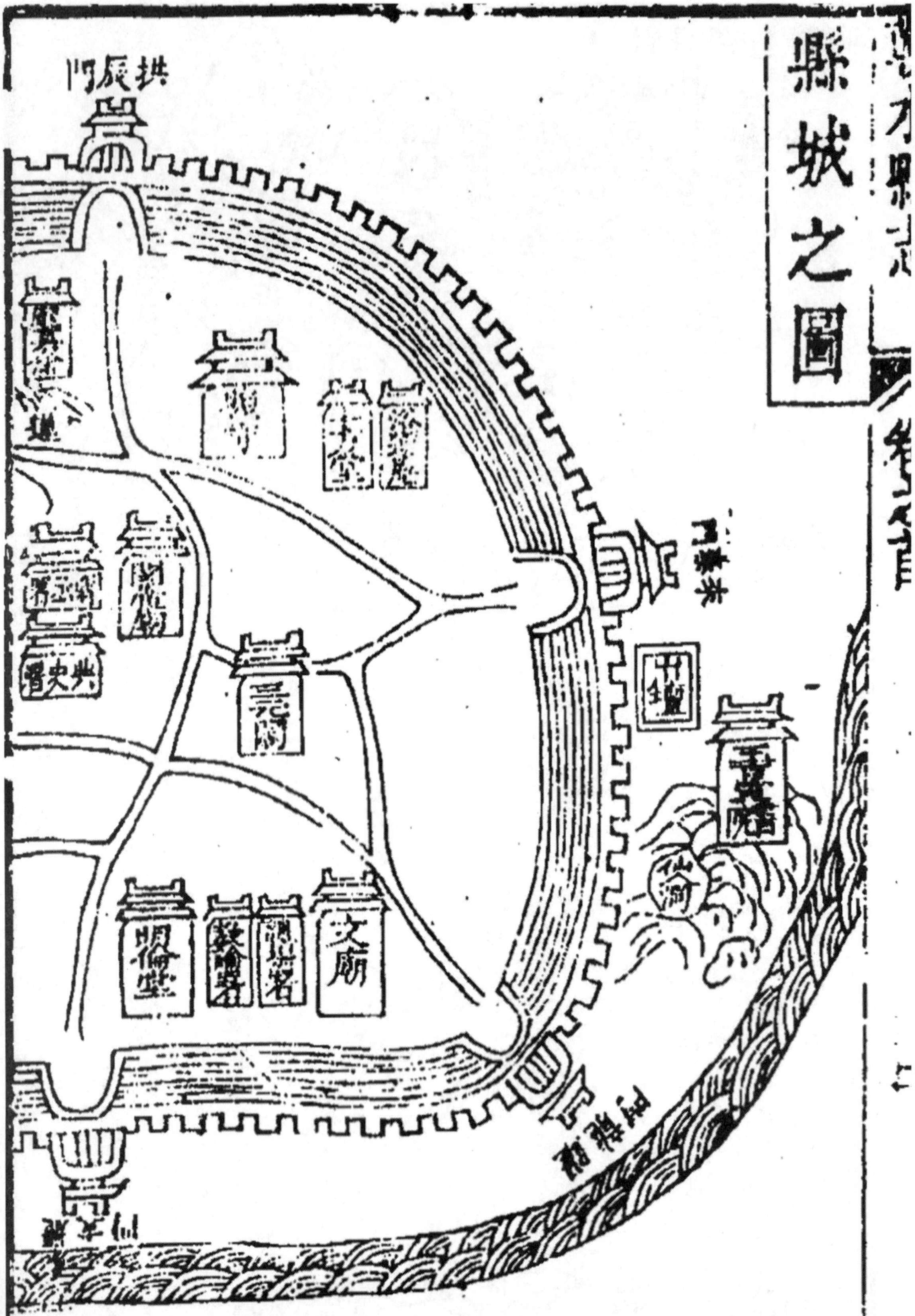
縣城之圖
拱辰門
文廟
明倫堂
仙洞

輿圖

籍壇

池化道

火山

縣署

分司

某寺

鹽署

稜倉

公庵

山頭猶

清河庵

壇廟

三司祠

二

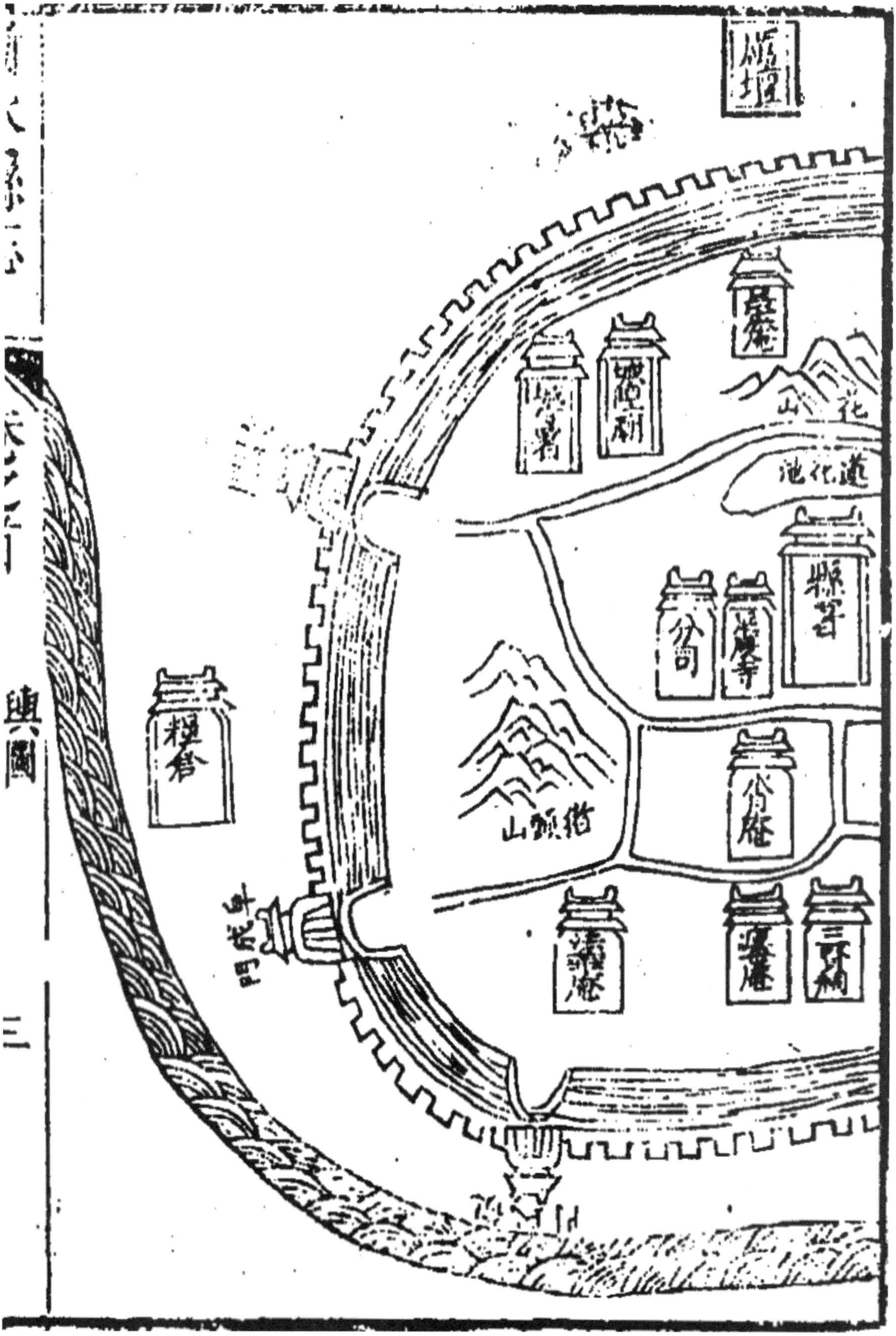

縣署之圖

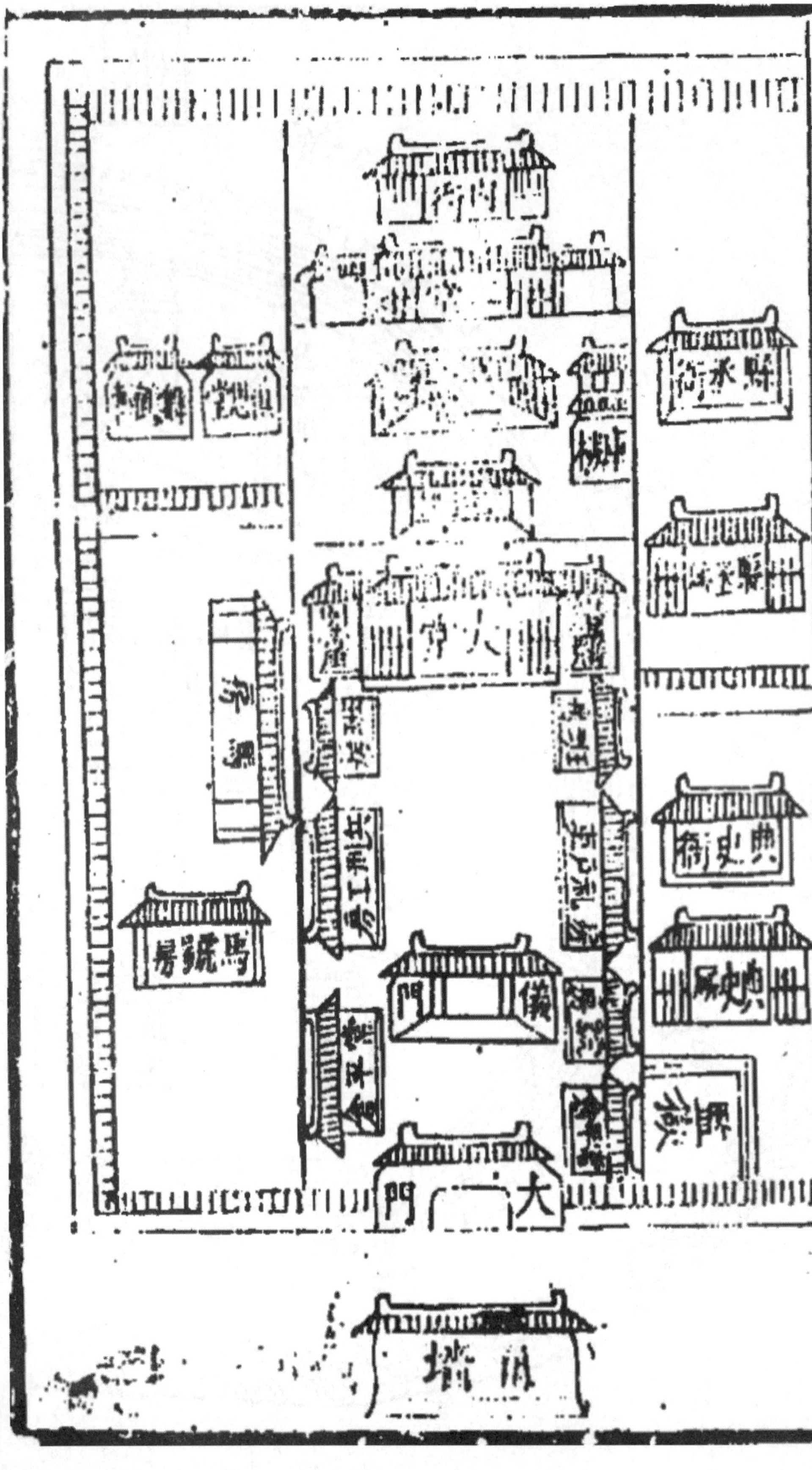

縣學之圖

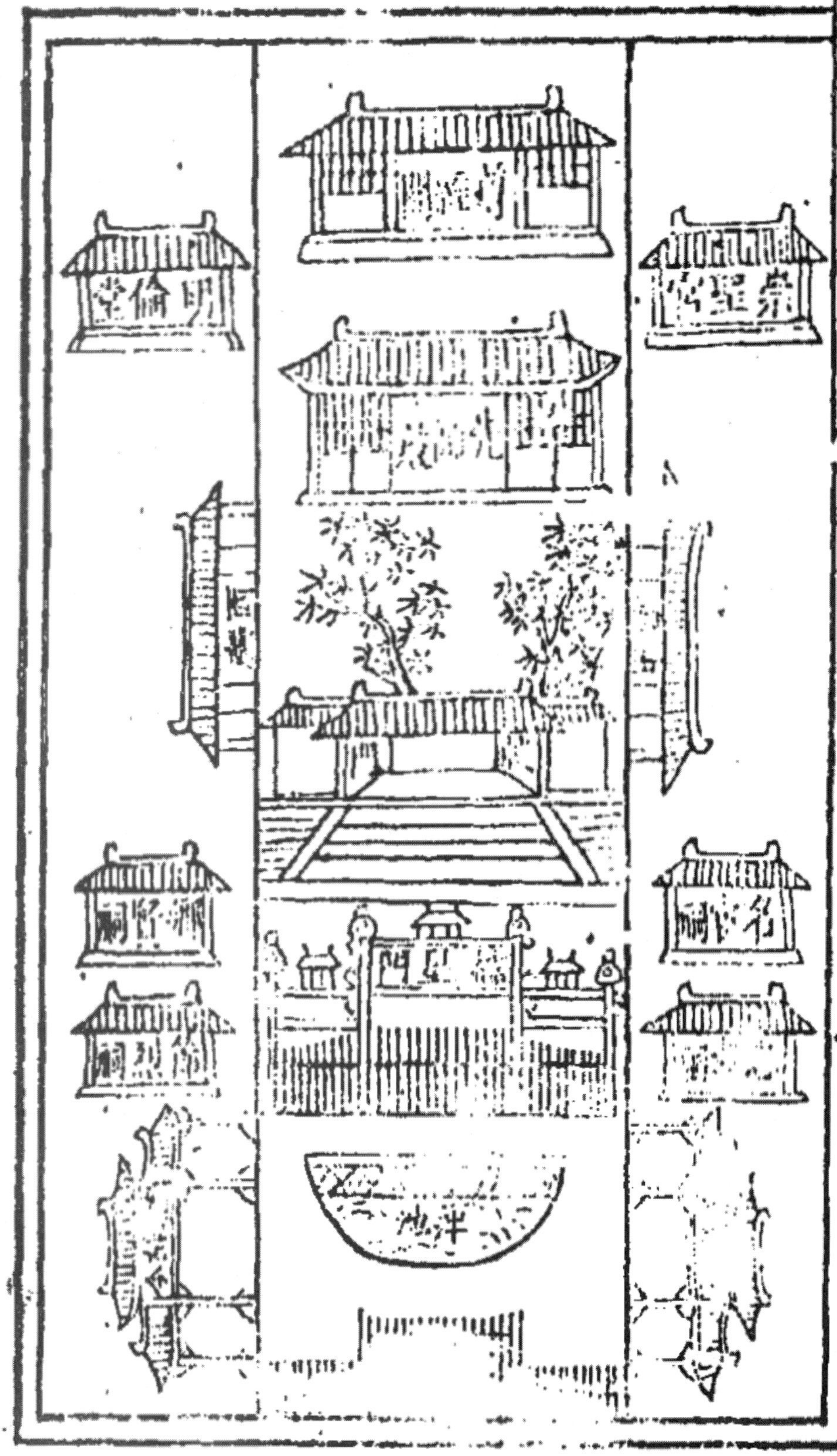

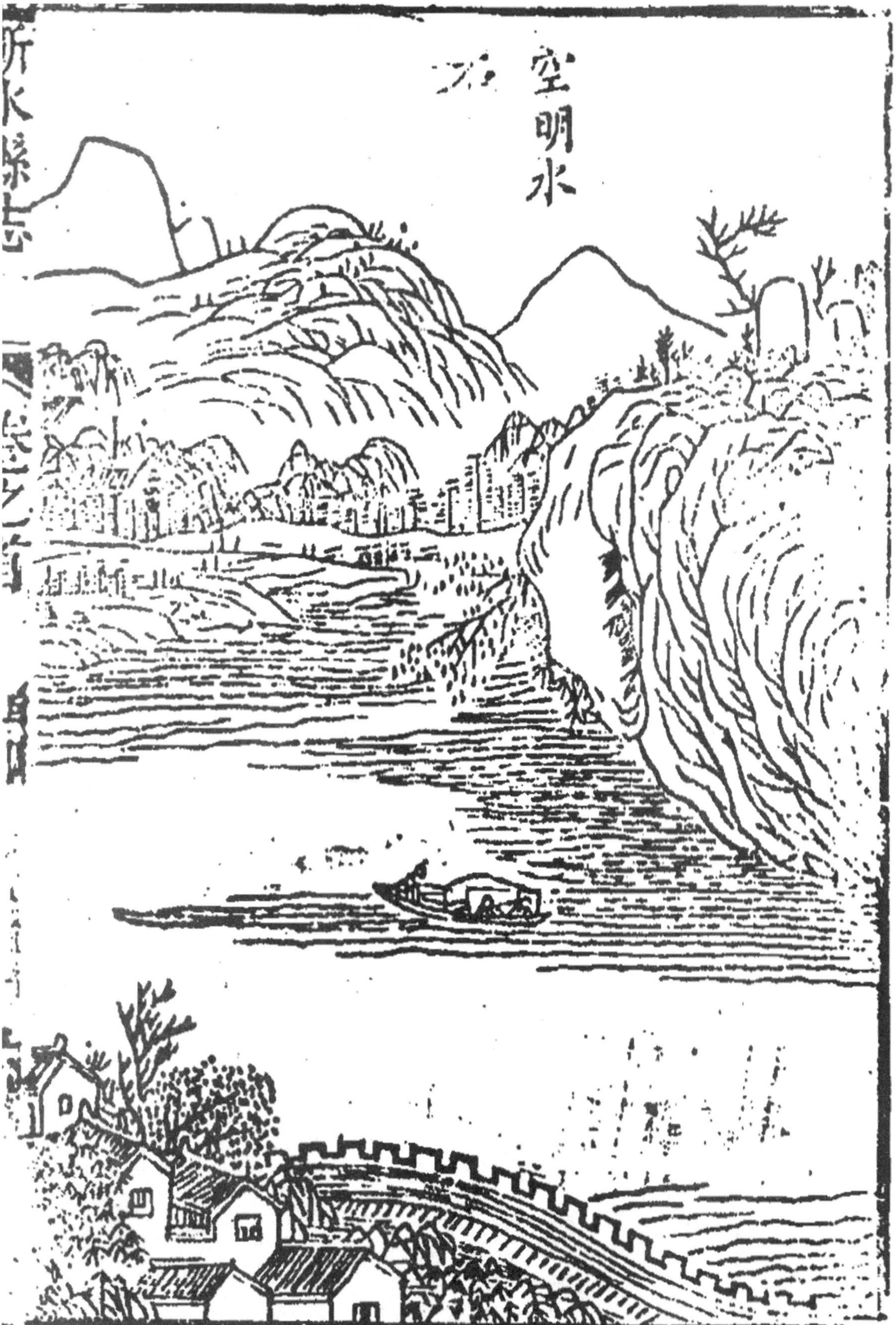
空明水

川上漁光
輿圖

蘄水縣志　卷之首　七

清

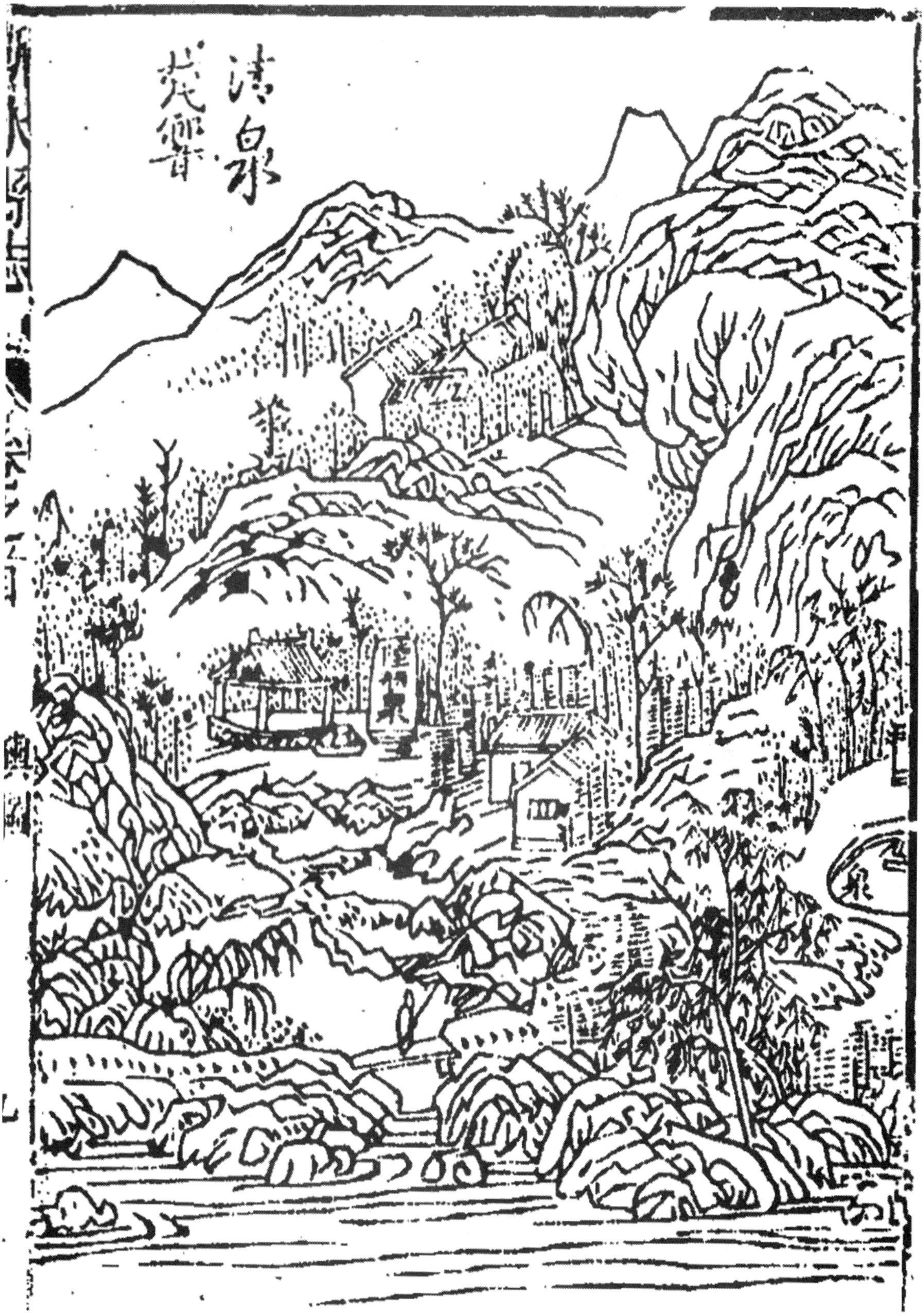
清泉
茂響

三角雲潤

浠源峻岭

三泉
天下第三泉

輿圖
三

仙藝
藥茂

君巖吳柳寫圖

沂水縣志　卷之首　輿圖

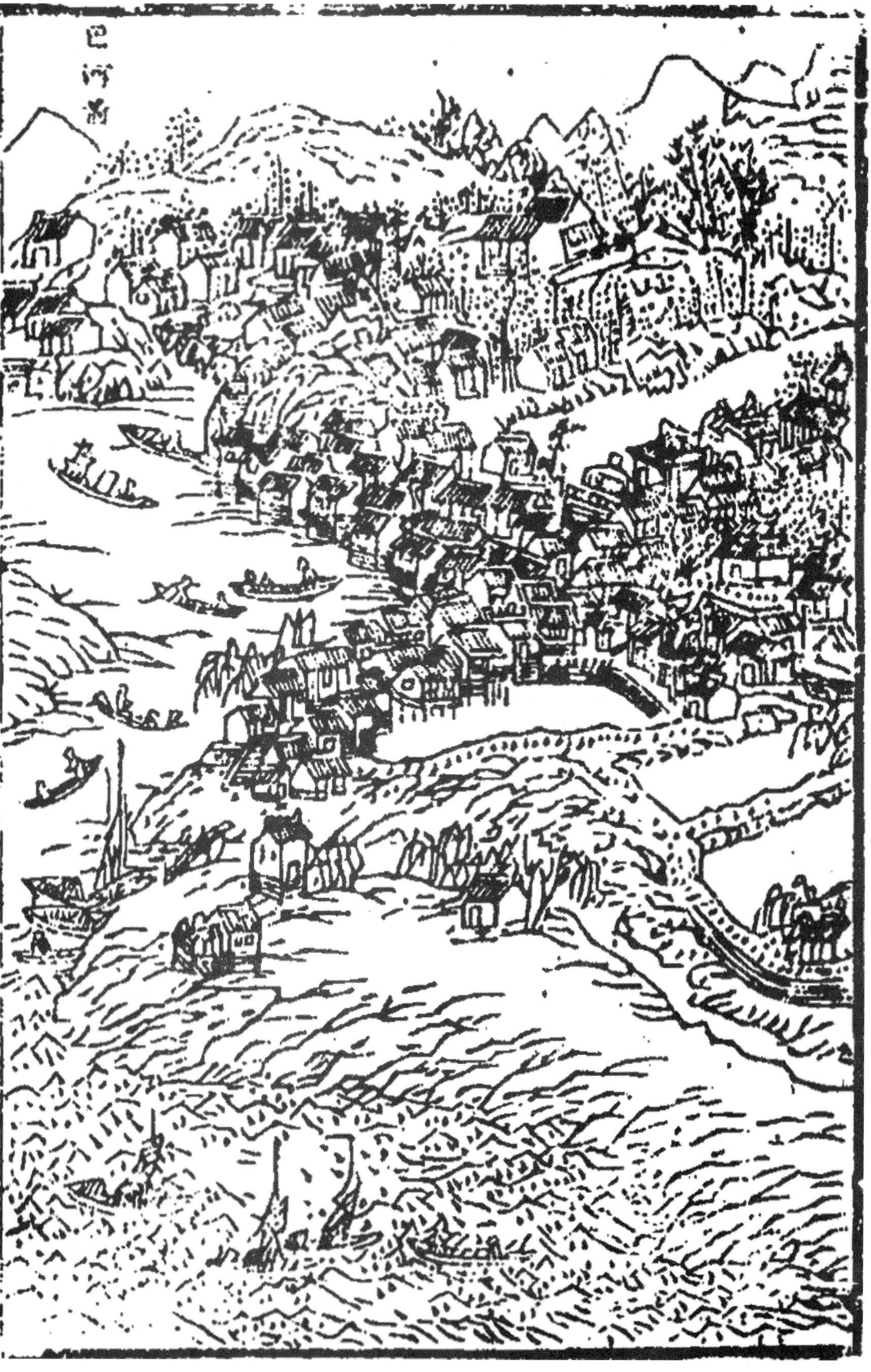

蘭溪橋

輿圖　十五

古者按圖而考疆索了然蓋指畫間可得山川之扼塞不獨謂撮千里於毫端誇能事於尺幅也邑治倚山帶水翼以巴水蘭谿二鎮衙署學宮書院爲教士臨民之地古蹟佳勝爲名賢所游詠展圖得之可以興然於禮樂政教之思而穆然於山高水長之際矣

蘄水縣志卷之一

署縣事宜昌府通判高　舉
知蘄水縣事蕪　扎　哈　纂輯

地理志

沿革

邑古軑縣地浠水蘄水之名則立於劉宋今邑即宋之浠水而兼軑地者水經記巴浠二水明矣厥後更析省併僑立緐多志間有缺矣隋唐以後稍彰彰可考今掇諸正史之明著者列爲表而外史傳訛諸從略焉

沿革表

紀代	州道路省	郡	縣
唐虞夏商	蘄水地在禹貢揚州之域夏商以前無可考		
周	歷春秋戰國皆屬楚地		
秦		始皇二十六年置三十六郡蘄水地屬九江郡	
漢	荊州	江夏郡 前漢志高帝置屬荊州	軑縣 惠帝三年封長沙相黎朱蒼爲軑侯孝武帝元封元年國除
東漢	荊州	江夏郡；西陽郡 分江夏郡立西陽郡	軑 沿 明帝永平二年徙王霸子符爲軑侯
魏	豫州	弋陽郡 魏文帝時分汝南立弋陽郡卽漢西陽地縣六軑屬焉後入吳	軑 沿
晉	豫州	西陽國 惠帝時分弋陽郡爲西陽國縣三軑屬焉	軑 沿
東晉	豫州	西陽郡 南渡後成帝咸和元年西陽王羕以罪廢復爲郡	軑 沿
宋	豫州	西陽郡	軑 沿；浠水 文帝元嘉二十五年以豫部蠻民置浠水蘄水等十八縣蘄水今蘄陽河近蘄州地

			孝寧 革 元嘉三十年二月武帝舉兵江州討元凶劭四月自此誅劭郎位改軑爲孝寧
	郢州 武帝孝建元年分荊江二州立郢州以豫州之西陽屬焉	西陽郡	孝寧 沿 浠水 沿
齊	郢州	西陽郡	孝寧 沿 浠水 沿
梁 無地理志今據各紀傳及魏地形志	湘州 普通初年於浠水置永安郡立湘州	永安郡	浠水 沿
北齊 以北齊接梁從新郡志	湘州	永安郡	浠水 沿
陳	湘州	永安郡	浠水 沿
周	湘州	永安郡	浠水 沿 省孝寧入浠水
隋 開皇初年州郡並廢		蘄州	浠水 沿

		開皇三年改州爲府開皇九年復改府爲州大業三年復立蘄春郡	
唐	淮南西道	蘄州	蘭谿 革 武德元年省蘄水入蘄春縣今蘄州四年更浠水名蘭谿又省羅田入焉 蘄水 革 天寶元年又更蘭谿爲蘄水
五代 郡縣仍前			蘄水 沿
宋	淮西西路	蘄州	蘄水 今治蘄水縣 元祐八年析邑之石橋鎮爲羅田
元	河南行省淮西江北道	蘄州路	蘄水 沿
明	湖廣布政使司武昌道	蘄州府 洪武元年改路爲府領縣五蘄水屬焉洪武九年改府爲州領	蘄水 沿

		縣仍前 黃州府 洪武十二年皆蘄州所領黃梅廣濟羅田蘄水入焉	蘄水 沿
國朝	湖廣湖北布政使司武漢黃德道 乾隆四十三年將武昌府改隸鹽法道更爲漢黃德道	黃州府	蘄水 沿

附考

邑劉志云蘄水爲古揚州之域或以爲錯出荆壤隋唐後始屬揚州今按地理今釋註禹貢揚州蘄水屬焉

邑劉志謂蘄於秦爲南郡今按既屬揚州則不得爲南郡載考馬氏通考分黃岡黃陂麻城屬南郡蘄州蘄水廣濟黃梅屬九江郡

新郡志云蘄爲漢軑縣地而舊志指爲蘄國郡志省志俱云蘄春地於軑則無稽今按史記孝惠二年以軑封長沙相爲侯孝武帝元封元年國除前漢表合後漢王覇傳永平二年徙子符爲軑侯俱屬江夏郡軑之名歷魏晉無改水經紀江有云江水左則巴水注之又東逕軑縣故城南東會浠水口註城南對五洲經所云巴水卽今之巴河鎮經所云浠水口卽今之蘭谿鎮叙次入江源委纖悉悉合註所謂五洲綿亘數十里距邑西劉宋孝武自此起兵誅劭是巴水之下浠水之上中有軑縣此郡志之所本以爲據也再按

御纂春秋僖公五年楚子滅弦之註云蘄水縣有故軑城德清胡渭著禹貢錐指釋江引水經註亦曰軑爲今蘄水縣

邑劉志云秦始皇十六年滅楚虜王負於蘄又云陳涉號大楚起兵於蘄是皆誤沛郡之蘄爲蘄水之蘄按項籍本紀洎陳涉世家徐廣蘇林註皆曰沛郡蘄縣史家地理志亦班班可考楚王名負芻曰王負亦譌

宋書地理志云孝文元嘉二十五年以豫部蠻民置浠水蘄水等十八縣屬西陽自是郡縣始有蘄水渝水之名蘄水葢指今蘄陽河近蘄州而言浠水指今邑

城河而言與對五洲之軟同隷一郡壤址相錯可覆而思也孝武即位以誅逆改軟爲孝寧歷南齊無改新郡志云梁於浠水置永安郡立湘州周省孝寧入浠水按隋志註云梁置永安郡開皇初郡廢有石鼓山山在浠水則於浠水固嘗置郡而省孝寧入浠志無明文隋志論曰梁陳以後改隷靡常僑立不一史官無志周時大併州郡省縣二百三十則孝寧之省當在是歟

邑劉志云隋開皇元年置蘄州以蘄水屬之更爲蘄春縣又云宋端平元年復蘄春縣按之隋志宋史蘄春乃蘄州爲府郡時附郭縣名非蘄水也且今之蘄水實浠水而併軟地者唐武德四年省蘄水入蘄春縣則前此元嘉所立之蘄水已入蘄州又改浠水爲蘭谿省羅田入焉天寶元年復改蘭谿爲蘄水至宋元祐八年析蘄之石橋鎮爲羅田此今治蘄水所由名與所占地如此歷元明無異大抵縣東南爲昔浠水地縣西北爲昔軟縣地勢較然也若夫蘄國之名葢出於路史三蘄以氏爲國之說而不考諸正史之訛也

邑劉志於魏年表下繫浠口縣引晉宗爲浠口將横註今縣按呉志賀齊傳止載戲口非浠口即戲近浠音亦無縣字

右記諸說本郡志邑志之不同而條識之以求其合然去古既遠載籍各見立乎後世據之以求纖悉無舛難矣即一人之書而彼此互出難爲一定如逼考載蘄春屬九江晉屬弋陽俱爲揚州漢爲江夏又爲荆州邑劉志爲蘄屬揚州而星分翼軫此皆不敢遽以爲定而存之以備後人之觀覽也昔人云作史唯志爲難作志唯地理尤難故朱子著九江辨而於東滙彭蠡之經文猶闕疑焉

星野

漢以後言分野者悉推郡國所入度其於周官保章氏分星之說果盡合歟然持之既久葢不可忽翼軫近太微垣視象星之共猶切義不遺於蘄也因次歷代史志之異同而條識之

史記天官書翼軫荆州　費直起張十三度至軫七度

蔡邕起張十二度至軫六度

晉天文志云班固取三統歷十二次配十二野又費直蔡邕所言頗有先後魏太史令陳卓更言郡國所入宿度自張十七度至軫十一度爲鶉尾於辰在巳楚之分野屬荆州南陽入翼六度南郡入翼十度江夏入翼十二度

據晉天文志江夏入翼十二度本漢江夏郡也蘄故漢軑縣在兩漢屬江夏郡同翼分無疑而地志江夏無軑魏文分汝南郡爲弋陽而軑屬焉所以又疑晉

志之入房也然考自魏太史令陳卓始詳郡國躔次其所入郡皆因兩漢之舊晉天文志悉本陳卓所云及地理志祗據當時吳魏所離析無常之郡縣書之非漢置也可遂移以入房乎且晉史成於唐分門彙輯天文志出李淳風手或志地者不相稽焉是以舛也

晉地理志江夏郡領縣七　安陸　雲杜　曲陽　平春　鄳　竟陵　南新市　弋陽郡領縣七　西陽　軑　蘄春　邾　西陵　期思　弋陽

唐天文志翼軫鶉尾也初張十五度餘千七百九十五杪二十二太中翼十二度終軫九度自房陵白帝而東盡漢之南郡江夏東達廬江南部濱彭蠡之西得長沙武陵又逾南紀盡鬱林合浦之地自沅江上流西達黔安之右皆全楚之分　又地理志淮南道盡古揚州域漢九江廬江江夏等郡廣陵六安國及南陽汝南臨淮之境揚楚滁和廬壽舒爲星紀分安黃申光蘄爲鶉尾分

唐志成於宋歐陽永叔一人之手故旣志鶉尾爲全

楚分矣復於地志揚州域中别安黃申光蘄而出之爲鶉尾分不以地隷於揚而移其星分於星紀也此蓋監晉史之失而有以補其闕焉且其書郡必曰漢之江夏則又可証晉志江夏之必爲漢郡矣

宋天文志景祐測驗翼宿二十二星十八度軫四星十八度

明史張十六度至軫九度鶉尾之次也湖廣之武昌荆州二府歸夷陵荆門三州黃州府蘄州襄陽德安二府安陸沔陽二州皆翼軫分　自隋以後始有黃州

之名蘄至今屬焉

湖廣通志云黄州入翼十二度

舊郡志江夏入翼十四度本蘄屬漢江夏郡

邑劉志禹貢揚州之域翼軫分推之入翼十二三度之交

蘄自隋唐以後皆稱揚州之域然鶉尾之次唐志備言之矣若舊郡志邑劉志所載十四度十二三度之說則雖不得其所據而理亦可推周天之度定爲三十八舍三百六十五度有奇四分其限各得九十一

度有奇限設三宮宮分三十度鶉尾之宮亦應得三十度也起張十六度張距翼固十八度也則自張十六度歷之至於十八距翼初度又歷之至於十二度則江夏郡入矣翼亦十八度也又自十二歷之至於十八翼度乃終距軫初度又歷之至於軫十度乃入武陵桂陽等郡則翼十二度以後之躔其必有所屬也唐志云盡漢之南郡江夏東達廬江南部彼其東達廬江云者蘄所入度數應在是乎特自古紀分野者表郡不表縣則亦但明其故而不必繩牽墨劃以求之歟

星經熒惑主楚三垣三臺北斗女宿五車各有主楚之星爲全楚占也蘄楚一邑故略之

形勢

夫輿地有紀肇自禹貢先之以山可以識水所從出因山誌水可以稽水所由經山水者形也勢隱於中焉斯王公之所爲設險以守乎蘄稱淮右名區旣憑地利爰叶人謀哉

邑之山括乎兩條其北自英羅入界爲雲霧山經大靈

樓子起分伙山俗名豐虎山之右則自卯酉張帽冷水歷佛陀王宿獨松迤邐距巴河鎮東盡於伍洲山左則自肥猪嶺過望花山至烏沙嶺其嶺右過城山麓起大小卓旂至父子嶺起揚旂梟而距樂家林南盡於金沙灘其嶺左則入縣治者也自四山逶迤而北起白石山蜿蜒入城起蓮華山盡縣治倚之巷兩支邊其外而縣治居其裏焉是爲北條其南則自斗方山歷古井折入土陂至仙女夾關葛洪轉蔣家山至於五葉山歷天然寺寺左起仙臺山歷虎耳盡於四濠

寺右過快活嶺至白羊山盡於拆湖葢自斗方來者其山之支三入蘄州二入蘄水焉是爲南條邑之水則巴水界其西蘄水界其東浠水貫其中浠源英山自南條之首歷百里嶮循闗口洼白石山麓曲屈繞縣治南逕琛潭至於蘭谿入江謂之浠口巴源英羅自北條之首歷尤河循上巴河至下巴河入江謂之巴口蘄源邑之羊角尖爲蘄陽河至洸馬畈與蘄州分界又至白石紫則盡入蘄州界而邑之東界則循蔣家山一帶距江以山之南北爲界焉葢循巴口之

西則黃岡之分界也循蘄水之東上及浠水南山之南西下則蘄州之分界也邑西北負山爲首英羅闗隘深阻所由以逼英羅逼光固者兩路之墩堡宜備焉東南距大江爲足葭葦隱蔽則巴蘭兩鎮及沿江烽戍偵輯宜密焉故郡志稱蘭谿巴水襟帶東西石鼓青獅崢嶸南北者言一邑之壯也舊志云南距大江北接光蔡西連黃岡東峙灊皖者言四扼之要也又宋闗詠神光觀記占淮壖之上腴屬帝轂之衝會者則美利盡之矣粵稽典册孫吳拒魏瑜督水軍進烏林赤壁權督步軍沿江北諸山駐屯以爲接應劉宋孝武同沈慶之討元凶劭駐兵伍洲遂得建瓴之勢南齊寧朔將軍吳子陽等十三軍救郢州進駐巴口南宋末蒙古之師多道光蔡出長江明季流賊陷蘄自黃梅廣濟夜疾驅而至則蘄固隱然淮右重鎮也

疆域

畫井分疆聖王所以重封守也蘄域廣百七十里袤百四十里而山川相繆殆宋泰觀所稱洋洋大國之

風焉五鄉習尚各殊專賴主持之漸摩淪洽耳

一蘄治

蘄水西達府治一百一十里省治三百二十里東至江南英山瓦寺前界九十里南至蘄州女兒街界五十里西至黃岡下巴河界七十里北至羅田長嶺鋪界九十里東南至本府蘄州界四十里西南至武昌府大冶縣界四十里東北至本府羅田界一百里西北至本府黃岡縣界七十里鄉五

曰南鄉　曰北鄉　曰上鄉　曰下鄉　曰永福鄉

一都圖

南鄉十四里

一都一圖一里　一都二圖一里　二都一圖一里

二都二圖一里　三都一圖一里　三都二圖一里

十一都一圖一里　十二都一圖一里　十二都三

圖一里　十六都一圖一里　十六都二圖一里

十七都一圖一里　十七都二圖一里　十七都三

圖一里

北鄉十三里

四都一圖十里　六都一圖十里　七都一圖十里

八都一圖十里　九都一圖十里　十都一圖一里

十都二圖十里　十五都一圖一里　十五都二圖

一里　十五都三圖一里　十八都一圖一里　十

八都二圖一里　十八都三圖一里

上鄉十二里

三十都一圖一里　三十一都一圖一里　三十三

都二圖一里　三十一都一圖一里　三十二都一

圖一里　三十四都一圖一里　三十五都一圖一

里　三十七都一圖一里　四十都一圖一里　四

十六都一圖一里　四十六都二圖一里　四十七

都一圖一里

下鄉十里

三十七都一圖一里　三十九都一圖一里　四十

一都一圖一里　四十二都一圖一里　四十二都

二圖一里　四十三都一圖一里　四十四都一圖

一里　四十五都一圖一里　四十八都一圖一里

二都二圖二里

永福鄉九里

十九都一圖一里　二十都一圖一里　二十一都

一圖一里　三十三都一圖一里　二十五都一圖

一里　二十六都一圖一里　二十七都一圖一里

二十八都一圖一里　二十九都一圖一里

五鄉分區丈量總圖

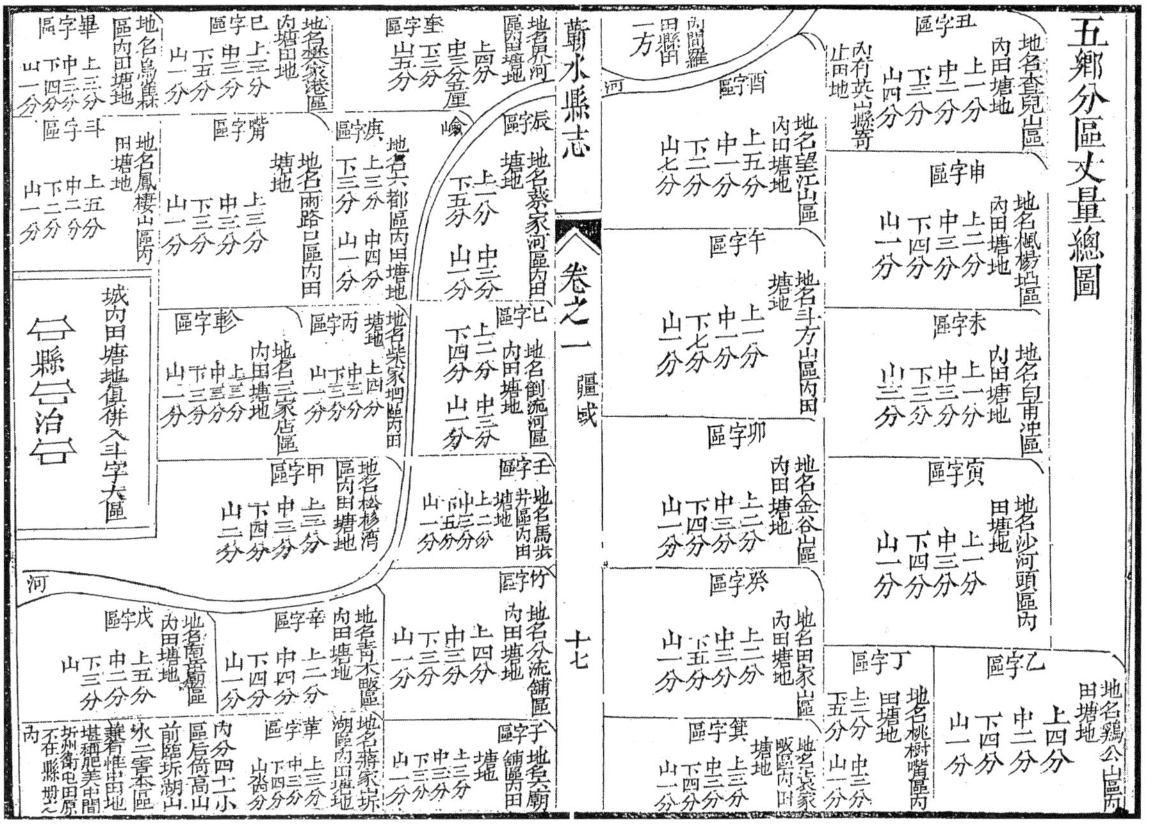
丑字區 地名查兒山區 內田塘地 上一分 中一分 下三分 山四分
內有英山縣寄庄田地
內間羅田縣寄田一方
申字區 地名楓楊培區 內田塘地 上二分 中三分 下四分 山一分
酉字區 地名望江山區 內田塘地 上五分 中一分 下二分 山七分
未字區 地名白甫沖區 內田塘地 上一分 中三分 下三分 山三分
午字區 地名斗方山區內田塘地 上一分 中一分 下七分 山一分
寅字區 地名沙河頭區內田塘地 上一分 中三分 下四分 山一分
卯字區 地名金谷山區 內田塘地 上二分 中三分 下四分 山一分
乙字區 地名鷄公山區內田塘地 上四分 中二分 下四分 山一分
丁字區 地名桃樹嘴區內田塘地
癸字區 地名田家嶺 內田塘地
箕字區 地名張家畈區內田 塘地
辰字區 地名蔡家河區內田塘地 上一分 中三分 下五分 山一分
巳字區 地名倒流河區 內田塘地 上三分 中三分 下四分 山一分
壬字區 地名馬步井區內田塘地
竹字區 地名分流舖區 內田塘地 上四分 中三分 下三分 山一分
子字區 地名白廟舖區內田塘地
奎字區 地名界河區內田塘地
畢字區 地名烏林區內田塘地 上三分 中三分 下四分 山一分
斗字區 地名鳳棲山區內田塘地 上五分 中二分 下二分 山一分
甲字區 地名松楊灣區內田塘地 上三分 中三分 下四分 山二分
軫字區 地名三家店區 內田塘地
丙字區 地名柴家垱區內田塘地
戊字區 地名龍廟區 內田塘地 上五分 中二分 下三分 山
辛字區 地名青石畈區 內田塘地 上二分 中四分 下四分 山一分
邑縣治
城內田塘地俱併入斗字大區
河

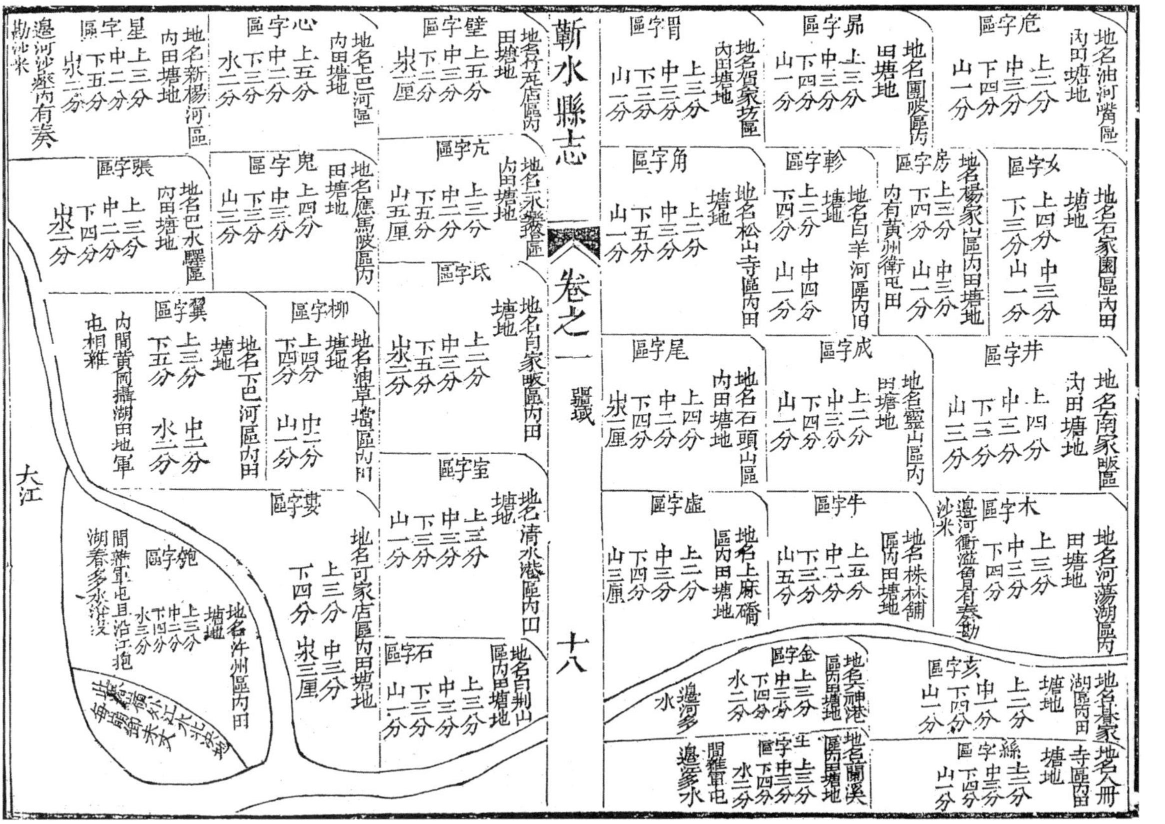
危字區 地名油河嘴區 內田塘地 上二分 中三分 下四分 山一分
昴字區 地名圍陂區內田塘地 上三分 中三分 下四分 山一分
胃字區 地名賀家垴區 內田塘地 上三分 中三分 下三分 山一分
女字區 地名石家園區內田塘地
房字區 地名楊家山區內田塘地 內有黃州衛屯田
軫字區 地名白羊河區內田塘地
角字區 地名松山寺區內田塘地 上二分 中三分 下五分 山一分
井字區 地名南家畈區 內田塘地
成字區 地名鑒山區內田塘地
尾字區 地名石頭山區 內田塘地 上四分 中二分 下四分 水二釐
木字區 地名河蕩湖區內田塘地
牛字區 地名上麻墻區內田塘地
虛字區 地名田塘地
亥字區
金字區 地名神港區內田塘地
絲字區
心字區 地名巴河區 內田塘地
星字區 地名新楊河區 內田塘地
壁字區 地名丙田塘地
張字區 地名巴水驛區 內田塘地
鬼字區 田塘地
六字區
氐字區 地名白家畈區內田塘地
柳字區 地名油草垱區內田
翼字區 內間黃岡縣湖田地屯相雜
室字區 地名清水港區內田塘地
婁字區 地名可家店區內田塘地
石字區 地名白荊山區內田塘地
匏字區 地名汴州區內田塘地
邊河沙磧內有奏勘沙米
大江

五鄉派糧說

縣分五鄉南北之野多沃而人力易施有不廣土而獲可多者上鄉接壤南北肥磽相半下鄉土多砂磧且間山隈故有廣種薄收之謡永福濱江抱湖每多淤淹傾卸之患此五鄉之上中下也

明初起科定為一則而五鄉之寬窄不同南北上土沃故報官之畝窄下永土瘠故報官之畝寬是一則之中已有分則之意矣萬歷中丈量分四則而南北上之上中獨多於下則下永之下則獨多於上中蓋丈量弓格既定不容有寬窄之異而土色肥瘠不同則上中下自殊是明初雖不分則已隱然分於畝之寬緊萬歷時定為四則實因地勢之肥瘠矣

明初立法之人老成長慮即以南北上下永福定名次序先後必有深意後之派糧惟求不失明初之意爾

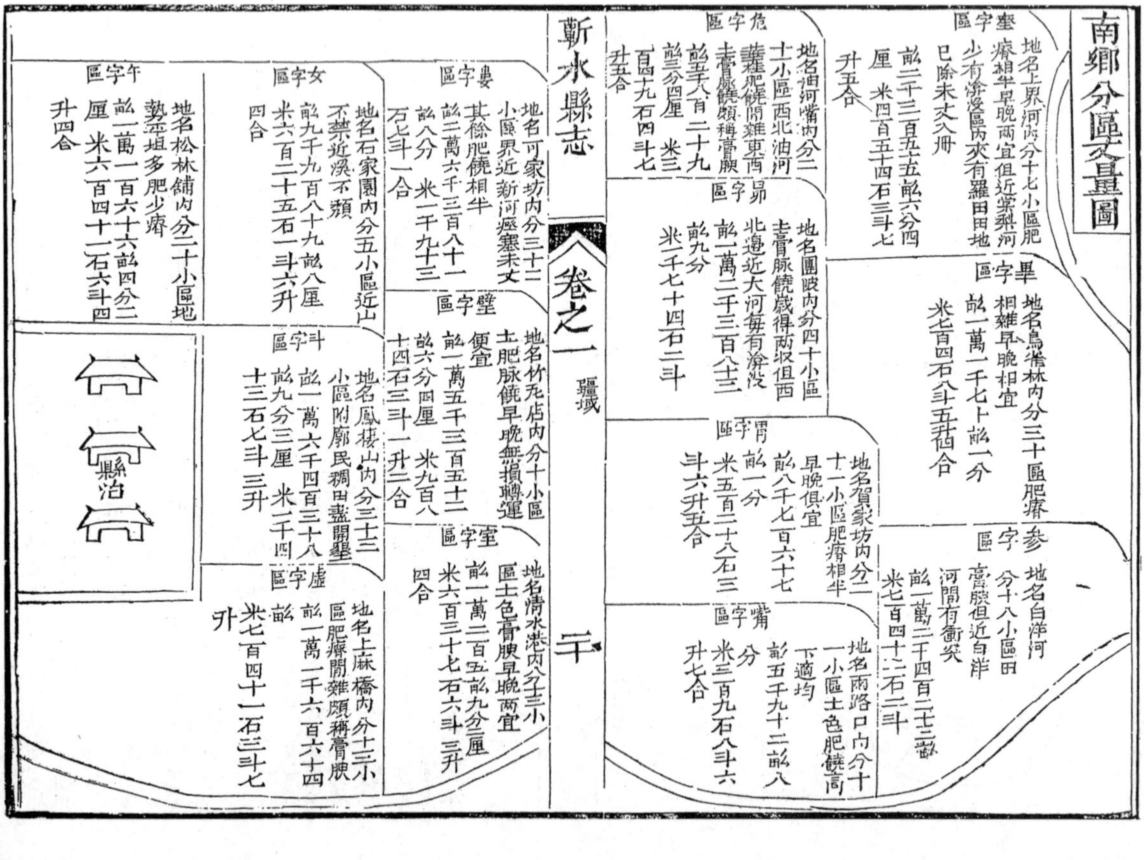

南鄉圖說

本鄉稍平壤多附郭而民居稠密自前明定賦之初凡可田之土已盡闢矣邇來生齒日繁民皆土著既無林麓藪澤之利又無隙地可墾惟苦耕力作田野頗治故今分則起科上中之則恒多至於甲區之施家河奎區之棠梨河參區之白洋河危區之尤河畢區之界河雖稍作水鄉而傾卸漲淤之患尤多危區之華桂山女區之風火山參區之四望山斗區之護山甲區之拆山雖稍作山鄉而開闢克擴之功殆盡此南鄉之大槩也

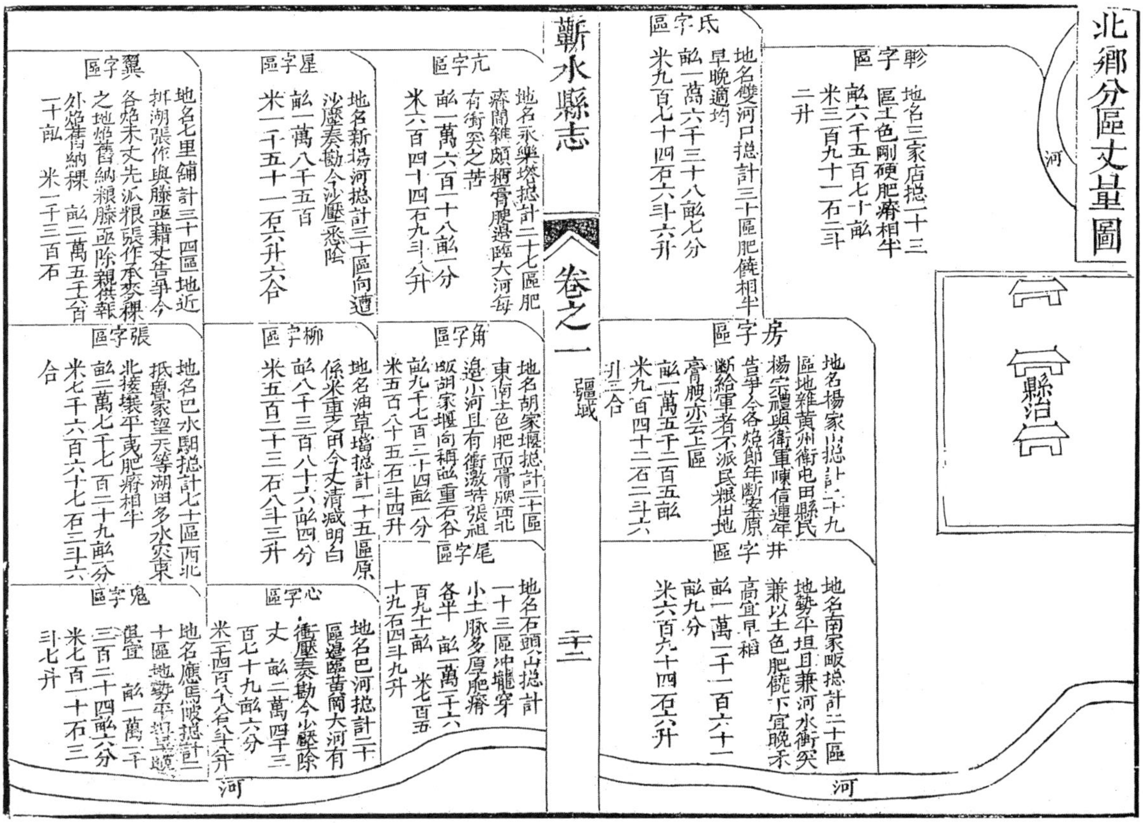

北鄉圖說

本鄉在縣治北故名曰北鄉居縣中者頗稱膏腴明初因其平原墾田殆盡正德嘉靖間河水衝齧節經奏勘帶徵沙米百餘然濱水之民十未豁一往往棄農操舟遂有害產之謡奉法丈量履畝登耔庶幾無產去糧存者

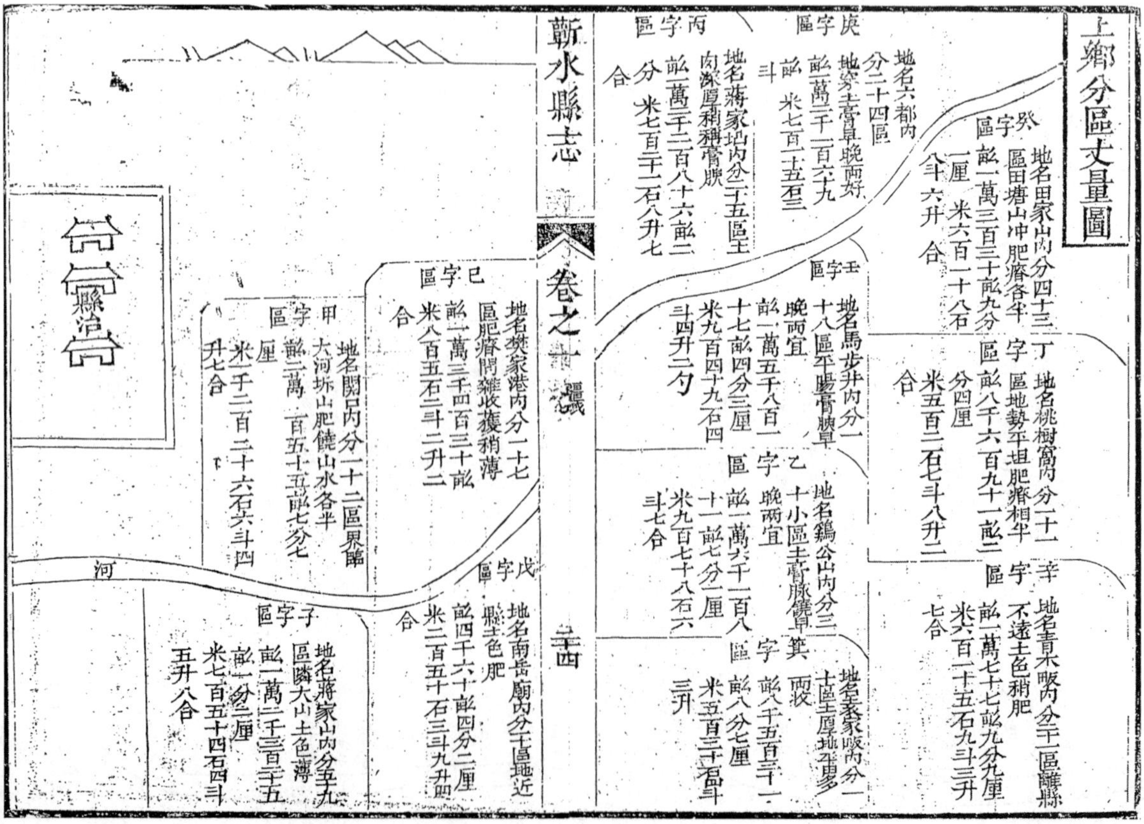

上鄉圖說

本鄉地勢稍平明初丈量自此發軔寸土隙地罄丈八冊肥瘠間雜民各守土但浠河源自羅英二縣間遭龍水由嶮下旋至大江約計百里兩傍民業淤沙沖壓與永福相連與江湖受傷無異

下鄉分區丈量圖

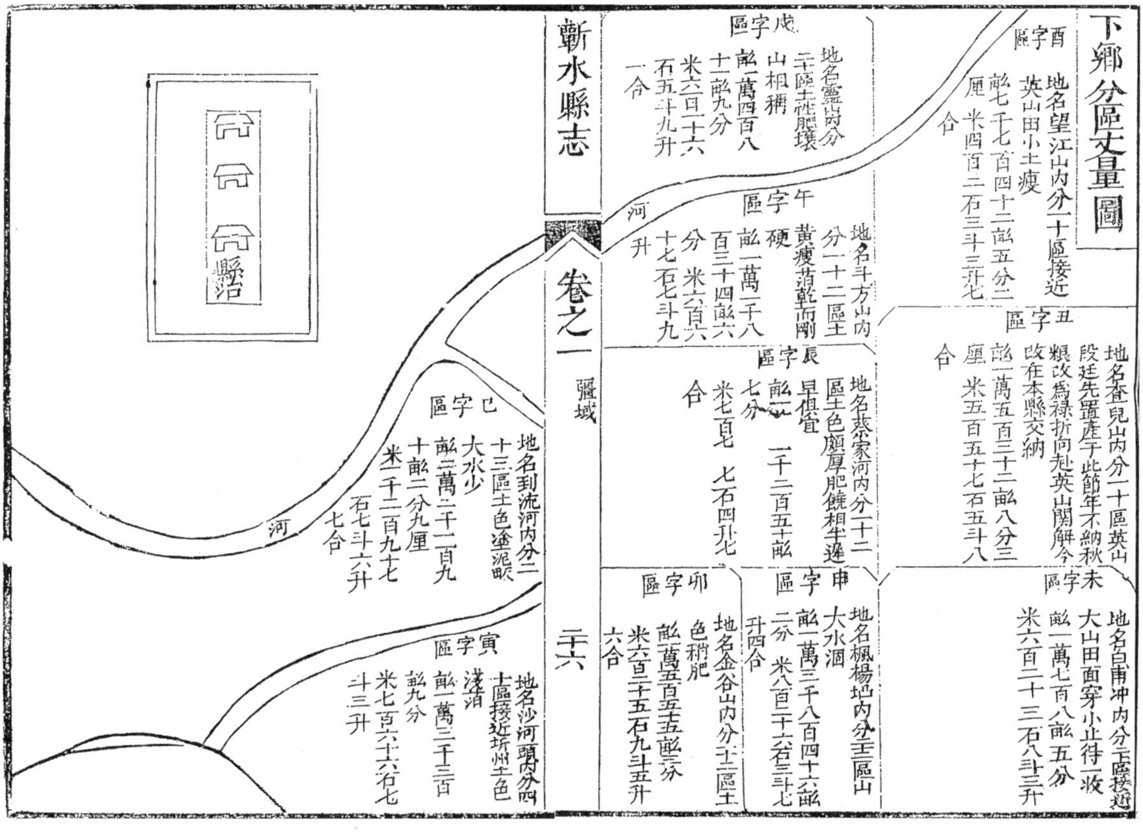

下鄉圖說

本鄉僻處山谷地多砂礫以田土而論實居四鄉之下酉字區丑字區地名斗方山望江山查兒山大小嶺三角山斗種百坵耕作難於山舟楫不通轉運艱於水午字區黃家畈廣種薄收害家畈俗稱害產他鄉金谷山蔡家河稍稱膏腴藝之四鄉亦稍讓焉且接壤英山田有寄庄糧差負欠遞年賠累民多受苦陂爲蘄蘄折向赴英山關解令丈入本縣交納

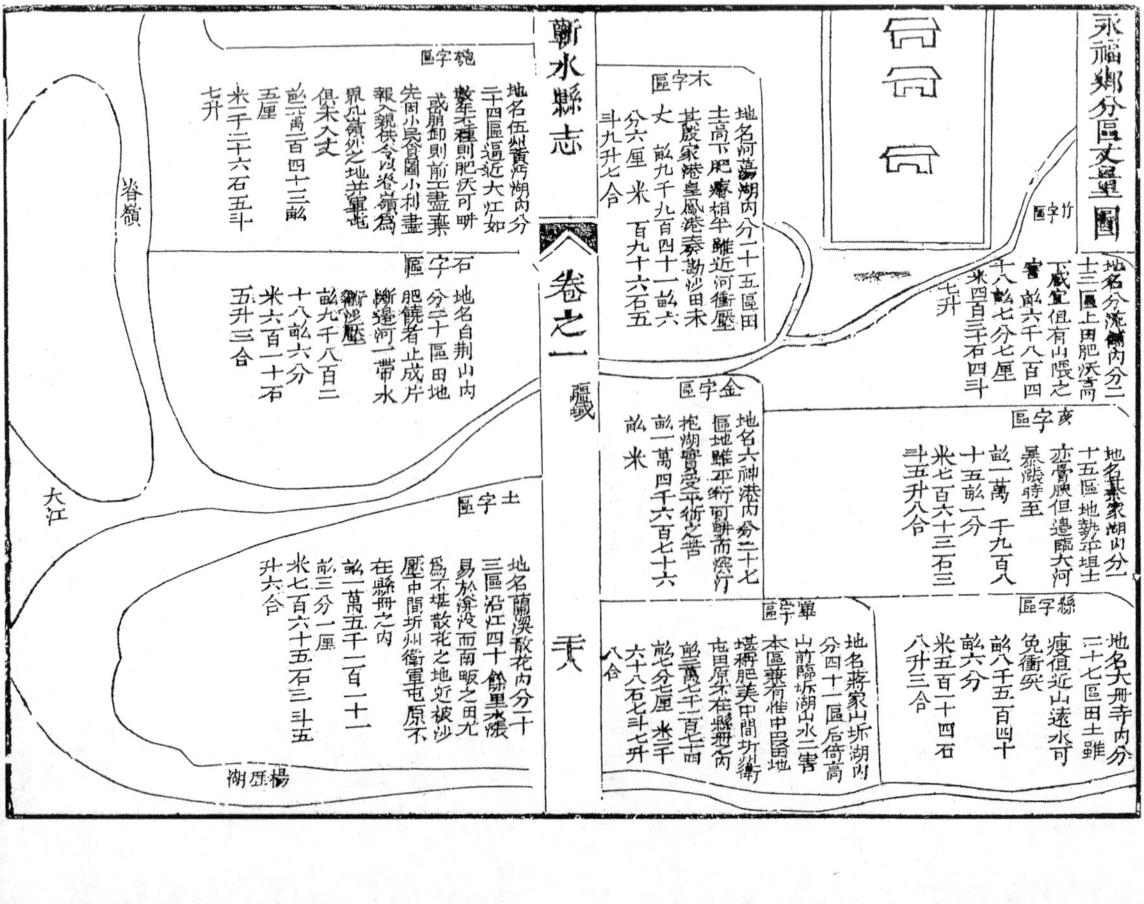

永福鄉圖說

本鄉處縣下流地多卑濕潦水暴至濱河之田偶值吐秀雖終歲勤動頃刻成空拆湖楊歷魚鼈之鄉秋冬水涸堪植黍麥而春水無涯桑田滄海矣歲稔則一家豐足水浲則百口嗷嗷此永福一鄉之大槩也惟亥區之濫泥畈金區之牛頭畈綵區之葉家畈葦區之白羊𡍼木區之詹家畈土田膏腴而上中之則自多右葦區之蔣山峻嶺崎嶇屏障蘄水而田皆僻隈又不可以平衍目之匏區之伍洲近年江水東掃

傾卸殆甚沿江洲地雖間有收終難起科其間奏勘沙米蓟蘄黃二衞軍屯奉例俱未丈入

蘄水縣志卷之二

署縣事宜昌府通判高　舉
知蘄水縣事蘓扎哈纂輯

地理志

山水

古者左圖右史以備參稽蓋披圖而名山大川瞭如指掌後世圖經間闕不詳記其方里縷識其源流考古者奚憑徵信如隋史之汪石鼓浠賴以明酈注之紀五洲輒得以著山水所關亦綦重矣

山 嶺崖等類附

治東曰古烟籠山

一里曰玉臺山枕郭面溪遠峰送翠近碧環漪值春夏巨漲則溪流如吼澎湃之勢頗覺改觀邑書院即建此山之巔院側有春曉亭舊爲刑部郎楊繼經建旋毁乾隆二十三年知縣邵應龍率邑紳士重建

二里曰鳳棲山世傳張道陵煉丹者三丹成雞食其一化鳳棲此因名今石上有鳳棲二字明崇禎間理院熊文燦搆關廟於其上會邑數災形家言不便因毁焉下有陸羽泉

曰缽盂山

七里曰烟籠山
八里曰雞公山洪武初有大蛇赤冠似雞生兩翼作
雞鳴則雨鄉人以爲神祠祀之
九里曰茅廬山
二十里曰田家山
曰嵍峰山舊志作嵍峯山上有仙女廟又名仙女山
亦邑東南之望也
二十五里曰土陂山
四十里曰金谷山

曰道觀山山之西舊有桂花園係瓊州守方崇哲落
籍處
五十里曰斑竹山
曰太平山
曰斗方山形方如斗端峙巍然爲東北諸峯之望石
嶮卽出其下其山通體皆石嵌空硉矹猙獰萬狀
六十里曰三角山秀揷雲表擅邑東南之勝
七十里曰望江山
曰分金山

曰月山與斗方山對峙
曰查兒山
百里曰大羅浮山舊志云眞人劉五劉六飛昇於此
有仙人臺臺有石洞有石壁壁如畫龍狀拂之無痕
滴水淙淙流爲潭蓋滙蘄源水以注於河
治東南十里曰花山
三十里曰峨嵋山又名徐家山
曰黄龍山今名官家山
三十五里曰張家山

治南一里曰登瀛山爲學宮向山
十里曰天馬山
曰葛公山上有葛仙祠
十五里曰袁家山
十八里曰石龍山
二十里曰分流山
曰榾柮山舊志云有大石如蓮花傳爲伍員劍跡
三十里曰蔣家山
曰燈籠山　曰馬頭山

三十五里曰月子山

治西南三里曰雨標山崇禎二年邑令李大受建浮屠

於其上未成邑令李汝燦終其事

二十里曰闍黎山舊志云李氏先祖居此

二十五里曰師公山　曰大旺山

三十里曰倒牛山

三十五里曰萬家山

附記前任蘭谿巡檢胡名籍在任年月無攷卒葬此山任姓地內一女附葬塚旁又前任蘭谿巡檢劉啟選籍無攷康熙三十五年任卒葬胡塚前一女葬地岸上其妻葬侯家嶺有罰捐李姓馬料灣

地一厢二分半經蘭司李士梧詳縣爲每年祭祀修理之費

三十五里曰蓮花山　曰龍泉山

四十五里曰板橋山

曰白羊山有石如羊

曰鹿嘶山

曰呂家山

五十里曰仙臺山

治西曰白虎山俗名豬頭山

二十一里曰白荊山綿亘邑西望之如屏浠水東逕

山足障之乃曲而南也

曰玉鏡山又名圓壁山山有圓石如月側倚石崖今

名月石

二十五里曰寶陀山

三十里曰孟家山

三十一里曰烟籠山

三十五里曰城山盤踞巍峩以上有孫吳土城舊址

故名中寬平有田數畝可耕有古蹟見後其山側南

一里曰翻馬山

三十五里曰大卓旗山聳秀出羣山之上

曰小卓旗山

三十里曰眠蠹山舊志作兔刀山

曰騎龍山　曰揚旂山

曰鳳凰山

曰卓面山

四十里曰調軍山襟湖帶江每春秋登眺煙洲沙嶼

江南勝景盡收指顧間

曰太子山自城山一帶數十里皆孫吳屯駐處土人

每掘得昔年兵器廟祀皆吳君臣遺像
治西北二十五里曰分伙山俗名豐虎
三十里曰猴王坪山上有廢寨
曰冷水山
曰望花山
四十里曰張帽山
曰落架山
曰佛陀山
曰王宿山

曰梅梓山上有剪雲閣秀聳西北黃岡麻城羣峯歷
歷在目
曰石佛山舊志云有石如蓮一石如佛坐其上
四十五里曰游洪山
六十里曰石門山舊志云峭壁臨河山下有潭相傳
潭中有石門尋之而入其地高敞可列函丈
六十五里曰金鼓山舊志云西麓有陶穀學士墓今
名陶家坊多陶姓
七十里曰華埠山舊志云峯巒秀小羣景洞豁南有
石丈塢西控長川即華埠潭
九十里曰華桂山舊志云山有寺唐元宗賜名
治北曰蓮花山上有麗安常廟
一里曰雨山
三里曰茶山舊志云出茶唐劉禹錫詩云松花滿椀
試新茶
十里曰拔爐山
曰護山即白石山綿亘迤邐岡巒遞湧爲邑屛嶂產
石雖白粗硬無用山家云蘄之來脉實鍾於此故今

採石者不致意焉
曰叢山
曰策山
十五里曰石鼓山山有巨石如鼓叩之有聲見隋書
地理志
二十五里曰恩山
曰棗紫山
三十里曰游洪山
四十里曰小營山舊志云古蘆塘地有土竈徑廣丈

餘
曰楊家山舊志云楊興三與九居此
四十五里曰野鶴山舊志云上有古刹
五十里曰小靈山
六十里曰大靈山
曰邵藤山舊志云晉王烈遊此明王燾居此
六十里曰雲霧山
六十五里曰鷓鴣山
七十里曰四望山

曰周羅山
曰神保山
治東北四十五里曰霾霧山俗名麻母山
曰金繡山
曰金寶山
六十里曰羊角山舊志云山絕峻如羊角

嶺

治東八里曰樸樹嶺
曰吳道人嶺
三十里曰虎踞嶺
曰攪兒嶺
治西二十五里曰父子嶺
治西北十五里曰角兒嶺
三十里曰烏沙嶺
治北五里曰長嶺
四十里曰白沙嶺

崖

治東二十里曰蜜蜂崖

三十里曰滴水崖一在北六十里
四十里曰清風崖
五十里曰觀音崖
治西三十里曰鴻石崖舊志云往來之鴻棲此
治北十五里曰君子崖舊志云在石鼓山有石碗石臼
六十里曰潘家崖

洞

治東一里曰神仙洞內有石床石臺即張道陵修煉處
五十里曰羅漢洞在斗方山洞內有古鐵羅漢像

曰百合洞在斗方山衆石壘砌中空透顛節節有穴
可入

岡

治東北三里曰望城岡
二十里曰走馬岡

石

治城南曰迴瀾石在城址下有古蹟見後
其下一里溪南岸曰打鼓石石高數丈鼓之聲輒應
故名有古蹟見後

曰沂流光石阜城門外濱河有古蹟見後
曰鳳棲石城北鳳棲山石上有隸書小銘
治西二十里曰晒穀石
曰豹兒石又名抱兒石以大石抱小石云
曰太公石在河中邑謝神童有詩云一片漫烏石中
流在此間世人推不去留與太公眠明立義士李清
七清八之祠於其上
三十里曰花膏石石璘璘如花膏
曰鉢盂石斗方山左

曰分金石斗方山羅漢洞側
治北四十里曰馬蹄石上有馬蹄痕傳有天馬昇此今
有東嶽祠玉帝閣
曰響鼓石太平寺側

水 湖港等類附

江自黃岡界東逕巴河鎮巴水注之又東二十里逕楊
林港港水注之又東十里逕蘭谿鎮浠水注之又東
十五里逕迴風磯又東十里逕散花洲之唐家渡入
蘄州界

浠水即城南門河源英山界河逵雞鳴河出呂家口左
則夫子河右則古河抵石嶮下百里河西逕五里右
則吳家棠水注之又西十里蔡家河水注之又西五
里柴家河水注之又五里闕口水注之左則王道士
坳水注之又西逕六里右則畢家港水注之又西五
里螞嶺水注之又西南十五里綠楊橋水注之左則
王家河烏沙港水注之右則城東濠水注之又二里
城西濠水注之又五里黃鳳港水注之左則翟家港
水注之又西五里右則磨兒橋水注之又五里易家

河水注之又五里游心港水注之花膏石水注之又西逕槑潭右則黃汚湖水注之左則張角灣水注之又西五里青蒿港水注之又西逕五里右則金家灘左逕蘭谿鎮入於江其水西流劉宋立浠水縣以此名舊志蘭谿水源出苦竹山其側多蘭唐因此名縣今按蘭谿即浠水出口處

巴水源羅田縣之鹽堆山與石桂山二水交會出中界河西逕十里左則烏鵲林諸水注之又西逕十五里尤河渡團陂之水注之又西逕十里右則黃岡段店倒橋河水注之又西十五里逕金家渡又西逕二十

里左則何家寨潋水山之水注之又西南二十里黃岡之上巴河市元潭港與小河口之水自東入焉又南二十里逕龍家渡又西十里明家洲渉港頭之水入焉又南逕十五里桃花潭爲西陽河又南十五里至巴河鎮入於江今名下巴河

蘄水自英山界河上接蘄州界由查兒山接三角山嶺尾水流西南十五里至蘄陽坪河右則三角山之水注之又十里曰洗馬畈畈水入焉又二十里至白石頭與蘄州之株林河水入焉自是歷五十餘里盡蘄州界入於江

治東五里曰涓灊河

八里曰曹家河

十里曰樊家河

二十里曰百師河

三十二里曰闖家河

四十里曰倒流河

四十五里曰白蓮河

五十里曰沙河

曰蘄陽坪河

六十里曰蔡家河

治南八里曰羅家河

四十里曰分流河

治西七十里曰西陽河俗名新樣河即西陽古治也

治北四十里曰洙泗河

曰柴家河

曰史家河

曰童家河

六十里曰上巴河

九十里曰尤河舊志云明正德七年閏五月流賊劉六劉七齊彥名等爲官軍所敗遁走經此

湖

治南六里曰皂泥湖

治西南十里曰綦家湖

十五里曰彭家湖

二十五里曰薛家湖明成祖賜薛均因名又名欽賜湖見古蹟

曰毛家湖

三十七里曰藩司湖

三十八里曰左家湖

四十里曰黃草湖

曰後湖

曰楊歷湖

五十里曰拆湖今據邑胡氏家譜胡氏世居湖上地名赤水里疑此名赤湖或赤拆音近拆當爲赤之譌也新郡志改爲折湖無所據

七十里曰攝湖舊志云雷攝永樂寺塔三層於此因名

治西三里曰山洋湖

十里曰荷蕩湖今入書院名官湖

四十里曰黃汚湖

四十五里曰官田湖

曰袁家湖

五十里曰魯家湖

曰蔡家湖

六十里曰望天湖

曰周家湖

曰脂麻湖

曰陸家湖

七十里曰董家湖

曰協湖

港

治東十里曰紫阜港

二十里曰烏沙港

曰馬湖港
治南十五里曰青石港
二十里曰杜家港
四十里曰分流港
治西南五里曰鹿吽港
曰翟家港
十五里曰彭家港
二十里曰六神港
三十八里曰青蒿港

治西四里曰黃鳳港
十五里曰麻橋港
三十里曰茅店港
三十五里曰苦竹港
四十里曰官橋港
治北十五里曰萬花港
曰金橋港
三十里曰清水港
曰太平港俗名划船港

四十里曰官港
七十里曰樊家港
堰
治西北六里曰胡可堰
治南鄉曰曹家堰
曰官陂堰
曰義門堰
治北鄉曰袁家堰
治下鄉曰胡師堰

曰慈振堰
薛家湖尾曰段家堰
黃草湖尾曰李家堰
潭
治南一里曰龍潭有石壁立下有深潭
治西三十五里亦曰龍潭月子山側上有龍女祠
曰溪潭又名槑潭
治西北七十里曰桃花潭舊志云相傳有龍居焉昔有捕魚者循而入與龍近亦不相害移十數日罙得出

兩腋間已隱隱生鱗甲矣土人言之不知爲何時事

曰華埠潭

陂

治東二里曰鴨子陂

治北三十里曰飲馬陂

七十里曰團陂

洲

治東南六十里曰散花洲詳古蹟

治西四十里曰伍洲詳古蹟

曰新洲在大江中與蘭溪對

塘

治東曰聯塘在昭化寺前

十里曰月塘

曰聖人塘

治西十五里曰藕塘

五十五里曰泉塘

池

治東一里曰洗墨池詳古蹟

治北曰蓮花池在縣署後官地今爲民堙

泉

治東二里曰陸羽泉詳古蹟

治西三十五里曰龍泉在龍泉山側

四十里曰天下第三泉詳古蹟

井

治東曰義井傳漢壽亭侯淬劍於此

曰三眼井

一里曰張道陵丹井昔煉丹於此今在神光觀側一

統志云此水能解熱疾

曰伍員井見後古蹟

二里曰清泉井在清泉寺前池中唐貞元間鑿井得泉清冽因以名寺源與河通寺僧每以水之清濁卜天之晴雨焉

二十里曰大水井

六十里曰老龍井

治西曰向家井

治北曰便民井拱辰門外民便之崇禎十六年爲流賊

礒塡後瀆如故

五十里曰冷水井

三角山曰老龍井邑旱則取水禱雨輒應

磯

治西五十五里曰迴風磯

嶮

治東北六十里曰石嶮石梁橫截河中飛泉瀑布有聲

古蹟

棠茇勿翦秋水興思君子尋其跡想見其爲人蘄在東南之會得清遠之竒晉唐名賢往往過之而廢壘殘屯滅沒於荒烟蔓草者典故有稽矣後之覽者所謂存什一於千百寧啻韓陵一片石乎

軑縣廢城在西南四十里按水經注城南對伍洲漢縣惠帝封長沙相黎朱蒼爲侯國劉宋孝武帝自此討元凶劭改軑爲孝寧齊因之後周廢本郡志

蘄陽廢城傳爲晉宋間之蘄陽縣後來改併不時而故址在蘄陽坪土人嘗於其地掘得巨甓甃瓴之屬云昔之城垣也

巴河廢城明崇禎十三四年間相國姚明恭因流寇亂築城團練於巴鎮未幾圮廢今尚有文瀾門城門口箭樓口之名

闗口舊縣墟距治三十里許不知起廢何代今猶有舊縣畈之名有月明山刹相傳古城隍廟在焉

黃城鎮治東南五十里抵蘄州界有古刹黃城殿傳自宋高宗南渡曾駐蹕此殿後土人易爲東嶽府遂名黃城至今廟後有古松亭亭霜皮溜雨偃若虬龍非近物也

筆沼距郭東二里許相傳王右軍洗筆於此今池畔小竹猶皆漬墨痕又廣輿記載江西臨川縣亦有右軍墨沼按右軍本傳晚年不競榮祿雅尚林泉盡東南之勝過山水佳處輒索筆作書此爾墨池固無疑矣近邑諸右姓於其旁搆祠以祀　朱子

綠楊橋以蘓子瞻解鞍欹枕句得名今其遺址在郭東里許岸分兩麓溪流南繞水漲則巨浸逼橋水落則白沙耀日於月猶宜自北有小溪貫橋中石齒磷磷雖綠楊非昔而芳草依然可想見其醉吟時也詞載

藝文志

天下第三泉在治西南四十里蘭谿鎮東數里南嶽廟後明萬歷間邑令游王廷刻石往來遊者皆有詩今堙塞按三泉之名本唐張又新煎茶水記云得之楚僧煮茶記謂代宗朝李季卿刺湖州至維揚逢陸鴻漸處士所筆記次第曰蘄州蘭谿石下水第三乃二十水中之一也洎宋歐陽永叔作大明浮槎水記俱云又新所記與茶經相反或妄附益之歐蓋以張之人不足與故斥之然永叔本茶經論水云山水上江

水次井水下又云山水乳泉石池漫流者上舊志注潭有乳泉津津漫出則此泉宜爲羽取不得以又新之人而輕棄此泉也惜永叔未親至蘭谿而試之郭東鳳棲山下泉亦羽烹茶處舊志載有茶泉亭大梁卓世彦建今圮

城南有石麓横抵河流上有激湍二字舊志云東坡所鐫明成化間邑令潘珏建迴瀾亭於其上後亭廢不數步有巨碑刻鳶飛魚躍字徑一尺餘云王右軍書後斷碑半没於河僅魚躍二字移値學宫櫺星門右乾隆二十三年知縣邵應龍重建以復舊觀今又圮

溪南岸有潭曰龍潭潭側石壁立鼓之聲輒應名打鼓石相傳東坡泛月於此鐫擊空明三字於石又西去對岸石上鐫泝流光三字舊皆有亭爲大梁卓世彦所建蓋本赤壁賦中語也明時邑人胡仲謨書繼蘇二字於石太常官應震搆閒雲樓於其上今廢

疊嶂亭見一統志東坡所名今廢據舊志云溪南文昌閣爲蘇公亭舊址

四望亭一統志云有二一在府治東雪堂南唐太和中

刺史劉嗣之建李紳作記一在縣屬斗方寺後

葛公山治南十里相傳晉葛洪隱處

城山治西二十五里吳孫權土城故址今有吳王廟山陰有石鐫雲起處三大字每字徑三尺餘不記書者姓名年代也又邑人何彬然題醒酒石有詩見藝文

薛家湖治西南二十五里明成祖知薛均貧甚命有司給官湖項餘爲贍養貲又名欽賜湖

巴口即巴河口南齊東昏侯遣十三軍拒蕭衍所進屯處

伍洲在縣西南四十里大江中一統志謂伍員適吳過此因名按水經注作五洲以洲五相連故名宋孝武舉兵江洲建牙其上紫雲廕之即此

散花洲在縣西南六十里三國時周瑜破曹操犒士於此

伍員井在治西一統志云伍子胥適吳過此淬劍

附記

浠川八景曰迴瀾即迴瀾石又蘭谿江濱亦有此亭曰綠楊橋曰龍潭曰丹井曰洗筆池曰茶泉曰蘭谿

曰鳳山舊志謂始於王元之詠浠上八景云

又更定浠川八景曰空明水石曰川上流光曰澄潭綢集曰清泉茂響曰三角雲開曰浠源峻險曰三泉異味曰仙臺藥茂舊志謂邑人黃正色因王元之所詠八景亂後有頹廢者故改定之

又浠川十二勝迹曰羲之筆沼曰陸羽茶泉曰葛洪精舍曰道陵仙洞曰周瑜花洲曰孫權城址曰壽亭義井曰元宗寺額曰燕子綠橋曰伍員劍石曰佛印斗方曰虎師三角舊志謂各以一人得名因總著之以徵實

又巴河四景曰爐山春日即今火爐嶺曰棗林夏風即今萬壽寺側多棗樹今尚存曰石潭秋月即今石潭曰孤嶺冬松即今文昌閣下仰天窩有古松今毀

舊志云始於蘄東坡所定然蘄無詩記以傳之則亦未確也

風俗

溫公謂風俗之善惡繫於習染夫風流於上俗成於下古者太史所陳以識貞淫之別抑士爲四民之首而示之鵠者匪細也蘄本節儉而務勤勞顧樂利優游文將不免記曰國奢示之以儉國儉示之以禮夫亦操之有道歟

宋闕詠神光觀記曰蘄西垠俗富庶秀民樂於爲儒而不輕釋其業彬彬喜學有鄒魯遺風

蘇軾與陳季常書曰蘄水溪山乃爾秀邃

秦觀代蘄守謝上表曰風氣和平獄訟稀少

明王鏊重修學記曰文藻淵源簪纓聯續

通志蘄水善田事勤女紅富人尤多畏法

有前所陳大較可覩矣時會遷流而不離其本若民風士習婚喪葬祭之儀日用飲食之質問俗者不厭其瑣也約舊志述之

邑中多瘠田故當春初農人皆取塘泥以壅之力多則穫多力少則穫少清明後布穀或早或中遲異種及栽秧東西隣易力助工擊鼓作歌以相督及秋乃穫近巴河一區歲再穫餘惟一穫稼事畢隨播秋稞泥豆蕎麥蘿蔔油菜大小麥之類以犮播收土著之利畧見於是矣

邑西南當江湖之濵田頗窪下每遇水溢之歲則淹浸瀕之東北壤近山麓其地易乾値歲旱則户集桔槔車塘堰水以救甚且數車轉激逆度高原以灌淫烈

烈赤日中雖婦女亦與至於旱甚水涸雖低下亦不可救矣

每歲暮春鄉人間治蠶事亦有節目其初風種始生則以鵞羽拂之既食則剉桑葉風戾以食之歷初眠再眠至於大起分箔登簇采繭繰絲蓋辛苦者三十餘晝夜矣取絲無幾持而向市易之得一金則欣欣色喜或有小故爲猾者所攫不能易一殘也新絲新穀之謡可弗聽歟

入夏於地之爽塏者多植棉花七月既望以後從而拾之紡而織之以爲布機杼聲相聞抑且貿之以輸正供此貧家婦工之常業也

邑西南一帶居民近江湖得水族之性故多善魚而取魚之具爲網爲罾爲釣爲罩爲箔之類不一其用爲鮮爲鮓爲鱻爲醃魚爲乾魚濵江之民取焉邑及鄉人販而貿焉資其利以給衣食者蓋十之一二矣

邑人重去其鄉離家百里則有難色非公差仕宦不遠遊惟巴蘭近水少有商賈餘悉業農農雖最勤然習安焉不之怨也其無田而佃人之田者曰佃户亦有

饒者最貧則爲人傭工或計歲計日而受値焉又少隙則或捕魚鰕采薪貿易不肯稍休

兩鎮濵江帆檣雲集巴河尤當水陸之衝遠方之貨亦盈溢矣然習氣稍靡而牙儈或蠹則商民兩病焉

邑多衣冠之緒以孝友爲本詩書爲業其樸茂近古而風氣亦漸開也騷雅文會之興蓋駸駸歟

議婚幸以門楣爲重始通媒妁男家惟用金裝雙封媚啟女家荅啟遂定山盟矣六禮雖不具備其納采請期親迎猶遵行焉聘資粧奩稱家盈縮或有論財寒

盟者雖細人弗爲也

治喪親始歿訃於戚友沐浴殮畢殯於中堂家人裂布褁頭三日用牲堂奠成服齊衰期功緦麻各以等外親往弔亦裂布以稱免焉凡涕泣杖踴飦粥苫凷之節益秉禮者不違也然用鼓吹祟佛事舊志不已譏之歎

擇地營葬多信形家言有年遠不葬者及葬多用鼓樂導送如治喪惟無力者則否

春秋二祭庶人祭於墓士大夫立廟者祭於廟餘四時

節序父母生忌奠於寢其祭廟也具牲醴辨昭穆序長幼執爵以族長奉祖先主列木龕潔豆薦歆讀祝焚楮幣祭畢燕飲分胙而退凡祠有産族有譜

元旦陳臘炬栢酒辛盤爆竹開門家人親戚里黨更相慶賀讌飲

元宵作燈市市中張棚列架綴燈火甚繁或高起花爆曰烟火山農以炬照田驅害稼蝱虫迎紫姑神占休咎

立春大令督坊甲塑土牛先一日率僚屬迎春東郊鼓仗喧闐觀者充溢鄉人以牛色卜水旱以芒神戴攜卜寒暖

春社鄉民醵錢市牲醴禮土神祭畢羣飲盡歡而罷眞有桑柘影斜扶歸醉人之樂也

清明日掃墓男女簪新柳是月也鄉人作茸餅俗名軟麪

三月二十八日俗謂東嶽誕辰演劇設醮累十日

四月八日僧尼浴佛供青精飯塾童子放假引風鳶以爲戲

五月五日端午節以青箬褁角黍相饋遺插艾飲菖蒲雄黃酒小兒用塗眉額辟惡也以綵絲繫臂謂之長命線邑與巴蘭皆競渡以弔屈原

自十一日起爲　關帝會爲　張王會至十八日爲送船會至二十八日爲　城隍誕辰會城隍會則邑中獨也餘會巴蘭俱有之而巴更爲甚碁皆演臺閣故事以慶之費金錢糜酒食雖貧民不避焉謂以致力於神也楚俗之好巫重鬼信乎當思所以革之

六月六日俗以爲半年福頗重之

七月七夕家設瓜菓酒殺於庭乞巧會談牛女渡河事
十五日中元節家各焚楮錢薦祖考新亡之家饋送尤
多僧舍建盂蘭盆會
八月中秋節家具菱藕大餅爲賞月之讌
秋社祀神飲酒如春又五鄉俱演劇報賽曰黄穀風盖
自是訖於冬焉
九月九日重陽節是日祀祖如清明是月民間多釀酒
具雞黍邀比隣族黨爲歡云新米酒
十月十一月農民自田及佃田者皆挑糧米上倉曰完

火米完倉後則呼同儕沽飲歡醉而歌祝之又佃田
者以銀完田主曰儘銀兩事畢則一家安樂預備春
耕矣
十二月二十四日小除是日掃屋塵曰除殘是夕祀竈
至除夕復祀之曰接竈
三十日爲除夕張春帖子於門合家長幼畢聚團飲盡
歡曰談年是月自小除後必卜日具酒醴牲品祀其
始祖以下及親祖父及伯叔祖父及昆弟子孫之殤
者曰羹飯盖猶古臘祭之遺姻親往來多以魚腱糕

菓相贈謂之餽歲辭歲是夕鐃鼓喧聲達旦又謂之
守歲焉
夫風俗者各限於天地之氣而聖王涵濡之以教司
牧者扶翼之以政其鄉老前輩又倡率薰染之以詩
書禮樂故善也蘄之俗向也寡而今也庶向也樸而
今也華盖幾於善矣夫其已善者則修其教不易其
俗齊其政不易其宜而猶有未逮趨之則波於時也
而挽之實臻於古矣

塋墓

桓山石槨不如速朽墓何志也志之以爲不朽也必
有所以不朽者存焉斯郁下之樵有禁而季子之碑
用題與

明

漳國公王聰墓在縣西南司家畈招魂勅葬
户部尚書楊思義墓在黄草湖勅葬
清流知縣呂鏞墓在長嶺岡
錦衣衛指揮都督僉事文質墓在縣北
遵閻志舊本改正劉志塋墓云武狀元文質墓又武

功烈傳云文質嘉靖間人善騎射有異材由武狀元
任錦衣衛都督子應詔由武進士任錦衣衛都指揮
僉事父子二人一謚昭義一謚昭勇歷數百年以武
狀元顯而父子叨國謚葢亦僅焉右兩段載記如此
考明史選舉志武科殿試賜甲自崇禎四年用方逢
年倪元璐議始行乃賜王來聘等及第出身有差來
聘本傳云武榜有狀元自來聘始也再昭義昭勇亦
爲封爵之號非謚也其武功又未指著事蹟劉志諸
如此疎誤故不敢仍其傳特存其墓因附辨於此云

副總兵鄧祖禹墓在鄧氏先隴

黃岡翰林院檢討王用予墓在巴河鎮鳳城觀之左山
麓

蕪湖知縣黃正色墓在馬鋪衝

池州府知事署東流知縣程九萬墓在白石山

黃岡隱士王一翥墓在巴河鳳山

國朝

一會稽知縣贈按察司僉事官撫湙未歸葬墓在餘姚

寓隱何白雲墓在何廟鋪後山

歐烈女墓在曾家湖西岸山

原劉志所載有學士陳仙詰墓失其地學士陶穀墓
在金鼓山高丞相墓在治北六十里考閤志舊載陳
墓已泩弗詳若陶若高則閤志所未有不知劉志何
據增入也今按陳高俱不見正史人代莫考矣陶穀
亦未詳何時人新郡志繫之以宋易穀爲穀疑誤而
劉志藝文中録陳瑹弔墓詩竟指爲宋陶穀此郡志
之所以誤與考宋史陶穀邠州新平人開寶三年以
禮部尚書卒於官其墓當不在此或此名穀非穀也

附

萬人塜在縣河南岸崇禎十六年城陷枯骨橫野有
僧拾之知縣孔維時令葬於此

蘄水義園在都中崇文門外五里許地名神樹有義
園大字石碑高五尺餘前明邑紳以葬邑人之貧而
客死者有屋三間守園者居之有棗樹七十二株付
守園人禁蓄收租每值會試年在舘諸公共醵錢備
僎雇車詣園致祭有餘錢則給守園之人踵而行之
庶情敦桑梓存沒不忘是在後之好義者

物産

庶物馮生山川以竅而民生日用需之如方貢及於菁茅土風徵諸蟋蟀盡物性也蘄之産同於他土者亦多矣顧嘉種維穀食其德者服先疇空穀有蘭採其芳者思君子是可彙其類表其時而次第志焉

通産

五穀之屬多稻多麥多豆有黍有粟

稻之屬多秈有糯有晚　秈之屬曰五十秈　曰六十秈　曰七十秈　曰得厓紅以成熟之早晚　曰圓頭秈　曰齊頭秈　曰矮脚黄　曰蓋草秈　曰蝦鬚秈以形　曰銀條秈　曰金包銀　曰青秈　曰黑殼秈　曰紅黄毛秈　曰白黄毛秈　曰白鶴秈以色　曰浙江秈以地　曰楊三秈以人　曰無名秈　曰天降秈以瑞　糯之屬曰魚子糯　曰馬鬃糯　曰虎皮糯　曰芭茅糯　曰毬頭糯　曰三粒寸以形　曰飛上倉　曰鋪倉底以早　曰雪黄糯　曰凈田糯以遲　曰黄金糯　曰烏節糯以色　曰徽州糯以地　曰觀音糯　曰童子糯以人　晚之屬曰八月晚以時　曰光頭晚　曰蝦鬚晚以形　曰烏節晚以色　曰徽州晚以地　曰童子晚以人

麥之屬多大麥多小麥亦有早晚二種　多蕎麥

豆之屬多黄豆多菉豆有紅豆多泥豆有飯豆多豇豆多扁豆白花者佳　有蠶豆有豌豆有刀豆

黍之屬有秈有糯

粟之屬有秈有糯有蘆粟

穀之别屬有脂麻白黑褐色三種皆可榨油黑色有三楞者即巨勝子

蔬之屬多藚藚之屬多水藚有旱藚與水藚根苗同旱地可種　有山藥即薯蕷出田家山者佳　多萊萊之屬多菘多芥多芸薹俗名油菜其子可榨油　有菠有芹多莧有莙薘有同蒿有萵苣多蘿蔔紅白二種紅者名胡蘿白　多茄有薑多葱多韭多蒜有薤有大胡椒小茴多馬齒莧多薺菘之屬多箭桿白有烏風白有黄芽白寬莖扁葉味甘脆本北産初種殊佳再種處劣　芥之屬多白芥有火焰芥有茴香芥多瓜瓜之屬多黄瓜多南瓜多絲瓜有西瓜有東瓜有苦瓜有菜瓜多瓠子長形　多葫蘆　水蔬之屬有藕白花者佳　有茭菰有蔞蒿有水芹

果之屬多李有杏有梅有桃有櫻桃有林檎有棗有梨有栗有橘有柿有銀杏有枇杷有石榴有葡萄有蓮

子多菱多芡實有葧薺

藥之屬有黃精有葳蕤有天門冬有麥門冬有枸杞有地骨皮多荊芥多南星多半夏有何首烏有香附子有蒼耳子有茱萸有地榆有桔梗有天花粉多青蒿多香薷多五加皮多茺蔚子多夏枯草有旋覆花有蒲公英有菖蒲多忍冬花多金櫻子多青箱子多車前子多土牛膝有茵陳有牽牛子有淡竹葉有草蔴子有薏苡多莞花多紫蘇有薄荷有土茯苓

花之屬有菊有芍藥（有紅紫白三色）多荷有杜鵑有雞冠有鳳仙有玉簪多酴醿多薔薇有月季紅有十姊妹有山丹有美人蕉有葵有罌粟有繡毬有桂有玉蘭有牡丹（粉紅紫三種）有辛夷有山茶有瑞香有海棠多梔子有臘梅有木槿有木香有紫荊有夾竹桃多木芙蓉

草之屬有萱有芭蕉有菖蒲有荻有蘆有雁來紅（一名鳳凰衣又名老更嬌）有游龍多馬蓼有翠屏草有翠雲草有吉祥草有萬年青有洗手香多茅多虎耳草多狗尾草有鳳尾草多蒿多萍多藻

木之屬多松有栢有槐有檀多楓（有細葉楓）有梧有桐有樟多黃楊多楊有柳有構有烏桕（其子可榨油）有桑有櫟有皂角有楝有杜仲有棠梨有椿有杉有冬青有蠟樹（春移虫於枝間冬積白垢取煉之爲白蠟實爲女貞子又有一種名水蠟）

竹之屬多筆竹（有三月筍四月筍）多猫竹多水竹有筋竹有紫竹有斑竹有苦竹有鳳尾竹有慈竹

羽之屬多雞多鴨有鵝多鴉多鵲有鷂有鷹有雉有慈烏大觜烏有鳩有鴿多麻鵲有鶺鴒多山鵲（紅嘴長尾）多鸜鵒有畫眉有鴛鴦有杜鵑有黃鸝有竹雞有百舌有燕有翠多雁有鳧多白鷺有鸛有鴛有鶚有鷓鴣有啄木有鵙（一名伯勞）有鵪鶉有秧雞有穀雞

獸之屬有馬有牛有騾有驢有羊多豕多狗多猫有虎有狐有貛有兎有豺有黃狼鼠有野猫有鼠

鱗之屬有鯉有魴多鱮（一名鰱）多鱅（一名鰟頭）有鱖有鮎有白（一名卽楊鰟）有鯖有鱤有鱒有鯇（一名草魚）有鮆（土名聚刀魚）有鯮多鯽多烏鯉有鰟魮有鱔有鰣有鯛有鱨有白小有黃鯝有鱓多泥鰌有鰻有江豚

介之屬有黿有鼉多鼈有龜有蟹有蜆多蝦多螺多蚌

蟲之屬有蠶多蚊蝱有蝙蝠多蛙多蜂有蝎多蜈蚣多

鼅鼄有蟢有螳螂有羗螂有蜥蜴有蟾蜍有蛇有蝸牛有蜨有蟬有促織有蟋蟀多螢多蚱蜢有紅娘有斑蝥多蟻多飛蟻黑白二種多蜻蜓多蚯蚓多蠅

貨之屬有木棉有苧蔴有菜子俱產沿江洲邊

蘄簟一統志云蘭谿蘄竹所出之地以色瑩者爲簟故王介甫詩云蘄水織簟黃金紋蘓子瞻詩云蘭谿美箭不成笛離離玉筯排霜脊乃知蘄簟不耑以蘄州得名也但竹與匠不及蘄州之多耳

雲霧茶產三角山

茶斗方山及人家諸圃皆出

專產

大柑皮厚味甘色若黃金　石耳生石上　百合出山中一顆數瓣味甚美　山蘭多出山谷中唐以此名縣東坡清泉寺歌云山下蘭芽短浸溪又杜牧詩云蘭谿春盡碧泱泱映水蘭花雨後香

羅漢菜三角山出舊有異僧種之而去雜以暈膩卽無味

鐵一統志云蘄水產鐵

艾葉清香可以療病五月五日午時連莖刈取爆乾收葉以灸百病蘄俗五日採艾懸之戶上以禳毒氣

邑邵志云余公暇嘗登南城倚眺見城址下河流清淺多竹筏西來三三五五逆河用人工牽挽而上皆載石磊砢色紫黑有紅鏽質堅重如鐵問載此焉往焉用之僉曰吾儕英山窮民業操此筏每溪漲載英山貨物如棉花豆粟之屬出嶮西抵蘭谿鎭貨登岸計不令此筏虛歸也先是歲與興國大冶民約向山中拾積此石舟載過江與値委蘭谿江邊壘壘如磧

及筏之歸遂載此石以還循河抵嶮搬運入雞兒河抵英山縣冶之爲鐵夫乃興嘆曰事故之僞有如此也向睹蘄志產鐵自唐志一統志歷載之而蘄實無鐵今其石則與國大冶來也其冶所則英山也見此筏者不察遂以蘄冒之可乎因劄記於此

蘄水縣志卷之三

署縣事宜昌府通判商　樂
知蘄水縣事麴孔　吟　纂輯

建置志

城池

設險以守山川命侯必先墉壑夫蘄非百雉而枕山趾溪環拱天然亦保障之重也昇平無事修壑維勤有備無患民嘉賴焉

舊志云縣舊無城明萬歷三年巡撫趙賢釆輿議創建知縣劉惠董役經其事周七里三分八百九十七

丈雉堞一千六百五十三高一丈五尺厚一丈門五東曰來泰南曰麗文西曰永豐北曰拱辰皆有樓高三丈五尺又南之右曰便民今閉後益以二門東南曰躍龍西南曰阜城其西北隅乃縣脉入城處不可深鑿正西阻塘瀦水南倚河爲險東北可掘爲濠崇禎八年寇警知縣增城濬濠城上爲堡二十八以二十八宿名之守以民壯爲敵樓六東北一東南二西北三各以火藥鎮之十六年三月獻賊襲陷之驅丁男婦女掘城如平地

國朝順治元年知縣孔維時用民力修復之然城外餘土卯積城上石砌未完規制遠不逮初康熙三十五年有盜自永豐門入刼而出遂閉此門雍正五年士民復請開啟改曰開豐門乾隆三十六年邑紳范思皇倡議以此門居縣龍辛方不宜低暗狹小同衆紳士增高而拓大之更覺羣巒拱翠文峯參天因改名曰文昌門

公署

彈琴而坐朋酒以躋上下之情通也詎曰壯堂皇肅瞻仰哉抑閉閤焚香稅田諫雨誓心愛民之隱何地

可忘

縣署明洪武七年知縣趙季光建正統時知縣胡奎正德七年知縣謝爵增修萬歷四十三年知縣閻士選扁其堂曰誠求崇禎十六年寇焚

國朝順治元年知縣孔維時復修中爲大堂大堂左爲旗纛廟右爲　關帝廟堂下翼以兩廊左吏戸糧禮號房右承發兵刑工舖長房左贊政亭儀仗庫戒石亭右架閣庫中爲六合亭前爲儀門儀門外左爲倉禁

大禁女禁常平倉土地祠賓館右爲常平倉又前爲頭門譙樓順治十一年知縣李蓁修外爲榜房左爲申明亭右爲旌善亭蘇氏亭左元壇廟大堂後爲思政堂崇禎年改爲山聲堂左有庫樓右有慎思堂有舞鶴軒堂後爲內宅宅有樓曰雪樓順治十三年知縣劉佑即雪樓舊規改創題曰練光樓樓前穿堂乾隆十七年知縣劉有杰題曰隨處體認天理署右爲馬廄爲箭亭知縣侯方夏扁曰古道猶存

縣丞署在大堂左舊燬順治初縣丞張貞復建湯榯如增修

典史署在儀門內左舊燬順治典史楊文達復建王如德增修乾隆三十六年邑令伍因監獄責重夜關便於巡查將署頭門改置儀門之外

舊志云縣治爲一邑樞紐舊時規制宏備崇禎十六年諸制盡廢今雖增修十不逮一又聞之故老曰縣治前之左右舊有龍眼井火星池今爲住民所塞由治下直達舊有火巷與南河萬峯相望重門洞開諸巒拱揖故前之涖此土者無不坐膺內召近爲居民搆一廛塞之風水阻隔致難當事奈何惜一廛而重貽長上累也人亦有言蓮花山爲縣治來脉不宜斷蓮花池爲縣治膏潤不宜淤塡之濬之其亦理有可信者乎

學宮學署在縣南門內及各祠祀書院學莊等俱詳學校志

城守營署在西門內城隍廟側康熙五十八年知縣劉象賢捐置畢姓房屋創建頭門一座大堂中樓坐樓共二重各三間營屋七間

浠川驛丞署在治南明洪武知縣祖宗文建正廳退省兩廊鼓樓私衙馬房共大小三十四間崇禎末改入府館側今驛裁署廢

蘭谿驛丞署在西南四十里明洪武知縣趙季光建正廳鼓樓廊房榜房官廨吏舍庖房共一十三間今驛裁署廢

巴水驛丞署在治西四十里明洪武知縣祖宗文建正廳後堂穿廊浴房儀門左右廂房馬房鼓樓共大小三十九間今丞裁驛署存

蘭谿巡檢司在治西南四十里洪武知縣趙季光建廳屋住房廂房監房鼓樓共大小十一間

巴河巡檢司在治西七十里洪武知縣趙季光建中廳廂房榜房獄房巡檢廨教場共大小十二間

布政分司在治南正統知縣胡奎建正德知縣王伯重修次儀門次廊房次振肅堂次左右耳房次正廳三左廚房右浴房二門外官房三今廢

按察司分司在治西洪武知縣趙季光建正統知縣胡奎宏治知縣程昌重修順治知縣李蓀又修次儀

門次廊房鑑衡堂次左右廂房次正廳三左廚房右浴房二門外官房三今圮遺址猶存

府館在治西正德知縣王伯建次儀門次廊房次正廳堂次左右耳房次後堂三左廚房右浴房二門外列官房三今廢

陰陽學在治東洪武知縣陳得義建正廳三間後屋二間今廢

醫學在治南洪武知縣陳得義建正廳三間後屋二間

楊歷湖河泊所在治西南四十里洪武知縣陳得義建正廳耳房司房公廨共大小十一間萬歷八年官裁署廢

折湖河泊所在治西南六十里洪武知縣郭德謙建正廳耳房公廨共大小十一間萬歷八年裁署廢

校場在城西郊永豐倉側今移城東郊臨河

僧會司在昭化寺

道會司在三清觀

右公署之關於建置者共計二十今廢其半其存者

制度名目亦與昔殊書而不削示毋忘前人締造之意也

祠祀

聖人制作凡有功德及民與忠孝節烈悉載祀典不屋而壇昭其明也立廟以享萃其渙也精貫乎日月之上氣流於俎豆之間洋洋乎其不可揜也夫

關帝廟在治東城內歲三祭春秋二仲上戊及誕日共支餉銀叁拾伍兩柒錢陸分肆釐雍正五年添設

社稷壇在治北二里歲二祭春秋二仲共支餉銀壹拾

兩嘉靖知縣陳蘭化建
山川壇在治東里許歲二祭祭日支餉同社稷知縣謝
于岡建
常雩壇祭在先農壇行禮祭日初夏支餉銀伍兩在於
司庫領給
先農壇在治南三里祭日奉部頒無常乾隆五年奉文
以耤田存穀變價銀伍兩備祭現除每年動用外實
貯穀肆拾伍石壹升壇傍原有耤田肆畝玖分計稞
玖石捌斗

邑厲壇在治西北二里歲三祭清明中元十月朔先一
日詣城隍廟焚牒厥明導城隍木主於壇壇下列無
祀鬼神共支餉銀壹拾貳兩乾隆七年減定壹兩知
縣陳蘭化建
旗纛廟在治署內大堂側霜降日祭
城隍廟在治西明敕封顯佑伯崇禎十六年賊焚順治
初市民募闔邑修復之歲無特祀惟厲祭主之餘則
附於風雲雷雨山川壇
洪武二年敕封鑒察司民城隍顯佑伯制文帝王受
天明命行政教于天下必有生聖之瑞受命之符此
天示不言之妙而人見聞所及者也神司淑慝爲天
降祥亦必受天之命所謂明有禮樂幽有鬼神天理
人心其致一也朕君四方雖明智弗類代天理物之
道實罄於衷思應天命此神所鑒而簡在帝心者君
聰明正直聖不可知固有超於高城深池之表者世
之崇於神者則然神受於天者蓋不可知也茲以臨
御之初與天更始凡城隍之神皆新其命睠此縣邑
靈祇所司宜封曰鑒察司民城隍顯佑伯顯則威靈
丕著佑則福澤溥施此固神之德而亦天之命也司
於我民鑒於邑政享茲祀典攸久無疆施行
按舊志藝文內首載城隍誥命一篇今查明史洪
武二年因禮官言除京都開封臨濠太平和州滁
州皆封爲王外其餘在府爲威靈公在州爲靈佑
侯在縣爲顯佑伯秩四品袞章冕旒俱有差命詞
臣撰制文頒之蘄水城隍受封非有異於他邑故
將原文移載於此至邑人周梓修舊縣城隍廟引
語多不經刪之

文昌閣在治南門外萬歷時知縣孫善繼王建屏建康
熙十四年知縣蔣燦重修乾隆十八年燬於火
張忠烈王廟一在玉臺山一在巴河鎮
伍員廟在伍洲相傳伍員適吳渡江處
孫權廟在城山相傳孫權屯軍處
三賢祠在治南城內黃州府知府郭鳳儀建祀晉王羲
之唐陸羽宋蘇軾見一統志嘉靖三十九年知縣陳
蘭化重修崇禎十六年燬現仍祠治南城內
朱文公祠在右軍洗墨池邑中諸右姓公建

閻公祠在治南城內爲知縣閻士選建今存址

孫公祠在治西北二里爲知縣孫善繼建今存址

宋公祠在治西北爲知縣宋文昌建

游公祠在治南雲路口爲知縣游王廷建

李公祠在治西興賢莊爲知縣李汝燦建

侯公祠在治城隍廟側爲知縣侯方夏建

五義士祠崇禎十年爲邑人程維常徐玉蘭蔡巨人胡方壺徐用極殺賊陣亡建

黃岡隱士杜士鶚祠在邑西北夕山下祠有祀田貳拾

柒石公無子浠黃門人王宏毅陳如鱗等捐資所置有碑載原委姓氏甚悉至今春秋祀事不衰祠前有墓公繼配柯氏也僕養正事主及主母有義並附葬柯氏墓右公墓在黃岡路口

羅公祠有二一在躍龍門外一在雲路口爲施南河義渡羅一龍建

營汛

劉宋置豫部蠻民其時風教固殊厥後用武者多由其地孝武建紫雲之牙左丞出巴蘄之衆於是蘄爲江淮濟皖光蔡之要衝焉昇平既久戍壘清閒然而碁布星羅指揮響應所以除戎器戒不虞也

城守營設把總一員原係黃州協輪撥千把總防汛三月一更官無定員康熙四十五年詳定帶員係黃協右哨千總帶防復於乾隆七年詳請將千總移駐長江水汛城守係把總分駐領馬步兵三十六名內撥八名分防竹瓦店雞鳴河實存城兵二十八名

水汛四塘係黃州協撥兵分守

巴河口防兵十名雍正六年添設外委一員塘房在

觀音閣樓屋五間廚房一間望樓一座哨船一隻門樓一座煙墩五座計程十五里至烏江廟

烏江廟防兵三名原五名雍正二年撤二名實三名塘房三間廚房望樓哨船門樓煙墩從同計程十五里至蘭谿口

蘭谿口防兵七名原五名乾隆七年增二名實七名塘房等項從同計程十五里至迴風磯

迴風磯防兵五名塘兵等項從同計程十里與蘄州老樹夾交界

旱汛三塘竹瓦雞鳴係城兵撥防黃泥嘴係黃協撥防

竹瓦店防兵三名乾隆十七年新設借居民房

雞鳴河防兵五名塘房三間望樓一座煙墩五座

黃泥嘴防兵三名乾隆十七年新設借居民房

驛遞

羽書旁午星夜交馳千里間關刻晷不易此置郵而傳命也蘄本楚境而衝當吳豫輪蹄絡繹載驟駸駸眞四達而不悖矣

蘄水縣志 卷之三 驛遞 十一

本縣原設脚馬五十匹後奉裁止存二十匹浠川驛原設驛馬二十五匹合共脚驛馬四十五匹夫一十五名獸醫二名雍正六年奉文將浠川驛裁汰歸併縣管又裁脚馬一十五匹夫五名獸醫一名實設馬三十匹夫十名獸醫一名

蘭谿驛站船水夫八名新加八名除摘二名改編淺夫康熙年全裁

巴水驛腰站原設馬二十五匹馬夫八名半獸醫一名乾隆十九年驛丞奉裁知縣兼攝

縣前舖日急遞舖永充舖兵一十四名徭編舖兵四名

南抵蘄州廣濟舖有四

石牛舖永充舖兵五名徭編舖兵四名

分流舖永充舖兵四名徭編舖兵四名

李店舖永充舖兵六名徭編舖兵三名

六廟舖永充舖兵五名徭編舖兵六名

西抵黃岡舖有六

鍾師樓舖相傳漢鍾離曾經此故名永充舖兵六名徭編舖兵四名

蘄水縣志 卷之三 驛遞 十二

松林舖永充舖兵七名徭編舖兵三名

孟家山舖永充舖兵四名徭編舖兵五名

何廟舖永充舖兵五名徭編舖兵四名

劉店舖永充舖兵五名徭編舖兵五名

七里舖永充舖兵五名徭編舖兵五名

東北抵羅田舖有八

滑石舖永充舖兵三名徭編舖兵四名

株林舖永充舖兵四名徭編舖兵四名

三家店鋪永充鋪兵五名徭編鋪兵三名
白沙嶺鋪永充鋪兵五名徭編鋪兵三名
三望衝鋪永充鋪兵五名徭編鋪兵三名
樊家港鋪永充鋪兵六名徭編鋪兵二名
歇塘鋪徭編鋪兵四名舊志無歇塘鋪有嚴家坳長嶺二鋪核册此地實名歇塘鋪過此則嚴家坳長嶺地雖屬蘄而鋪屬羅田當役領銀俱在羅邑故改正之
西南抵蘭谿鋪有二

遇客嶺鋪徭編鋪兵二名
竹林墩鋪徭編鋪兵二名
以上二鋪自前明鋪兵逃亡撥縣前急遞鋪帶充

鄉鎮

六鄉之制肇自成周而市司之設即因以起凡以萃其渙也蘄之鄉有五五鄉村落復較若列眉溱溱乎旐旟之象矣
團陂市距城九十里
黃牛背距城八十里

兩路口距城九十里
關口市距城三十里以上俱係南鄉
巴河鎮距城七十里
三家店市距城三十里
西陽河市距城六十五里
竹瓦店市距城五十里
朱店市距城三十里以上俱係北鄉
河東市距城五里
洗馬畈市距城六十里

蘄陽坪市距城六十里以上俱係上鄉
周家坳距城九十里
蔡家河市距城六十里以上俱係下鄉
蘭谿鎮距城四十里
雲路口市距城四里
六神港市距城二十里
福主廟距城五十里
拆湖市距城六十里以上俱係永鄉

津梁

候吏有津成梁有制皆以通往來也蘄在萬山之中
三水環繞其間支流漫衍港澗相錯而未病涉豈不
賴有津梁哉

堤

王公堤在巴河鎮知縣王伯築
萬公堤在治南五十里知縣胡奎築

渡

南河渡在南門外自明成化知縣潘珏捐建浮梁漲
用渡船徭編津夫二人費出公家亂後浮梁盡廢津

卒船隻不給人甚苦之
國朝順治年間里人羅一龍一子早夭用銀壹百陸拾柒
兩置邑宦繆師嶺田稞壹百伍拾叁石捐入此渡歲
給津夫食穀壹百貳拾石餘爲修橋添船之費邑令
劉佑李長敏給額旌閭後因田主索稱搆訟邑人徐
信卿等倡募士民出加補銀柒拾餘兩訟得寢又請
邑令郭廷弼洪理順將本田正米陸石柒斗捌升繼
派五鄉花戶分任遂垂久遠歷付里中賢能士耆經
管後有陳士周者管理三十年矢公矢愼累年餘積

續置田稞伍拾石邑令葉爲舟以好善不倦旌之
東門河渡在縣東門外貢生李籌貞妻詹氏捐上柳
林新舖上田稞貳拾壹石監生周廷豫倡首募衆捐
銀公置東河岸田稞壹拾捌石並熊家湖田稞玖石
共肆拾捌石又徽州監生方安棟施蔡家大塘下田
稞伍石伍斗圓塘半口照南河渡例
下河渡在西門外有船一隻板橋一座康熙四十二
年邑人程白受李仲先張念儀尚文玉華賓於李章
起何方士李雲路董雲琪陳詡士李仲玉汪文元萬

恒朋華一宇任明遠張仲連程尼城徐錫韓孫小仙
毛荆山張念銘華協于萬恒吉僧靜慧共捐置買長
嶺崗田稞貳拾壹石又張孔卿施綦家湖田稞肆石
柒斗伍升轉售湊買麻橋田稞壹拾伍石伍斗又朱
祖尭施朱家壩柳林河田稞肆石共田稞肆拾石零
伍斗每歲給津夫穀料理船具又尚國柱施文昌閣
側田稞壹拾石以爲建置板橋之費亦付津夫管理
乾隆四十一年邑民丁祥雲捐出阜泥湖田稞叁拾
玖石添建船橋其田收租分給津夫工食併在渡口

置買瓦屋一間祠祀祥雲夫婦勒碑祠內

裴家河銅鑼石渡在縣東十五里邑庠徐三餘潘晏於順治年間捐有田稞柒石伍斗付津夫耕收

蠟林河渡在縣東二十里

闞口河渡在縣東三十里

蔡家河渡在縣東四十五里邑人郭篤生兄弟同衆姓於康熙十六年捐造渡船一隻板橋一座置買田稞陸拾陸石一付拾陸石伍斗與晏公廟僧收貯以備船板工食一付拾陸石伍斗與興隆廟僧以爲看

守之費餘剩田稞叁拾叁石批佃收租給發津夫工食郭錫惠同衆姓管理累年存積批莊銀兩助修六神港橋蔡家河本鎮大路

城隍港渡在縣東北七十里張榮貞捐田稞壹拾捌石付津夫管理

百里河渡在縣東百里郭周吳三姓共捐置田稞貳拾肆石付津夫管理

葉家河仁聖渡在縣東六十里衆姓捐田稞壹拾貳石付津夫管理

雞鳴河渡在縣東七十里陳國忠捐田稞壹拾貳石自下河渡以下至此諸渡屬下鄉

六神港渡在縣西二十里

槑潭渡在縣西三十五里

青蒿港渡在縣西三十八里

以上三渡衆姓捐置零星田稞付津夫收理

金家灘渡在縣西四十里

楊林港渡在縣西南五十里

以上二渡衆姓捐置麥地付津夫收理

楊歴湖渡在縣西南五十里

沙洋湖渡在縣西五十里

以上二渡衆姓捐置田稞付津夫收理

彭家港渡在縣西五十里邑庠生王朝實等捐渡船一隻每歲捐祭産銀貳拾餘兩爲修船招渡夫費

蘭谿官渡津夫二名官給工食載賦役志自六神港至此諸渡屬永福鄉

望天湖渡在縣西五十五里監生周志睿捐阜角蕩田稞拾伍石設渡船一隻

龍家渡在縣西北五十五里雍正二年監生何元鰲捐田稞伍拾肆石造船招渡夫並建涼亭一所

上巴河渡在縣西北六十里貢生盧經邦捐田稞肆拾玖石設渡船一隻又生員盧文穉捐田稞伍拾石另設渡船一隻

西陽河渡在縣西北六十里監生李本時捐田稞陸拾石設渡船一隻

下巴河官渡在縣西七十里津夫四人本縣徭編二人官給工食載賦役志黃岡免軍一人羅田徭編一

人又巴河紳士共建渡船四隻招津夫八名捐置洲地田稞計若干石收租給發津夫工食自望天湖渡以下至此諸渡屬北鄉

石門潭渡原名金家渡在縣北六十里里人何席聘妻捐田稞伍拾石零伍斗

鳳凰潭楓香渡在縣北六十里何大益妻劉氏捐田稞陸拾石以上二渡屬南鄉

橋

治東曰昭化橋在昭化寺前

一里曰綠楊橋因東坡醉臥橋上作詞有解鞍欹枕綠楊橋之句故名乾隆二十三年知縣邵應龍率邑相禮生鄭崑楊春秀桂有馨廖如峯黃升其程康寧等建亭其側後相禮生楊其復邱學峻徐道榮重修

二里曰畢氏橋程同志妻畢氏建

三里曰泊港橋

十里曰潘家橋明宣德初鄉女潘氏建

二十里曰萬泉橋

二十五里曰馬鋪衝橋鄉民朱玉成建

曰玉泉橋

三十里曰城角橋

曰三望橋　曰周家橋

三十五里曰太平橋

四十五里曰倒流河橋居民郭民楚修建

四十五里曰羊角橋　曰洗馬畈橋

曰大馬橋

六十里曰蔣家橋　曰蘄陽坪橋

治東南十五里曰雙河口橋

二十里曰王家河橋
曰九龍橋
四十里曰牛積厰橋邑庠生方以國捐修橋頭有凉
亭一座
治西五里曰生生橋知縣潘珏建
曰鳳凰橋邑人邱養中妻楊氏建知縣李汝燦記之
十五里曰麻橋居民湯氏碧建宋麗安常居此
三十五里曰苦竹港橋邑民湯仲新建劉志謂新為
華今從閻志改正

四十里曰巴水橋
六十里曰望天湖大橋
治西北五里曰磨兒橋
治南河曰浮橋知縣潘珏建即今南河渡
二十里曰六神港橋節婦李黃妻程氏建順治七年
李見璧修康熙十年李友梓修五十五年李籌貞能
貞修乾隆二年李紹度倡修接修河路十三年李紹
佩妻岑氏同姪李闓韶重修並橋上凉亭
三十八里曰青蒿港橋居民程禰建年久將圯乾隆

二十二年知縣邵應龍倡邑士民捐費千金移基重
建
曰余公橋
治北十五里曰萬花橋
二十里曰新橋明成化二十一年承事郎蔡明建
曰清水港橋
三十里曰朝聖橋
三十五里曰上洙泗河橋曰下洙泗河橋

坊表

功者德之華名者實之賓坊以誌不朽也夫攀龍冢
繡舊傳桂林之芳激濁揚清共表棠蔭之美若夫完
節守貞有關世教其可隱而不揚哉
東曰遵道坊　曰通政坊　曰中和坊　曰義和坊
曰崇善坊
南曰善政坊　曰南風坊　曰清源坊　曰太平坊
曰澄清坊　曰蘭清坊
西曰善教坊　曰通化坊　曰賞節坊
北曰集善坊　曰興賢坊　曰慶善坊　曰甘泉坊

日拱辰坊 以上表市衢

按察分司前曰激濁坊　曰揚清坊

浠川驛前曰迎恩坊　曰駐驄坊 以上表公署

至聖坊在文廟西

城隍坊在城隍廟東巷口

顯佑伯坊在城隍廟前

三賢坊在三賢祠東

習儀坊在昭化寺巷口

東岱坊在東嶽廟前

忠靖坊在巴河張睢陽廟前 以上表祠廟

進士坊　一爲許貞　一爲呂鏞　一爲魯永清建

恩榮坊爲徐紹先建

文魁坊爲張詳建

折桂坊　一爲呂鏞　一爲徐泰建

進賢坊爲吳永哲建

步武坊爲薛濟建

奪錦坊爲龔恭建

賓興坊爲張瑨建

登雲坊爲程岳建

傳桂坊爲李汰程節詹易李尚仁建

桂林坊爲徐吉貞程翺郭文輔陳榮錢重器錢貢呂

爵周瑯李宗元操永魁建

會魁坊爲周瑯建

總憲坊爲胡仲謨建

世科坊爲錢邦偁建

豸繡坊爲朱衫建

寵錫坊爲周鳴璣建

天恩坊爲李畿嗣建

文宗坊爲李時成建

諫議坊爲王希元建

進士坊爲朱衫朱期至朱期昌建

三錫坊爲胡溥建

兩階坊爲胡仲誥建

文宗坊爲周延光建

世業坊爲蔡曰涇蔡斗移蔡璿建

光前坊爲周應期建

開濟坊爲郭士望建

闗西坊爲楊從龍建

卿月坊爲官應震建

論思坊爲大學士姚明恭建

甲第坊爲邑進士建

人文坊爲邑鄉舉建　以上表科第

孝子坊爲劉淳建

純孝完節坊爲徐尚國妻楊氏建

貞節坊爲廖節婦袁氏建

天彰節孝坊爲郭廷庠妻羅氏建

一門三節坊爲程周氏程蔡氏程陳氏建　以上表節孝

一在法華庵　一在董家巷
一在寶家河

盛世循良坊爲知縣江世東建

南國棠蔭坊爲知縣孔榮宗建　以上表循良

蘄水縣志卷之四

署縣事宜昌府通判高　舉
知蘄水縣事蘓扎　哈　纂輯

賦役志

户口

古者自生齒以上皆書諸版由是國有大事可按籍而稽後世征役繁興民多脫漏抑凋耗日甚實數不盈故生齒繁庶亦不易也

國初户口與明數畧相等今則數倍於前蓋生當重熙累洽之時而無繁役苛征宜乎休養滋生之盛也與

明洪武二十四年户壹萬肆千叁百伍拾柒口男子肆萬叁千伍百叁拾貳婦女肆萬壹千有捌

永樂十年户壹萬叁千玖百伍拾伍口男子肆萬壹千肆百有捌婦女肆萬柒百伍拾柒

正統六年户壹萬叁千壹百捌拾壹口男子伍萬玖千肆百伍拾玖婦女伍萬伍千壹百有捌

嘉靖元年户壹萬貳千玖百壹拾捌口壹拾壹萬柒千柒拾壹　十一年户壹萬叁千柒拾口壹拾壹萬捌千柒百肆拾壹　二十一年户壹萬叁千壹百伍

拾玖口壹拾壹萬捌千柒百肆拾壹

隆慶六年戶壹萬叁千壹百捌拾捌口男子伍萬伍千伍百玖拾叁婦女肆萬陸千肆百有叁

萬歷十年戶壹萬叁千壹百玖拾民戶貳千捌百有捌軍戶肆千玖百有貳貼軍戶肆千壹百玖拾陸雜役肆百壹拾校尉力士鼓手壹拾伍水馬驛遞馬船水夫肆百叁拾有陸弓舖兵貳百柒拾有捌廚役壹拾叁捕貳醫壹拾柒樂伍各色人匠壹百有柒口男子伍萬伍千肆百玖拾伍婦女肆萬陸千叁百玖拾

肆舊志

國朝順治十四年邑令劉佑重修邑志自萬歷十年後至修志時戶口增減之數無載

康熙二十三年邑令李振宗續志云崇禎十六年之變城遭屠毀今幸生齒漸繁而蘄之編丁又從田糧酌派於原額無甚出入

乾隆十四年郡守王勍重修郡志載戶壹萬叁千壹百伍拾玖口壹拾壹萬捌千柒百肆拾壹與嘉靖二十一年同

按蘄邑戶口數目自舊邑志及郡志所載壹萬叁千壹百伍拾玖戶壹拾壹萬捌千柒百肆拾壹口大畧相埒自乾隆十七年邑令劉育杰逐戶捐給門牌澈底查核遞年照例編查截至乾隆五十八年底共編伍萬壹千捌百伍拾陸戶男女大小貳拾陸萬伍千捌百玖拾伍丁口於以見

聖世之休養滋生爲甚盛云

人丁原額一萬叁百玖拾丁每丁並新加顏料等項派銀貳錢玖分貳釐捌毫玖絲陸忽伍微陸塵捌渺額

徵銀叁千肆拾叁兩壹錢玖分伍釐康熙四年奉文豁免故丁壹百壹拾陸丁免丁銀叁拾叁兩玖錢柒分陸釐實在丁壹萬貳百柒拾肆丁實額銀叁千玖兩貳錢壹分玖釐隨糧徵派

康熙元年起至五十年底逐次編審加增人丁壹百肆拾叁丁增銀肆拾壹兩捌錢捌分肆釐隨糧帶派

康熙五十五年至雍正九年底編審增益滋生人丁伍百陸拾陸丁欽奉

恩詔永不加賦

雍正七年奉文於詳請丁隨糧派歸入通省糧銀均攤加增人丁銀壹千柒百玖拾玖兩玖錢肆分捌釐
雍正十一年奉文減去銀壹千肆拾柒兩壹分乾隆元年欽奉
上諭全行豁免
乾隆元年起至二十一年底編審增益滋生人丁壹千壹百柒拾丁欽奉
恩詔永不加賦新舊額內額外現在實共納賦人丁壹萬肆百壹拾柒丁實共隨糧帶徵丁銀叁千伍拾壹兩

壹錢叁釐

賦稅

賦稅必謹重民力也舊志宋元無考要皆遵一代之制以率由不悖耳明自洪武迄於萬歷法令屢更其徵斂科條完解款目難更僕數我
國朝定鼎政從寬大去其瑣雜民間自完糧餉之外秋毫無擾深仁厚澤淪肌浹髓子惠元元之意即一邑可見大同之治矣
明洪武三十四年官民田地塘伍千肆百肆拾壹頃肆畝壹釐夏稅小麥陸拾陸石叁斗陸升麥絲貳拾伍觔壹拾叁兩伍錢貳分租絲壹拾觔壹拾肆兩捌錢柒分農絲壹拾叁觔肆兩捌分秋糧官米柒百肆拾柒石捌斗捌升伍勺民米肆萬叁千玖百四石壹升壹合伍勺
永樂十年官民田地塘伍千肆百柒拾叁頃玖拾捌畝叁分壹釐夏稅小麥陸拾伍石陸斗柒升玖合伍勺麥絲貳拾伍觔玖兩柒錢肆分秋糧官米壹千陸百玖拾陸石伍斗柒升叁合民米肆萬叁千柒百肆

拾石伍斗貳升陸合捌勺
正統六年官民田地塘伍千肆百柒拾壹頃捌拾柒畝柒分柒釐夏稅小麥陸拾陸石陸斗伍升叁勺麥絲貳拾伍觔壹拾伍兩貳錢叁分捌釐租絲貳拾肆觔壹拾壹兩壹錢肆分農絲壹拾叁觔陸兩貳錢肆分秋糧官米壹千叁百柒拾捌石捌斗肆升陸合捌勺民米肆萬叁千柒百柒拾伍石柒斗叁升柒合玖勺
隆慶六年官民田地塘伍千肆百柒拾柒頃陸拾貳

畝四分夏稅官麥玖斗陸升玖合伍勺民麥陸拾伍
石陸斗捌升叁勺官絲陸兩肆分民絲貳拾伍觔玖
兩壹錢玖分捌釐官租絲貳拾肆觔壹拾壹兩肆錢
叁分肆釐共織北京絹肆拾疋壹丈伍尺柒寸貳釐
秋糧官米壹千貳百柒拾壹石伍合伍勺民米肆萬
叁千捌百捌拾肆石陸斗捌升貳合玖勺內失額無
徵米壹百陸拾肆石實在官民米肆萬肆千玖百玖
拾壹石陸斗捌升捌合肆勺額隨里長辦解
萬曆九年縣令閻士選奉旨丈量十二年奉例摘查

改正田伍千玖百伍拾貳頃玖拾捌畝伍分玖釐塘
陸百叁拾陸頃陸拾玖畝肆分伍釐地壹千肆拾柒
頃伍拾畝貳分肆釐夏稅小麥陸拾陸石陸斗伍升
叁勺農桑絲貳拾叁觔柒兩肆錢捌分官租絲貳拾
肆觔壹拾壹兩肆錢叁分肆釐麥絲貳拾伍觔壹拾
伍兩貳錢叁分捌釐共織北京絹肆拾疋壹丈伍尺
柒寸貳釐秋糧官米壹千貳百柒拾壹石伍合伍勺
民米肆萬叁千捌百捌拾肆石陸斗捌升貳合玖勺
其科則奉例改正上田塘每畝科民糧柒升貳合叁
勺中田塘每畝科民糧陸升叁合柒勺下田塘每畝
科民糧伍升伍合伍勺伍抄肆撮山水鄉田每畝科
民糧肆升伍合陸抄玖撮伍圭上地每畝科民糧陸
升叁合柒勺中地每畝科民糧伍升伍合伍勺伍抄
肆撮下地每畝科民糧貳升陸合田塘地每畝各帶
派夏稅小麥捌抄柒撮貳圭柒粒叁粟農桑租麥絲
壹釐叁毫肆絲叁忽陸微陸塵陸渺肆漠外民米壹
石帶派官米貳升捌合玖勺陸抄貳撮叁圭載舊志
國朝因明畝數永爲定額

原額田伍千玖百伍拾貳頃玖拾捌畝伍分玖釐貳毫
上田壹千伍百壹拾叁頃柒拾陸畝陸分伍釐每畝科秋
糧民米柒升貳合叁勺該米壹萬玖百肆拾肆石伍斗叁升壹
合柒勺每石並新加顏料等項共派銀陸錢伍分叁釐陸毫肆絲壹忽柒
徵玖塵玖纖該銀柒千壹百伍拾叁兩捌錢叁釐內英山縣民段
廷先買管田叁頃叁拾畝伍分柒釐該米貳拾叁石玖斗貳勺
中田壹千伍百捌拾頃叁拾貳畝陸分每畝科秋糧民米陸升叁
合柒勺該米壹萬陸拾陸石陸斗柒升陸合陸勺每石
照前則例派徵該銀陸千伍百捌拾兩壹釐內英山縣民段廷先買管田壹

頃柒拾肆畝伍分玖釐該米壹拾壹石柒斗肆升玖合玖勺

下田貳千伍百叁頃伍畝陸分陸釐（每畝科秋糧民米伍升伍合伍勺伍抄肆撮）該米壹萬叁千玖百伍石肆斗捌升伍勺每石（照前則例派徵）該銀玖千捌拾玖兩貳錢叁釐（內英山縣民段廷先買管田叁拾壹頃貳拾肆畝貳分肆釐該米壹百柒拾玖石壹斗壹升玖合肆勺）

山水鄉田叁百伍拾伍頃捌拾叁畝陸分捌釐（每畝科秋糧民米肆升伍合陸抄玖撮伍圭）該米壹千陸百叁石柒斗叁升捌合捌勺每石（照前則例派徵）該銀壹千肆拾捌兩貳錢柒分壹釐

以上四則田照糧（每石帶派官米貳升捌合玖勺陸抄貳撮叁圭）該米壹千伍拾柒石柒斗壹升伍合叁勺內除英山縣民段廷先買過下鄉民錢正文等連界田糧貳百貳拾石叁斗肆升貳合捌勺奉文題准每石折銀伍錢另解司不派條編外實徵官米捌百叁拾柒石叁斗柒升貳合伍勺每石（照前則例派徵）該銀伍百肆拾柒兩叁錢肆分貳釐（每畝科夏稅小麥捌抄柒撮貳圭柒粒叁粟）該麥伍拾壹石玖斗伍升肆合伍勺秋糧內帶派（每畝帶派稅桑絲壹釐叁毫肆絲叁忽陸微陸塵陸渺）該稅絲叁拾玖觔柒兩柒錢肆分玖釐桑絲壹拾觔柒兩玖錢肆分玖釐秋糧內帶派

額地壹千肆拾柒頃伍拾畝貳分肆釐

上地叁拾陸頃叁拾叁畝柒分叁釐（每畝科秋糧民米陸升叁合柒勺）該米貳百叁拾壹石肆斗陸升捌合肆勺每石（照前則例派徵）該銀壹百伍拾壹兩貳錢玖分柒釐

中地壹百陸拾伍頃玖分叁釐（每畝科秋糧民米伍升伍合伍勺伍抄肆撮）該米玖百壹拾陸石陸斗玖升貳合伍勺每石（照前則例派徵）該銀伍百玖拾玖兩壹錢捌分玖釐

下地捌百肆拾陸頃壹拾伍畝伍分玖釐（每畝科秋糧民米貳升陸合）該米貳千貳百石伍合叁勺每石（照前則例派徵）該銀壹千肆百叁拾捌兩壹分陸釐

以上三則地照糧（每石帶派官米貳升捌合玖勺陸抄貳撮叁圭）該米玖拾陸石玖斗柒升陸勺每石（照前則例派徵）該銀陸拾叁兩叁錢捌分肆釐（每畝科夏稅小麥捌抄柒撮貳圭柒粒叁粟）該麥玖石壹斗肆升貳合秋糧內帶派（每畝派稅桑絲壹釐叁毫肆絲叁忽陸微陸塵陸渺）該稅絲陸觔壹拾伍兩壹錢陸分壹釐桑絲壹觔拾叁兩伍錢陸分叁釐秋糧內帶派

額塘陸百叁拾陸頃陸拾玖畝肆分伍釐

上塘壹百柒拾柒頃叁畝肆分每畝科秋糧民米柒升貳合叁勺該
米壹千貳百柒拾玖石玖斗伍升陸合壹勺每石照前
則例派徵該銀捌百叁拾陸兩陸錢叁分叁釐
中塘貳百貳拾肆頃柒畝玖分壹釐每畝科秋糧民米陸升叁合柒
勺該米壹千肆百貳拾柒石叁斗捌升叁合壹勺每
石照前則例派徵該銀玖百叁拾貳兩玖錢玖分柒釐
下塘貳百叁拾伍頃伍拾捌畝壹分叁釐每畝科秋糧民米伍
升伍合伍勺伍抄肆撮該米壹千叁百捌石柒斗伍升陸合伍
勺每石照前則例派徵該銀捌百伍拾伍兩肆錢伍分捌釐

以上三則塘照糧每石帶派官米貳升捌合玖勺陸抄貳撮叁圭該米壹百
壹拾陸石叁斗壹升玖合陸勺每石照前則例派徵該銀柒
拾陸兩叁分壹釐每畝科夏稅小麥捌抄柒撮貳圭柒粒叁粟該麥伍石
伍斗伍升柒合秋糧內帶派每畝帶派稅桑絲壹釐叁毫肆絲叁忽陸微陸
塵陸渺該稅絲肆觔叁兩伍錢陸分陸釐桑絲壹觔壹
兩玖錢陸分玖釐秋糧內帶派
以上原額田地塘共柒千陸百叁拾柒頃壹拾捌畝
貳分玖釐共科秋糧米肆萬伍千壹百伍拾伍石陸
斗玖升伍合內除英山縣民段廷先買過下鄉民喻正文等連界田叁拾柒頃貳拾玖畝肆

分該秋糧貳百貳拾石叁斗肆升貳合捌勺奉文題准每石折銀伍錢另解充餉不派條編外實載
秋糧米肆萬肆千玖百叁拾伍石叁斗伍升貳合肆
勺又夏稅小麥陸拾陸石陸斗伍升叁合夏稅絲伍拾觔零壹拾兩肆錢陸分捌釐桑絲壹拾叁
觔零柒兩肆錢捌分三項俱入秋糧內帶派實派徵銀貳萬玖千叁百柒
拾壹兩陸錢貳分伍釐
優免充餉銀伍百陸拾伍兩壹錢貳分叁釐賦役全
書內載明歸入闔省糧銀攤徵
萬歷四十六七八三年加增玖釐地畝餉銀陸千捌
百叁拾玖兩玖錢貳分叁釐

南糧驢脚米每正米壹石派米壹斗伍升該米壹千肆百陸拾壹石捌斗柒升每石折銀壹
兩該銀壹千肆百陸拾壹兩捌錢柒分
匠班除逃亡外現在納班伍拾叁名每年帶閏納銀
叁拾壹兩捌錢奉文歸丁地內帶派充餉
麂皮京摃銀壹兩陸錢肆分貳釐
丁糧外派
英山米貳百貳拾石叁斗肆升貳合捌勺每石折銀伍錢共
折銀壹百壹拾兩壹錢柒分壹釐
門攤鈔銀肆拾貳兩肆分壹釐

南北乾魚湖課蔴鐵線膠活鴈等項共銀叁百壹拾兩壹錢捌分貳釐遇閏加銀玖錢伍釐載續志按此項湖課折湖額載課銀貳百叁拾叁兩肆錢陸分貳釐　楊歷湖額載課銀陸拾叁兩陸錢壹分　又楊歷湖子池名赤潑湖額載課銀壹拾叁兩壹錢壹分改屬各處業甲輪流當年承完親自赴縣宅彈兌附地丁項下批解充餉

隨糧帶徵丁銀叁千伍拾壹兩壹錢叁釐已見戶口內

以上拾欵闔縣共額銀肆萬壹千捌百貳拾陸兩肆錢伍分陸釐內除豁免運夫丁銀叁拾叁兩玖錢柒分陸釐又豁免鰣魚銀柒兩實徵銀肆萬壹千柒百捌拾伍兩肆錢捌分

一額徵存留解支等銀叁千陸百玖拾柒兩壹錢玖分陸釐內除豁免運夫丁銀壹兩陸錢貳分壹釐實徵銀叁千陸百玖拾伍兩伍錢柒分伍釐　又起運撥歸武廟三祭銀叁拾伍兩柒錢肆分陸釐　又起運奉部行令撥給膳夫故丁銀陸釐　以上三項共實徵銀叁千柒百叁拾壹兩叁錢貳分貳釐

一額徵驛站紅船等銀柒千叁百陸拾壹兩肆錢叁分貳釐內除豁免運夫丁銀壹拾壹兩捌錢陸分壹釐　又除仍照協濟徙多轉折等事案內抵補各衙途動支民賦解司充餉銀叁千陸百柒拾肆兩玖錢壹釐本縣徵收徑解司充餉外實徵銀叁千陸百柒拾肆兩陸錢柒分壹釐　又原編江濟

水夫丁擯改協驛站銀玖百玖兩貳分壹釐　又司項抵浙協成熟額銀肆百貳拾肆兩　以上三項共實徵銀伍千柒兩陸錢玖分壹釐

一額徵督糧道隨漕銀伍千陸百壹拾叁兩叁錢陸分叁釐無荒無免

一額徵督糧道淺船銀壹百壹拾壹兩伍錢玖分陸釐無荒內除豁免運夫丁銀伍兩玖錢玖分伍釐外實徵銀壹百伍兩陸錢壹釐

一額徵督糧道南糧驢脚銀壹千肆百陸拾壹兩捌錢柒分

一額徵戶禮工光四部寺地丁玖釐餉班匠侵免湖課及丁糧外派等銀貳萬伍千玖百貳拾肆兩陸錢叁分柒釐內除撥歸武廟三祭銀叁拾伍兩柒錢肆分陸釐　又除運夫故丁銀貳拾叁兩貳錢伍分捌釐外實該徵銀貳萬伍千捌百陸拾伍兩陸錢叁分叁釐除敬獻芻蕘等事案內奉部行令撥歸存留補給縣學膳夫故丁銀陸釐實徵起運銀貳萬伍千捌百陸拾伍兩陸錢貳分柒釐

隨徵耗羨雍正二年總督楊題准加壹耗九年巡撫王題准加壹壹耗以為養廉充公之資蘄邑隨徵耗

該額銀肆千陸百壹拾兩伍錢玖釐 內一分奏費
銀肆百壹拾玖兩壹錢叁分柒釐 三分公費銀壹
千貳百伍拾柒兩肆錢壹分貳釐解司 七分本縣
知縣坐支養廉玖百兩外玖百叁拾叁兩玖錢陸分
解司

按舊志初有官米民米之分查係壹斗以上起科没
官等田米壹千貳百柒拾壹石伍合伍勺 細數在四則田三則
地三則塘內 壹斗以下起科民米肆萬叁千陸百陸拾肆
石叁斗肆升陸合玖勺 細數在四則田三則地三則塘內 後奉例清
丈不分官民一體編差又夏稅小麥稅絲桑絲並入
秋糧內同編凡有科徵俱以秋糧為主遂不分下則
田地一體起科

國初隨里辦解民猶苦於門戶至康熙二十三年革除里
甲戶置花册生民獲福無量矣

一起運

原額戶禮工光四部寺及玖釐餉共銀壹萬捌千玖
百捌拾捌兩陸錢玖分肆釐內除豁免故丁銀壹拾
壹兩肆錢叁分柒釐實解銀壹萬捌千玖百柒拾柒

兩貳錢伍分柒釐添節年增丁裁款驛站改補新徵
麂皮奉裁優免及丁糧外派等銀現今額該起運確
數共銀貳萬伍千玖百貳拾肆兩陸錢叁分玖釐內
共豁免故丁銀貳拾叁兩貳錢陸分壹釐實該起解
銀貳萬伍千玖百壹兩叁錢柒分玖釐其各部寺解
費攺入撥存項下造報

戶部項下

解南農桑絹銀柒兩玖錢壹分玖釐伍絲捌忽 荒無

京庫米折銀壹百貳拾捌兩柒錢壹分玖釐柒毫叁
絲陸忽 荒無

派剩太倉米折銀玖百壹拾兩肆錢叁分伍釐陸毫
捌絲 荒無

北京富戶 除荒伍分叁釐貳毫柒絲柒忽伍微 實銀貳拾肆兩肆錢貳
分陸釐柒毫貳絲貳忽伍微

解南戶口鈔 除荒肆錢陸釐肆毫叁絲柒忽 實銀伍拾伍兩陸錢壹
分伍釐捌毫柒忽柒微貳塵貳纖貳渺

平溪倉米並辰溪解南戶口鈔 除荒肆分叁釐柒毫玖絲壹忽叁微貳塵
實銀貳拾兩柒分柒釐肆毫陸絲捌忽陸微捌塵

甲丁供應充餉除荒壹兩貳錢叁分捌釐玖毫壹絲柒忽貳微伍塵伍纖實銀伍百陸拾捌兩貳分叁毫捌絲伍忽伍微肆塵伍纖

新加顏料除荒壹兩陸錢壹分玖釐壹毫貳絲肆忽陸微肆塵實銀柒百肆拾壹兩伍錢玖釐玖毫柒絲伍忽叁微陸塵

新舊北絹銀伍拾捌兩柒錢伍分捌釐玖毫叁絲荒無

蓆竹岡頭等銀貳百壹拾兩伍錢玖釐貳毫捌絲荒無

南糧運官盤纏銀貳拾壹兩伍錢荒無

宗祿折色銀肆千捌百柒拾壹兩捌錢陸分捌釐柒毫玖絲伍忽伍微荒無

官員茶價除荒壹錢伍分壹釐壹毫肆絲伍忽肆微捌塵實銀陸拾玖兩貳錢玖分柒釐貳毫伍絲肆忽伍微貳塵

柴薪民校等銀除荒壹兩伍錢叁分陸釐肆毫陸絲捌忽肆微實銀陸百肆兩肆錢陸分叁釐伍毫叁絲壹忽陸微

玖釐餉銀陸千捌百叁拾玖兩玖錢貳分叁釐叁毫玖絲肆忽伍微荒無

編審丁銀自康熙元年至五十年底共增肆拾壹兩捌錢捌分肆釐貳毫捌忽壹微玖塵肆纖肆渺荒無

賦役舊編冗欵裁補舖兵工食外充餉銀除荒叁兩貳錢壹釐柒毫叁絲柒忽柒微實銀貳千叁百肆拾壹兩叁錢肆分柒釐壹毫壹絲壹微壹塵肆纖叁渺

順治九年裁解充餉除荒陸錢伍分柒釐貳毫陸絲肆忽實銀叁百壹兩叁錢肆分貳釐柒毫叁絲陸忽

順治十二年十四年裁解充餉於撥補舖兵工食浙協馬價外除荒壹兩捌分捌釐伍毫捌絲壹忽肆微實銀柒百貳拾玖兩貳錢壹分伍釐柒毫捌絲伍忽叁微

康熙元年二年裁解充餉於撥給廩糧外除荒陸錢捌分壹釐陸毫肆絲實銀貳百陸拾肆兩伍錢壹分捌釐叁毫陸絲

康熙四年裁解充餉除荒貳錢肆釐肆毫肆絲柒忽柒微陸塵實銀玖拾叁兩柒錢壹分伍釐伍毫玖絲伍忽貳微肆塵

康熙六年裁解充餉除荒壹錢捌分柒毫玖絲陸忽實銀伍拾叁兩捌錢壹分玖釐貳毫肆忽

康熙二十二年奉裁湖南布政司役食銀壹百捌拾兩荒無

康熙二十六年奉裁撥存銀伍百肆拾叁兩陸錢伍分陸釐肆毫壹絲陸忽捌微玖塵柒纖玖茫荒無

康熙二十七年奉裁歲貢廷試盤纏除荒叁分貳釐叁毫貳絲玖忽

實銀壹拾肆兩玖錢陸分柒釐陸毫柒絲壹忽

驛站改補正項除荒捌兩玖錢柒分玖釐貳絲陸忽捌微貳塵柒纖玖渺實銀叁千陸百柒拾肆兩玖錢伍毫捌絲陸忽壹微肆塵柒纖壹渺捌漠伍茫

禮部項下

北京藥味除荒肆分陸釐捌毫伍絲叁忽實銀貳拾壹兩肆錢捌分壹釐壹毫肆絲柒忽

江南藥味除荒壹分柒毫柒絲叁忽實銀肆兩玖錢叁分玖釐貳毫貳絲柒忽

牲口銀除荒壹錢肆分肆釐捌毫柒絲柒忽壹微實銀陸拾陸兩肆錢貳分伍釐陸毫壹絲柒忽玖微

工部項下

緞疋正損除荒陸錢肆分伍毫陸絲陸微實銀貳百玖拾叁兩陸錢捌分柒釐柒毫伍絲貳忽肆微

翎毛除荒貳分肆釐肆毫肆絲玖忽實銀壹拾壹兩貳錢柒釐伍毫伍絲壹忽

營繕司料銀除荒壹兩貳錢貳分柒釐伍毫肆絲叁忽實銀伍百陸拾貳兩捌錢肆釐肆毫陸絲陸忽

平溪倉米改抵溆浦縣班鳩鈔除荒捌毫柒忽壹塵肆纖實銀叁錢柒分肆微捌塵陸纖

軍器除荒貳錢壹分捌毫肆絲叁忽實銀玖拾陸兩陸錢陸分柒釐叁毫柒絲

白硝麂皮京損除荒肆錢伍毫肆絲貳忽捌微實銀壹百捌拾壹兩玖錢玖分玖釐肆毫伍絲柒忽貳微

胖襖褲鞋除荒陸分貳釐叁絲壹忽陸微實銀貳拾捌兩肆錢叁分柒釐玖毫陸絲捌忽肆微

另派麂皮京損銀壹兩陸錢肆分壹釐陸毫

光祿寺項下

菓品除荒肆錢壹分陸釐玖毫伍絲捌忽柒微實銀壹百玖拾玖兩伍錢捌分捌釐叁毫捌絲柒忽肆微伍塵陸纖

奉裁丁糧優免充餉銀伍百陸拾伍兩壹錢貳分叁釐

江南人匠納班匠價銀叁拾壹兩捌錢

以上四部寺及此二項與續志有同異處悉依今額詳載

丁糧外派

英山民米折銀壹百壹拾兩壹錢柒分壹釐

南北乾魚湖課等銀玖拾柒兩肆錢陸分玖釐遇閏加銀

壹錢柒分伍釐
蘇鐵線膠銀貳百壹拾貳兩貳錢陸分叄釐遇閏加銀柒錢叄分
活鴈銀肆錢伍分
本縣門攤鈔並濟邊門攤鈔共銀肆拾貳兩肆分壹釐
以上起運解司地丁湖課等銀貳萬伍千玖百壹兩叄錢柒分玖釐內除武廟三祭銀叄拾伍兩柒錢肆分陸釐又除擺膳夫銀陸釐外實解銀貳萬伍千捌百陸拾伍兩陸錢貳分

柒釐
存留經費原欵
總督書吏肆名共銀壹百肆拾肆兩順治十四年裁銀壹百貳拾兩康熙元年全裁
布政司左堂轎傘扇夫柒名共銀伍拾兩肆錢順治十四年裁銀捌兩肆錢存銀肆拾貳兩
聽事吏肆名共銀貳拾捌兩肆錢順治十四年裁銀肆兩捌錢存銀貳拾肆兩
鋪兵貳名共銀壹拾肆兩肆錢順治十四年裁銀貳兩肆錢存銀

壹拾貳兩
庫子拾名共銀柒拾貳兩順治十四年裁銀壹拾貳兩該銀陸拾兩內有布政司右堂庫子工食銀叄拾兩康熙二十二年奉文准在湖南支給其湖北坐派銀兩改充兵餉存銀叄拾兩
布政司右堂門子貳名共銀壹拾肆兩肆錢順治十四年裁銀貳兩肆錢存銀壹拾貳兩
快手陸名共銀肆拾叄兩貳錢順治十四年裁銀柒兩貳錢存銀叄拾陸兩
皂隸壹拾貳名共銀捌拾陸兩肆錢順治十四年裁銀壹拾肆兩肆

錢存銀柒拾貳兩
聽事吏貳名共銀壹拾肆兩肆錢順治十四年裁銀貳兩肆錢存銀壹拾貳兩
轎夫分派壹名銀柒兩貳錢順治十四年裁銀壹兩貳錢存銀陸兩
鋪兵貳名共銀壹拾肆兩肆錢順治十四年裁銀貳兩肆錢存銀壹拾貳兩
以上六欵俱於康熙二十二年准在湖南支給湖北原編銀兩改充兵餉
分守道心紅紙張銀伍拾兩順治十四年全裁

蔬菜銀伍拾兩 全裁

修宅家伙銀伍拾兩 全裁

圍棹傘扇銀伍拾兩 全裁

書吏壹拾陸名共銀壹百玖拾貳兩 順治十四年裁銀玖拾陸兩康熙元年全裁

門子肆名共銀貳拾捌兩捌錢 順治十四年裁銀肆兩捌錢 存銀貳拾肆兩

快手拾貳名共銀捌拾陸兩肆錢 順治十四年裁銀拾肆兩肆錢 存銀柒拾貳兩

皁隸拾貳名共銀捌拾陸兩肆錢 順治十四年裁銀拾肆兩肆錢 存銀柒拾貳兩

聽事吏貳名共銀壹拾肆兩肆錢 順治十四年裁銀貳兩肆錢 存銀壹拾貳兩

轎傘扇夫柒名共銀伍拾兩肆錢 順治十四年裁銀捌兩肆錢 存銀肆拾貳兩

鋪兵分派壹名銀柒兩貳錢 順治十四年裁銀壹兩貳錢 存銀陸兩

驛鹽道心紅紙張銀伍拾兩 順治十四年全裁

蔬菜銀伍拾兩 全裁

修宅家伙銀伍拾兩 全裁

棹圍傘扇銀伍拾兩 全裁

知府修宅家伙銀伍拾兩 順治十四年全裁

轎傘扇夫柒名共銀伍拾兩肆錢 順治九年裁銀捌兩肆錢 存銀肆拾貳兩

倉書壹名銀壹拾貳兩 順治九年裁銀陸兩康熙元年全裁

禁卒壹拾貳名共銀捌拾陸兩肆錢 順治九年裁銀壹拾肆兩肆錢 存銀柒拾貳兩

修倉刑具銀貳拾兩 康熙二十六年全裁

倉副使皁隸分派壹名銀柒兩貳錢 順治九年裁銀壹兩貳錢雍正六年全裁

同知燈籠夫貳名共銀壹拾肆兩肆錢 順治九年裁銀貳兩肆錢雍正六年全裁

轎傘扇夫柒名共銀伍拾兩肆錢 順治九年裁銀捌兩肆錢 存銀肆拾貳兩

推官燈籠夫貳名共銀壹拾肆兩肆錢 順治九年裁銀貳兩肆錢康熙六年全裁

轎傘扇夫柒名共銀伍拾兩肆錢 順治九年裁銀捌兩肆錢康熙六年
全裁
經歷書辦壹名銀柒兩貳錢 順治九年裁銀壹兩貳錢康熙元年全裁
門子壹名銀柒兩貳錢 順治九年裁銀壹兩貳錢 存銀陸兩
知事俸銀叁拾叁兩壹錢壹分肆釐 康熙年全裁
照磨俸銀叁拾壹兩伍錢貳分
知縣俸薪銀陸拾叁兩肆錢玖分 順治十四年裁銀壹拾捌兩肆錢玖分
存銀肆拾伍兩 後奉文攤減銀貳拾肆兩貳錢捌分玖釐餘又除荒缺並攤出補各官荒
缺 實支銀貳拾兩伍錢捌分捌釐 每歲仍有陞科

心紅紙張油燭銀叁拾兩 順治十四年裁銀壹拾兩康熙二十六年全裁
修宅家伙銀貳拾兩 順治九年全裁
迎送上司傘扇銀壹拾兩 順治十四年全裁
書吏壹拾貳名共銀壹百貳拾玖兩陸錢 順治九年裁銀伍拾
柒兩陸錢康熙元年全裁
門子貳名共銀壹拾肆兩肆錢 順治九年裁銀貳兩肆錢 存銀壹
拾貳兩
站立皁隸壹拾陸名共銀壹百壹拾伍兩貳錢 順治九年
裁銀壹拾玖兩貳錢 存銀玖拾陸兩 雍正六年裁銀貳拾肆兩給仵作傾 實存銀

柒拾貳兩 雍正十一年奉文抽給 禁子銀叁兩貳錢肆分
馬快捌名共銀壹百肆拾肆兩 順治九年裁銀玖兩陸錢康熙二十年裁
草料銀捌拾陸兩肆錢 存銀肆拾捌兩 雍正十一年奉文抽給 禁子銀貳
兩壹錢陸分
民壯伍拾名共銀叁百陸拾兩 順治九年裁銀陸拾兩 存銀叁
百兩 奉裁充餉銀捌拾肆兩又撥補黃戎府民壯銀叁拾陸兩又支給巴河司民壯銀貳拾肆兩
存縣民壯貳拾陸名銀壹百伍拾陸兩 外奉文每名新增修飾器
械銀壹兩 共銀貳拾陸兩赴司請領
燈籠夫肆名共銀貳拾捌兩捌錢 順治九年裁銀肆兩捌錢雍正五年

全裁
轎傘扇夫柒名共銀伍拾兩肆錢 順治九年裁銀捌兩肆錢 存銀
肆拾貳兩
禁卒捌名共銀伍拾柒兩陸錢 順治九年裁銀玖兩陸錢 存銀肆
拾捌兩 雍正十一年添增銀壹拾伍兩捌錢柒分在於庫仵皁捕吹工食內抽給
修理倉監銀貳拾兩 康熙二十六年裁
庫書壹名銀壹拾貳兩 順治九年裁銀陸兩康熙元年全裁
倉書壹名銀壹拾貳兩 順治九年裁銀陸兩康熙元年全裁
庫子肆名共銀貳拾捌兩捌錢 順治九年裁銀肆兩捌錢 存銀貳

拾肆兩雍正十一年奉文抽給禁子銀壹兩捌分
斗級肆名共銀貳拾捌兩捌錢順治九年裁銀肆兩捌錢存銀貳
拾肆兩
仵作肆名共銀貳拾肆兩舊志無雍正六年奉文在於皁隸工食內支領雍正
十一年奉文抽給禁子銀壹兩捌分
縣丞俸薪銀肆拾捌兩貳錢貳釐順治十四年裁銀捌兩貳錢貳釐存
銀肆拾兩
書辦壹名銀柒兩貳錢順治九年裁銀壹兩貳錢康熙元年全裁
門子壹名銀柒兩貳錢順治九年裁銀壹兩貳錢存銀陸兩

皁隸肆名共銀貳拾捌兩捌錢順治九年裁銀肆兩捌錢存銀貳
拾肆兩
馬夫壹名銀柒兩貳錢順治九年裁銀壹兩貳錢存銀陸兩
典史俸薪銀叁拾壹兩伍錢貳分
書辦壹名銀柒兩貳錢順治九年裁銀壹兩貳錢康熙元年全裁
門子壹名銀柒兩貳錢順治九年裁銀壹兩貳錢存銀陸兩
皁隸肆名共銀貳拾捌兩捌錢順治九年裁銀肆兩捌錢存銀貳
拾肆兩
馬夫壹名銀柒兩貳錢順治九年裁銀壹兩貳錢存銀陸兩

蘭谿巴河巡檢貳員俸銀共陸拾叁兩肆分
書辦貳名共銀壹拾肆兩肆錢順治九年裁銀貳兩肆錢康熙元年全裁
皁隸肆名共銀貳拾捌兩捌錢順治九年裁銀肆兩捌錢存銀貳
拾肆兩
巴水驛驛丞乾隆十九年裁馬匹歸縣管理原俸銀叁拾壹兩伍錢貳
分乾隆十九年裁
書辦壹名銀柒兩貳錢順治九年裁銀壹兩貳錢康熙元年全裁
皁隸貳名共銀壹拾肆兩肆錢順治九年裁銀貳兩肆錢乾隆十九年全
裁

蘭谿驛驛丞康熙年奉裁原俸銀叁拾壹兩伍錢貳分奉裁
書辦壹名銀柒兩貳錢順治九年裁銀壹兩貳錢康熙元年全裁
皁隸貳名共銀壹拾肆兩肆錢順治九年裁銀貳兩肆錢康熙年全裁
浠川驛驛丞雍正六年奉裁馬匹歸縣管理原俸銀叁拾壹兩伍錢貳
分雍正六年裁
書辦壹名銀柒兩貳錢順治九年裁銀壹兩貳錢康熙元年全裁
皁隸貳名共銀壹拾肆兩肆錢順治九年裁銀貳兩肆錢雍正六年全裁
教官貳員俸銀共陸拾叁兩肆分康熙四年裁銀叁拾壹兩伍錢貳分存
銀叁拾壹兩伍錢貳分乾隆四年奉文教職加以品級增銀肆拾捌

兩肆錢捌分在地丁內撥出仍赴司請領

齋夫陸名共銀柒拾貳兩康熙四年裁銀叁拾陸兩存銀叁拾陸兩

膳夫貳名共銀肆拾兩順治十四年裁銀貳拾陸兩陸錢陸分柒釐存銀壹拾叁兩叁錢叁分叁釐廪生支領

學書壹名銀柒兩貳錢康熙元年全裁

門斗伍名共銀叁拾陸兩康熙四年裁銀壹拾肆兩肆錢存銀貳拾壹兩陸錢

草料每員壹拾貳兩共銀貳拾肆兩康熙四年裁銀壹拾貳兩二十六年全裁

撥運原欵

憲書銀壹拾柒兩壹錢捌分肆釐解費銀壹錢伍分伍釐

科舉銀並改抵麻陽縣科舉銀共捌拾貳兩陸錢肆分伍釐康熙二十六年裁半存銀肆拾壹兩叁錢貳分叁釐解費共銀柒錢肆分肆釐康熙二十六年裁半存銀叁錢柒分貳釐

布政司應朝長夫銀肆兩順治十四年裁銀貳兩陸錢陸分柒釐康熙二十六年全裁

布政司表夫銀肆兩壹錢順治十四年裁銀貳兩伍分存銀貳兩伍分

按察司表夫銀壹拾貳兩柒錢順治十四年裁銀陸兩叁錢伍分康熙年全裁

龍亭儀仗修理銀貳兩康熙二十六年裁

文廟貳祭共銀肆拾兩

啟聖祠貳祭共銀柒兩

名宦鄉賢貳祭共銀柒兩

山川壇貳祭共銀壹拾貳兩

社稷壇貳祭共銀壹拾兩貳項內乾隆七年攤減解司銀壹兩柒錢捌分又撥補小祭銀貳錢貳分

邑厲壇小叁祭共銀壹拾貳兩外於大祭內撥補銀貳錢貳分

武廟叁祭共銀叁拾伍兩柒錢肆分陸釐雍正五年添設奉文在於地丁起運內撥給

先農壇祭祀銀伍兩乾隆五年奉文將耤田存穀每年拾石變價動用

常雩壇祭祀銀伍兩乾隆七年設立奉文在縣墊用赴司領還

鄉飲貳次共銀壹拾兩順治十四年裁銀伍兩存銀伍兩行則支用不行解司

香燭米銀壹兩貳錢陸分乾隆七年均祭案內攤減銀貳錢壹分解司補荒缺

州縣

門神桃符春牛芒神花鞭酒席等銀肆兩順治十四年全裁

孤貧陸拾貳名每名口糧花布銀貳兩壹錢共銀壹百叁拾兩貳錢乾隆元年奉文加增銀貳拾陸兩肆分又乾隆十年添設額外孤貧壹拾陸名每名照額內孤貧除小建外日給銀柒釐貳項赴司請領

廩生貳拾名每名廩糧銀柒兩貳錢共銀壹百肆拾肆兩順治十四年裁銀玖拾陸兩康熙二年裁銀肆拾捌兩康熙二十四年奉復廩糧銀肆拾捌兩支給廩生係起運項下撥給

本縣吹手捌名共銀伍拾柒兩陸錢係原役民壯內扣出雍正十一年奉文抽給禁子銀貳兩伍錢玖分貳釐此項改入本縣衆役支給項下

供應銀貳百叁拾兩順治十四年全裁

備用實存銀壹百肆拾柒兩肆錢康熙二十六年全裁

歲科考生童合用試卷供應給賞等項每年銀伍拾伍兩順治十四年裁半康熙二十六年全裁雍正十一年奉文在各童生叁分卷價內支用

歲貢盤纏銀壹拾伍兩康熙二十年全裁歲貢花紅旂匾[illegible]銀壹拾兩

陪貳名赴考脚力每名壹兩共銀壹拾貳兩二年一貢每年該銀陸兩乾隆二年奉文將此項銀兩按年解交司庫合計出貢名數均派給領六年報銷一次

科舉生員分派府學伍名縣學肆拾名每名盤費銀貳兩花紅玖錢酒席壹錢共銀壹百叁拾伍兩三年一次每年該銀肆拾伍兩康熙二十六年全裁

科場對讀生分派伍名每名銀壹兩謄錄書手叁拾伍名每名銀伍錢刻錄匠伍名每名銀伍錢共銀貳拾伍兩三年一次每年該銀捌兩叁錢叁分叁釐康熙二十六年裁半存銀肆兩壹錢陸分柒釐

新舉人會試以十一名爲率每名長夫銀貳拾肆兩共銀貳百陸拾肆兩三年一次每年該銀捌拾捌兩雍正九年奉文將此項銀兩按年解交司庫遇會試之年照會試舉人名數均派給領

本府應朝盤纏銀壹拾壹兩陸錢叁分肆釐順治十四年裁銀柒兩柒錢伍分陸釐康熙二十六年全裁

本縣應朝盤纏正佐銀肆拾兩首領官貳拾伍兩該吏壹拾兩造册紙張陸兩共銀捌拾壹兩三年一次每年該銀貳拾柒兩順治十四年裁銀壹拾捌兩康熙二十六年全裁

均徭原欵

各舖司兵徭編柒拾肆名正閏銀肆百陸拾貳兩玖錢捌分叁釐永充玖拾肆名給衣鞵銀壹百肆拾壹兩陸錢陸分順治十七年由縣詳請撫部將裁解內扣出銀肆百捌拾玖兩叁錢

壹釐撥補足額　各巡司弓兵徭編叁拾名每名並帶閏銀陸兩壹錢共銀壹百捌拾叁兩永充捌拾捌名給衣鞵銀肆拾捌兩叁錢壹分貳釐貳項共銀貳百叁拾壹兩叁錢壹分貳釐內順治十四年裁銀壹百壹拾伍兩陸錢伍分陸釐奉文撥補鋪兵工食存弓兵壹拾陸名存銀壹百壹拾伍兩陸錢伍分陸釐

各河渡夫陸名正閏共銀貳拾伍兩捌錢肆分外又有修船銀貳兩貳項共銀貳拾捌兩捌錢肆分順治十四年裁銀壹拾肆兩肆錢貳分後又裁銀壹兩伍錢

存銀壹拾貳兩玖錢貳分

迎送皁隸工食銀壹百貳拾柒兩捌分叁釐

以上各欵裁存俱本續志及賦役書內康熙二十七年以前裁欵彙入起運項下造報如按察司表夫等銀仍入撥存項下造報今將起解充餉經費等項並歸撥運凡本縣坐支開除並歸存留其撥運確數備載於左額共銀叁千柒百叁拾貳兩玖錢肆分貳釐零內荒缺故丁銀壹兩陸錢貳分實銀叁千柒百叁拾壹兩叁錢貳分貳釐除解司鄉飲憲書科舉解費表夫及久缺知事等項俸工照實徵起解其各官缺俸奉文在知縣俸內攤補餘俱赴司領補解司

撥運確數

憲書除荒實銀壹拾柒兩壹錢柒分柒釐解費除荒實銀壹錢伍分伍釐

科舉除荒實銀肆拾壹兩叁錢肆釐解費除荒實銀叁錢柒分貳釐

舉人會試長夫除荒實銀捌拾柒兩玖錢陸分壹釐

對讀謄錄刻字匠除荒實銀肆兩壹錢陸分伍釐

鄉飲除荒實銀肆兩玖錢玖分捌釐

歲貢花紅旂匾除荒實銀伍兩玖錢玖分柒釐

表夫除荒實銀叁兩肆分玖釐

各部寺倉口解費除荒實銀貳拾柒兩玖錢叁分原屬起運改入撥運

鄂城呂堰漢江叁驛解費除荒實銀壹兩壹錢叁分壹釐原屬驛站改入撥運解奉裁

按察司表夫除荒實銀陸兩叁錢肆分捌釐

本府知事俸除荒實銀叁拾叁兩玖分玖釐

本府倉副使皁隸除荒實銀伍兩玖錢玖分柒釐

蘭谿驛驛丞俸除荒實銀叁拾壹兩伍錢陸釐

皁隸除荒實銀壹拾壹兩玖錢玖分伍釐
本府同知燈籠夫除荒實銀壹拾壹兩玖錢玖分伍
釐
本縣燈籠夫除荒實銀貳拾叁兩玖錢捌分玖釐
浠川驛驛丞俸除荒實銀叁拾壹兩伍錢陸釐
皁隸除荒實銀壹拾壹兩玖錢玖分伍釐
巴水驛驛丞俸除荒實銀叁拾壹兩伍錢陸釐
皁隸除荒實銀壹拾壹兩玖錢玖分伍釐
又解布政司轎傘扇夫額銀並補荒肆拾貳兩

舖兵額銀並補荒壹拾貳兩
庫子額銀並補荒叁拾兩
聽事吏額銀並補荒貳拾肆兩　以上四款解司
分守道門子額銀並補荒貳拾肆兩
聽事吏額銀並補荒壹拾貳兩
皁隸額銀並補荒柒拾貳兩
快手額銀並補荒柒拾貳兩
轎傘扇夫額銀並補荒肆拾貳兩
舖兵額銀並補荒陸兩　以上六款解道

本府轎傘扇夫額銀並補荒肆拾貳兩
禁子額銀並補荒柒拾貳兩　以上二款解府
同知轎傘扇夫額銀並補荒肆拾貳兩　解同知
經歷門子額銀並補荒陸兩　解府
照磨俸額銀並補荒叁拾壹兩伍錢貳分　解府
本縣俸內核減銀貳拾肆兩貳錢玖分　解司撥補荒缺州縣
山川社稷祭祀銀壹兩柒錢捌分
香燭米銀貳錢壹分　俱解司
本縣民壯銀捌拾肆兩　解司

民壯銀叁拾陸兩　解黃同知
本縣存留支給確數
知縣俸原額肆拾伍兩除核減補荒實徵銀貳拾兩
伍錢捌分玖釐
門子額銀並補荒壹拾貳兩
庫子額銀並補荒貳拾肆兩內抽給禁子壹兩捌分
斗級額銀並補荒貳拾肆兩
站立皁隸額銀並補荒柒拾貳兩內抽給禁子叁兩
貳錢肆分

仵作額銀並補荒貳拾肆兩內抽給禁子壹兩捌分
迎送皁隸額銀並補荒壹百貳拾柒兩捌分叁釐內
抽給禁子伍兩柒錢壹分捌釐（此役舊屬均徭今並入衆役內）
捕役額銀並補荒肆拾捌兩內抽給禁子貳兩壹錢
陸分
馬快今改民壯銀並補荒叁百兩本縣民壯同巴河
司民壯具領支銀壹百捌拾兩
吹手額銀並補荒伍拾柒兩內抽給禁子貳兩伍錢
玖分陸釐（舊屬雜支今改屬吹快）

轎傘扇夫額銀並補荒肆拾貳兩
禁子額銀並補荒肆拾捌兩又添增壹拾伍兩
各舖司兵原額足額永徭銀並補荒共壹千貳百玖
兩伍錢玖分陸釐
各河渡夫額銀並補荒壹拾貳兩
各巡司弓兵額銀並補荒壹百壹拾伍兩陸錢伍分
陸釐（以上三項舊俱屬均徭今並入）
縣丞俸額銀並補荒肆拾兩
門子額銀並補荒陸兩

皁隸額銀並補荒貳拾肆兩
馬夫額銀並補荒陸兩
典史俸額銀並補荒叁拾壹兩叁錢貳分
門子額銀並補荒陸兩
皁隸額銀並補荒貳拾肆兩
馬夫額銀並補荒陸兩
巴河巡檢俸額銀並補荒叁拾壹兩伍錢貳分
皁隸額銀並補荒壹拾貳兩
蘭谿巡檢俸額銀並補荒叁拾壹兩伍錢貳分

皁隸額銀並補荒壹拾貳兩
儒學俸額銀並補荒叁拾壹兩伍錢貳分（其加品俸銀赴司支）
（給不在該縣額徵之內）
門斗額銀並補荒貳拾壹兩陸錢
齋夫額銀並補荒叁拾陸兩
廩生復額銀肆拾捌兩
膳夫額銀並補荒壹拾叁兩叁錢叁分叁釐
文廟祭祀原額銀肆拾兩
啟聖祠祭祀原額銀柒兩

名宦鄉賢祭祀原額銀柒兩
山川壇祭祀原額銀壹拾貳兩
社稷壇祭祀原額銀壹拾兩 二項內撥補小祭貳錢貳分
邑厲壇三小祭原額銀壹拾貳兩
武廟新增祭祀銀叁拾伍兩柒錢肆分陸釐 係起運下撥給
先農壇祭祀銀伍兩 藉田數用
常雩禮祭祀銀伍兩 赴司請領二項不在額內
香燭米額銀並補荒壹兩貳錢陸分
孤貧口糧花布額銀並補荒共壹百叁拾兩貳錢 其加增貳拾陸兩及添設額外銀俱赴司請領

驛站
原額驛站紅船等銀柒千叁百陸拾壹兩肆錢叁分貳釐 內除豁免故丁銀壹拾壹兩捌錢陸分壹釐 又除協濟徙多轉折等事案內抵補各衙途動支民賦解司充餉銀叁千陸百柒拾肆兩玖錢 實存銀叁千陸百柒拾肆兩陸錢柒分壹釐 又原編江濟水夫正額改協驛站銀玖百玖兩貳分壹釐 又司項抵浙協成熟額銀肆百貳拾肆兩三項共實徵銀伍千柒兩陸錢玖分壹釐 其支解確數備載於左

驛站支給確數
本縣額設排夫玖拾名原額工食銀陸百伍拾捌兩捌錢 雍正六年裁夫貳拾名裁銀壹百肆拾陸兩肆錢 又於乾隆三十二年裁夫壹拾名赴鍾祥縣麗陽驛安設裁工食銀柒拾叁兩貳錢 實支銀肆百叁拾玖兩貳錢 遇閏加增小建扣除 又前於乾隆二十二年增設排夫壹拾名增工食銀柒拾叁兩貳錢 係請領之項不在額徵數內查此項增夫工食前在驛道請領今改臬司支給
本縣合並浠川驛原設脚馬貳拾匹驛馬貳拾伍匹馬夫壹拾伍名獸醫貳名每年支工食工料獸醫藥餌等銀玖百柒拾柒兩肆錢 雍正六年將浠川驛裁汰歸並縣管理裁脚馬壹拾伍匹裁馬夫伍名裁獸醫壹名扣解銀叁百貳拾玖兩壹錢貳分叁釐 乾隆二十四年裁馬伍匹裁馬夫貳名扣解銀壹百玖兩壹錢壹分壹釐 乾隆四十一年裁馬伍匹裁馬夫貳名扣解銀壹百柒兩叁分陸釐 實設馬貳拾匹馬夫柒名獸醫壹名每年支馬匹草料藥餌馬夫獸醫工食共銀肆百叁拾貳兩壹錢叁分 遇閏加增小建扣除 又額馬貳拾匹准倒馬陸匹請領馬價銀捌拾肆兩 查此項倒馬價銀係請領之項不在額徵之數前赴驛道支給今改臬司給領
又浠川驛原額支應銀陸拾柒兩 雍正六年裁銀壹拾伍兩 乾隆二

十四年裁銀捌兩陸錢陸分柒釐乾隆四十一年裁銀捌兩陸錢陸分陸釐實存銀叄拾肆兩陸錢陸分柒釐

巴水驛原設驛丞壹員乾隆十九年裁汰歸縣兼管實設馬貳拾伍匹馬夫捌名半獸醫壹名每年支馬匹草料藥餌馬夫獸醫工食銀伍百肆拾貳兩貳錢乾隆二十四年裁馬壹匹扣解草料藥餌銀壹拾玖兩乾隆四十一年裁馬肆匹裁馬夫壹名扣解草料藥餌工食銀捌拾伍兩陸錢貳分玖釐實設馬貳拾匹馬夫柒名半獸醫壹名每年支馬匹草料藥餌馬夫獸醫工食銀肆百叄拾柒兩伍錢柒分壹釐遇閏加增小建扣除又額馬貳拾匹准倒馬陸匹請領馬價銀捌拾肆兩查此項倒馬價銀係請領之項不在額徵之數前赴驛道請領今改臬司支給

又巴水驛原額支應銀陸拾柒兩乾隆二十四年裁銀貳兩陸錢捌分乾隆四十一年裁銀壹拾兩柒錢壹分玖釐實存銀伍拾叄兩陸錢壹釐

驛站起解確數

復貳撥給歸州銀玖百捌拾壹兩柒分貳釐

裁貳充餉銀壹百陸拾捌兩柒錢伍分叄釐

編設各衝途買補倒馬值銀柒百伍拾兩

武昌巡船水手工食銀叄拾兩肆錢陸分陸釐

蘄州遞運所紅船水手工食銀壹百柒拾兩

洄河滁涉淮潢江各紅船水手工食銀伍百玖拾伍兩

裁減住支夫馬工食料銀玖百壹拾伍兩貳錢叄分壹釐

以上各欵支解共銀伍千柒兩陸錢玖分壹釐

又浠川巴水兩驛共准倒馬壹拾貳匹應解皮張價銀拾貳兩其解支各欵自邵志後復有奉裁之欵今照現在數目載入

隨漕原欵各欵自前明至今並無新陞銀兩內蕭木改解本色停辦及豁免淺船銀俱於各欵下注明

楞木松板銀叄拾柒兩叄錢肆分玖釐內改解本色楞木於雍正五年停辦改解本色松板於乾隆十五年停辦

運糧官軍行月貳糧米貳千肆百陸拾伍石伍斗每石折銀肆錢該銀玖百捌拾陸兩貳錢

江西運糧官軍月糧米叄千玖百伍拾肆石柒斗陸升壹合　又奉文於蘄州倉內米改撥壹千陸百石貳項該米伍千伍百伍拾肆石柒斗陸升壹合每石折銀

肆錢該銀貳千貳百貳拾壹兩玖錢伍釐
解司庫聽解軍餉奉文改抵漢川縣額派江西運糧
官軍行月米陸百石陸斗捌升每石折銀伍錢該銀叁百兩
叁錢肆分
叁陸耗蓆輕賫銀壹千柒百貳拾柒兩叁錢捌分貳
釐每百兩攤銀壹兩該銀壹拾柒兩貳錢柒分肆釐雍正十二年奉
文酌減止扣留買辦蘆蓆銀柒兩玖錢叁分柒釐餘解糧道
淺船銀壹百貳兩伍錢肆分壹釐　原派平溪倉米
改抵麻陽縣額派淺船銀捌兩陸分二項解費每兩玖釐該銀

玖錢伍釐共銀壹百壹拾壹兩伍錢陸釐內豁免故夫丁銀伍
兩玖錢玖分伍釐　實徵銀壹百伍兩伍錢壹分壹釐
代黃陂縣協編蘄州倉米改抵江西月糧米銀叁百
壹拾柒兩玖錢壹分肆釐
部運糧官盤費銀伍兩以上各款見續志
運木盤纏該銀壹百壹拾貳兩伍錢雍正十年奉文冊開在於本縣
徵收漕米費每石壹錢伍分之內扣銷乾隆十五年松板停辦此項銀當裁
兌軍盤纏銀水脚銀陸百伍拾叁兩陸錢肆釐此項銀兩
原隨南漕徵收雍正十年奉文冊開在徵收費銀每石壹錢伍分之內扣銷除作各官役費二項本賦
役書

漕運確數

原額隨漕淺船楞木輕賫行月各項共銀伍千柒百
貳拾肆兩玖錢陸分內奉文豁免淺船故夫丁銀伍兩玖錢玖分伍釐零　實徵
銀伍千柒百壹拾捌兩玖錢陸分肆釐乾隆二十年奉文減存蘆
蓆銀柒兩玖錢叁分陸釐餘俱解糧道
原額南糧驢脚米折銀壹千肆百陸[illegible]壹兩捌錢柒
分解道充餉
兌軍本色正米玖千叁百叁拾柒石貳斗肆耗米叁千柒百叁拾肆石捌斗捌升

貳耗米壹千捌百陸拾柒石肆斗肆升正肆貳耗共米壹萬肆千玖
百叁拾玖石伍斗貳升雍正元年奉文每石徵耗米壹斗　共米壹千
肆百玖拾叁石玖斗伍升貳合內除給旂截貼米陸百伍拾叁石陸斗肆
合尚餘米捌百肆拾石叁斗肆升捌合乾隆二十二年奉文以乾
隆二十三年爲始每石照時變價解道充公又每石徵水脚銀壹錢伍分共銀貳千貳
百肆拾兩玖錢貳分捌釐內除支解修倉蘆蓆給旂截貼漕憲百總養廉斛價
道府廳縣經承等項共銀壹千陸百叁拾柒兩玖錢伍分貳釐　尚餘銀陸百貳兩玖
錢柒分陸釐解道充公
解南本色正米玖千柒百肆拾伍石捌斗貳伍耗米貳千肆百叁拾陸石肆斗

伍升正耗共米壹萬貳千壹百捌拾貳石貳斗伍升雍正元年奉文每石徵耗米壹斗共米壹千貳百壹拾捌石貳斗貳升伍合內除解荆倉狠撒鼠耗米柒百叁拾石玖斗叁升伍合尚餘米肆百捌拾柒石貳斗玖升乾隆二十二年奉文以乾隆二十三年爲率每石照時變價解道充公又每石徵水脚銀壹錢伍分共徵水脚銀壹千捌百貳拾柒兩叁錢叁分柒釐內實在支用銀壹千玖百玖拾肆兩捌錢玖分叁釐查水脚銀內不敷用外在餘米變價銀內撥用壹百陸拾柒兩伍錢伍分伍釐　尚餘米變價銀解道充公

蘆課

原額蘆地肆拾柒項肆拾叁畝柒分叁釐原報課銀肆拾陸兩陸錢柒分伍釐康熙二年新丈出地壹拾叁項貳拾陸畝貳分貳釐新增課銀伍拾壹兩捌錢壹分肆釐共地陸拾項陸拾玖畝玖分陸釐內除泥溝沙灘不堪載課地貳項陸拾叁畝伍分柒釐　實在納課熟地伍拾捌項陸畝叁分玖釐共徵課銀玖拾捌兩肆錢捌分玖釐載續志自康熙三十年起至雍正七年底　又丈出變則陞科銀壹拾伍兩陸錢貳分玖釐雍正十二年起至乾隆九年底　又丈出變則陞科銀壹拾叁兩貳錢柒分貳釐又自乾隆十五年起至五十四年底　丈出變

則陞科銀肆拾兩伍錢陸分玖釐

以上原額及歷屆丈增共洲地貳百柒拾伍項柒拾捌畝玖分玖釐內除不堪載課泥灘地壹百伍拾壹項貳拾柒畝伍釐　實在納課熟地壹百貳拾肆項伍拾壹畝玖分肆釐共實徵課銀壹百陸拾柒兩玖錢伍分玖釐坐落西壅河口草塲等洲地叁處每歲業人照地丁加壹壹耗羨傾足赴縣完解司仍照例每屆五年清丈壹次坍則開除淤則照畝陞增額無永定

以上闔縣共徵銀肆萬壹千玖百壹拾陸兩玖錢柒釐未加閏

另徵雜稅

一府項牙稅銀捌拾柒兩正

一縣項牙稅銀陸拾捌兩正

一當稅銀貳拾兩　本城當舖二座　巴河當舖二座開歇不一原無定額

一牛驢稅銀貳拾兩肆錢

積貯社倉附

常平之設其來已久法甚良而行之無弊可以備荒

矣今復有社倉監穀截漕諸項以給民間釜豆之需
又府倉穀付各縣收貯
盛世之念民天籌國本誠有加無已司民牧者夫亦敬體
之以實行其惠與

常平倉原建伍拾壹間在縣署頭門內乾隆三十六年因撥貯府穀添建壹拾間在畢家山乾隆三十八年因易貯南漕耗米穀添建貳拾間在畢家山共捌拾壹間

原貯各案積穀壹萬貳千肆百伍拾肆石叁斗叁合

捌勺捌抄乾隆十年復貯監穀壹千陸百伍拾貳石肆斗實共貯穀壹萬肆千壹百陸石柒斗叁合捌勺捌抄乾隆十六年奉文以陸千石為額餘穀糶價解司充公乾隆十八年籌辦楚北儲備案內派買加貯穀捌千石又奉撥存川米易貯穀玖千石乾隆三十六年撥貯府倉穀壹萬石又酌撙等事案內自乾隆二十六年起至五十二年底節年南漕餘剩耗米易貯穀柒萬貳百陸石貳斗壹升陸合肆勺連前額貯穀陸千石共貯穀壹拾萬叁千貳百陸石貳斗壹升陸合肆勺內除乾隆四十三四十八年及五十年五十三等年詳糶穀貳萬玖百貳拾石貳斗貳升叁合肆勺價解赴司充公又於乾隆五十五年欽奉
恩詔蠲免因災出借籽種口糧逃亡故絕無著穀貳萬叁千捌拾伍石又於乾隆五十八年將五十三四五等年南漕餘剩耗米變價買貯穀陸千貳百捌拾伍石壹斗叁升貳合實在存倉穀陸萬伍千肆百捌拾陸石壹斗貳升伍合

社倉分建五鄉共壹百玖拾伍處雍正二年總督楊

行文勸捐雍正五年清查實存本穀壹萬壹千壹百陸拾壹石捌斗歷年生息至乾隆十二年收息穀伍千柒百叁拾叁石玖斗共本息穀壹萬陸千捌百玖拾伍石柒斗又奉巡撫晏行查詳免逃亡故絕無著穀貳千柒百貳石陸斗伍升止存本穀壹萬肆千壹百玖拾叁石壹斗貳升陸合後又歷年生息截至乾隆五十四年連前共存本息穀壹萬陸千捌百貳拾肆石捌斗柒升肆合乾隆五十五年欽奉
恩詔蠲免因災出借逃故無著穀貳千玖百捌拾叁石叁

以外實在存貯穀壹萬叁千捌百肆拾壹石伍斗柒升肆合

本城社倉有叁

玉臺倉貯穀貳百貳拾叁石伍斗肆升

法華倉貯穀伍百伍拾捌石貳斗

拱宸倉貯穀壹拾玖石柒斗

南鄉社倉叁拾有柒

烏沙嶺倉貯穀壹百叁拾陸石陸斗貳升捌合

望城岡倉貯穀貳拾石叁斗捌升柒合玖勺

上麻橋倉貯穀叁拾貳石伍斗貳升叁合叁勺

朱店倉貯穀壹百貳拾捌石陸斗捌升伍合捌勺

石家園倉貯穀貳拾陸石壹合肆勺

饒家堡倉貯穀壹百叁拾壹石壹斗伍升

可家店倉貯穀壹百肆拾肆石貳斗壹升肆勺

熊家祠倉貯穀壹百壹拾玖石肆斗貳合

走馬岡倉貳一貯穀肆拾石捌斗肆升捌合貳勺

一貯穀叁拾捌石壹斗叁升陸合肆勺

竹瓦店倉貯穀柒拾叁石叁斗陸勺

汲水山倉貯穀壹百捌拾陸石捌斗陸升叁合肆勺

邱家畈倉貯穀壹百貳拾叁石陸斗柒升壹合貳勺

團陂倉貯穀壹百石陸斗陸升玖合玖勺

桃樹坳倉貯穀叁百壹拾捌石玖斗柒升貳合

中界河倉貳一貯穀陸拾柒石貳斗捌升肆合捌勺

一貯穀柒拾捌石叁斗貳升捌合捌勺

兩路口倉肆一貯穀貳拾壹石柒斗叁合肆勺

一貯穀貳拾捌石肆斗柒升捌合

一貯穀貳拾伍石肆斗陸升陸合

一貯穀壹拾壹石陸斗壹升叁勺

棃樹坳倉貳一貯穀叁拾叁石貳斗壹升壹合貳勺

一貯穀柒拾貳石叁斗貳升玖合陸勺

白洋河倉貳一貯穀柒拾叁石壹斗肆升柒合壹勺

一貯穀陸拾壹石叁斗玖升玖合陸勺

游家沖倉貳一貯穀壹拾玖石肆斗捌升叁合陸勺

一貯穀肆拾叁石貳斗伍升叁合捌勺

角兒嶺倉貯穀貳拾捌石柒斗肆升伍合捌勺

何家壪倉貳一貯穀叁拾壹石壹斗肆升玖合

一貯穀叁拾陸石壹斗伍升壹合肆勺

沙街倉貯穀壹百叁拾捌石叁斗叁升貳合捌勺

邱家畈倉貳一貯穀貳拾肆石玖升肆勺

一貯穀叁拾石叁斗貳升玖合肆勺

株林舖倉貳一貯穀叁拾石玖斗陸升貳合貳勺

一貯穀肆拾柒石玖斗陸升陸合陸勺

大屋沖倉貯穀壹百貳拾叁石玖斗玖升貳勺

油河嘴倉貯穀柒拾壹石貳斗肆合貳勺

北鄉社倉肆拾有伍

三家店倉貯穀壹百叁拾貳石柒斗肆升肆合

洙泗河倉貳一貯穀伍拾叁石貳斗肆升捌合

一貯穀陸拾壹石伍斗陸升伍合捌勺

王家壪倉貯穀壹百壹拾肆石柒斗伍升玖合肆勺

大竹林倉伍一貯穀伍拾伍石玖斗貳升壹合陸勺

一貯穀伍拾伍石玖斗玖升壹合陸勺

一貯穀壹百壹拾壹石伍斗陸升叁合貳勺

一貯穀肆拾貳石柒斗叁升玖合捌勺

一貯穀肆拾陸石玖斗玖升柒合捌勺

丢旂山倉貳一貯穀壹百柒石貳合貳勺

一貯穀壹百柒石叁斗伍升貳合貳勺

賽店倉貯穀壹百貳拾捌石叁斗捌升陸合捌勺

樸樹坳倉貳一貯穀肆拾叁石伍斗壹升捌合陸勺

一貯穀肆拾肆石陸斗壹升捌合陸勺

龍泉寺倉貯穀壹百貳拾石陸斗玖合肆勺

何家寨倉叁一貯穀捌拾陸石貳斗陸升貳合肆勺

一貯穀肆拾貳石壹斗伍升捌合捌勺

一貯穀柒拾柒石貳斗柒升伍合

潘家灣倉貳一貯穀玖拾壹石壹升陸合

一貯穀陸拾陸石玖斗柒升伍合貳勺

洗棚港倉貳一貯穀肆拾柒石柒斗壹升玖合叁勺

一貯穀肆拾柒石壹升玖合叁勺

孔家灣倉貯穀陸拾捌石壹斗壹升陸合柒勺

南家寨倉貳一貯穀叁拾伍石肆斗陸升伍合陸勺

一貯穀肆拾伍石伍斗伍升叁合捌勺

柴家河倉貯穀壹百肆拾柒石玖斗伍升陸合貳勺

清水港倉肆一貯穀肆拾叁石柒斗陸升叁合伍勺

一貯穀伍拾貳石伍斗肆升壹勺
一貯穀壹百壹拾肆石肆斗壹升捌合
一貯穀壹百叁石柒斗柒升伍合貳勺
孟家山舖倉貯穀壹百肆拾石壹斗捌升陸合陸勺
袁家橋倉貯穀壹百玖石伍斗壹升玖合肆勺
巴水驛倉貯穀貳拾玖石壹斗捌升伍合貳勺
望天湖倉貯穀陸拾伍石柒斗柒升
胥家湖倉貯穀肆拾玖石陸斗伍升貳合
湯舖嶺倉貯穀捌拾捌石伍斗壹升貳合

桃花潭倉貳一貯穀捌拾柒石陸斗陸升陸合捌勺
一貯穀玖拾貳石伍斗叁升陸合
羊角橋倉貯穀壹百肆拾叁石陸斗貳升
西陽河倉貳一貯穀捌拾捌石貳斗肆升陸合
一貯穀玖拾肆石貳斗捌升陸合
巴河倉貯穀壹百捌拾捌石陸斗柒升玖合貳勺
攝湖寺倉貳一貯穀壹百叁拾石陸斗伍升柒合
一貯穀陸拾陸石玖升貳合
巴鎮鳳城倉貯穀壹百貳拾肆石肆斗肆升伍合

上鄉社倉叁拾有柒
分流舖倉貳一貯穀伍拾柒石柒斗捌升陸合肆勺
一貯穀玖拾貳石貳斗玖升陸合貳勺
李店舖倉貳一貯穀柒拾伍石捌斗柒升玖合
一貯穀陸拾陸石壹斗肆升玖合貳勺
六廟舖倉貳一貯穀叁百貳拾壹石捌斗叁升柒合捌勺
一貯穀肆拾捌石捌斗陸升捌勺
鐵爐嶺倉貯穀壹百貳拾石柒斗叁升陸勺
河東街倉貯穀柒拾叁石伍斗陸升肆合

九龍橋倉貯穀壹拾玖石叁斗捌升柒合
龔家舖倉貯穀伍拾伍石伍斗壹升壹合貳勺
余家堰倉貯穀叁拾壹石壹斗肆升肆合捌勺
玉泉橋倉貳一貯穀壹拾貳石叁斗叁升陸合
一貯穀叁拾玖石玖升捌合陸勺
石頭山倉貯穀陸拾肆石陸斗捌升
東倉坳倉貯穀玖拾柒石捌斗伍合捌勺
關口倉貯穀壹百柒拾伍石玖斗肆升叁合陸勺
瞿家河倉貯穀柒拾陸石柒斗壹升玖合貳勺

上六都倉叁一貯穀叁拾陸石柒斗柒升貳合
一貯穀叁拾捌石貳斗柒合捌勺
一貯穀伍拾柒石玖斗玖升玖合
彭家園倉貯穀陸拾貳石肆斗柒升陸合
四祖坪倉貯穀捌拾陸石貳斗叁升貳合
多椏樹倉叁一貯穀壹百貳拾伍石玖斗五升叁合貳勺
一貯穀柒拾肆石玖斗壹升肆合
一貯穀叁拾柒石柒斗壹升壹合
石峽寺倉貯穀叁拾貳石叁斗

倒坐店倉貯穀捌拾玖石叁斗伍升叁合
報龍坳倉貳一貯穀陸拾捌石柒斗伍升陸合陸勺
一貯穀貳拾石捌斗陸升柒合
余家河倉貳一貯穀陸拾捌石柒斗陸升陸合肆勺
一貯穀伍拾柒石玖斗柒升叁合肆勺
謝家亭倉貳一貯穀陸拾貳石肆斗壹升壹合
一貯穀陸拾壹石玖斗陸升柒合
嚴家坳倉貯穀貳拾柒石貳斗壹升柒合
柴家河倉貳一貯穀玖拾陸石伍斗貳合

一貯穀壹百肆拾壹石貳斗壹升捌合
蠟林倉貯穀壹百叁拾貳石壹斗陸升叁合
下鄉社倉肆拾有貳
蘇家沖倉貯穀叁拾捌石肆斗捌升捌合
閻家河倉貳一貯穀柒拾壹石肆斗伍升貳合壹勺
一貯穀壹百石貳斗柒升陸合
姜家河倉貳一貯穀壹百柒拾陸石貳斗叁升貳合
一貯穀壹百伍石陸斗玖合
福泉寺倉貯穀柒拾石陸斗玖升捌合

欖見嶺倉貳一貯穀陸拾陸石柒斗柒升玖合
一貯穀陸拾叁石玖斗陸升陸合
萬家營倉貳一貯穀壹百捌拾石捌斗貳升貳合
一貯穀壹百肆拾肆石伍斗貳升
毛家營倉貯穀貳百肆拾伍石貳斗柒升肆合
洗馬畈倉貳一貯穀柒拾陸石伍斗玖升捌合肆勺
一貯穀壹百叁拾柒石伍斗壹升叁勺
國清寺倉伍一貯穀伍拾捌石柒斗陸升貳合
一貯穀捌拾伍石壹斗柒合

一貯穀壹百叁拾柒石玖斗捌升捌合
一貯穀陸拾柒石叁斗陸升柒合
一貯穀壹百陸拾柒石貳斗貳合
蘄陽坪倉肆一貯穀捌拾貳石柒斗伍升玖合叁勺
一貯穀陸拾石玖斗貳升壹合
一貯穀捌拾叁石肆斗貳升玖合
一貯穀伍拾肆石柒斗伍升玖合肆勺
白甫冲倉貯穀壹百貳拾叁石壹斗叁升捌合
查兒山倉貳一貯穀柒拾伍石貳斗壹升壹合

一貯穀捌拾捌石壹斗貳升柒合
洙洋河倉貯穀叁拾柒石肆斗壹升伍合
范家冲倉貳一貯穀肆拾貳石肆斗玖升
一貯穀柒拾伍石伍斗玖升壹合
毛家灣倉貳一貯穀肆拾陸石捌斗伍升肆合叁勺
一貯穀叁拾叁石伍斗玖升陸合
蔡家河倉貳一貯穀壹百貳拾叁石柒斗肆升伍合
一貯穀壹百肆拾陸石叁斗壹升
鄧家寨倉貳一貯穀叁拾陸石貳斗肆升伍合

一貯穀叁拾玖石貳斗肆升伍合玖勺
城角橋倉貳一貯穀玖拾壹石肆斗陸合
一貯穀玖拾壹石肆斗貳合叁勺
長嶺岡倉貳一貯穀叁拾伍石肆斗玖升柒合
一貯穀肆拾叁石柒升玖合
小嶺溝倉肆一貯穀叁拾貳石伍斗玖升叁合
一貯穀叁拾叁石壹斗貳升捌合
一貯穀柒拾貳石貳斗伍升貳合
一貯穀叁拾貳石肆升陸合

一永鄉社倉叁拾有壹
翟家港倉貯穀壹百貳石捌斗貳合肆勺
馬叫港倉貯穀叁拾柒石捌斗貳升陸合
六神港倉貯穀陸拾肆石叁斗捌升伍合
造冊寺倉貯穀捌拾貳石壹斗玖升貳合
馬橋港倉貯穀壹拾肆石肆斗壹升肆合
董家河倉貯穀陸拾肆石壹斗肆升玖合
洑洋湖倉貯穀叁拾伍石玖斗捌升貳合肆勺
福主廟倉貯穀貳百壹拾石壹斗捌升

快活嶺倉貯穀捌拾肆石壹斗壹升壹合

蔡家洲倉貳一　貯穀伍拾貳石玖斗伍升壹合

一貯穀叁拾伍石肆斗叁升捌合

毛店港倉貯穀肆拾陸石陸斗柒升玖合

調軍山倉貯穀柒拾貳石壹斗玖升壹合

金牛嵩倉貳一　貯穀肆拾柒石叁斗柒升

一貯穀捌拾貳石伍斗壹升貳合

易家河倉貳一　貯穀貳拾柒石柒斗玖升伍合

一貯穀叁拾叁石捌斗捌升貳合

磨兒橋倉貯穀叁拾叁石壹升陸合

伍洲倉貯穀叁拾玖石柒斗陸升貳合

拆湖倉貯穀陸拾貳石玖斗肆升壹合

景家塹倉貯穀捌拾玖石捌斗陸升壹合貳勺

天鵞嵩倉貳一　貯穀伍拾貳石貳斗伍升柒合

一貯穀壹拾玖石陸斗貳升壹合

溪潭廟倉貳一　貯穀叁拾叁石柒斗陸升伍合

一貯穀貳拾肆石玖斗玖升伍合

六畝徑港倉貯穀叁拾石壹斗伍升

宋家衖倉貯穀捌拾貳石柒升肆合

樂家林倉貯穀伍拾壹石陸升肆合

甘家冲倉貯穀肆拾石玖斗玖升陸合

鄧家畈倉貯穀貳拾伍石貳斗叁升叁合

蘭谿鎮倉貯穀貳百玖拾肆石玖斗叁升伍合

按社倉穀現在實貯之數因乾隆五十五年蒙蠲免因災出借逃亡故絶無著穀貳千玖百捌拾叁石叁斗其各倉廒所貯穀石係照郤志原數載入宜分别觀之

西門外糧倉原名永豐倉知縣張維孚建

巴河鎮糧倉

蘭谿鎮糧倉知縣陳興建今廢

濟民倉在治北知縣潘珏建共大小貳拾陸間今燬

惟存其址

預備倉一在華家坳曰東倉一在分流鋪曰南倉一在巴河曰西倉一在團陂堡曰北倉俱知縣尹昶時建

附　李振宗造預備倉說

春秋二百四十二年大有之書不多概見蓋凶荒之彖何代蔑有甚矣賑救之不可無具也按洪武時蘄

有預備倉四分設華家坳分流巴河團陂四處圮廢
久矣其他濟民等倉亦俱燬於寇年來饑祲不常
朝廷加意元元屢頒賑貸之命余謬長蘄封敢不仰體
聖天子軫念之殷預爲綢繆下車三載輒捐貲若干於儀
門之右刱豎倉屋三間不費民間一緡又捐穀若干
貯於其中間有好義者亦諒區區之心雅爲損橐雖
屋宇無多而積貯可容千餘唯願後之賢君子推廣
而置之則養民有本備賑無虞庶幾常平之遺意歟

蠲賑

夫積貯已備猶復蠲租賜復蓋慮旱澇不齊災祲間
作所以紓民力而厚其生也蘄爲巖疆東北慮旱西
南苦澇其土之不齊又甚矣我
國家視民如子軫卹常殷有全免有輪蠲有特賑
恩膏屢沛爲臣子者沐浴詠歌而勤收養宜與含哺共樂
利矣

明洪武九年免湖廣本年稅糧

洪武十九年詔免本年秋糧

正統三年免逋賦

嘉靖元年旱秋糧減免　六年水秋糧減免　十四年
旱秋糧減免都御史發粟貳千肆百玖拾捌石賑之
十六年旱秋糧減免　二十三年大旱賑粟捌千
肆百柒拾石零銀壹千肆百貳拾柒兩零　二十四
年旱賑銀壹千肆百陸拾兩零

國朝順治元年大兵經過地方免正糧一年歸順地方免
三分之一　十年蠲免九年旱災十分之二　十一
年豁免順治六七兩年地畝人丁本折錢糧拖欠在
民　十四年旱發積穀以賑之　十七年蠲免十二

年至十五年民欠錢糧

康熙元年蠲免順治十五年以前未徵錢糧　三年蠲
免二年水災十分之三　四年蠲免順治十八年以
前各項舊錢糧　十年大旱免本年錢糧十分之三
十三年十八年旱災俱奉文照分數蠲免　二十
五年旱災蠲免錢糧之半　二十八年蠲免餘項錢
糧　二十九年旱災蠲免錢糧之半　四十四年蠲
免四十五年地丁銀米舊欠未完者並停輸納　四
十五年豁免四十二年以前未完銀米　五十年蠲

免五十一年地畝人丁銀並歷年舊欠俱著免徵
雍正八年蠲免湖北九年分錢糧肆拾萬兩
乾隆十年蠲免湖北十三年分正賦錢糧　十八年五月被水發銀賑䘏災民　三十四年夏被水淹發銀賑䘏分别蠲緩正賦錢糧南漕米石　三十五年蠲免湖北三十六年分正賦錢糧　四十三年蠲免湖北四十五年分正供漕糧是年被旱勘不成災緩征正賦錢糧南漕米石　四十四年蠲免湖北四十六年分正賦錢糧　四十八年蠲免湖北四十九年分正供漕糧　五十年夏秋被旱給發銀穀賑䘏災民分别蠲緩正賦錢糧南漕糧米　五十三年夏秋被水勘不成災緩征正賦錢糧　五十五年蠲免湖北正賦錢糧續准部咨將通省錢糧分三年輪免蘄邑派輸五十七年蠲免

以上皆賑䘏之大典澤潤無疆矣至於閭巷慕義慨行輸助抑或當穀值湧貴之時減價平糶是皆體國家涵濡煦育之至意而遵道遵路於無私者爾用附於後以嘉來者

何如璉捐社穀百餘石

張承柳捐銀貳百兩以助社倉
貢生程紹伋於康熙初年值歲饑捐穀叁百餘石
張世名於康熙八年因歲旱捐米捌拾石其子慶於康熙四十七年捐穀肆拾石以賑饑荒
范國治於雍正二年值歲歉施穀貳百石以周貧乏
高燦於雍正二年捐穀壹百石以助社倉
彭一信於雍正五年值歲荒捐社穀捌拾石
徐澍績於雍正五年值歲荒買穀數百石與鄉鄰分食秋收後聽其自還
盧經邦於雍正九年值歲荒減價賣穀壹千餘石
考職州同楊朝正奉好善樂施例於雍正十三年捐穀貳千石詳請題達
何元鯨於乾隆二十一年穀值昂貴減價賣穀千餘石
楊廷棟於乾隆二十一年亦減價糶賣
葉欣蘄州監生居蘄水乾隆五十年值歲大旱呈請捐賑前後共捐穀千餘石贍族隣復於五十一年春夏之交設廠煮粥以救饑荒邑令尹士鈺以義敦洽

比表其門詳請題達署撫軍特給以任卹可風匾額
學憲王復給以於人有濟匾額
方世燧字如懷監生徽州籍其父安棟在蘄開設典當
曾捐東河渡田稞及巴河渡地畝乾隆五十年歲歉
邑紳士捐米賑饑世燧亦捐米助賑

附
養濟院在濟民倉側額養孤老男婦陸拾肆口
育嬰堂在治東之道觀濟房屋陸間木房壹座
漏澤園有二　一在治北　在上馬石順治十一

年知縣李蓀建

蘄水縣志卷之五

署縣事宜昌府通判高　舉
知蘄水縣事藕　扎　哈　纂輯

學校志

廟學

郡縣之設學舊矣我
朝敬修典禮釐定樂章尊
師重道超軼前古所以育英材而端教化之本者於是乎
在又
特頒經史諸書於學宮俾士子游息薰陶明大體而收實
用猗歟盛哉故叙列較他志備昭詳愼云

廟宮

先師殿居中舊爲大成殿明嘉靖九年更今名殿後有樓
曰書樓今爲尊經閣閣左
崇聖祠廟墀下東西廡前戟門左名宦祠忠孝祠右鄉賢
祠節烈祠又前櫺星門又前東西木柵門又前爲泮
池

學署

署在廟西中明倫堂堂後稍左北爲教諭署南爲訓

導署中界土地祠前儒學門又前折而西有木柵門
又西爲至聖坊出南門街
按舊志明倫堂下東進德齋西修業齋明洪武初奉
旨建今廢爲圃又明倫堂東曰興文閣西曰采芹閣
今俱廢堂後向有敬一亭嘉靖十六年奉旨建今廢
兩署庳陋荒圮非一
興修
自劉宋以蠻民置邑浠水五水與區風氣未開又南
北紛擾胥以此爲邊地建學宜無徵焉隋唐俱失所

考今廟學在治東舊志云宋元舊址元末兵燬明洪
武七年知縣趙季光建歲久就壞宣德八年縣丞黃
王簿夏修旋被震正統四年知縣胡奎重修載陳循
記宏治年間知縣汪深建櫺星門正德年間知縣謝
爵建戟門嘉靖二十三年署縣江文煥修載胡仲謨
記天啟四年知縣孔榮宗修載黃問記崇禎十六年
焚於獻逆
國朝順治七年知縣倪龠元重建尋被災十一年知縣李
蓀修載周壽明記未竟十三年知縣劉佑畢功康熙

二十五年知縣李振宗重修明倫堂李自有記五十
一年知縣陳子泰因舊五經樓修爲尊經閣後知縣
黃德巽劉象賢相繼葺修雍正五年知縣汪歙建忠
孝祠六年教諭夏策謙改建東西木柵門於櫺星門
外乾隆十一年知縣許騰鶴倡邑五鄉紳士捐修度
工費已定旋以內艱歸未就功十二年知縣葉爲舟
繼之撤新正殿巍峩煥奕兩廡楹及櫺星門石柱皆
增高數尺邑舊有節烈祠在玉臺書院乃移建鄉賢
祠下舊因學址逼城無泮池始甃石築池木柵外郎

城堞增爲屏牆較前制畧備葢營搆四載費二千餘
金始終者二令厥功懋焉載陳繼成記尊經閣腐於
蟻二十二年知縣鄧應龍捐貲率屬倡邑紳士撤舊
重修爲樓五間易木楹以牆壁厥後大成殿及兩廡
俱爲蟻腐四十六年知縣尹士鈺率邑紳士重修焉

正殿
至聖先師孔子正位南向
木主高二尺三寸七分濶四寸厚七分座高四寸長
七寸厚三寸四分朱地金書

漢元始元年謚褒成宣尼公永平二年祀稱先師晉
宋梁陳隋稱先聖北齊稱宣父唐武德二年配享周
公稱先師貞觀二年停祭周公仍稱先聖開元二十
七年謚文宣王宋咸平元年加號元聖祥符五年避
聖祖諱改至聖元大德十一年加號大成明嘉靖九
年定木主制題至聖先師去王號及大成文宣之稱
國朝康熙二十三年
聖祖仁皇帝御書萬世師表匾額康熙二十五年
御製至聖先師孔子贊序刊碑雍正三年

世宗憲皇帝御書生民未有匾額雍正四年
上諭避孔子聖諱乾隆三年
御書與天地參匾額

東配

復聖顏子

述聖子思子

西配

宗聖曾子

亞聖孟子

木主高一尺五寸濶三寸二分厚六分赤地墨字
魏正始時進復聖配享晉宋及隋唐皆稱先師宋元
祐二年進述聖配享唐總章二年進宗聖配享宋元
豐七年進亞聖配享明嘉靖九年去爵號爲木主制
康熙二十八年
御製顏曾思孟四子贊刊碑

東哲

先賢閔子損　冉子雍　端木子賜
仲子由　卜子商　有子若

西哲

先賢冉子耕　宰子予　冉子求
言子偃　顓孫子師　朱子熹

木主高一尺四寸濶二寸六分厚五分赤地墨字
唐開元八年坐祀堂上後升顏子配祀乃進曾子居
卜子次宋咸淳二年升配曾子位顏子下復升顓孫
子爲十哲明嘉靖閒去封號稱先賢
國朝康熙五十一年進朱子次十哲稱先賢又乾隆元年
進有子次十哲

東廡

先賢蘧子瑗雍正三年復祀　澹臺子滅明

原子憲　南宮子适

商子瞿　漆雕子開

司馬子耕　商子澤

梁子鱣　冉子儒

伯子虔　冉子季

漆雕子徒父　漆雕子哆

公西子赤　任子不齊

公良子儒　公肩子定

鄡子單　罕父子黑

榮子旂　左人子郢

薛子邦　原子亢

廉子潔　叔仲子會

公西子輿如　邽子巽

陳子亢　琴子張

步叔子乘　秦子非

顏子噲以上唐開元中從祀　顏子何雍正三年復祀

縣子亶雍正三年增祀　樂正子克

萬子章俱雍正三年增祀　周子敦頤

程子顥　邵子雍俱宋淳祐元年從祀雍正三年升爲先賢

先儒公羊子高　伏子勝以上唐貞觀二十一年從祀

董子仲舒明洪武十八年從祀　后子蒼明嘉靖九年從祀

杜子子春唐貞觀二十一年從祀　諸葛子亮雍正三年增祀

王子通明嘉靖九年從祀　范子仲淹康熙五十五年從祀

歐陽子修明嘉靖九年從祀　楊子時明宏治八年從祀

羅子從彥　李子侗俱明萬歷四十一年從祀

呂子祖謙宋景定二年從祀　蔡子沈明正統三年從祀

陳子淳雍正三年增祀　魏子了翁雍正三年增祀

王子栢雍正三年增祀　趙子復雍正三年增祀

吳子澄明正統八年從祀　許子謙雍正三年增祀

胡子居仁明萬歷十二年從祀　王子守仁明萬歷十二年從祀

羅子欽順雍正三年增祀

西廡

先賢林子放雍正三年復祀　宓子不齊

公冶子長　公晳子哀

高子柴　樊子須
巫馬子施　顏子辛
曹子卹　公孫子龍
秦子商　顏子高
壤駟子赤　石作子蜀
公夏子首　后子處
奚容子蒧　顏子祖
句井子疆　秦子祖
縣子成　公祖子句茲

燕子伋　樂子欬
狄子黑　孔子忠
公西子蒧　顏子之僕
施子之常　申子棖以上唐開元中從祀
左子邱明雍正三年升爲先賢　秦子冉雍正三年復祀
牧子皮雍正三年增祀　公都子雍正三年增祀
公孫子丑雍正三年增祀　張子載
程子頤俱宋淳祐元年從祀雍正三年升爲先賢
先儒穀梁子赤　高堂子生

孔子安國　毛子萇俱唐貞觀二十二年從祀
鄭子康成雍正三年復祀　范子甯雍正三年復祀
韓子愈宋元豐七年從祀　胡子瑗明嘉靖九年從祀
司馬子光宋咸淳三年從祀　尹子焞雍正三年從祀
胡子安國明正統二年從祀　張子栻宋景定二年從祀
陸子九淵明嘉靖九年從祀　黃子幹雍正三年增祀
眞子德秀明正統二年從祀　金子履祥雍正三年增祀
何子基雍正三年增祀　趙子復雍正三年增祀
陳子澔雍正三年增祀　許子衡元皇慶二年從祀

薛子瑄明隆慶六年從祀　陳子獻章明萬歷十二年從祀
蔡子清雍正三年增祀　陸子隴其雍正三年增祀
木主規制同十哲
兩廡從祀始自唐貞觀時明嘉靖九年從祀九十八
及門弟子稱先賢某子左邱明以下稱先儒某子罷
遽瑗林放秦冉顏何鄭康成范甯諸人之祀凡前代
增祀
國朝特增先賢諸儒俱詳載前分注
崇聖祠

雍正元年奉
上諭加封　孔子五代改啟聖祠為崇聖祠
肇聖王木金父公位中
裕聖王祈父公位左
詒聖王防叔公位右
昌聖王伯夏公又左
啟聖王叔梁公又右　俱南向
木主規制同四配
配享

先賢顏氏無繇　孔氏鯉明正統三年俱自聖殿兩廡升配　俱西向
先賢曾氏蒧明正統三年自兩廡升配　孟孫氏激明正統三年升配　俱東向
先儒周氏輔成明萬歷二十三年從祀　程氏珦明嘉靖九年從祀
蔡氏元定明嘉靖九年從祀　俱西向
先儒張氏廸雍正元年從祀　朱氏松明嘉靖九年從祀　俱東向
木主規制俱同十哲
祭典
每月朔望知縣以下官詣廟行香
歲春秋仲月上丁日致祭學官分列正獻分獻官生員執事者並樂舞姓名送縣張榜先期各官齋詣所
省牲視滌器屆期五鼓齊集知縣正獻
先師暨四配教諭訓導分獻東西十哲縣丞典史分獻兩
廡武職官陪祭考鐘伐鼓正獻官盥手立執事者各
司其事樂舞生魚貫而進獻官各就位闢戶迎
神樂奏咸和各官行三跪九叩頭禮獻官升壇初獻樂奏
寧和有舞奠帛獻爵讀祝行三跪九叩頭禮退詣四
配位前行禮畢復位亞獻樂奏安和有舞終獻樂奏
景和有舞禮皆如初獻飲福受胙樂奏宣和行一跪

三叩頭禮徹饌送
神樂奏祥和各官行三跪九叩頭禮闔戶望瘞捧祝帛饌
各詣燎位焚乾禮畢
崇聖祠即日知縣率所屬先祭正殿行三獻禮三跪九叩
頭
祭品陳設
雍正三年奉
旨郡縣丁祭牲用太牢乾隆三年奉　部頒定祭品
先師正位

帛壹白色　爵叁白磁　牛壹　羊壹　豕壹
登壹太羹　鉶貳和羹　簠貳黍稷　簋叁稻粱　籩拾形鹽
藁魚　鹿脯　榛　菱　栗　芡　棗　白餅　黑餅　豆拾韭菹　菁菹　芹菹　鹿醢
筍菹　魚醢　醓醢　脾肵　兎醢　豚胉　酒罇壹

四配各壹壇

每位帛壹白色　爵叁白磁　羊壹　豕壹　鉶壹
簠貳　簋貳　籩捌減黑餅白餅　豆捌減脾肵豚胉
酒罇壹

十哲東西各貳壇

帛壹白色　爵叁白磁　豕壹　鉶各壹　簠各壹
簋各壹　籩各肆　豆各肆　豕首壹　酒罇壹

兩廡東西各叁壇

帛壹白色　爵各肆銅　豕叁　簠各壹
簋各壹　籩各肆形鹽棗栗鹿脯　豆各肆菁菹芹菹鹿醢兎醢　酒罇壹

崇聖祠伍壇

爵鉶簠簋籩豆牲帛視四配

配位每位壹壇

帛及籩豆簠簋視十哲爵用銅牲用豕首豕肉各壹
減鉶羹

從祀位東西貳案

祭品視兩廡銅爵用叁牲用豕肉壹
儀注同正殿減飲福受胙樂舞

部頒樂器

雍正二年

欽定樂器圖

編鐘壹拾陸枚　編磬壹拾陸枚　琴陸　瑟陸　簫陸

笛陸　排簫貳架　塤貳　篪肆　笙陸
應鼓壹　搏拊鼓貳　柷壹　敔壹　木笏陸
麾幡貳　羽籥叁拾陸　旌節貳

部頒樂歌樂陸奏樂生五十二人

咸和之曲無舞

大太四　哉南工
至林尺　聖仲上　道太四　德仲上　尊林尺　崇仲上　維南工　持林尺　王仲上　化太四　斯林尺
民仲上　是黃合　宗太四　典黃合　祀太四　有仲上　常林尺　精南工　純林尺　並太四
隆仲上　神黃合　其南工　來林尺　格仲上　於林尺　昭仲上　聖黃合　容太四

寧和之曲有舞

自太四 生仲上 民林尺 來仲上 誰太四 底黃合 其仲上 盛太四 惟南工
師林尺 神仲上 明太四 度黃合 越仲上 前仲上 聖太四 粢仲上 帛太四 俱仲上 成林尺
禮黃合 容太四 斯林尺 稱仲上 黍太四 稷南工 非黃合 馨林尺 維南工 神林尺
之仲上 聽太四

安和之曲有舞

大太四 哉仲上
聖黃合 師太四 實南工 天林尺 生仲上 德太四 作仲上 樂太四 以仲上 崇林尺 時仲上
祀太四 無林尺 斁仲上 清黃合 酤南工 惟仲上 馨仲上 嘉林尺 牲仲上 孔黃合

碩太四 薦太四 羞南工 神黃合 明林尺 庶南工 幾林尺 昭仲上 格太四

景和之曲有舞

百仲上 王南工 宗林尺 師仲上 生林尺 民仲上 物太四 軌黃合 瞻黃合 之南工
洋林尺 洋仲上 神林尺 其仲上 寧太四 止黃合 酌太四 彼黃合 金林尺 罍仲上
惟南上 清林尺 且太四 吉仲上 登仲上 獻太四 惟林尺 三仲上 於黃合 嘻南工
成林尺 禮仲上

宣和之曲無舞

犧仲上 牲太四 在仲上 前林尺 豆太四 籩仲上 在黃合 列太四 以太四 享南工
以林尺 薦仲上 既仲上 芬林尺 既太四 潔仲上 禮黃合 成太四 樂仲上 備太四

八南工 和林尺 神仲上 悅太四 祭黃合 則太四 受仲上 福林尺 率黃合 遵南工
無林尺 越仲上

祥和之曲無舞

有太四 嚴南工 學林尺 宮仲上 四黃合 方太四 來仲上 崇太四 恪黃合 恭南工
祀林尺 事仲上 威南宮 儀林尺 雝林尺 雝太四 歆仲上 茲林尺 惟南工 馨林尺
神仲上 馭太四 還林尺 復仲上 明黃合 禋南工 斯林尺 畢仲上 咸南工 膺林尺
百仲上 福太四

部頒樂舞舞六佾舞生三十六人 執麾一人 執節一人

寧和 自開翟籥向上起右手於肩齊左手於下蹺左足向前翔前向外開籥舞
生開翟籥向上起左手於肩齊右手於下蹺右足向前蹈向裏開籥舞
民合籥向上移右足過左足邊交立合手蹲朝立
來轉身向東開籥起左手於肩齊右手於膝蹲身上曲足加右足虛跟尖着地起辭身向外高舉籥而朝上
誰合籥向內拱手出左足兩兩相對蹲東西相向
底合籥轉身向外拱手出右足合手蹲朝上
其合籥躬身向上正揖
盛合籥轉身向東躬身拱手出右足起平身出左手立

惟開籥向上起右手於肩垂左手於下出左足兩兩相對自下而上東西相向

師開籥向上起左手於肩垂右手於下出右足稍前舞舉籥垂翟

神合籥轉身向東蹈左足惟兩中班十二人轉身俱向西

明開籥左手平肩右手平胸轉身向上偏面西左足虛跟足尖着地舉翟三合籥

度合籥向上過右足於左交立稍前向外垂身舞

越合籥向上過左足於右交立蹈向裏垂手舞

前合籥向上躬身揖向前合手謙進雙手合籥

聖合籥向上拱手平身回身再謙退步側身向外高手衡面向上

粢開籥向上起右手於肩垂左手於下蹺左足向前正蹲向上

帛開籥向上起左手於肩垂右手於下蹺右足向前稍舞躬身挽手側身向外呈籥耳邊面朝上

具合籥當胸向上揖手於右正揖

成合籥當胸向上揖手於左隨復中平身拱手立於中起辭身挽手復舉籥正立

禮合籥蹈右足轉身向上兩兩相對交籥兩班俱東西平勢執籥

容合籥蹈右足向東正蹲朝上

斯合籥低頭向東揖外退挽手舉籥向外面朝上

稱合籥轉身向上平立拱手回身正立

黍合籥向上過右足於左交立稍前舞

稷合籥向上過左足於右交立正蹲朝上

非合籥低頭揖向上左右垂手兩班上下俱雙垂手東西相向

馨開翟向上起右手於肩垂左手於膝蹲身屈左右足左足虛跟足尖着地起合手相向立

惟合籥低首揖右右足隨揖蹈於後左側身垂手向外開籥垂手舞

神合籥低首揖左左足隨蹈於後右側身垂手向裏垂手舞

之合籥轉身向東北拱手蹺右足尖正揖朝上

聽合籥復身向上拱手蹺右足尖躬而受之躬身朝上拱籥而受之三鼓畢起

安和

大開籥向上起左手於肩垂右手於下蹺右足向前左右進步向外垂手舞

哉開籥向上起右手於肩垂左手於下蹺左足向前右向裏垂手舞

聖合籥向上過右足於左交立向外落籥朝上

師開籥向上起右手於肩垂左手於下蹲身曲右足更加左足虛跟足尖着地退向正身立

實合籥向上躬身揖於左隨蹺右足尖正蹲

天合籥向上躬身揖於右隨蹺左足尖起身向前轉向外舞

生合籥向上躬身復揖於左隨蹺右足尖向裏舞

德開籥翟向上起右手於肩垂左手於下蹲身曲右足更加左足虛跟尖着地合手謙進步向前雙手

合籥存謙

作合籥拱手向西出右足兩兩相對自下而上兩班相對舉籥東西

樂合籥轉身拱手向東出左足上下俱垂手惟兩中班上下十二人俱垂手蹲身東西相向

以合籥翟向東過右足於左交立轉身東西相向立

崇合翟向東徹左足虛右足跟斜拱手於上相向立兩班相向以翟相籥
時開籥向上起左手於肩垂右手於下蹺右足向前稍前舞蹈兩班上下俱垂手向外舞
祀開籥向上起右手於肩垂左手於下蹺左足向前向裏垂手舞
無合籥蹈右足轉身合手謙進步向前雙手合籥翟
斁合籥向東拱手蹺右足囘身再謙兩班上下東西相向合籥立
清躬身向上開籥起手向左蹺右足尖稍前舞向外開籥舞
酤躬身向上開籥雙手向右蹺左足尖向裏舞
惟合籥向上低揖雙手平執籥翟開籥舞
馨開翟起右手於肩垂左手於下蹲身以曲右足更加左足虛跟尖着地合籥翟朝上正位

嘉合籥向東拱手出左足側身垂左手兩班側垂手向外舞
牲合籥向西揖手出右足躬身正揖
孔開籥向西起右手於肩垂左手於下蹲身曲左足虛左足跟尖着地雙手舞籥翟躬身
碩開籥轉身向東起左手於肩垂右手於下蹲身曲左右足虛右足跟尖着地躬而受之躬身朝上拱
籥受之一鼓而起
薦合籥躬身向上揖於左一叩頭舉右手叩頭
羞合籥躬身向上揖於右舉左手叩頭
神合籥躬身向上復揖於左復舉右手叩頭
明合籥復手於中躬身拱手向上拜一鼓畢即起躬身三鼓平身

庶開籥躬身右手起舞加額左手垂舞於後左足隨手出後足尖着地三舞蹈舉籥向左躬身舞
幾開翟躬身左手起舞加額左手垂舞於後右足隨手出後足尖着地舉籥向右躬身舞
昭開翟躬身復右手起舞加額左手垂舞於後左足隨手出後足尖着地舉籥復向左躬身舞
格合籥拱手下拜舉籥躬身而受之
景和 百向外開籥舞 王向裏開籥舞 宗側身向外落籥面朝
師朝上正位 生兩班上下兩兩相對交籥 民合手朝上正蹲
物側身向內落籥 軌合籥朝上正位 瞻向外開籥舞
之向裏開籥舞 洋開籥朝上正位 洋合籥
神向外開籥舞 其向裏開籥舞 寧進步向前雙手合籥

止囘身東西相向手謙 酌向外開籥舞 彼向裏開籥舞
金開籥朝上正位 罍合籥朝上正位 惟向外垂手舞
清向裏垂手舞 且朝上正揖 旨躬身而受之
登躬身向左合籥舞 獻躬身向右合籥舞 惟躬身復向左合籥舞
三合籥朝上拜一鼓便起身 於側身向外垂手舞 嘻側身向裏垂手舞
成朝上正揖 禮躬身朝南受之一鼓便起身
鼓聲既嚴旌節前導魚貫而進列行於陛上左右相向聽節生唱奏某舞則散而爲揖唱舞止則聚而成列凡歌一闋則舞一成奠帛三獻共四成始終共六

變起於中而散於中初變在綴之中東西立象尼山
毓聖五老降庭再變而爲佾數稍前進象筮仕於魯
而魯治三變而東西分象歷聘列國而四方化四變
稍退後象删述六經告備於天五變而左右向象講
論授受傳道於賢六變而復歸於綴中東西立象廟
堂尊享弟子列配出太學志

部頒祝文

惟

師德配天地道貫古今删述六經垂憲萬世維茲仲春秋謹

以牲帛醴齊粢盛庶品式陳明薦以

復聖顏子

宗聖曾子

述聖子思子

亞聖孟子配尙

饗

恭惟

五王造家濬哲毓瑞文明五世其昌大儒宗於洙泗千秋

不朽隆祀事於彝章維茲仲春秋謹以牲帛醴齊粢盛

庶品式陳明薦以

先賢顏氏

先賢曾氏

先賢孔氏

先賢孟氏配尙

饗

祭器附

雍正十一年訓導謝鼎遵式捐置已備乾隆八年邑
紳徐本僊捐置滇銅鼎凡九

學政

漢武帝因博士官舍置弟子員興太學也元始中
郡國曰學邑侯國曰校鄉曰庠聚曰序各置有師然
不聞諸縣建有專學也元魏時大郡中郡小郡有助
教學生之設馬端臨以爲郡縣之學始此唐武德七
年州縣並置學其學生自京縣五十至小縣二十長
官補長吏主之歲仲冬舉其成者送尙書省宋仁宗
初諸郡願立學詔悉可之學校徧天下嘉定二年始
立州縣學而教諭訓導之員定元明一遵其制

國朝因之教法益詳
聖祖御製訓飭士子文
世宗御製聖諭廣訓及朋黨論所以陶淑者備至教諭訓導各一員見職官志其學生廪膳二十名歲有餼二歲貢其一如遇　恩貢之年以正貢作　恩貢次貢作正貢增廣二十名附生無定額教官月課其學提督學院三歲再試之初曰歲試優劣有等再曰科試擇其尤者送入鄉場選拔或六年或十二年遴選一人充之雍正五年復奉

上諭居家孝友行止端方才可辦事而文亦可觀者一學各舉一人文童歲科試入學二十名武童歲試入學十五名其文武府學聽督學撥給州縣無定數

碑文

明倫堂側置卧碑一通　科貢題名碑二通

名宦祠

明

胡奎　潘珏　汪深　江世東　宋文昌
游王廷　孔榮宗以上知縣　申屠鐸教訓　童天申殉難訓導

國朝

李蔭祖　丁士孔　吳琠　李輝祖以上總督
劉兆麒　石琳　楊素蘊　陳詵以上巡撫
楊宗仁總督　蔣永修　姚淳燾以上學道　劉珩守道
于成龍　李彥珝以上知府　宋犖府通判

鄉賢祠

元

王燾

明

王聰　李延芳　呂鏞　魯永清　詹易
張存禮　周瑯　胡仲謨　李宗元　程轍
朱袗　周鳴塤　李繼嗣　王希元　周延甲
蔡斗稜　周光德　周廷甲　孫蕊　金玉節
官應震　周應期　周延光　郭士望　朱期昌
姚光盟　蔡國琦　周之士　楊楚龍　朱廷錫
黎民範

國朝

楊伯廷　張問德　南有杞　李果　鄧之驥

陳　琛　李成棟　畢友宜　劉同向

以上二祠同時分祭儀同兩廡

忠孝祠

節烈祠

射圃　在尊經閣後今爲居民住屋每歲納官地租

有差

部頒書籍

御纂周易折衷壹部

御纂詩經彙纂壹部

御纂春秋彙纂壹部

御纂書經彙纂壹部

御纂性理精義壹部

御纂朱子全書壹部

御纂明史通鑑綱目壹部

御製朋黨論壹本

聖諭廣訓壹部　學政全書壹部　明史壹部

大清會典壹部

上諭拾壹部雍正年內頒

上諭陸部乾隆年內頒

上諭壹部乾隆十年內頒

上諭貳部乾隆十二年頒

欽定四書文壹部

書院學田各莊田會館附

孫公書院明萬歷年間知縣孫善繼建

宋公書院明萬歷年間知縣宋文昌建有鄒家壋田稞貳拾肆石每年租入散給貧士

雲路書院明萬歷年間知縣游玉廷建

大成書院明天啟年間知縣孔榮宗建

蘄陽書院在治東玉臺山卽浣溪閣遺址順治十八年知縣劉佑建名玉臺書院捐置田稞叁拾叁石給張王廟僧以作本院香火茶煙之費勤碑院內乾隆八年知縣許騰鶴重建改爲蘄陽書院

一淨明山田稞叁拾石乾隆二十四年邑令邵將淨明山廢寺田詳入書院

一松毛山田稞伍拾貳石乾隆二十四年邑令鄒勸邑紳士徐立正萬孝丕等捐銀肆百捌拾餘兩買置兩

處田勒有石碑存院內
一樂田冲田稞叁拾石乾隆五十四年邑令謝因生員黃廷策具呈將龍窩菴寺田內撥叁拾石付書院
一涂家山田稞貳拾壹石
一望城岡田稞壹拾貳石
一栢樹園田稞壹拾貳石
一湧泉菴田稞五石
一李店舖田稞陸石
一自石山田稞貳拾肆石乾隆二十七年邑令譚因萬師呐等具呈斷歸書院勒有石碑存書院
一熊家塹田稞伍拾担貳斗伍升乾隆二十九年生員陳正國呈請捐入書院邑令沈已經批准
一福泉菴田稞肆拾石
一官湖一區乾隆十八年邑令王將易頓兩姓爭控河蕩湖均屬匿賦詳斷入書院後經得價出售辦公旋用原價贖回今仍歸書院

社學在治北郭外設教讀一人今廢

與賢莊在治北十里鍾師樓舖明崇禎癸酉李汝璨建

捐置田稞陸拾壹石

國朝康熙二十四年知縣李振宗續捐田稞肆拾貳石三十八年知縣許祚遠查出學書侵田稞肆拾貳石付莊管業五十九年知縣劉象賢重修邑國學生龔振宗之母蔡氏捐田稞叁拾叁石共計田稞壹百柒拾有捌石每年科歲試批首輪流經管至鄉試之期分給正案科舉生員以爲盤費條例田圖勒碑莊內刊有紀畧一帙其舖兒畈玉泉菴閤家河蔡家洲四處田稞伍拾捌石並宋公書院田稞貳拾肆石散給舊士乾隆二十二年十月邑紳徐本僊呈捐孟家山舖田稞肆拾石入莊以助科舉生員之費

龥俊莊在治北一里許康熙六十一年知縣劉象賢劃建捐置田稞陸拾叁石爲武生科場盤費條例如與賢莊

升士莊在城南文昌閣側知縣汪歙建

蘄水會館舊在　京都正陽門外高井衚衕內後有聚升樓久被燬其正屋壹重門樓壹座於乾隆四十五年七月內蘄邑在都紳士公議館既敗壞基又逼窄

欲振新之費不貲遂將此舖速基出售得價紋銀壹百柒拾貳兩付邑宦潘際常昆玉生息有承付二約其承約當付徐立階手至四十六年四月滙邑中會試諸公繳南溟收執以便稟算乾隆四十九年在都公算計本利共銀肆百捌拾餘兩後此本利未算將來擴大規模垂貽久遠邑人之所引領而望也

蘄水縣志卷之六

署將宜昌府通判高　舉纂輯
知蘄水縣事蕭扎　晗纂輯

職官志

秩官

凡奉命同蒞一邑皆有守土教養之責列而表之制也蘄自元以上秩官闕志劉志止載明以來所設各員分縣與學爲二表而武職亦闕邵志則合爲一表又增立城守一列所以昭國家設官之意守土教養文武僉賴焉

表

明

知縣一員　縣丞一員　主簿一員　典史一員

儒學教諭一員　訓導二員

巡檢二員　驛丞三員　河泊所官二員

醫學典術一人　陰陽學典術一人　僧會司一人

道會司一人

	知縣	教諭	訓導	縣丞	主簿	典史	巡檢 驛丞
洪武	朱文漢	李恕	張友諒	張衡	馬懋	石均佐	許宗巳司

	潯州舉人		諸暨人	山西人	順天人	
趙季光	鄭昌	勞謙	方處漸	梅欽	宋祥	高瑪 巴司
	廣東人	浙江人	江西人	河南人	河南人	
郭德謙		盧與齡	藺明昌			
舉人		豐城歲貢	四川人			
祖宗文		張坤	陳文			丁顯 巴司
舉人		江西歲貢				
陳德義						王進 巴司
舉人						

蘄水縣志　卷之六　秩官　二

張政						
蘄州舉人						
永樂 尹起畊						
廣東舉人						
曹興						
廬州舉人						
宣德 譚渭						
廣德歲貢						
鄭伯圭		左惟賢				柴亮 巴司

江西舉人		武進歲貢				
王振		簡縉紳				張浩 巴司
福建舉人		臨江舉人				
陳李		王顯	黃舍觀	夏時		劉恕 浠驛
福建舉人		江西人	樂平人	建平人		聶明
			王蘭	朱友文		孟宏 浠驛
			四川人	蘄州人		韓季安 浠驛
正統 胡奎	申屠鐸		李蔚	王甫	呂繼本	王鎏 浠驛
鄱陽舉人	淮安舉人		四川監生	綿州人	金華人	陳思傑 浠驛

蘄水縣志　卷之六　秩官　三

李文輔		聞學	鄭隆	王環	金鼎	
舉人		銅梁歲貢	成都人		嘉興人	
蔣茂	薛謙	宋叔昭	楊貢	翟城	陳有志	王澄 浠驛
舉人	武進人	莆田舉人			廣東人	
李序		趙友	楊濟	丁顯	孔宣	
真定舉人		安樂歲貢	貴州人	豐城人	東平人	
楊端	鄭京畿	鄧林	錢福	胡澄	張真	段績 浠驛
廣東舉人	太和舉人	長寧歲貢	處州人	永新人		陳盛 浠驛
			劉得貴	吳友志	黃祥	劉汝敬 浠驛

麗水人
沈清
張佐 浙江人

四川人
吳忠 眉州人
平和 桃源人
石松 河南人
傅信 進賢人

金華人
李經 綿州人
杜禮 鄭州人
陳免 永州人

王勝 浠驛
王夢泰 浠驛
梁漢 浠驛
靳中 巴驛
樊士華 巴驛
范銘 巴驛
謝聰 巴驛
谷時 巴驛

天順 何實 東莞舉人
王杲 吳橋人
陳洪 新淦舉人
成化 陳興 許州舉人

李廣居 四川人

盛德 上元歲貢
楊復初

楊真
張玘 蕭山人

侯爵 永城恩貢

祈盼 巴驛

楊經 新昌舉人
潘珏 婺源進士

周同綸

太和歲貢
胡廣 瑞州歲貢
周寬 雲南歲貢
徐文質 四川歲貢
冉磁 涪州人

陳遲 浙江人
鄭文 漳州人
郭新 嘉定人

林宗誠 仙居人
李茂 泗州人
熊寧 豐城人

鄭相 巴驛
陳廷相 巴驛
袁濂 巴驛
樊笄 巴驛

弘治 余浙

劉復

汪溥

王相

謝恩昇 綿州人
張傑 鳳陽人
閔士昌 四川人
張洪 遂寧人
王賓

陳沔
王恕

吳思譽 蘭司

綿州舉人　來安人　南城歲貢　嘉興監生　錦州監生　監漳人
黃鳳　陳訥　胡深　何倫　張明　楊中
吉水舉人　江陰人　西安歲貢　秀水監生　四川人
張正　宋玉　夏時亨　趙林　徐懋　周崇禮
烏程舉人　楚雄人　濰縣歲貢　丹徒吏員　巴陵人
朱鈁
直隸歲貢
汪深　張渠　李班　余滔　張本根　王勳忠
進賢舉人　德興人　英山歲貢　古田監生　富順吏員　章卯人

周眘蘭司　喬玉蘭司　周錢蘭司　王璉蘭司　李聰蘭司

李元素
雲南歲貢
程昌　劉璧　閻端　崔嵩
祁門進士　定遠歲貢　汝州人　河南人
何澄　麥盈之　文學　王裕
侯官舉人　高安歲貢　涪州監生　江都人
顏敬之
瀘州監生
戴允洪

吳論蘭司　賈森蘭司　陳選蘭司　裴惟仁蘭司　侯求壽蘭司　談鳳蘭司

常州監生
傅瑤
丹徒監生
徐志仁
安宿吏員
張錦
陝西吏員
嚴賓
銅梁監生

許洪蘭司　王國卿蘭司

正德
王　伯　馬才掄　牟正表　鄭　淮　郎　彰　楊自明
灌縣舉人　全川人　巴縣歲貢　福建吏員　建德吏員　茂州人
謝爵　林增　余鑒　劉鉞　楊鑾
寧州舉人　古田人　滁州歲貢　平州監生　鬱林監生
曹遠署　傅士彥
貴溪吏員
嘉靖
徐　申　李　仁　梅　乾　陳　昇　陳　鳳　凌棟梁　李森蘭司
崑山舉人　儀衛司舉人　內江人　巫山監生　慈谿人　巴陵人
楊世相　鍾　萬　官　仕　袁　深　萬　鵠　汪仲和　蔡政蘭司

太和進士 順德人 威遠歲貢 臨川監生 眉州監生 清陽人
拱廷臣 蕭　璞 毋克嗣 郭　晃 張　堯
桂林進士 大足人 鄒州監生 孟津恩例 遂寧人
王　幹 高啟東 楊　元 程　文 黃　用 黃　瑶
眉州舉人 南昌歲貢 太和歲貢 莆田人 巴陵人
譙　陽 施顯卿 吳　臣 呂　澤 羅　吉 黃大綱
南充舉人 無錫舉人 華亭歲貢 麗水監生 巴陵監生 餘姚人
李　佳 黃　鍾 胡用中 周　瑶 沈　科 孫雲舉
金堂舉人 南昌歲貢 光州歲貢 舒城人 會昌監生 河州人

蘄水縣志　卷之六　秩官　八

周　慎 黃　鏊 鄔元繡 周汝平 劉　棟 張邦偉
高淳監生 四川歲貢 寧海歲貢 金華吏員 會川歲貢 慶符人
盛　鳳 郭　聘 陳　吉 徐　來 黃用政 楊　郁
合肥舉人 內江歲貢 新繁歲貢 郾城監生 桂平歲貢 泗州人
方玉岡 陳　滌 周國濟 佘　材 任　臣
崑山歲貢 奉節歲貢 榮昌吏員 南昌人 興化人
蕭祥庚 段盡忠 蔡仲貞 凌友序 張廷瑞巴司
太和舉人 山東歲貢 錢塘吏員 仙江選貢 吳慶儀巴司
陳蘭化 董　爵 楊應春 張世文 吳永顯巴司

新建舉人 浙江歲貢 清江吏目 盧山選貢 楊秀貴浠驛
倪民悅 陳　篪 郁　鎧 舒　成 朱尚德浠驛
上元官生 福寧州人 餘干吏員 施　崑浠驛
曹　恩 李　陞 張　錸 楊世相 趙　仁巴司
天長歲貢 寧國歲貢 歲貢 宋　偉巴司
譚汝讓 鄭文運 高　儒 張　均 張　嶽巴司
興建人 雲南歲貢 藍田監生 謝恩勳浠驛
謝于岡 顧承勛 徐　納 鄔　林
福安舉人 鳳陽歲貢 西平監生

蘄水縣志　卷之六　秩官　九

隆慶
張惟孚 劉光裕 朱萬銓 潘靑潮 張　垠
成都舉人 寶寧人 茂州歲貢 儀眞歲貢 福建人
劉　憲 周　岱 官　任 林仁聲
崇仁舉人 雎州歲貢 光孚歲貢 福建人
黃日旭 劉天定
華亭歲貢
陳　墳
福建歲貢
萬曆
董　遷 申膺徵 李[illegible] [illegible]朱廷棟 孫一鵬 宋汝[illegible]

嵩縣進士 清涙衛人 上元歲貢 餘姚人 瀘州人
尹 釆俞之昇
大冶選貢 馬平歲貢
閻士選 蕭文明 徐 緘 陳 棕 江 楫 史 犠
江都進士 江陵歲貢 青陽歲貢 山東歲貢 新野監生 金壇人
孫善繼 杜方偉 汪楚賓 周繼春 黄朝邦 沙浚明
萊陽進士 同安舉人 長沙歲貢 諸曁監生 順昌監生 長沙人
林 璨
福建監生

王建屏 黄 榜 傅之道 王以偉 孟 文
陝西進士
崔 濤 汪學海
山東進士
江世東 秦元祚 盧宗頤 雍學禮
歙縣進士
涂宗濬 周日庠 文在八
南昌進士 江西進士
杜長春 游一清 陳正言 左君修 張九皐 王應試

恭江進士
宋文昌
曾上哲
喻嘉垣 陳一廉 曾舜純 范瑞辰
商城進士
游王廷 青宗益 謝天檻 鄭德潤 張九洪 林廷翰
臨川進士 常德舉人 萊陽歲貢 北㐀歲貢 河南人 福建人
張邦譽 王 璧
歲貢 岳州歲貢
武 典 黄裳吉

歲貢
易惟時
荆州舉人
天啟
孔榮宗 黄 問 劉 漸 傅汝弼 蕭 澤 林彦鍾
商城進士 景陵舉人 浙江人 霍山人 福建人
房連雲 金章爍
浙江人
李大受 陳之恪 陳佐聖 馬 錦 汪泗浚 黄應皷
閩寧進士 武陵舉人 武陵人 鳳陽人 安慶人 休寧人

高尚賢　蜀州人
崇禎　李汝燦　詹在前　郤　巨　趙肖南　呂承信　陳汝璜
南昌進士　景陵舉人　武昌歲貢　真定人　莆田人
童明衙　張文德
鍾祥歲貢
唐之學　毛應龍　榮端士　王明炳　謝獻維
貴州歲貢　歲貢　寧州恩貢　山東貢生　浙江人
李　庚　孔維時　毛士倫　胡大惠

潛江歲貢　四川選貢　浙江人　山陰人
葉春芳　浙江人
胡振芳　王體中　□　傅吳文奕　徐綸裒　楊明時
□江舉人　雲南歲貢　鍾祥歲貢　福建人　四川貢生　浙江人
童天申　施州衛歲貢
孔維時　鄒應孝　金　音
四川選貢　癸未任　臨川舉人　荊州人

附楊歷湖河泊官三員熊　貴　楊　鉉　李　鼎
拆湖河泊官三員　魏　廣　袁　敬　閻　華
劉志列巡檢驛丞表內今裁缺已久因出之附列於
此 邵志

國朝

知縣一員　縣丞一員　典史一員
儒學教諭一員　復設訓導一員
巴河鎮巡檢一員　蘭谿鎮巡檢一員
巴水驛驛丞一員　醫學典術一人
陰陽學典術一人　僧會司一人　道會司一人

知縣	教諭	訓導	縣丞	典史	巡檢驛丞
順治 孔維時 四川選貢	周　瓔 大冶舉人	王大章 鄖陽歲貢	張　楨 黃岡人英王委用	楊文達	沈應相 巴巡
田　玠 昌樂選貢			沈啟隆 浙江人	成之偉	陳王猷 巴巡
高　岫 寧晉貢生					金　英 巴驛
倪爾元	段　袗	潘如安			胡　璧 浠驛
					王　臨 浠驛
					陶　志 巴驛
					柳象榮 巴驛

平湖進士
劉澤濬 太原貢生
李蒸 狄道舉人
劉佑 曲周拔貢
康熙 李長敏 大興進士

大冶歲貢
李子翼 孝感舉人
易永昇 應城舉人

臨湘歲貢
丙午裁

湯楫如 丹徒選貢
馮應泰 延長歲貢

王如德 陝西人
楊世芳 富平人

王家相 蘭司
陳忠 蘭司
何鋐英 蘭司

洪理順 龍溪舉人
蔣燦 廣寧鑲白旗
李振宗 嘉善進士
李育 任邱舉人
許祚遠

周琥 安陸舉人
金玉 新化舉人
陳世玭

戊午復
朱體仁 安陸歲貢
李之岳 大冶歲貢
胡爾愷

吳世膺 太倉拔貢
王霖 句容人
李容 榆次歲貢
張夔 桐城貢生
侯元勳

張守禮 宛平人
施鳳翔 鄞縣人
楊普 華州人
雷雲鶴

金華國 蘭司

固始廩貢
王烈 宛平人
程子泰 霍山歲貢
侯方夏 建水州舉人
金廷襄 署

孝感舉人
嚴自愉 興國舉人

辰州歲貢
周扶樞 寧鄉歲貢

固安監生
王斌 仁和貢生

陝西人
費緯貞 宛平人
李給 天津衛人

李給 署蘭司

黃德巽 都昌貢生
戴紹祖 署
林緒光 閩縣舉人
田廷棟 署
劉象賢

沈一亨 巴司
胡廷臣 蘭司

鑲藍旂監生
雍正 張琳 署
楊㷆 商南貢生
汪欽 盧龍舉人
劉光然 山陰貢生

謝聖寵 沔陽舉人

高淳 荊州歲貢
徐都士 江陵歲貢

徐世安 山海關人

汪欽
路聲聞 安邑貢生 署
乾隆 張正品 天台舉人 署
路聲聞
李肇梅

夏策謙 孝感舉人
楊爲邦 靖州歲貢
陳繼成 崇陽舉人

謝鼎 黃岡歲貢
張雋昌 漢陽歲貢

章紹俊 遂安貢生
尤士棫 漢軍拔貢
翁士傑

慕宏道 上元人
孟詩贊 宛平人
夏正位 如皋人

陳利見 巴驛

署 陳學沆 桐鄉舉人
鞏秉鈞 署
許騰鶴 惠來進士
葉爲舟 邵武進士

黃金綎 枝江歲貢

華亭纂修 李元培 聊城拔貢
劉光彩 瀏陽監生

黃錦玉
陳鉉 上虞人

計宏錞 巴司
王原向 蘭司
孫泰交 蘭司

劉育杰 泰州進士
覺羅德興額 鑲紅旂人 署
伍澤概 祁陽舉人 署
王棫 深澤進士
錢鎏

涂天根 孝感舉人

周卜寧 松滋歲貢

黃卓 南城拔貢

余宗焞 休寧人

周廷綬 巴驛

常熟舉人署 邵應龍 餘杭副榜 王鳳儀 太倉舉人署 沈周 錢塘舉人 王烺

水文錦 雲夢舉人 周廷璋 沔陽廩貢署 張秉極

葉雯 沔陽廩貢 張開東

潘汝鳳 烏程人 宋宏熿 新建人署 莊道明 湘陰貢生 陳盤言

周文燦 順德監生 梁鴻佐

謝洪志 巴司 大興監生 李皓 巴司

汝州進士署 譚之綱 茶陵舉人 舒繼蕚 仁和監生署 徐碩士 譽峩舉人署 和剛中 蒲城舉人署

雲夢舉人 游東顯 安陸舉人 葉繼雯 漢陽拔貢署 程明澄 孝感舉人現任

蒲圻歲貢 陳勳 荆門舉人 張定模 當陽廩貢署 陳受培 江夏廩貢現任

石球監生署 鍾昂 武平監生 高其偉 東安副榜 韓德厚 孝義監生署 徐世顯 海寧監生

嘉應監生 孔興璋 宛平監生 薛克膺 原武監生 周禮 湘潭監生 查克丹 正白旂監生

宛平監生 陳新銘 巴司 元和監生 邛子瑶 黔陽監生 蔣仲瀓 巴司 廣安監生 江萬錦 宜興監生

周濬 仁和舉人 潘元會 涪州舉人署 伍文輿 新建舉人 王棫 福山舉人署 陳嘉謨

周良儒 普安拔貢 張慶漣 嘉興廩貢 徐光祖 正白旂監生署 陳照 會稽監生 許恂

劉懷登 宛平監生 朱日辰 番禺監生 沈道和 大興監生 江賡 桐城監生 朱邦珪

循賜瑶 巴司 甕安監生 黃元照 休寧監生 李士梧 蘭司 如臯監生 聞人濟 巴司 大興監生 王廷瓚 巴司

錢塘進士署 王裕增 仁和舉人署 尹士鈺 東莞舉人 劉無息 滬池舉人署 魏耀 柏鄉監生署

杭州人 祖恪鋐 漢軍鑲白旂監生 趙秉鑑 聞喜監生 厲世求 靜海監生 莫子撓 高明舉人署

大興監生現任

河内監生 張煒 巴司 甘泉監生 浦寶光 蘭司 東流監生 莫本立 巴司 滎城監生 裴大文 巴司 曲沃監生

謝錫位 會稽舉人
高舉 漢軍鑲黃旗監生
爇扎哈 滿洲鑲白旗官學生考補筆帖式現任

王三錫 泌陽拔貢
任以依 蕭山監生
平治 大興吏員
馬尚襄 神木監生
張起茂 吳縣監生
畢所諱 候補州判現署縣丞山東文登縣人

徐彩 巴司 會稽監生
許玉墀 巴司 海寧監生
張啟茂 蘭司 吳縣監生
趙慶 蘭司 陽湖供事現任
李秉義 巴司 山陽拔貢
劉光俊 巴司 盧陵監生現任

武秩官附

李玉
趙祿
姜應雄
謝上簡
馬文悅
馬良伯
柳友楷 以上係千總
王朝相
楊可全 本姓石
王光祖
賈良柱
熊作相
曾啟林
胡金柱 現任

查蘄水縣一汛分駐武弁一員原繫黃州協輪撥千把防汛三月一換是以官無定員迨康熙四十五年後詳定嵩員繫黃州協右哨千總嵩防復於乾隆七

年內詳請更調等事案內將千總移駐長江水汛城
守繫把總防汛

名宦

名宦古循吏也蘄秩官元已闕表矣況撫字斯民而
政蹟炳著可見之傳歟今即舊志所傳自明以來猶
有古遺愛風者列於編古云安靜之吏悃愊無華日
計不足歲計有餘牧民者亦可思矣

明

趙季光洪武七年來知縣事會元季兵戈之餘諸務廢
弛光撫柔振興民大賴焉舊志稱其倜儻有爲

胡奎鄱陽舉人正統四年知縣事邑舊學宮規模粗立

宣德間被震奎至撤而大之壯其殿廡立文會課士
用是士多興起濱江有廻風磯磯上一港達江內通
拆湖諸水水溢與磯漩洑相觸最爲民患奎乃謀以
竹籠篝石窒其上畚土實港隄之俾湖水他道入江
工以萬計遂名曰萬工隄立廟磯上祀江神水患乃
息至今便之

陳興許州舉人成化初知縣事性端方下車數月剔蠹
鋤姦犁然就理治獄排桀扶羸吏咸畏法民不忍欺
去之日邑民思之不忘

潘珏字玉海婺源進士成化二十二年知縣事性澹泊單騎來蘄廨宇蕭然聊蔽風雨或勸新之珏曰吾與一事即民多一事且休置濟民倉二十四於北郭外又增水次倉以備不秋設浮橋於南城渡往來便之自著有甘棠集三覲稿

黄鳳吉水舉人宏治間知縣事性慈祥愷悌不務催科雖冒法罰不恤也久之曰吾奈何以頭搶地乞靈貴人遂調去

汪深進賢舉人宏治十七年知縣事性慈惠視民如子

先是倉無完堵粟無儲石深乃日夜運心勸借富戶宥罪助修旬月而六倉鼎然兩載儲粟二萬歲歉民賴以生

曹逵太倉進士正德間以隨州判來署邑篆甚廉大書私刻貪酷於兩楹會武宗南巡鄰省應有協辦差事逵治乙甲甚具毫無苛派民甚德之去之日男婦各操壺漿以送

蕭祥庚太和舉人嘉靖間知縣事鎮靜儉約催科有法至今爲書一規識拔雋異造就頗多三年奏最考異等乃乞致事當道移檄趣其赴官終不至

黄舍觀樂平人宣德中爲丞時學宮傾圮舍觀捐金修舉甚盛士人多之嘗大書官箴於座前誓以自警

李蔚字仲文四川監生正統間爲丞品行端檢邑人凜凜憚之邑令胡奎嘗曰仲文當不愧吾治每經畫創建多謀於蔚

張圯蕭山人成化間由辟薦爲丞有殊才一言半辭聽民惟允坐不設茵吟咏自喜勸民教士多篇什焉

王相嘉興監生宏治間爲丞清慎耿介難以私謁長吏

有遺政必爲白之不少避令憚多推轂相然意無樂也竟恬退行其志

侯爵永城人成化間由恩貢爲簿多惠政尋擢鄖西令邑人遮留之不得如鄖邑

王賓字令甫錦州監生宏治間爲簿催科不用桁楊好言誨民民喜諾期以日月靡不樂輸

冉鎡字實夫涪川人宏治間訓導邃於名理誨迪諸生貧者賚以膏火親老者爲加存問月試程藝深服士心

梅乾內江人嘉靖間訓導性謹厚教士率先躬行逸教者必面數之故士多整飭尋丁內艱去公論惜焉

鍾萬順德人嘉靖間教諭其來教也融融下善持已齋肅以純質樸茂先士俾疏其穢而鎮其浮士習用振

孫善繼字邾孚萊陽進士萬歷十七年冬知縣事下車即值歲荒與庠生楊永貫計出積穀六千石四門煮粥以食城中饑者五鄉書册造名人給穀二斗不足有素封黎朝臣乃登門拜請黎爲捐金千四百兩買湖南米發賑民賴存活任蘄七載以艱去

杜長春字貞陽綦江進士萬歷三十九年春知縣事發奸擿惡起敝維風不畏强禦清覈錢糧無欺隱包賠之弊月課生童賞拔奇俊人爭濯磨

闕士選江都進士萬歷四十三年知縣事時行方田令選與士大夫里老等制弓格計便宜度肥瘠於秋斂畢令民自丈不假手胥役欺隱杜絶民甚便之建蕉民亭作記以紀其事見藝文志尤加意風化於鄉賢中申舉孝弟忠信禮義廉耻八行各以一人當之刋刻成書家喻戶曉俾知傚法纂輯舊志開濬蓮花池及墨沼茶泉諸勝

游王廷字來泰臨川進士萬歷四十四年冬知縣事端方正直才守兩全崇尚古處培養後學建雲路書院於南河岸側爲諸生游息之地尋擢兵部主事去

李汝燦字衡嶠南昌進士崇禎二年知縣事清操勁節民情吏弊毫髮難欺兩分闈試所得皆名下士值大造黃册編審里甲稱平行保甲嚴更漏滌民帖然雅意作人置興賢莊買學田以贍貧士至今賴之擢刑科給事去

吳文奕福建人崇禎十四年任蘄水丞彬彬儒雅有良吏風流寇亂文奕守城南樓寢處數年十六年三月初五寇自廣濟兼程潛渡從西門無人處攀援而上守者輒驚竄文奕死守南城不去遂遇害

青宗益字仲衡龍陽舉人萬歷四十一年署任教諭學有本源表裏洞徹教人隨材不爲一法博求精義微言以明道術爲已任周給貧士捐俸修葺學宮暨院及敬一亭四十五年以外艱歸

黃間字伯素天門舉人天啟二年任教諭好古琥佳刻

以雄奇得售及道漸深寓雄奇於雅淡居官一秉先
型力驅澆俗四年奉檄分校滇闈中道病旋遂卒
童天申字祿所施州衛官籍由鄉貢授蘄水訓導流賊
入蘄以身殉難贈國子監助教
國朝
李蕃字德馨狄道人順治乙酉舉人十一年來知縣事
性方嚴任事勤敏簿書裁決皆出一手每四鼓即秉
燭起視事至漏下一鼓方就寢寒暑無間爲治敦大
體崇節義懲逆禁囂以故巨奸畏懼粗知綱常名分

不敢犯創譙樓修大堂建分司催徵不擾講論胥勸
士服民安惟以負氣少傲致忤當事甫十四月而去
張楨黄岡人順治二年夏五月
王師所過便宜置官授楨蘄水丞楨至不避勞苦收集遺
黎料理芻糧時山寨竊發民甚病官兵進勦軍需孔
亟民又病楨委曲周旋浠人始定又闖逆餘黨襲羅
田斷民手足會同黔梁帥統卒數千經邑境楨敦請
協勦賊始遠遁三年五月征南大將軍師駐武昌
朝命班師道由浠上時楨已謝事持牛酒謁軍門告以
子遺新集之故帥嚴諭勿擾民蘄民得以安堵
劉佑字雲麓曲周人由歲貢於順治十三年知縣事風
雅豁達爲治無擾前令李蕃學宫未竟捐俸落成與
邑紳楊繼經捜討散佚修集志書建桃浠閣於玉臺
山每退食乘輿登臨賦詩飲酒往往夜分而返其恬
曠之性如此後遷泰州牧　以上舊志
李振宗字欲仙嘉善進士康熙十八年知縣事治務寬
和律己廉恕重葺城隍廟及鼓樓修學宫增預備倉
建生生橋崇尚文學之士講習經藝揚扢風雅邑士

益彬彬焉留心文獻續修邑志
侯方夏字于東雲南舉人康熙四十五年來知縣事存
心慈恕著績廉明禮士卹民務循大體四十七年歉
鄰邑汹汹方夏即請發常平倉賑之邑賴以安五十
一年行取陞兵部武選司主事去之日士民號泣攀
轅遮留擁道至不得行凡數日始抵巴河鎮巴河士
民亦如是此數十年之僅聞者也
林緒光字　閩縣舉人康熙五十五年來知縣事明
敏廉潔折獄有聲一時刁蠹爲之斂跡公餘以翰墨

自娛進邑之文士而禮之未幾以外艱去

劉象賢字思菴漢軍鑲藍旗人由筆帖式於康熙五十七年來知縣事沉毅有胆識篤於造士所識拔士多奇俊邑故有興賢莊爲鄉試諸生之費象賢念文武並重因捐俸買田稞三十石立顔俊莊爲武科之費雍正元年總督楊宗仁舉行社倉法象賢捐俸買穀若干復勸紳士耆庶助穀若干城中五鄉共置社倉若干次年以在部筆帖式事罣悞去尋起補江西進賢令邑士民多往謁之

汪欽字越孫盧龍舉人雍正五年知縣事下車日正直有聲不假人以詞色有邑豪請謁面斥之於有道能文之士則改容以禮任蘄八年士民爲賦玉壺紀績以志其事後調江陵令

路聲閎字鳴皐安邑貢生由應陞知州於雍正十二年來署縣事才具明敏長於聽訟每兩造至任其自訴不加以威猛故鄉愚皆得盡其顛末而無情者亦不敢飾僞以欺明年調江夏一載復任三載案無停牘民無覆盆乾隆四年冬以艱去

張正品字　天台舉人以試用知縣於雍正十三年秋來署縣事學問淵深精於鑒士識張鳳鳴於黄岡童子試中曰熊劉後起也鳳鳴學多自所授云

許騰鶴字集之惠來進士乾隆八年秋補授沉靜寡言樸實正直一子隨侍亦不敢干公事初下車吏請於元壇廟拈香弗許敦崇理學倡捐勸修與邑紳士即梳浠之舊閣更創蘄陽書院搆樓祀宋五子於上有以文昌奎星請祀者謂不可每歲捐俸六十金延師課士試前列者給紙筆以奬勵之蘄之有書院自茲始也將欲置學田爲久遠計因次年學宫傾圮梁棟蟻蝕勸諭闔邑輸金重建經營伊始憂訃適至未竟其事而去

葉爲舟字濟川邵武進士乾隆十年以即用知縣任縣事甫蒞任剔蠹奮興諸凡振作值春祀上丁先期於明倫堂演習禮儀佾舞品列祭器致誠致敬繼前令許未竟之緒重修學宫五載乃成以書院前無正門捐俸四十金撤節烈祠於學宫之旁而以舊祠爲講堂開門面南臨浠水規模較昔有加丁卯分考秋闈

所得士咨名儁十五年夏旱至三角山老龍洞虔誠步行禱雨雨應是冬調漢川縣去

劉育杰字凡若泰州進士乾隆十五年冬調補爲人短小精悍饒有膽畧吏民讋服與學宫諸生論文則雍雍如也十七年春天堂寨馬逆蠢動大兵往來獲解逆犯諸務旁午育杰悉應接整暇開有叛所誣連者廉得實情判决明白卽請於總督永公開釋之所賴全活甚衆是冬調漢陽令

王棫字寗文深澤進士乾隆十八年春補授沉靜寡慾

爲政務持大體不以才華自見論文章務尊經術淵源有本葢其家學然也二十年以疾去

洗敔隆山陰人順治初年來貳尹事時當鼎革疆宇未寗人心未輯五年春東山寇竊動交煽郡邑掠野攻城敔隆從大尹及諸部調遣兵將嬰城固守有完保之功又從大將軍安定旁邑身踐戎馬開奉委以數十騎入羅田卽領羅印務羣情慴服事定還蘄以軍功被薦去

吳世睿字聖符太倉拔貢康熙年丞能詩善畫負才睥睨頗有崔斯立哦松之概

張夔字一齋桐城貢生康熙年丞廉介自守奉法愛民尤敬禮賢士不以門第自貴留心地方求盡厥職至今士民稱之

王鉽字　仁和貢生康熙五十七年以降調爲丞懃恒有守無媕阿態嘯傲清署以書卷娛情雖飧松飲菊晏如也有子名文璐由癸丑庶常官御史

尤士棫字　漢軍拔貢乾隆四年以州判來署丞事廉介自守不受一錢奉差辦公之暇惟日讀書書聲

常達署外未幾調去

益士傑字　華亭監生乾隆五年以纂修議叙授丞事勤敏辦公常甘淡泊好讀書吟嘯自得

李元培字　聊城拔貢乾隆六年來貳尹事負幹濟才强敏練達任七載上憲多所差委兩署羅邑尹篆正擬保題以艱去

黃卓字山立南城拔貢乾隆十九年調補爲丞潔已自正敏於辦公自奉差外不受一詞曰丞職當如是也二十一年秋調鍾祥丞

程世玭字　孝感舉人康熙年教諭律已程士俱有法度明經術勵躬行培植學校不以位卑去岸角士由是益敬禮之

謝聖寵字　沔陽舉人雍正三年教諭甫到任課試首重古學詩賦所拔多奇俊之士不久以疾去

夏策謙字恭占孝感舉人雍正四年補授教諭時已膺其子力恕翰林封典親串勸弗就策謙謂教士儒者本業內翰外翰何分乎因蒞任為學務本宗儒飭行必先孝弟接士不設城府言語平易不臨深為高衣

冠自朝祭外儉約如寒素事上無便辟側媚侃侃而談鐸蘄十載與郡授彭士商賡聲每文宗按試郡人士輙目之曰此兩不怕事教官也乾隆元年春陞寶慶府教授去

陳繼成字文海崇陽舉人乾隆二年秋由揀選知縣改授教諭雅意作人初任時即大治具召文武國學生學外諸童畢至會文課試手第甲乙一時士心翕然悅服每課必自為文以示程式又凡鄉試歲科兩試及郡邑童子試遇題輙作一日可得數十藝諸生並文字佳者即黙記口誦如瓶瀉水逢人樂道每鄉試贐餞諸生歸則治酒閱文決得失無一爽其獎勵人才自其性然也乾隆十七年秋陞永州府授去

周扶樞寧鄉貢生康熙五十　年訓導性和易肅容止喜培養士子貧者多解俸以資膏火勉其勵學後以憂去

謝鼎字匡山鄖陽貢生原籍黃岡雍正七年訓導為人誠篤公正好士嗜文士來謁者不計修脯製禮器備樂舞激青生童捐俸以周讀書之貧無力者優貢畢

封斗時猶困童子鼎知其才極力成之十二年乞老去以上邵志

邵應龍字雲谷浙江餘杭人由副貢教習乾隆二十年來任縣事為人慈祥樂易催科不擾聽鞫無冤民咸戴之其修舉廢墜勇於任事蘄邑志未修者百餘年為徵文考獻續加纂輯期年而竣事蘄陽書院師生修脯膏火無資取廢寺田及官湖租以歸之公餘輙耽吟咏篇什流傳為多他如邑中春曉緣楊迴瀾諸古蹟皆捐廉俸新之蔚彬彬有文學宰遺風焉惜未

竟厥緒以丁内艱去任

張開東字賓陽蒲圻歲貢生以乾隆四十五年任蘄水司訓生平至性過人而學深養粹藹有道而文者其訓士一言一動必遵先正矩矱見者不敢干以私有不若教者剴切勸諭其人輒感激泣下學舍中搆雨泉亭亭僅容膝而意趣閒遠日夕陶詠自得非時俗所能測也乾隆四十六年歿於官著有白蘋詩集

葉繼雯字雲素漢陽人以乾隆丁酉拔貢五十年來署蘄諭甫蒞任革除一切陋規日進諸生勤懇課廸不

計修脯暇則卷帙蒲案終日吟咏不輟值歲大旱於五十一年春捐白金數百兩易米賑饑又購蓆片以瘞死者邑人德之蓋冷署中所罕見者去任後中庚戌科進士現任　内閣中書

右名宦五十七傳内縣令二十八人教諭八人訓導六人丞十三人簿二人

蘄水縣志卷之七

署縣事宜昌府通判高　舉
知蘄水縣事蘊扎哈纂輯

選舉志

選舉

選舉代有異同固無俟縷述矣舊志隋唐闕然宋元來亦不多見惟明備書我
國家承明代之制春秋兩闈科目得人稱盛又每逢
慶典特行加
恩開科廣中解額雖山陬海澨均被及焉夫科目必由學校而學校起家有不由科目者則貢成均他如急公應例亦得各奏爾能蘄楚名邑也一並表之以志不朽云

選舉表上

朝代附取士制	進士	舉人	貢生附恩貢選貢	應例職監附始明成化年
宋英宗詔三年一貢舉至神宗始以經義試士	李禹卿蘇州府通判有傳宦蹟 楊葉	姚彥良治易解元		

理宗端平三年丙申		劉復心 治書
		甘澤
		甘霖
元仁宗皇慶二年詔行科舉　仁宗延祐四年丁巳		李芳孫 解元

五年戊午	薛洪卿 援館博士	
七年庚申		周謁 治書
文宗至順三年壬申		左容賢 治書
		楊煥 治書
順帝至正四年甲申		劉貞 治易

七年丁亥		畢蘭亭 解元
八年戊子	李希白	李希白 春秋進士
十年庚寅		葉貞 治易
		何誠 治詩進士

十一年辛卯	何誠	
十六年丙申		楊謁 治詩
明太祖洪武二年己酉詔開科取士六年罷科舉舉賢良十五年詔復設科取士以子午卯酉年鄉試辰戊		黃紹祖 刑部侍郎有傳宦蹟
		葉輝 鹽運同知
		鄒以修 刑部主事

丑未年會試
李思默 溫州府知府

太祖洪武十七年甲子
徐福一 治易解元
王瓚 四川青神知縣
程紀 四川新津知縣

二十三年庚午
戴綸 治詩山東巡按御史有傳宦蹟
劉粲 楚雄府同知
朱伯琦 教諭

二十六年癸酉
許禎 治易進士
張珩 山東嘉祥主簿
章琦 治易江西南昌訓導
陳賓 金華府同知

成祖永樂二年甲申 按永樂元年癸未當會試以登極未暇壬午各省兵革有未及鄉舉者命癸未皆行補試以明年同會試
許禎 山東霑化知縣
徐添理 浙江道御史
劉淳 歲貢四川瀘州吏目有傳孝友

三年乙酉
陳文顯 治易
劉俸 江西廣德州建平縣丞

何進 治易
張瑛

六年戊子
張喜 治書北直河間府通判
馬汝賢 治易
戴鵬 貴州鎮遠府同知
徐淳 廣東肇慶衛經歷

十二年甲午
可鉞 治書四川郫縣訓導

十八年庚子
邱忠恭 治詩四川敘州府知府
焦昌 治詩四川安縣訓導
柴孟溱 河南倉大使
彭鉉 治易
柴孟消
何文憲 治詩

宣宗宣德元年丙午
呂鏞 治詩福建清流知縣有傳忠烈
方文質 四川江津知縣
黃思剛 典州左衛經歷

英宗正統三年戊午		張詳 治書
六年辛酉		吳永喆 治書河南道御史有傳宦蹟
景帝景泰元年庚午		徐溙 治易四川夔州府教授
		薛濟 治易江西臨川知縣
四年癸酉		張瑣 治易福建閩縣教諭
七年丙子		鞏恭 治易四川南充縣教諭
英宗天順六年壬午		呂渭 治詩進士

徐振 廣東保昌縣丞
補陳蕃 府經歷
王鏞高 雲南廣通知縣
王德全
張富 廣西賀縣知縣
徐信 衢州府知府
曾忠 鶴慶府知府
陳仕霖 太平府知府
王直 楚雄府經歷
程思銑 四川保寧知縣
方清 四川崇慶州吏目
樂武
李端 鴻臚寺序班
龔淵 鶴慶府吏目
劉汝賢
華鏞 江西奉新縣丞
余璣 直隸易州吏目
戴自省 四川銅梁縣丞

范煥 監生福建建陽縣知縣有傳宦蹟

憲宗成化元年乙酉		魯永清 治詩進士
二年丙戌	呂渭 行人	
四年戊子		程岳 治易江南潁州府同知
十六年庚子		徐紹先 治易進士
十七年辛丑	魯永清 江西左參政有傳宦蹟	
二十二年丙午		李汰 治易浙江義烏教諭有傳儒林
二十三年丁未	徐紹先 銅仁府知府有傳宦蹟	
孝宗宏治二年己酉		程節 治易

殷倫 隆慶衛經歷
邢道鑑
彭埴 歲貴州新添衛教授有傳隱逸
張文禮 四川榮縣知縣
周仲寬 成都府同知
郭奎 留守衛經歷
邱高 河南遂平訓導
周仕淵 廣西平樂推官
周宣 瑞州府經歷
周仲安
吳志 南直金壇訓導
樂和 四川眉州訓導
徐公正
南朝陽

徐紹禮 寧府典寶
瞿天柱
南大陽
以上成化時人
畢鵬 府知事
陳謨
陳景文 四川東鄉知縣
胡濂
畢良貴
以上宏治時人
詹瀾
程定遠
程憲遠
周楫 縣丞
王承寵 兵馬司
胡仲方 兵馬司

五年壬子		詹易 治詩江西饒州府訓導	王泰　南時陽	羅衣 縣丞　徐文貫
八年乙卯		李尚仁 治禮記	胡宗周 四川酆都訓導　萬福 四川順慶經歷	周珪　周策 江西撫州經歷
十一年戊午		徐吉貞 治易南戶部郎中有傳宦蹟	游庠 光祿寺署丞　詹子雲 廣東順德主簿	程漸　王廷文
十四年辛酉		程翺 治易	汪倫　王紳 浙江淳安縣丞有傳文苑	以上正德時人　易文吉 縣丞
十七年甲子		郭文甫 治易廣東鹽提舉有傳文苑　陳欒 治易陝西漢中府西鄉知縣　錢重器 榜姓田 春秋四川江津知縣有傳宦蹟　錢貢 榜姓田 春秋杭州府同知有傳宦蹟	周紹武	周璞 泉州府經歷　李敷芳　周情 江西新昌縣丞　程軔 經歷　程輦 江南定遠主簿　詹元相 吏目　詹化　姜朝制 州判
武宗正德二年丁卯		呂爵 春秋	張練 瑞州府照磨	畢旻 主簿　周鳴鶴 都事

（正德二年丁卯）		周珋 春秋進士	畢鴻	畢星　卬如山
五年庚午		李宗元 治易河南沈邱知縣有傳宦蹟　操永魁 春秋長史	王中正 江西都昌知縣有傳宦蹟　陳大鵬 江南泗州州判	畢軿　周鳴東　邱塈　蔡斗煒 成都主簿有傳孝友
十一年丙子		程轍 治易南國子監助教有傳儒林　蔡月涇 治易有傳儒林　程象 治易	欒愜　李性文 雲南嵋峨知縣　程文遠 歲貢有傳隱逸	陳錄　陳言 吏目　方兆貢 山東泰安知州　徐瑋　李藹 浙江嘉善縣丞
十四年己卯		胡仲讃 治易進士　陳欽 治易河南新野知縣有傳宦蹟　張湑 治易廣西潯州府知府	李延芳 歲貢四川大足訓導有傳宦蹟　袁紹芳　閔子厚　桂森 歲貢四川忠州州判	劉元吉　劉元勲 縣丞　劉元仕 江南懷寧縣丞　李宗孔 保定衛經歷　周怡 四川合州吏目

十五年庚辰　周瑯 四名廣東提學副使有傳宦蹟

按是科因南巡祇舉會試未廷試十六年辛巳四月世宗登極始舉廷試　胡仲謨 雲南按察使司有傳宦蹟

世宗嘉靖四年乙酉　李蕡芳 治易江南高郵州知州　胡仲誥 治易進士

邱璽 四川長壽訓導　周臣 山東東昌府淸平知縣　龔鏊　周仕哲 歲貢有傳隱逸　邱璋

李崇芳　李早芳　李蕺　周文　李莊 州判　羅艮詔 縣丞　龔起鳴　郭洽 主簿　周鳴鎬 泉州府經歷

五年丙戌　胡仲誥 陝西叅議

七年戊子　殷相 治易

十年辛卯　李承陽 治易

畢艮凱 歲貢有傳隱逸　張珏　周制 雲南布政使司經歷　朱文明 歲貢有傳孝友

桂木 山東武城知縣　周鳴篪　王廷諍 主簿　南子申 吏目　桂林 貴州鎮遠經歷　南廷佐 縣丞　楊鳴春 主簿　陳勳 縣丞　王希覺 主簿

十三年甲午　易文訓 春秋

十九年庚子　徐步雲 治易雲南祿豐縣知縣有傳宦蹟　錢邦偁 治春秋進士

魯思 四川成都府井研訓導　何爵 斷事　夏尚表 歲貢歷任鎭江府通判　周玉球　汪輔 直隸太興知縣

蔡仁　胡述謙　張鳳益　周鳴奭 縣丞　程若璧　周鳴泮 四川名山主簿　楊任春　周鳴陽 主簿　朱祚

二十八年己酉　周鳴塤 治春秋進士　李猷 治易江南寧國府同知有傳宦蹟

朱蘊祥 河南葉縣縣丞　魯辨 四川彭水訓導　潘瑺 河南郾城知縣　熊正山 四川瀘州府安岳知縣

周廸 中鄉試　詹元弼　程若紀 縣丞　王國仁　程評　胡在謙　李賢嗣　郭鳴彥　楊愼春 主簿

三十一年壬子

朱衫 治易進士

三十二年癸丑

朱衫 浙江布政使司有傳宦蹟

錢邦偁 太僕寺少卿有傳宦蹟

程轄 河南商水知縣

周望 江西豐城知縣

徐文臣

陳鵬 河南商水知縣

陳鈘 通判

蔡斗瑱　姜允恭　曾一魯 主簿　柴大梧　周鳴珩 江南江浦主簿　姜允亮　柴大吉 縣丞　王希周　蔡斗煬

三十四年乙卯

欒浹 治易河南西華縣知縣有傳孝友

三十七年戊午

李繼嗣 治易六名進士

潘瑯　游虬　李之寶　徐克私 陝西鳳縣知縣

蔡鶴　陳良任 主簿　曾一傳　桂三華　王希嚳　楊灝春　李上華　戴秉彝　楊伯梓

三十八年己未

周鳴塤 廣東布政使司參議有傳宦蹟

四十一年壬戌

李繼嗣 廣東監軍副使有傳宦蹟

四十三年甲子

朱期至 治易進士

周廷士 恩貢河南溫縣知縣

柯楚山 恩貢浙江麗水縣主簿

胡行謙 恩貢廣西思恩縣知縣

周鳴咸 恩貢江南休寧縣丞

潘時敏 兵馬司　程若俊 四川富順主簿　柴大桐　楊浩春　周鳴悅　程若典 序班陞南昌守　徐一鱗　楊化春 主簿　滕沛然

穆宗隆慶元年丁卯

胡邦謙 治易

李時成 治易進士

張鵬翔 治易順天三河知縣

萬良儒 徽州府門訓導有傳宦蹟

周申

王三徵　徐漳　楊願春　蔡蓍

以上嘉靖時人

郭之太　程國定 江南休寧主簿

四年庚午

徐一唯 治易進士
易之貞 治易四川馬湖知府有傳官蹟
胡仲合 治易大理府推官有傳官蹟
王希元 治易進士

李昉直 河南羅山訓導
華邦基
葉廷梅
夏貢 歲貢湖南常德府訓導
畢竟霖

陳王紀 主簿

五年辛未

徐一唯 兩淮鹽運使司

蕲水縣志　卷之七　選舉　十四

神宗萬曆元年癸酉

李時成 直隸提學御史有傳官蹟
王希元 福建提學副使有傳官蹟

李第 治易十六名
石三復 治易眞定府同知

周博
畢良謨 歲貢有傳孝友
錢邦似

黃宗亨
曾三樂 江南宜興縣丞

二年甲戌

朱期至 河南淮慶府知府有傳文苑
何鳳起 刑部員外郎有傳官蹟

何鳳起 治易進士
周延甲 治易江南虹縣知縣

周中
陳紐 歲貢鞏昌府秦安知縣
王三輔
錢邦伊 恩貢浙江衢州府通判

劉可久
陳良傅 府通判

四年丙子

張文光 治詩二名進士
王希舉
湯執中

蕲水縣志　卷之七　選舉　十五

五年丁丑

蔡斗移 長蘆鹽運使司有傳官蹟

蔡斗移 春秋四名進士
周迪 治易中南關松江府通判
周道大 治易江西萍鄉知縣

周延大

周鳴臚 京城兵馬司

七年己卯

潘學聖 治易

何其宏 治易進士

徐一璩 禮部儒士任欽州府檢校

蔡國琦 山東壽光主簿有傳宦蹟

錢承斗

十年壬午

胡永寧 治易九名

朱期華 治易二十三名

馮國祥 治易二十八名

王三見 陝西耀州州判

張　炅

邱似山

知縣

徐存德 治易五十二名進士

閔延甲 治易五十八名進士

周光德 治易四川渠縣知縣有傳文苑

何其謙 治易陝西伏羌知縣

陳王業 主簿

十三年乙酉

陳所志 治易十名有傳文苑

周應期 治易十七名進士

桂凌雲 治易重慶府通判

邱文山 江西大庾知縣

詹大從

龔　章

十四年丙戌

徐存德 南戶部主事有傳宦蹟

十六年戊子

張元碩 治易知州

汪文炳

十七年己丑

閔延甲 通政司左通政有傳宦蹟

何其宏

十九年辛卯

金玉節 治易十二名進士

二十二年甲午

陳秉厚 治易歷任知府有傳宦蹟

周道行

楊之翔 鴻臚寺序班

楊繼哲 治易大同府推官
周延光 治易進士
孫　蕊 治易北直灤州知州有傳孝友
官應震 黃岡籍進士
朱一統 羅田籍
陳王綱 主簿

二十五年丁酉
張應奎 治易進士
楊逢春 通山縣教諭

二十六年戊戌
金玉節 南刑部員外郎有傳宦蹟
張文光 翰林院檢討國子司業傳宦蹟
官應震 太常寺少卿有傳宦蹟

二十八年庚子
楊惟一 治易工部虞衡司郎中
徐希齡 恩貢江南吳江知縣
高知岳 靈川衛經歷

二十九年辛丑
周應期 廣東巡按御史有傳宦蹟
周延光 光祿寺正卿有傳宦蹟
王之民 治易廣西全州知州有傳孝友

三十一年癸卯
郭士望 治易解元進士
易之會 隨州學正
楊伯溥 衛經歷
畢大猷 治易穀城縣教諭有傳文苑
許元卿 治易
孫逢時 治易知縣
姚明恭 治詩進士
柴　棨 縣丞
周鳴鐖 威遠衛經歷
楊伯鵬 縣丞

三十二年甲辰	郭士望 福建按察使司有傳文苑 張應奎 福建漳州府推官		周之祜	徐學禮 縣丞
三十四年丙午		游之英 治易浙江麗水知縣有傳宦蹟	饒正宇	楊伯鵾
三十七年己酉		朱期昌 治易北闈十三名進士	周延申 陝西郃陽知縣	周延暹 江南崑山縣丞
三十八年庚戌	朱期昌 江南常州府知府有傳文苑			
四十年壬子		南有臺 治易十名進士 楊楚龍 治易十八名進士	汪凝 撫州府通判	楊伯鵠
四十三年乙卯		朱朝熙 治易福建泉州府知府	楊伯瑋 江西星子知縣	周道恭 長史
四十六年戊午		蔡璿 治書十二名進士	楊伯廷 四川經歷署雙流知縣	王三捷 樂林縣丞

		王覺民 治易		楊繼祚
		桂啟芳 治易進士		石中璞 江南長洲主簿
		謝天申 治易廣東西寧知縣有傳文苑		徐步逵 楚府典儀
四十七年己未	姚明恭 十名翰林院檢討文淵閣大學士有傳宦蹟			
	蔡璿 四川成都府知府			
光宗泰昌元年庚申八月嗣位以八月前為萬歷四十八年八月朔至十二月終為泰昌元年			官撫辰 恩貢江南桃源知縣 陳于前 河南懷慶府通判 李生一	周鳴服 四川龍安府經歷
熹宗天啟元年辛酉		魯若泰 治易應城縣教諭有傳文苑	程九萬 恩署池州府東流縣有傳忠烈	李用賓 福州府通判

四年甲子

七年丁卯

莊烈帝崇禎元年戊辰

三年庚午

楊楚龍 江南建德縣知縣

畢九臣 治易紹興府同知有傳宦蹟

周之士 治易福建福州府同知

楊繼錦 禮記

高洪基 治易進士

胡三宗 治易陝西武功知縣

饒應元 治書江南溧水知縣有傳宦蹟

邱之宗 治易

畢期玗 治易

錢鑛 江西寧州訓導

汪劼忠

黃耳鼎 選貢中鄉試

姚允恭 恩保定府通判

楊伯賓

呂應宸 四川瀘州州判

楊日隆 經歷

萬事忠

周之侢

官撫極 恩貢貴州貴陽通判有傳宦蹟

畢竟芳

周鳴虞

周之祚 貢生光祿寺丞

徐二儀 光祿寺署丞

周之儒 武學教授

以上明代應例壹百伍拾伍人

四年辛未

六年癸酉

七年甲戌

九年丙子

是年詔行薦舉

十年丁丑

硅啟芳 廣東海陽知縣有傳宦蹟

南有臺 南戶部員外郎有傳宦蹟

黃耳鼎 三名廣西道御史有傳宦蹟

南居翼 治易七名

胡三順 治易進士

周壽明 治書解元進士

黃正色 禮記二名蕪湖知縣有傳文苑

畢十臣 治易十一名進士

黃耳鼎 治易中南闈進士

郁文初 恩貢韶州牧

閔以楝 歲貢肇昌府同知有傳文苑

黎宏祚 恩貢

王士俊 乙亥特例貢

夏之韺

姚居恭 四川重慶府同知

畢祖洲 恩貢有傳孝友

何彬然 歲貢

王來泰

周壽明 知縣行取吏科給事中有傳宦蹟
華于冕
十二年己卯
畢十臣 知縣行取福建道御史有傳宦蹟
李見璧 治易十三名有傳文苑
周健行 歲貢考授通判
楊廷簡
游宗先 治易本姓鄒
劉炎
十三年庚辰
高洪基 直隸大名府推官有傳宦蹟
楊簡 治易有傳尚義
南山石
十五年壬午
金甌 治易有傳文苑
周從奎
謝天知 治易

張繼善 治易
徐二南 歲貢
南之俊 治易本姓王
以上明代貢生壹百陸拾壹人

按前代科目缺漏頗多今自明洪武甲子科起至崇禎壬午科止計僅科獲雋者八十有八科內中鄉試者一百三十一人中會試者三十七人悉依舊志凡中式有人科分則書其餘不書

國朝因之至各出身仕宦有可考者加釐訂焉再景泰丙子龔淵劉汝賢係貢生范煥係監生邵志誤今改正

國朝制仍明
進士
舉人
貢生 恩拔副附
應例

順治三年丙戌 是年九月開科
汪文光 治易二十四名
徐一倬 歲貢
官撫漢 監生浙江會稽知縣有傳忠烈
李生美 治易進士
徐二瑞 恩貢
程維伊 治易浙江慶元知縣有傳宦蹟
官撫邦 歲貢大冶訓導陞知縣有傳文苑
李果 治易四川洪雅知縣有傳宦蹟
岑桂瀾

四年丁亥

李生美 江西德安知縣有傳宦蹟

南應建

五年戊子

張五衡 治書十五名

周之篆 歲貢

楊繼經 治易進士

周爲麟 恩貢江南鳳陽府通判

六年己丑

胡三順 山東萊陽知縣

楊繼暘 拔貢授推官

八年辛卯

鄧之驎 榜姓李治書六名雲南祿勸州知州

徐學曾 歲貢歷任江南吳縣知縣

李華 治書任教諭

李生暹 監利縣教諭

陳琰 治易陝西臨潼知縣有傳文苑

周從文 湖南新寧教諭

駱驥 治易廣西平樂知府有傳宦蹟

南仲 拔貢廣東澄海知縣有傳宦蹟

柴沖雲 榜姓桂治易廣東南海知縣

何之旭 拔貢江西德化知縣有傳宦蹟

十一年甲午

高耀基 治易有傳文苑

夏奇男 拔貢

駱子才 貢

皮浚明

王保釐 治易進士

黃士英 歲貢歷任湖南衡陽知縣

邢子愿 治易監利縣教諭有傳文苑

黃宗鼎

洪一鶚 治易湖南攸縣教諭

畢瀛洲 恩貢

張本忠 治詩八名江陵教諭今籍黃岡

楊成洪

胡旦

十二年乙未

楊繼經 刑部員外郎有傳文苑

楊錄用 恩貢考授州判

程維極 治詩湖南桂陽州學正

王臨民 歲貢雲南臨安府通判

十四年丁酉

張邦福 治易進士

李見瑤 拔貢署江南江都知縣有傳宦蹟

李成棟 治易進士

畢紹昌 恩貢江南休寧

徐東暎 治易湖南衡山教諭
知縣有傳文苑
鄭嗣產 廷試
歐陽鼎 廷試

十五年戊戌
張邦福 紹興府推官有傳宦蹟
王保釐 常州府通判有傳宦蹟
南之傑 廷試山東長山知縣有傳宦蹟
李報玉

十六年己亥
李成棟 四川雅州知州有傳宦蹟
畢鳳洲 歲貢湖南麻陽訓導

康熙二年癸卯 是年詔罷制藝以論策取士
朱國是
丁盛時
徐四公 歲貢
張屏公 歲貢
高子才
楊于儒
王直竑 縣丞
華文薰 浙江武康知縣

五年丙午
八年己酉復以制藝取士
畢紹夔 治易河南鄧城知縣有傳文苑
陳之賓 貴州天柱訓導
陳兆玉 長沙府訓導
姚師譽 潞安府通判

十一年壬子
十四年乙卯 楚省因吳逆道梗是科停試
周梓
姚師孟 歲貢
徐五宗 廩貢石首教諭
魯僖 順德府知府
南夢珽 淮安府同知

十六年丁巳 詔直省監生入試江南
有傳宦蹟
徐雲宏 拔貢中北闈鄉試
李見傑 教職
南夢鯉 縣丞

十七年戊午
張萬選 十一名
畢友宜 十三名進士
高鑑
龍尚傳 榜姓呂進士
張問政
何聖時
周文翰
李開禧
陳孫芷
袁瑤
楊動善
姚師曾 縣丞
王凱竑

徐雲宏 治易江西建昌知縣有傳儒林
楊于星 歲貢
李師聖 戊子辛卯兩中副榜
楊擇善 貢潛江訓導
張萬熙

十八年己未
畢友宜 福建建寧知縣有傳宦蹟
龍尚傳 歸班以知縣用
李光祖 副榜
官純佑 拔貢有傳文苑
南宏士 縣丞
李見奇 州同
鄭文華 縣丞

二十年辛酉
劉同向 治易永州府教授有傳宦蹟
官純滋 拔貢有傳儒林
嚴正忠
華載勳 監利縣教諭

楊純貞治易榜姓官　李向榮湖南桂東縣訓導　邱衡
邢雲治易教諭　瞿然　方齡

二十三年甲子
閻承志春秋　畢燦　張親聖湖南臨湘訓導
袁同賢本麻城人　畢翊祿歲貢　程正翊縣丞
錢從燮歲貢有傳文苑　蔡之儁
邢子植治易宜城縣教諭有傳文苑　閻承德
柴崇曦
蔡文廱副榜　華載穎縣丞

二十六年丁卯
畢元英治易　胡繼昌　王冕
徐廣淵進士　李克馨　劉漢裔
李承恩

二十七年戊辰
徐廣淵直隸廣宗縣知縣有傳宦蹟
汪芳珍恩貢通城縣教諭　南之貞縣丞

二十九年庚午
胡理廣濟縣教諭有傳宦蹟　華佳賓　南之祥縣丞
鄭文先寧波府知府

李正達　徐子芳歲貢有傳儒林　柴崇嵩州同
汪台鼎

三十二年癸酉
李美中榜姓田　南光發拔貢中書有傳文苑　華載采州同
程士棟山西交城縣知縣有傳文苑　楊仁迪拔貢中順天鄉試　賀其華
王世賢州同

三十八年己卯
王建琰　鄭毓諶拔貢湖南衡州府藍山知縣　周構國子監學正
鄧維翰榜姓劉　郁煌歲貢　姜鈺英高唐州吏目

胡捷詔　李祿貞州同河工効力

四十一年壬午
徐源蔚治易湖南零陵教諭有傳宦蹟　汪光泰恩貢有傳文苑　閻士魁
汪之珍禮記　景士智訓導　蔡應推
李林茂

以上舊志

四十四年乙酉
徐源遠治易直隸肅寧知縣有傳宦蹟　張逢年　毛文堃知縣軍功陞榆林道原籍麻城
周節周榜姓楊治書湖南道州學正有傳宦蹟　徐璉歲貢　胡維悌訓導本姓司

四十七年戊子
徐作枚 榜姓鄧 治易兗州黃河同知有傳宦蹟
李垓 歲貢有傳尚義
李簪貞 州同
姚嗣烈 巴東訓導
南程萬 州同
汪承寵 河南汲縣縣丞
汪承恩 州同
顧鼎新 廩貢
李添璧 例貢
張由聖 貢
可二峯 貢

五十年辛卯
邵日霄 治易
熊啟灝 榜姓夏 治詩天門縣教諭
楊仁迪 治易山東嶧縣知縣有傳宦蹟
楊乾佳 歲貢
葉五玉 中河南副榜
葉維藻 辛卯副應城教諭

五十二年恩科癸巳鄉試
徐喬綏 治易選湖南瀏陽教諭未赴任
姚謝玉 歲貢

是年會試恩科同舉行

五十三年甲午
胡承捷 治易三名
官錄 治書
梅琮 治易本姓程有傳篤行
汪天霖
徐泗水 歲貢
陳首瀅 副榜
畢開潤 歲貢
顧維新 歲貢
徐雲文 恩貢有傳文苑
程紹伋 貢有傳尚義
鄭毓吉 隨州訓導
南嵩萬 例貢
蔡光璧 縣丞有傳孝友
可二曜 縣丞
可二典 縣丞
王先達 監生考授州同

五十六年丁酉
程良開 治易
陳作仁 羅田學庠姓張
萬孝玉 州判
鄭毓揮 州判

五十九年庚子
嚴繼陵 治易進士
畢封基 治書江南巢縣知縣
徐本僊 治易六名雲南糧道有傳宦蹟
徐立御 治易進士
楊宏模 治易
潘鍾俞
南岡 歲貢有傳文苑
李嶐 歲貢潛江訓導未赴任有傳篤行
馮之貞 歲貢
周洪邦 州判有傳孝友
鄭毓時 州同
張承椰 貢有傳尚義
胡承厚 縣丞
王綸

雍正元年恩科癸卯 是年四月鄉試廣額三十名八月會試
恩科甲辰補癸卯正科二月鄉試是科湖北湖南分闈
胡承揆 治易
奚學標 治易廣東從化知縣有傳宦蹟
周坤順 治書
黃芝 拔貢考授八旗教習有傳篤行
高應玕 恩貢
葉學成 鄖陽訓導
畢開璞
何元鯤 陝西吳堡知縣
程學瑗 縣丞有傳篤行
徐七辦 州同署河南湯陰縣丞
汪世燦 州同署宛平縣丞有傳宦蹟

二年甲辰 補行正科八月會試
徐立御 三甲傳臚貴州道有傳宦蹟
萬元常 歲貢雲夢訓導有傳宦蹟
楊朝正 江南嘉定縣丞

七年己酉	十年壬子	十一年癸丑
		嚴繼陵山西襄垣知縣
龍雲斐春秋進士 劉自拔本姓潘治易監利縣教諭有傳孝友	張素臣五經十二名進士 李鶴治易	
徐守中拔貢試用山西虞鄉知縣 蔡文浩副榜甲子再副州判	范崴典 萬元文 李琮歲貢試昌訓導	楊瑛
蔡永璞州同 蔡永瓚州同 李能貞貢 徐之魁貢	張盛文貢有傳孝友 汪永澤 李紹虔有傳尚義 孫敏承	汪玉

	十三年乙卯	乾隆元年恩科丙辰會試其鄉試恩科即於是年八月舉行
		何御龍直隸大城縣知縣 龍雲斐原名子飛山西渾源州知州有傳宦蹟
	潘伊琪治易公安縣教諭有傳宦蹟 何御龍治易進士	
	徐明理拔貢中鄉試 葉梅拔貢	周經政恩貢 范之鼎恩貢 周多才歲貢有傳篤行
王安泰有傳孝友	徐潞 徐運極 徐立行有傳篤行 以上俱州同	郭一麟 李紹虎 汪啟椿 葉鐘

二年丁巳補行丙辰正科會試	三年戊午	六年辛酉
張素臣部選知縣改教授有傳文苑		
	張聯奎五經十八名 畢志璜春秋進士	徐明理治書三名截取知縣有傳文苑 張鴻文治易今籍江夏
周郁燦歲貢	姚有萬 鄧銑	閻國淇歲貢保康訓導 梅士鍚拔貢考授教習
周源 萬萬春	張紹昌 以上州同 任光遥	石永錫 王永謨有傳孝友 徐浩

	九年甲子	十年乙丑
		畢志璜三名廣西義寧縣知縣 岑天構山西虞鄉縣知縣有傳宦蹟
	岑天構治易進士 瞿顯然治易	
陳鵬翥拔貢考授教習	王士發本姓南 南雲龍五經副榜	華士椿歲貢有傳文苑 董際旭歲貢漢陽府學訓導
以上縣丞	盧廣祚江西龍泉縣丞未赴任 張映璜吏目 聞濬昌附貢生	汪世儀 汪紹旦 胡應元 張旭榆有傳篤行

十二年丁卯

劉夢鵬 治書十六名 進士

李鍾衡

葉楷

羅永學

周象豫 治易十七名

瞿漢渤

余祚宏

徐七斿 歲貢中鄉試

聞澄昌 增貢生

十五年庚午

周象晉 治詩十一名 東湖教諭

姚可行

聞渭昌

周愷

徐七斿 治易

蕭龍文

聞興邦

高士傑

范思皇 禮記 進士

盧經邦

十六年辛未

劉夢鵬 直隸饒陽縣知縣 有傳宦蹟

范思皇 翰林庶吉士 吏部員外 福建學政 有傳宦蹟

蔡文泗

謝錫申

王宣泰 有傳孝友

徐宗璉

尚四嶽 廪貢 有傳文苑

陳錫疇

張旭霖

以上貢生

十七年壬申 恩科鄉試 是年二月舉行鄉試 其恩科會試即於八月舉行

徐養忠 治書十六名 進士

聞盛榆 副榜 直隸大成縣丞 署知縣事

徐立復 附貢

范之光 治易 有傳

李鍾興 副榜 光化教諭

徐六敏 附貢

十八年癸酉

程應麟 春秋四名 分發直隸知縣 有傳宦蹟

徐燭理 拔貢 有傳篤行

周宗文 附貢

徐暎庚 河南南召李清店巡檢

尚惇典 副榜 興山縣教諭

冷逢泰 廣西鬱林州同

龍雲起 禮記五名

徐立崧 附貢 福建松溪縣知縣

劉祚禹 治書七名

汪夢旭 副榜

駱國鏞 候選縣丞

徐立階 治書十一名 崇陽教諭

鄭毓虔 恩貢

任國元 州同

十九年甲戌

葉際昌 治書十六名 均州學正

張昺 歲貢

范延祚 例貢

范延文 例貢

胡本立 春秋三十名

王立人

徐登第 附貢

楊士忠 例貢

郭一捷 春秋棗陽教諭

萬承綸 例貢

可三復 例貢

華觀貞 治易四十名 進士

汪啟梓 附貢

汪啟樞 例貢

徐養忠 河南輝縣知縣

徐聞昌 歲貢

郭一洵 例貢

二十一年丙子
二十二年奉詔鄉會試頭場減經藝二場減論表判用經藝加五言八韻唐律一首後於頭場加論一首
二十四年己卯
二十五年恩科庚辰鄉試

詹回瀾治易十五名
畢從升春秋十四名常德府教授
徐棟梁春秋十六名有傳

徐棟梁副榜中鄉試
畢封臺歲貢
李樹極歲貢
李從宜歲貢
顧佑賢副榜中鄉試

周象豐附貢 以上邵志
李光廷同知銜
程大經布經歷銜
歐陽龍溪布經歷銜
閔言中布經歷銜
楊光衢布理問銜
任文國布理問銜
陳開暇布理問銜

二十六年恩科辛巳會試
三十年乙酉

華觀貞歸班以知縣用有傳文苑

南溟治易十二名武昌縣教諭
李飛鳴治詩二十名建始縣教諭
彭迷治易現任山東棲霞知縣

瞿學炳副榜
朱梓歲貢
李正國
程鳳翽拔貢節用當陽訓導中鄉試
胡承仁歲貢
鄧聯珠歲貢選蒲圻訓導未赴任

周行素州同銜
范世永州同銜
任忠普州同銜
盧廣居州同銜
郭正咸例貢
黃道友州同銜
朱衣助州同銜
劉祚國縣丞銜
張振鐸縣丞銜

三十三年戊子
三十五年恩科庚寅鄉試其會試恩科於三十六年舉行
三十六年辛卯

徐立天治易四十二名有傳孝友
張聯箕春秋五名
程鳳翽治詩十四名有傳文苑
鄧夢麟治書十六名
徐愈達春秋三名進士

畢從泰歲貢
潘伊瓏歲貢隨州訓導未赴任傳孝友
潘紹經副榜中鄉試
馮紹京恩貢
潘伊超由戊子優貢中式副榜傳文苑

李光溥縣丞銜
任芝彩縣丞銜
閔德盛縣丞銜
王登雲增貢生鹽課司大使銜
盧廣楨監生分發山西河東鹽知事
龍漢文監生肄業期滿候選主簿

潘紀經禮記十六名進士
曾瞻治易二十八名
姚學捷治詩現任山東臨淄知縣
柴承旺治書四十七名

胡峯山歲貢
陶傑恩貢
景璟男歲貢

李光浩主簿銜
畢蘊修府知事銜
徐道所監生任杭州府司獄
汪應霖吏目現任汀州府清流典史
楊國梁監生廣東連平州吏目
鄧逢泰吏目任山東滋

三十七年壬辰	徐愈達歸班以知縣用有傳文苑		陳士珂歲貢中鄉試
三十九年甲午		潘紹觀禮記四名進士	徐蓋凡歲貢
		徐賡泰治詩十二名	李科榮歲貢
		程光璵治易二十名進士	畢封詔歲貢
		羅玉堂治易四十七名	程士榜歲貢

易典史
歐陽鳳儀吏目補山西永濟縣典史
汪芩監生廣東碧甲司巡檢
易鴻猷從九署貴州大定府經歷
胡楚魁從九署廣西潯州府經歷

四十年乙未	程光璵翰林院檢討有傳文苑		徐國祥歲貢
四十二年丁酉定例嗣後鄉會試及學臣取士制藝每篇以七百字爲率違者不錄		陳士珂治易七名	范世業拔貢以直隸州州同分發陝西署定邊鹽大使
		徐家鷺春秋八名	
四十四年恩科已亥鄉試其會試恩科於四十五		顧佑賢春秋二十七名	鄧正林副榜

聞大勲從九雙月候選
楊光臺從九雙月候選
劉文選增貢
徐立樞增貢
徐六宇附貢
徐登華附貢
羅廷麟廩貢
范登席附貢
范登鼇附貢

年舉行		陳光詔治易四十五名	徐愈進副榜中鄉試
			徐待銘歲貢
四十五年庚子		徐應璿禮記十九名	馮佐霖恩貢
			夏觀典歲貢
四十六年辛丑	潘紹觀翰林院庶吉士歷任刑部郎中現任廣東韶州府知府		李運齊歲貢
四十七年將二場詩移置頭場以頭場性理論移置二場			徐光龍歲貢
			徐鎰偉歲貢
四十八年癸卯		徐愈進春秋二十五名	彭可萬歲貢

李榮錫附貢
顧尊士附貢
胡翹釆附貢
任協雨例貢
易壽眉例貢
胡元選例貢
徐　昱例貢
程錫爵例貢
程艮潤例貢

五十年定例嗣後鄉會試二場論題仍將孝經性理二書間出			李光台歲貢
五十一年丙午		徐連城治詩三十九名	熊向寅副榜
五十二年丁未是年奉詔士子俱用五經考試以戊申鄉試爲始合鄉會科計算先將五經	潘紹經現任翰林院檢討記名御史		蔡士揚歲貢
			司朝綬歲貢

趙之驥例貢
程艮澍例貢
閔德馨例貢
徐集孚例貢
朱應宸縣丞
駱鵬翥
張傳籌
汪國蔭
彭選貴

分五科輪試每科祇用一經命題俟五科輪試畢通場士子一律俱試五經

五十三年戊申
是年預行鄉試正科其會試正科於五十四年舉行雷知孝 歲貢
李榮賜

畢從龕 歲貢
翁如松

趙國才

華豐貞 二十二名
陳學登 副榜

王兆敏 恩貢
張連玉

畢從德 二十四名
王永祚 歲貢
陳光台

艾春葑

張奎臨 優貢江陵訓導
彭壽

五十四年恩科己酉鄉試
其會試恩科於五十五

李郁煥 九名
徐立篮 拔貢
易奉璋

洪光宇

年舉行

余兆鵬 二十五名
潘紹淳 拔貢府學
洪光治

李鍾與

徐鎮亭 四十七名
潘伊璐 歲貢
南式

吳文謨

五十七年壬子
程開英 副榜
鄧佐朝

彭時發

五十八年會試二場以五經命題每經一題士子俱試五經減去論

彭清和 歲貢
袁光柱

程元善 歲貢
徐嵩高

范紹堂

五十九年恩科甲寅鄉試

徐愈敬 七名
夏之魁 副榜
張元桂

程世仕

胡文翼 十五名
徐鵬飛 歲貢
朱應台

李秋容

雷榮達 二十五名
徐道渭 歲貢
南方炳

張太元

董際華 歲貢
陳天麟

陳鳳岡

以上從九

翁其琨 從九

薦舉

西漢取士彷周鄉舉里選遺意辟召與科目並重明洪武初罷科舉專行薦舉者十年其間由布衣下僚膺顯擢躋膴仕者無算也嗣後兩途並用而薦舉應者漸寡

國朝科目得人最盛又復

特行薦舉所以廣登進之途收卓犖之材也邀茲典者列而著之以徵異數云

元

李玉林

明

楊思義　洪武時以天文舉戶部尚書

蘇哲　洪武時以儒士舉欒州學正

楊泰　洪武時以天文舉正定府同知

薛均　洪武時以人才舉應天府尹

楊子旻　洪武時以人才舉太原府同知

沈傑　永樂時以儒士舉汀州府同知

蔡鑑　永樂時以儒士舉晉府長史

王庸　永樂時以儒士舉晉府紀善

易愷　永樂時以人才舉太醫

席永　永樂時以人才舉倉副使

張民瞻　永樂時以天文薦按察司副使

梅思溫　永樂時以人才薦撫州倉大使

周澍　永樂時以人才薦定遠縣驛丞

王道　永樂時以天文舉廣東知府

王如源　永樂時以天文舉寧波府通判

徐麟　永樂時以儒士舉

王彬　永樂時以長醫舉太醫院判

郭闕　永樂時以人才舉南禮部主事

易濬　成化時以人才舉署本縣事八月

張存禮　成化時以天文舉德慶州知州

國朝

王國英　雍正五年由增生舉孝廉方正歷任廣東鹽運使司

周廷樞　由監生以岐黃薦舉

徐本僊　乾隆元年二月由雲龍州知州保舉博學鴻詞　試文淵閣

南昌齡　乾隆元年由監生保舉博學鴻詞　二次　試保和殿

畢封斗由廪生特薦優行貢太學考授教習

蘄水縣志卷之八

署縣事宜昌府通判高　舉
知蘄水縣事藴扎　哈纂輯

選舉志

武選

武科鄉會試明代時罷時復崇禎四年以時方需才始行殿試我

國家崇文右武於鄉會兩科文武並設未有畸重今特立一表而武職應例者亦倣文選舉表例書之至武勳內或爵列藩封或功垂竹帛故另表焉

選舉表下

朝代	武進士	武舉	應例
明			
嘉靖朝	文　質 會試第一任錦衣衛都督有傳武勳	文　質 進士	
隆慶朝	文應詔 任錦衣衛都督僉事有傳武勳	文應詔 進士	

胡振揚
文應科
萬歷朝
鄧祖禹 進士
戊午科
程正揆 兩科武舉授邑營官擢本府團練有傳忠烈
己未科
鄧祖禹 由瀋陽守備歷任辰沅參將陞副總兵有傳忠烈
洪鍾響 一名
歐陽梅 三名府志作歐梅今改正

胡承龍 中三科官守備
天啟辛酉科
方叔壯 官參將
甲子科
周碧
丁卯科
周之亮 官甘州守備
李師淵 進士
崇禎戊辰科
李師淵 由京營把總累任陝西固原州遊擊有傳忠烈
陳經邦 科未詳進士
陳經邦 科未詳官守備

雷應貴 科未詳進士
雷應貴 科未詳官遊擊
胡第 科未詳
國朝
順治辛卯科
郭正中
甲午科
徐靈閣 衛千總
丁酉科
蔡進卿
鄭仁虎
庚子科
蔡仲嶽

周從奎
康熙丙午科
彭可治
己酉科
楊永之
邱紹孔
周捷
壬子科
葉有功
張翔
戊午科
范貞
李之彪

甲子科 羅宏仁 榜姓詹
丁卯科 周有悅
庚午科 朱應高 進士
癸酉科 官珍 進士 詹鴻才
甲戌科 官珍
丙子科 姚黃 本姓鄭 汪映瑚 胡士英
丁丑科 朱應高 徐州衛守備
己卯科 萬邦侯 佘正坤 徐志遠
壬午科 陳起書
戊子科 駱尚賓 高州鎮守備陞都司提署龍門副將奉旨終養有傳
恩科癸巳鄉試 方成德 駱文琮 興武衛守備加都司僉書

甲午科 江成章 榜姓方 徐本任 由文生員中式江南滁州衛領運千總有傳武勳
丁酉科 駱文璜 進士 袁之曉 徐本信 進士
戊戌科 徐本信 有傳武勳
庚子科 任必壽
雍正癸卯科 周世麟 臨清衛領運千總
徐立正 進士
甲辰科 徐立正 由四川成都守備歷任廣西桂林參將有傳武勳
丙午科 徐于宣 張俊 徐本修
丁未科 駱文璜 甘肅涼州鎮松山營守備署三眼井都司有傳武勳
己酉科 汪應源

徐斌 汪啟志 尚國柱 周海 袁之明 葉之江 何電 李士瑛 徐六池 以上邵志俱應例千總銜 范廷樞 把總 楊振鷺 千總

	駱文瓊 揀選衛千總	石成璽 衛千總銜
	饒學韶	周　灝 衛千總銜
壬子科	饒光祖	范廷魁 千總銜
	李樹聲 揀選衛千總	劉志清 守禦所千總銜
	徐立得	葉金魁 千總銜
乙卯科	方　雄	胡楚材 千總銜
乾隆辛酉科	華應奎	汪　鰲 千總銜
庚午科	周必仙 揀選衛千總	楊國旗 千總銜
恩科壬申鄉試	徐世勳 二名揀選衛千總有傳	宋飛龍 千總銜
	駱朝鐘 候選守禦千總	萬範壽 千總銜
恩科庚辰鄉試	鄧繼禹 揀選衛千總	吳文照 千總銜
	戴光國	葉在滋 千總銜
恩科己酉鄉試	王協和 五名	聞大受 千總銜
		閔德修 千總銜
		李樹傑 衛千總
		程開震 衛千總
		朱應璜 千總
		楊之鶴 千總

武勳

元

薛天定 世祖時由防守官累遷兩淮都招討總鎮江南上護軍有傳武勳

明

薛徵 洪武初由廕襲授兩淮都統制提督江南兵馬總理軍國事有傳武勳

魯毅 洪武中由定番衛指揮陞遼東都指揮使有傳武勳

南尚魁 南京都司

柴坤 校尉

王聰 永樂初由行伍以燕山中護衛百戶累遷都指揮使封武城侯追封漳國公有傳忠烈

王誠 永樂時世襲衛指揮

周之謨 崇禎時由將材授守備

徐三楚 崇禎時官本省兵巡中軍

國朝

高有功 順治初以才能授廣東肇慶守備署虎門協右營都司有傳忠烈

易應試 順治初以軍功累官福建遊擊有傳武勳

韋參 康熙初義王下一等阿達哈哈番

周友 康熙初阿達哈哈番

冷文瑞 本姓瞿乾隆初由湖南行伍累官貴州鎮遠鎮總兵署安順提督有傳武勳

官瀆 雍正五年以武生挑入勇健營

潘成玉 乾隆中由貴州行伍軍功歷官廣東右營遊擊陞廣東中營參將

封廕

人臣服官奉職期以靖共爾位而國典所昭寵錫被於所親恩膏流於後裔所以示勸也用人不以類拘故凡由吏入仕者得並紀焉

元

薛楚卿 以父天定襲總管

明

王貴卿 以子聰貴 封武城侯

張吉華 以子銑貴 封徵仕郎金吾左衛經歷

魯鋼 以子永清貴 贈大理左評事

徐溱 以子紹先貴 贈主事

游復初 以子庠貴 贈光祿寺署丞

徐桂 以子吉貞貴 贈戶部員外郎奉直大夫

周紹吉 以子珋貴 贈給事中

胡溥 以子仲謨仲誥貴 封主事 贈副使

胡潤 以子仲芳貴 贈承事郎

陳厚元 以子欽貴 贈文林郎

張大昕 以子瑨貴 贈員外郎

汪復榮　以子輔貴　封大興縣丞
朱文奎　以子袗貴　封御史　贈副使
周　樟　以子鳴埙貴　封主事
錢　貢　以子邦佩貴　贈知府
李　美　以子畿嗣貴　贈郎中
王承芳　以子希元貴　贈按察使司副使
徐文言　以子一唯貴　封知府
李廷誥　以子時成貴　封御史
徐步雲　以子存德貴　贈文林郎

何大昭　以子鳳起貴　封知縣
何鳳池　以子其宏貴　贈文林郎
朱　袗　以子期至期昌貴　晉階通奉大夫
蔡月濂　以子斗移貴　贈大中大夫
易　任　以子之貞貴　贈刑部司務
楊伯資　以子繼哲貴　封文林郎
周　栻　以孫延光貴　晉贈通奉大夫
周鳴叩　以子延光貴　晉贈通奉大夫
官如臯　以子應震貴　累贈中議大夫

周國勳　以子光德貴　封文林郎
閔　翔　以子廷甲貴　封通議使
楊申春　以子伯廷貴　贈徵仕郎
楊　蒞　以子惟一貴　贈奉直大夫
姚子鶴　以孫明恭貴　贈大學士兼太子少保
姚光盟　以子明恭貴　贈大學士兼太子少保
南邦取　以子有臺貴　贈奉直大夫
楊繼周　以子楚龍貴　贈文林郎
畢大猷　以子九臣貴　贈奉政大夫

謝魁芳　以子大申貴　贈文林郎
黃一選　以子耳鼎貴　贈徵仕郎
周延甲　以子之仕貴　贈奉政大夫
朱廷錫　以子朝熙貴　贈奉直大夫
以上封

右明代封贈悉因舊志相沿所書體例有未合者仍之

王　琰　以父聰襲武城侯
王　瑄　承襲
王　玘　承襲指揮僉事

劉　威　以北調襲黃州指揮
以上廕

國朝

胡　鍫　以子三順貴　贈文林郎

楊伯廷　以子繼經貴　贈刑部員外郎

張問德　以子邦福貴　贈文林郎

李多蓁　以子成棟貴　贈文林郎

王三尊　以子保釐貴　贈文林郎

韋廷高　以孫參貴　贈資政大夫

韋正宇　以子參貴　贈資政大夫

李嘉甫　以子果貴　贈文林郎

魯一夔　以子僖貴　贈奉政大夫

南有杞　以子之傑貴　贈文林郎

南之傑　以子夢班貴　誥奉政大夫

程宗栻　以子維伊貴　贈文林郎

徐大業　以子廣淵貴　贈文林郎

鄭士聖　以子文光貴　贈文林郎

楊道會　以子仁廸貴　贈文林郎

畢瀛洲　以子紹𦍑貴　贈文林郎

畢祖洲　以本生子紹𦍑貴　贈文林郎

徐五宗　以子源舒貴　貤贈修職郎

張鳳起　以子親聖貴　貤贈修職郎

徐時可　以孫本僊貴　貤贈奉直大夫

王啟軌　以孫國英貴　贈中憲大夫

王夢鰲　以子國英貴　贈中憲大夫

徐　梁　以子本僊孫立御貴　累贈中憲大夫

徐本仁　以子立御貴　贈中憲大夫

駱　傑　以子尚賓貴　封明威將軍

駱尚賓　任廣東高州守備　授明威將軍

駱　俊　以孫文璜貴　贈明威將軍

駱于賓　以子文璜貴　贈明威將軍

熊之南　以子啟灝貴　貤贈修職郎

龍嗣恭　以子雲斐貴　贈奉直大夫

范　璿　以孫思皇貴　貤贈翰林院庶吉士

范同仁　以子思皇貴　贈翰林院庶吉士

奚祿遠　以孫學標貴　貤贈文林郎

奚　滑　以子學標貴　贈文林郎

潘公理以子伊琪貴　貤贈修職郎
李　峻以子琮貴　貤贈修職郎
楊擇善以子朝正貴　貤贈修職郎
徐本任以子立正貴　贈昭武大夫
冷時遇以孫文瑞貴　誥贈懷遠將軍
冷成鶴以子文瑞貴　誥贈懷遠將軍
劉有學以孫夢鵬貴　貤敕贈文林郎
劉文選以子夢鵬貴　敕贈文林郎
楊士正以子國梁貴　貤敕贈登仕佐郎

鄧賢富以子逢泰貴　貤敕贈登仕佐郎
李本時以孫光廷遵例急公　貤誥贈奉政大夫
李發奇以子光廷遵例急公　誥封奉政大夫
徐鳳暹以子立階貴　貤敕贈修職郎
程紹伊以孫光璵貴　貤敕贈文林郎翰林院檢討
程開熹以子光璵貴　敕封文林郎翰林院檢討
聞淇昌以子盛榆貴　貤敕贈徵仕郎
張厚萃以子傳籌遵例急公　貤敕贈登仕佐郎
胡承仁以外孫潘紹觀貴　貤誥贈奉直大夫

歐陽灼以子鳳儀貴　貤敕贈登仕佐郎
潘秉禮以孫紹觀貴　貤誥贈奉政大夫
潘伊超以子紹觀貴　誥贈奉政大夫
閔士英以孫德修遵例急公　貤敕贈武信郎
閔尊程以子德修遵例急公　敕贈武信郎
南大章以子滇貴　貤敕贈修職郎
陳心懷以子天麟遵例急公　貤敕封登仕佐郎
以上封
官純心以父撫湊廕入監讀書　賜名存埸
以上廕

附吏仕

明洪武
- 楊銘 清水驛丞
- 王志剛 吳山驛丞
- 魯必成 安樂縣丞

宣德
- 李儉 河閘衛知事

正統
- 張儁 淳安縣丞

成化
- 席允剛 霑化縣丞
- 王永 溫江尉
- 張銓 聊城丞
- 閔存 霸州判
- 吳讓 太倉知事
- 徐誌 順天照磨
- 龔源 倉大使
- 胡文 工部大使

宏治
- 郭璟 山西按察司獄
- 徐鼎 雅州吏目
- 陳仁本 婺源主簿
- 李林 福山主簿
- 聶俊 石洋驛丞
- 黃瑄 楊莊巡檢
- 周星 青塘巡檢
- 袁鈺 鄷都尉
- 李陽春 淮安大使
- 盧伯林 銀山巡檢
- 胡昇 武寧巡檢
- 孫贊 新都簿
- 吳忠 忠州鹽提舉
- 涂由 巡檢
- 龔志剛 惠州巡檢
- 彭嘉春 巫山典史陞知縣

正德
- 蔡仲傑 驛丞
- 蔡時達 衛經歷
- 胡仲武 西充尉
- 胡仲哲 徐州知事
- 徐行化
- 蔡月濂 王府長醫

嘉靖
- 馬訓文 滑石巡檢
- 李宗彬 濵陽驛丞
- 陳友義 水西驛丞
- 席尚玉 四川大使
- 劉文虎 寧遠倉大使
- 馮懋 巡檢
- 蔡斗章 驛丞
- 朱思浩 倉大使
- 王珊 鹽大使
- 蔡際期 稅課大使
- 華仲義 大使
- 陶贊 巡檢
- 劉富 大使
- 陳賢 博白尉
- 詹鑾 大使
- 程碧霄 大使
- 夏渭 南浦驛丞
- 劉相 知事
- 劉元臣 典史
- 徐雲翔 縣丞
- 馮良知 太醫吏目
- 施恩 典史
- 楊伯愈 吏目
- 楊瑄 驛丞

- 胥義 縣丞
- 馮仲傑 典史
- 周延貞 倉大使
- 周鳴琴 大使
- 楊昇 大使
- 張恭 典史
- 馮良能 典史
- 馬自新 大使
- 王紹中 典史
- 郭廷錦 大使
- 魯一理 吏目
- 戴應唯 經歷
- 戴喬 驛丞
- 南廷哲 宜賓巡檢
- 蔡思艮 經歷
- 熊孚吉 主簿

隆慶
- 胡鈞 巡檢
- 李宗曾 省祭
- 周鳴迪 鹽大使
- 胡銖 巡檢
- 程任遠 典膳
- 楊頤春 縣丞
- 周鳴通 平涼倉大使
- 易借 吏目
- 李凱嗣 大使

萬歷
- 熊廷相 巡檢
- 姜朝珍 巡檢
- 許激 巡檢
- 畢竟和 經歷
- 李暢然 大使
- 李贊芳 典史
- 畢竟孝 經歷
- 胡端 巡檢
- 魯宗學 巡檢
- 徐瓚 奉祠
- 邱鎬 大使
- 華貞 典史
- 宋大楠 司獄
- 周田 知事
- 楊承訓 大使
- 湯仲堯 鹽大使
- 涂瓊 驛丞
- 賡必忠 驛丞
- 潘時宜 經歷
- 蔡王熹 稅課大使
- 王紹周 大使
- 楊蒞 仁和知縣
- 高時進 荊州吏目
- 張問德 貴縣丞
- 羅之祥 典史
- 羅國學 典史
- 張所逸 [illegible]州通判
- 羅滿金

天啟
- 張問仁 繁縣丞
- 高楫 稅課使
- 柴登芳 省祭
- 王悅民 嘉定州判
- 涂嘉爵 巡檢
- 辜惟賢 九江府經歷

崇禎
- 文光帘
- 陳任爵 增城教諭
- 陳一忠 開封大使
- 葉振高 京口巡檢

國朝順治
- 官濟民 桐城尉
- 周文 恩縣主簿
- 張問行 密雲丞
- 文之貞 海寧主簿

			官應朝 福建巡檢
康熙	易道乾 永寧州判	江在乾 經歷	龔世麟 考授八品
雍正	羅洪 醫士		
乾隆	李世瑞 湘陰尉	以上吏仕壹百叁十貳人	

蘄水縣志卷之九

署縣事宜昌府通判高　舉
知蘄水縣事燕扎哈纂輯

人物志

儒林

昔司馬遷作儒林傳止申公等七人餘詞華之士不入是猶尊孔子於世家之意後來史家或列儒學或列道學名雖不同亦儒林之義也郡志儒林止列二傳郡志爲增程轍一傳皆明湛氏學也我朝崇尙儒術教養百年其有立行可法而著述有功先儒者郡志僅採三傳今毋敢增傳其實焉

明

李汰字清之一字立菴生平抗志希古不屑時趨與人言必涉古今關世教閭閻細務一語莫及也修身正家鄉人化之由儒士以易經中成化丙午鄉試丁未乙榜授江西永新訓導立教以操存踐履爲先刻小學家禮等書俾學者講習而躬行率之曰此吾儒務本之學也宏治十年陞浙江義烏教諭修義烏志府僚念其清苦餽白金三百悉以修學宮甲子應福建

同考聘有干以私者叱遣之刻南閩紀行詩有云豈知着力年來事正在區區善利閒子宗元舉於鄉示書云天地閒掀揭事皆吾分內事此出門一步耳何足動心年七十有三歿著立菴集祀義烏名宦

蔡月涇字沙江少孤年十四母病篤百計求愈正德丙子舉於鄉好古博學著易膚說折衷行世嘗擔囊受業於王守仁入南雍與湛若水遊終身不仕教授生徒歲至數百人生平無戲言無戲動正心求誠學者宗之有司請見罕接其面學者稱爲大隱先生

程轍字子建正德丙子舉人性沉毅有志節與湛若水遊雅志不仕父强命之授墊江諭墊故不學轍從容化誨每社飲以談説經籍爲娛蜀人化之尋陞國子助教歿著説易録祀鄉賢余玉崖銘其墓曰道待人行性學以明虞廷與旨亘古至今杳壇既遠異學爭鳴關閩濂洛爰續其眞江門流派乃自流淯甘泉同脉濂淪凡塵浠南程氏伊川後身泉翁一見遂定道盟顔子黙識曾氏至誠吾道楚矣墊江淑人云胡不偶易籙幸存聞道以死萬禩斯馨

國朝

徐子芳字茂孫邑庠周史子誕日家人聞墨香經宿不散父曰是兒書種也六七歲能記誦與之語卽解悟父甚喜之故時語以三代後古今運會人物升沉學問源流而一要之以濂洛關閩爲正子芳雖童齡能一一誌之不忘十二歲父母俱逝家既貧又時値亂離百苦倍嘗依伯父商賢業學不輟是時學者沿陽明良知之學俊傑俱被牢籠子芳獨屹然不惑沉潛經史性命之文思與古人正學有所得發憤精研夜

不就寢凡七載由是胸次滔滔每一論列古今大故必悉源委而將措之實畫亦鑿鑿次第有法乃久躓場屋僅博歲薦未竟厥學論者惜之然子芳意弗介介於斯也年八十三歿學者稱爲玉田先生著有四書口義壁經本義周禮叅説左國評解及爾雅補註離騷疏義自著散散詩前後集雜著文集若干卷待刊子四乾文雲文時發籀文另傳

徐雲宏字元石生而端飭七齡入塾卽知向學一日師出歸見手持朱子綱目一卷奇之稍長知日敬學日

進心嗜宋儒隨時體認由選貢中京闈爲道州學正以師道自重守土者欲以屬吏臨之夷然曰濂溪光霽去人不遠何若爲乃作書論正之故事有儒學供億州署雜徭俱請除之捐俸修文廟廣學舍進諸生朝夕討論士風丕振陞建昌令清釐折獄稱古循良太守某欲撓其法厲聲曰我輩身居民上視民如子豈可枉法哉以外艱歸起補白河令一年而歿時高安朱相國軾聞之曰吾西江清白吏也其囊橐必無餘資乃爲經紀其喪且召其子守中問遺書得所輯

執禮紀要克已錄持敬篇大學實功六經類雋等書嘆曰是令儒林循吏一人矣守中以拔貢亦試仕山西鄉縣虞鄉二邑令歿後無擔石儲可謂不愧儒風矣

官純滋字秀士一字蘭九拔貢生自幼端敏慨然有遠志恥事帖括欲爲通儒嘗謂通天地人始可爲儒家世藏書乃發篋下帷取古今典制因革暨名賢博議而裁以已論爲書百卷名曰經世則期以實濟後益究心儒術思通經致用覃研經傳尤精詩易作詩經如說博采羣儒而約之以性情之正其他著述甚夥皆未付梓嘗在雍學貴人聞其名欲見之泊如也乃以弟喪往返勞頓致疾亦歿京邸遺書誡其子正得惓惓以忠孝詩書爲囑無一語及私

文苑

文者載道之器必深於斯道非詞章之末也蘄士孝弟忠信深醇恭雅無華綺博贍之習故其人之可傳者其文多質實近裏而不佻矜所謂有道而文者歟是亦不朽之盛事也

明

郭文輔字艮弼少時家貧父使牧牛文輔挾筆硯及獨足几就巖間註周易宏治甲子舉於鄉官鹽課提舉著清聲解官以數片石載歸家忽火文輔籲天曰有不義物願焚之火遂滅山居一足不及城市嘗曝日中葦敝履督稅吏執之尋知爲文輔甚懼文輔曰汝非知我笑而遣之

王紳字廷章宏治間歲貢少英爽居恒喜讀易書深於名理初授淳安丞清苦聲聞藉甚上官多薦剡將擢

用之而紳歿

周光德字翼明萬歷壬午舉於鄉授章邱諭所識拔俱捷南宫嗣令渠縣適旱雹爲災光德設壇禱禳而有麥秀穗岐之瑞秩滿聞親病力乞終養杜門著述博綜天文地理兵屯法律之書著易似言太極圖説諸卦衍義道德經疏薛文清要語未刊七舉鄉賓歿從祀鄉賢子健行字莅玉崇禎十年歲薦廷試第一不就職父喪廬殯所寇至則伏草莽寇退即就苫凷一病瀕死猶不離次窆而後已殯側古松枯幹生枝胥

井冬溢嗣是家有大故松必鳴泉必涸人以爲孝思所感云故人胡東漸居要津健行適與俱有被逮者以千金請釋健行曰不可出一人則入一人罪矣却之光德聞而喜曰眞吾兒也生平博學工古文辭著有十三經精言析疑論説周氏世業諸編

朱期晉字康侯邑諸生博與多才萬歷間爲邑令閻士選修輯縣志後人賴焉

劉志輯於順治十四年人多其功乾隆二十二年開館重修茂才李子正國持明萬歷時閻令所修志一本示予予見其序首云博選文學搜其詳而輯於朱生期晉始知此志出自朱而楊因之乃撿藝文所載閻序獨無此語豈前胡奎程呂相傳二志即此志歟而朱與楊皆因之夫事因乎舊文發乎新此作志者之各具也烏取陳陳相因哉獨是朱輯之後人因之頓使其名弗彰非操觚者之過歟故亟爲之傳而附記於此

畢大猷字在湖嗜學攻苦嘗執書步讀簷下歲暮階陷數寸博覽羣籍才思濬發中萬歷癸卯鄉試甲辰春闈以本房擬元坐遺授教城諭時鄱陽治院黄紀賢羅三省髦士於龍門書院屬大猷談經校藝凡所品題率登第年五十一歿於官子九臣十臣另傳

魯若參字得之於書無所不讀於境無所不窺於古今

文詞下筆千萬言立就文多奇創沉至早籙於庠列高等中天啟辛酉鄉試雄文膾炙人口署應城諭人服其教

朱期至字子德布政朱稌子萬歷甲戌進士與江夏蕭良有李維楨俱以佳公子登上第期至爲懷慶太守意翩翩凌雲不有其太守也與蘄州山人胡之驥善相倡和期至卒後之驥爲詮次其稿有王屋山人集弟期昌字辰翁萬歷庚戌進士由戶部郎視通州旋陞常州知府未赴任卒承父兄之緒屏去一切貪書

好古博文強記爲文務原本其所自蚤年即以才名
楚十二子之一後祀鄉賢
陳所志字見衡風流倜儻逸才天授凡爲文無論古今
體倚馬立就中萬歷乙酉鄉試會試入彀而復失者
二遂放浪詩酒間著有易經心解博會先儒而自成
其說
郭士望字應璜一字天谷萬歷癸卯解元聯捷進士授
行人已酉以祠祭主事分考順天壬子以考功員外
典試山西歷官福建按察司生平坦易無機械狀貌

偉然才長學富爲文輒瑰瑋奇麗著有應璜卷懐二
集後祀鄉賢
周延奇字海尉少英穎隨父鳴埧官越再遷粵時六歲
同寅試以對輒應答不移步人多奇之後見知於邑
令涂某博學多才工詩文尤長詞賦有喜雨賦定慽
賦膾炙人口弟延廉字古矜亦穎異克稱純孝名儒
許孚遠器重之
邱民極字廷卿督學俞某取爲通省首卷食餼二十年
萬歷癸卯中副車與朱朱陵徐賓所余三槐相頡頏

朱陵謂之曰君生平才敵命而見屈志欺時而受挫
嘗爲扼腕分痛性好風雅著有詩文稿没兵火中年
四十有二人多惜之右二傳舊志入逸行今改入文苑
黄正色字美中崇禎丙子舉於鄉授蕪湖令冰蘗自矢
不可干以私又性恬退不久即歸遂初絶愛林麓之
勝茆屋數間圖書横列搜討無虚晷一二素心人外
蕭然遠引而已先是詔舉山澤之士爲州縣吏邑宰
欲以正色應詔舉時客熊給諫開元家閉戸讀史若
弗聞也者其出處之重如此善書人有購得其尺楮

者珍於拱璧不亭回産寡所營遺子祥遠能詩孫藹
皆能清苦自立不墜家聲輯有歷朝古文百二十卷
畏合堂稿一卷續志
金甌字卜公邢部郎玉節子崇禎壬午舉人少孤事母
以孝聞好讀書與黄正色及同郡王一翥劉伺輩以
文章道義相期許久困諸生中晚始一遇出蔡道憲
之門是歲道梗公車未上次年寇陷城遂病歿年五
十一道憲泉州人亦以禦寇不屈死甌子思默爲名
諸生長詩古文詞

徐宗齡字商賢邑庠生其弟祖齡字周史邑廩生戶部郎吉貞四世孫幼孤奉孀母林教極嚴兄弟奮發稍長遂並以文名入庠每試輒聯名高等一時鄉先達皆器重之若同郡曹應昌邑人黄正色則儕輩詩文相摩切者宗齡淳篤祖齡英爽各負至性所學悉本六經而祖齡以時方多故所抱尤偉是時楚中破敗巡撫何騰蛟江防許文岐來相國姚明恭處籌畫恒延祖齡抵掌其間多忠謀讜論惜不能用宗齡年五十六歿無子祖齡早逝遺孤三琳玉子芳子春宗齡

於寇難搶攘中悉撫教之有成宗齡有怡晩集祖齡有蘭室自讀稿俱燬於兵

國朝

官撫邦字綏之性狷介不妄取予閉戶篤學潛心性理旁及內典諸書以詩古文辭自刻礪由歲薦授大冶縣訓導捐俸葺學宮日課生徒人文蔚起陞梓潼令未赴山居二十五年布衣蔬食恬如也年七十三歿有滌放居詩集雪鴻草天聲閣諸集俱散佚子純仍異才早逝著有鶴岑詩草純滋純佑另傳 續志

閔以棟字石菴廷甲子少負才有聲海內明崇禎間以歲貢判温州歷知亳州

國朝調廣德州歷任肇昌府同知迄今誦慈惠焉解組歸徙倚林泉三十餘載詩史自娛子孫環數十而家無擔石儲泊如也 續志

李見璧字元瑩明崇禎巳卯舉人生平以著述自任家世藏書博綜稱富咨掌故者每倚為行秘厨前令劉修邑乘多所訪詢朋季邑中往來名流無不知元瑩若一時壇坫之士稱其文日經而與中而核渾成而

章爾雅而文黄美中正色稱其詩有立乎詩之先者默然深思其於道也不歉奢取而緩出之其推許也如此七上春官不第歿著有宏圃文集宏圃楚詩四書從信録詮註劉養貞易象義遺等書子友梓

楊繼經字傳人順治乙未進士初授大理寺評事累遷刑部員外歿於京生平風雅磊落篤學工詞賦牽筆成文不事產業田租悉付兄弟澹泊自守曲周劉佑令蘄購志於兵燹之餘繼經乃蒐輯殘簡得萬歷時闔令士選所輯志因舊文而增之使六十年後典故

人物迄今得以考証者實有賴焉有菊盧快書菊盧詩文集若干卷 續志

陳璘字非石穎儁有異才篤學尤長詞賦順治辛卯舉於鄉屢上春官不第授臨潼令潼衝繁璘以能遷州牧因勞遘疾歿於官著渫菴詩文若干卷 續志

高耀基字文中幼穎悟讀書一目數行長詞賦好樂府作文每出獨見不傍襲人順治辛卯舉於鄉五上公車揀選縣職康熙五年春倦卧不起易簀時囑其子讀書立行未嘗及家事云有溪潭詩六卷 續志

邢子愿字侗士性孝友嗜學不倦郭吏部士望嘗歎服其爲文順治甲午舉鄉薦爲監利諭捐俸葺學宮進諸生問難其中獲儁者多著有易經圖說未梓子雲舉人 續志

徐灝字若谷少爲諸生一時才名動前輩邑中長老皆稱道不置有汝南顏子之目

國初以辟薦授本省潛江知縣旋告歸老歿於家厥後孫子淪落僧寮著述散失惟所著詩還一書見於官純滋文稿純滋叙其爲人祥風善氣盎溢眉睫間於書無所不讀尤嗜洛閩之學語學者切已近裏斷古今是非成敗若燭照數計論五經若持寸莛叩洪鐘觸手輒應純滋固不妄言者也

畢紹昌字丹生由恩貢廷試第一授休寧令日進諸生論文滔滔若決江河沛然莫禦吏人請以公事輒瞪目直視曰姑速去毋溷乃公爲郡守監司知其名令人喻以意益自笑乃投疾歸其爲人修髯方頤身長七尺聲如洪鐘見者無不欽其丰采先是貢成均時以郵亭題壁詩見賞於貴人及在京邸相得歡甚貴

人知其貧欲以官資厚之而紹昌顧夷然弗屑也弟紹奭由舉人任教諭卓異爲鄖城令歿於官紹發庠生有才早逝發子開潤學行醇茂文冠一時以明經終

官純佑字鴻士拔貢生少時攻苦下帷一切人情俯仰身世卑瑣之謀屏棄弗問作文原本經史宏麗妍贍一歸於宗雅自修飭進退容止矩於尺度士人稟爲祭酒乙丑與兄純滋同選拔姚督學淳燾稱曰枚楚之役利獲二雋貢於太學未幾歿於京手輯四書講

義參訂詩經如說著雷鳴草詩集子劉純武昌學逸才傲放有詩見同聲集

邢子楨字郃士以才學自負睥睨一切博涉羣書文綜鴻贍禮法之士或少之然多其才不以爲過也由舉人爲宜城諭振興詩文士咸悅服其徒李光祖由戊午副榜爲遠安諭與邑令爭學校典禮不屈投印走匡廬上官知其才罝不問子楨以詩鳴邑中工詩者多從之遊愛李秀才國琳每樂與談詩議論時相駁後國琳老而後嘆其非所及也國琳著有墻東集草

堂集諸詩

徐暹字公石幼敏悟過人出語驚其長者年十四入泮旋食餼遂學能文喜吟咏不摹襲古人自抒胸臆先是暹父蕙映抱璞含貞僅中副車妻同邑周延濂次女周氏父兄姊妹俱有才名蕙映闔閤閒頗多詩文唱和崇禎十六年三月五日城陷闔家殉難獨暹從書屋墜城得脫暹以名家世胄承先人遺教又濡染於母氏外家之賢故其淵源有自乃遭大故觸緒紛感斯性情獨深非事浮聲細響也今所著亦復散佚

錢從燹字二友歲貢生太僕卿邦偁之曾孫也世承家學窮經研史髫齡入泮試每居第一爲古文力臻西漢東南半邑率師事之著四書春秋孝經日抄有詩見同聲集

桂陵字延陵廩生海陽令啟芳子爲人卓犖俊爽少時以豪傑自命詩文彷彿眉山前令劉佑置玉臺書院聘陵主其事爲學以程朱爲的著易詮四書正解大成理學正宗等書燬於亂年四十四終子曰馥庠生克成先志抱守遺編雖貧不易晚以詩古受知於學

使繆侍郎沅年八十餘歿

朱士林字殷臣泉州郡守朝熙之孫朝熙以清白吏致仕歸晚益窮困惟課子孫士林幼穎悟誦讀過目不忘朝熙愛異常兒及長博極羣書覃精經學爲文古茂淵懿每作傳誦徧國中每歲科兩試黃九屬名宿皆後輩請業者戶外屨常滿笑曰塞破屋子矣他日携几案至郡學射圃外坐而講易侍聽者肩相摩其豪邁風上類如此子俱習儒孫家兆增生

南光發字璞亭幼慧博洽羣書每評隲古人輒露新穎

十二遊泮旋食餼選貢太學試高等候補中書然意不欲以他途進年三十五終生平里居日少宦遊日多然事賢友仁隨地克盡恭以虛受人而成厥德也父夔班官淮安時長沙陳恪勤鵬年被事過淮光發訪之於夜月寒霜中投敗葦舍坐折脚櫈商榷古今達曙不倦光發没後十七載鵬年總制河上猶語人歎息不置云著有亦吾廬詩紀程詩助虫吟諸刻子昌齡另傳泰郡志

徐乾文字公健邑庠生子芳長子幼端謹遵父家學以

王敬爲功自名其齋曰惕廬嚴氣正性動有尺寸久之所養益和門多問字春風杖屨藹藹樂親也喜講說經義每教人以深思自得或勸其著書曰六經四子微言大義吾已爲汝輩縷析陳之他書亦無庸著也在諸生中數十年不售時弟雲文已喪偕弟時發籀文督族子弟爲文會雖老披閱不倦其文醇意雅度不峭峭崿崿也有惕廬稿藏於家年七十九歿子循理明理明理另傳時發年六十三遇雎州蔣督學蔚以老宿首拔之籀文早受知於李郡守彥琄首取入泮生平嗜學至老不輟子待銘另傳

徐雲文字公倬甲午恩貢生幼穎敏日記千言是時其父以道學倡起後進雲文偕伯子乾文繼之一家相師友樹幟壇坫所受生徒分國中時人咸有三徐之目與邑名宿蔡德琱熊入夢及同族作枚輩聯文社潤步高驤諸人遜弗及也尤孝友天至怡怡庭除終其身無疾言遽色爲友謀盡傾瀝肝胆每事機萌芽即决透本末故氣誼中尤倚重之歿年五十四子聞昌歲貢則理郡庠生燭理另傳

程士棟字瑶黍幼孤家貧嗜學能文工詩下筆輒千餘言人笑其狂弗顧也登癸酉賢書五上公車不第授交城令交晉嚴邑瑶黍治之綽有賢聲未竟厥功歿於官所著有狂狷集聚星堂怡怡堂集選同聲詩集同聲文録弟士林字瓊黍廩生與兄齊名十入棘闈以五經呈薦三次未售晚年杜門不出教授生徒著述甚富惜多散失未梓

汪光泰字又陳本姓周恩貢生庠籍羅田父文生邑庠教授巴江士無不出其門者光泰世業詩書下帷攻

若博涉經史未弋一科雖窮且老而志彌堅爲士林
重之著有四書問答望山堂詩集子玥庠生嘗主蘄
陽書院詩館
高世義字秋浦庠生姿性超邁博涉典墳落落有大概
不隨俗爲俯仰能詩工書善奕間作畫得華亭筆意
結廬江干每風帆上下皓月澄波則呼酒自酌興酣
濡墨圖小幅以狀其趣
南岡字階聞歲貢生澄海令仲之長子也爲人天姿英
敏磊落不羣早歲首取入泮復以首取食餼博覽羣

籍尤精研義經屢爲當事推重舉鄉飲大賓輿論允
協年八十有六
李永治字翼斯少孤有夙慧博涉經史過目成誦弱冠
補弟子員爲文深秀每下筆自謂不作第二人想工
詩韻動清商如聞秋籟間作賦亦侘傺無聊乃天不
假年賚志以沒有滋蘭堂集一卷
楊時敏字若思廩生爲文章楷模先輩簡練有法蔚州
李侍郎周望督學時拔居第一後延至幕中佐校湖
南闈作詩賦時傳誦人口屢經當事優舉惜爲時命

所扼孫以斗弱冠入泮清才早逝士林惜之
張素臣字東野負才傲物嗜酒能詩有唐六如徐天池
之風然內行克修蚤孤事母以孝敬兄嫂友弟姪數
十年庭無間言爲諸生以和東坡海棠詩玉壺冰賦
受知於學使吳閣學家騏歲科季考古學凡五試俱
首取雍正壬子以五經登科學使淩侍郎如煥仍以
優行疏薦乾隆丁巳成進士十年需次謁選改教職
遂抱病自京邸歸歿著有東野草堂詩文集
徐立穟字醒古廩生雲南糧儲道本儒次子幼多夙慧

七歲隨父滇任得侍教於江陰楊文定名時甚器許
之曰此子當爲一代文學九歲爲古詩如樂府體十
三爲東園賦湧珠泉賦灑灑數千言極工麗學成自
滇歸以五經入學聞母喪奔赴滇素羸弱一痛幾毀
因感羸疾送母喪歸又因父任往來滇楚以勞致疾
甚臨歿時家人咸泣曰生寄死歸何用泣爲年三十
歲著醒古閣詩文如干卷
華士椿字喬青幼嗜學能文章師友淵源早得其正年
二十以首取入泮又首取食餼數十年在庠序有聲

嘗以苦學自厲受曾南豐文論詩以少陵爲宗乃赴
棘闈十餘次終止歲薦於學益邃沉潛義理自勗勗
人至老不倦爲蘄陽書院院長一年當事嘗屬修邑
乘以疾未赴年七十歲殁著松崖講義榴軒文稿子
覲貞泰貞另傳以上郎志十一傳總計四四十九人

徐昉理字澹山少沉毅英爽才識邁人而篤於至性內
行詩戀雍正十二年由郡庠以博學鴻詞薦舉巡撫
吳應棻督學蔣蔚屢試優等提列名題後辭保舉充
乙卯拔貢

廷試一等一名乾隆元年四月引
見授復設教諭銜因母病遄歸侍母鄭孺人湯藥不離左
右者三載如一日辛酉登賢書王司陳兆崙賞其文
有醇古淵茂力追西漢之評戊辰下第後從事莊少
司馬有恭校士江蘇甄拔不爽而一時賓從唱酬登
高懷古興寄豪上同人爲之斂手後就養子河南輝
縣署蘇門百泉間日夕飲酒賦詩不問他事乾隆三
十三年吏部截取知縣以病辭晚歲益精研實踐卓
有心得而壯年雄邁之氣涵養一歸沖粹黃岡孝廉
周茂建輓詞謂當於古人文學中求之洵不誣也他
如纂修廣濟志及邑志掌教蘄陽書院搜羅文獻汲
引後進惓惓不倦又夙嗜然也所作詩文皆未梓

南昌齡字念貽生四歲而孤寄食外家黃州王氏年十
七返鄉閭蕭然孑立以還家子謁陳恪勤鵬年於袁
浦陳手書方正學格言一則相勗歸遂感憤治經從
儆篪中檢歲編五夜篝燈不輟與里中金小韓宋葦
川徐澹山聯詩文契厲志以古人自期雍正十二年
由監生蒙巡撫吳應棻以博學鴻詞舉給咨赴部乾

隆元年九月
御試保和殿二次旋放歸益肆力詩古文詞及濮川太史
夏力恕之門學使者長洲宋邦綏賞爲名宿尤沉酣
於詩蓋其早歲伶仃年四十尚未舉子觸緒紛來纏
綿斐惻悲壯淋漓聞者莫不興起嘗自謂其詩少愛
松陵唱和中年鉤深探索寢餮俱廢者厥惟李杜韓
歐蘇五家要其瓣香實在少陵幾幾乎躪其庭而探
其奧矣固不僅在皮毛間也著有樗野詩稿藏於家
子三長心恭幼穎悟有神童之目年十四補弟子員

所作詩歌雄奇瑰麗乃蹭蹬落魄客秦中走幽燕又之山左奔走衣食者二十年年四十一而殞時論惜之

尙四嶽字學山廩貢生邑增生三銘子少負英姿與兄維翰共相砥礪翰積學未遇其長子惇典司鐸興山次敬典諸生皆所庭訓嶽試輒前列食廩餼文章書法兩擅其長與邑名流陳鵬翥畢封斗稱莫逆交七入棘闈房薦者三乾隆戊午書經房邵大業以其卷刊附同門錄深器重焉年四十八援例捐貢未敷月

而歿其孫六翮已入宮墻嶽之家學𠩄相傳弗替云

李璥邑庠生少孤事母克致色養每讀父岑遺稿泣血感憤益躭圖籍爲文根極理要歲科試輒拔前茅棘闈房薦者七以數奇未遇授徒四十餘年講四子書必援證經史旁搜義蘊以廣聞見及門先後獲雋者難枚舉生平衣冠言動不隨俗俯仰閉戶窮經老而彌篤子樹望庠生思璋監生郁煥乾隆已酉舉人

華觀貞字民占性端方遵廷訓恪守規矩力學窮經尤邃於三禮乾隆癸酉舉人辛巳成進士

朝考三十一名同人咸以館選屬望而觀貞惓惓以母老爲念冀得歸班侍養郎卿

天恩罔暨也果得歸班歸未逾年歿年四十有一弟泰貞字交占與兄敦孝友無間詩文亦相頡頏早食廩餼期屆歲薦年五十餘以疾終子發揆姪譜俱諸生

方錐字紫山優行生員學贍博文詞卓犖有聲庠序時則孝昌夏觀川太史同邑張東野華喬青諸前輩獲親承指授朋儕如徐醒古華民占王撝齋等花晨月夕切劘酬唱乃屢試棘闈數膺房薦未獲一售前令

邵纂修邑乘考輯力居多焉子觀光邑庠生前太守管拔取冠軍惜能文早逝

潘伊超字曉亭乾隆戊子優貢中辛卯副車少英敏博極羣書過目不遺弱冠文名噪甚及長尤肆力於詩古文詞一時壇坫之士無不知有曉亭者體質清癯善病而覃精藝圃銳志名場輒以性命爭之每戒子姪曰吾家世讀書當以古人自期毋隨俗俯仰教子延師課讀俾兩子紹經紹觀成偉器乃年僅四十五而卒從次子紹觀品級請封　誥贈奉政大夫刑部

山東司郎中
徐待銘字仲勲質性誠慤博文强記爲文一遵先正法程歳科試輒冠其曹母高氏年垂九十銘以白髮人子親奉盤匜視寢膳孺慕之誠老而彌篤友愛季弟情義兼至時從兄澹山偕里中名宿南念貽周展野張虞溪輩以文學相切劘銘親承講授輒啓秘奥微言緒論虚受艮多故晚年所見益卓所造益邃歳薦後日手一編以自適焉子應泰應𨺗俱庠生
陳鶴臯字遠泉邑廩生性孝友嗜學刻志下帷博綜羣

籍偕兄弟一庭砥礪自相師友雖居近市廛而鍵戶潛修講學不倦經腴史液寢食沉酣初不知人世復有足奪吾嗜者每歳科試輒拔第一督學戴刊其試草行世督學邊復以優行薦舉棘闈屢薦竟未獲一售焉
徐棟梁字綏厦鳳暹幼子性穎慧八歳能詩有神童之目稍長旁通六經百家之說下筆千言立就弱冠中丙子副車旋登庚辰　恩科賢書辛巳癸未兩薦南宫未第早逝人咸惜之遺孤高麒亦聰慧如父年十五應童子試見賞於邑令今陞任道陳嘉謨取置第二入泮未數年而夭無子立姪岡復爲嗣
程鳳翔字鳴岡少孤有至性事母以孝聞與弟鳳翥同受學於伯兄鳳翙弟兄奮發一時遂並以能文馳聲庠序中翔尤工詩賦以乙酉拔貢補當陽訓導日與諸生講學獎勵有方士服其教乾隆三十四年用兵緬甸道經荆門奉委辦差二次大吏擬列計典保題旋中乾隆庚寅　恩科舉人逾年歿於官士林咸惜才之未展云

徐愈達字雨封幼穎敏英異以縣試第一入泮歳試第一食廩餼益肆力於學制藝功深養邃句圓精粹詩賦清麗典贍與一時名流唱和聲滿江漢間乾隆辛卯鄉試第三壬辰聯捷成進士歸班候選知縣時湖廣制府三中堂愛其文學延請訓課諸孫乃期居截取年三十九竟以病歿兄愈進以乾隆己亥副榜中癸卯舉人文名與其弟頡頏而才長肆應亦盛年遽殞惜哉進子昌枉邑庠生
程光璵字抱璞幼穎異美丰儀以童子試第一補邑庠

食廩餼乾隆甲午領鄉薦乙未捷南宮選庶常益讀中秘書文筆詩詞博雅典贍掌院程文恭愛其才飲食教誨待如親子姪乾隆四十五年散館列高等授檢討充武英殿分校是年遘疾歿於京邸時子大本甫六齡今已成立以上新增文苑計十三傳

文苑補遺

徐七旂字逵夫年十六入泮肄業江漢書院及金壇王耘渠先生門在諸生中數十年文譽日隆歲薦後年五十有六獲登乾隆庚午賢書揀選知縣年老未仕

作文自出機杼不拘常格性疎放不問家人生產掌教邑書院十有餘年於後進多所成就年八十餘猶孳孳訓廸不倦姪光龍歲貢生博雅淹通揮麈論文亹亹自喜有七旂風於貧賤生死之交尤見眞性焉

畢從泰字通齋性沉摯耽精經史博聞強識以府首入邑庠旋食廩餼授經五十餘年生徒濟濟因材化導俾之有成如邑檢討程光璵蘄州進士陳艮翼尤稱入室弟子屢薦棘闈不售年八十餘以明經終子鳳樞邑諸生以上補遺文苑二傳

蘄水縣志卷之十

署縣事宜昌府通判高舉　知蘄水縣事蘊扎哈　纂輯

人物志

宦蹟

仕宦者恒情之所歆羨而君子若弗克勝焉始也患志之弗立既也慮業之不成志與業副而時或弗遇遇矣位卑則卓卓居高則汶汶臨大節而不奪告成功而不施槩何人哉蘄自宋元以迄於今士之顯當途而傳後世者人各表見然或紀自稗官而闕於正史或志於外方而逸於本地其傳不傳正不易易也

合而志之君子曰可以觀矣

南唐

陳起舉進士爲黃梅令時妖人諸祐自言能使貧者富富者貧里民效之積粟數百夜行晝息取資於盜起蒞任數日籍祐爲里長不服且嫚言曰吾取令頭教豎子耳起聞執祐斬之由是知名遷監察御史

宋

李禹卿字君錫通判蘄州隄太湖八十里爲渠以益漕

運蓄水漑田千餘頃歲饑出資粟三萬全活萬餘人復以棘寺丞出守潼川廉明多善政惠商通工市貨百物克牣而禹卿之廉民間爲之謡曰止飲潼江一口水其子年十二偶出遊人知爲太守子各餽獻有加子揮之去曰吾家不慣受人物其家教清嚴如此採蘇州邛州名宦志

明

楊思義魁梧奇偉有幹才太祖稱吳王以薦舉授起居注初錢穀隸中書省吳元年始設司農卿以思義爲之明年設六部改爲户部尚書大亂之後人多廢業

思義請令民間皆植桑麻四年始徵其税不種者罰如周官里布法詔可又請令天下立預備倉以防水旱凡所興設經畫詳密時稱其能調陝西行省參政卒於官見明史按本傳云不詳其籍里今據省郡邑志選舉表皆注蘄水年代官爵悉與史合而邑之黄草湖尚有其墓

戴綸字興邦英邁方正篤於孝友領洪武庚午鄉薦任監察御史出按山東風裁凜凜以糾劾忤時貴謫梧州通判再謫庫官尋改監倉糧歷官以清忠自持時貴欲致之死以無隙而止見分省人物攷

黄紹祖洪武中貢入胄監陟刑部侍郎楚紀謂其老成有才見郡志

薛均徵子生時徵夢人投萬鈞懷中名萬鈞後更均治五經補博士弟子性峻潔清苦敦孝誼洪武中以懷才舉上十策高帝異之會其母疾危固請放歸明年以均同知泰州除知合州治行第一文皇名爲太僕寺卿丁内艱歸起應天府尹買舍旁片地種菜嘗自芸之帝廉得其狀笑曰人皆樂惟朕與均獨苦也頃

之乞歸年七十特進禮部侍郎均性峭直不容人小過僚友恢之比歸或疑其歸裝頗重於途中發之惟紙馬板一具詰之故曰無他物遺子孫令業此當有以活矣歸剪茅搆廬僅蔽風日當事造均匿不出晚號隱林野老作望雲圖爲詩輒泣下文皇知其貧命有司賜官湖頃餘後人因名欽賜湖又曰薛家湖子孫世守之兼鬻紙馬至今巴河有薛紙馬之號萬歷中邑令閻士選冠帶其子孫匾其閭曰清白世家户諫官應震復爲之請謚

按均爲邑之巴河人至今父老猶能述其清苦所居地曰神馬嶺即所謂紙馬之號也以高帝之奇其才文皇之知其節邑令之敬禮世裔諫垣之請復易名是其居官之品足式矣而正史闕之何也昔左氏逸程嬰杵臼之事歐陽氏不爲韓通立傳修史者誠有待於拾遺補闕也

吳永喆字克明正統辛酉舉人博通羣籍事母以孝聞授南川諭誘誨人士若不及貧者賙給之學士江朝宗方伯蔣雲漢都御史蔣泰俱出其門尋拜河南道御史蜀士至今道吳先生 舊志

范煥字五雲由天順監生任建陽令禮賢重儒術廣設義學以廸蒙士在任省賦清刑百姓不見科斂追呼之擾尋行取赴京士民泣送塞道左 建陽名宦志

張存禮字秉周由成化間天文辟舉授德慶州牧州有沉獄屢更州牧未得決存禮下車立爲剖雪歲旱累年禱雨濟民又教民修轆轤水車之具農實利之他如建學興士修理關梁善政班班致仕歸敦尚睦婣宗族稱之正言飭行鄉里式焉卒祀鄉賢

魯永清字端本成化辛丑進士爲大理評事執法不阿有諸生犯辟秋曹欲貸之永清執不可同時學士李東陽宗伯程敏政皆敬重之出知成都府遇旱糴粟四萬餘石以賑之府故無預備乃置倉廒廣儲粟明年又饑民用不困老幼相慰曰吾等不卽塡溝壑太守之力也安縣賊烏集萬餘永清往善諭之賊皆散去又設八釜於公門外令訟者就爨立與判決而歸民間有魯不解擔之謠歷官江西左叅政後從祀鄉賢 通志

徐紹先字繼之成化丁未進士正德中知銅仁府時鎮篁苗作亂紹先繕城堡備芻粟治器械練民兵苗聞而憚之不敢犯境 貴州名宦志

徐吉貞字天相宏治戊午舉人守忠州催科不擾條陳十事深切時艱蜀巨寇麻鷂兒攻千戶暴横里中百姓惶懼吉貞計除之生平居官以清嚴律已以貞實愛民嘗書二語以自警曰天地生人隨分足朝廷命我爲民來歷官南京戶部郎中乞歸後從祀四川名宦

孫步雲字望之由舉人令祿豐豐衛且疲一切撙節愛養鋤奸究緝巨寇毅然無所迴避邑人頌德不衰 舊志

田重器字國用宏治甲子舉人本姓錢早孤事母兄極

孝謹兄卒多子割產益之晚年與子貢同舉於鄉正德中知江津舊志作永川令今從四川通志興廢舉缺時有巨惡害民前令莫敢如何重器置之法民賴以安子貢字少江由舉人授嘉興府判陞絳州牧絳多宗室貢執法不頗宗人主事來州放糧有混領銀一封者主事語貢夜令人欵其門曰州印有事相喚其人即持銀出曰將送來矣其見憚如此宗室中有文哥武哥貧不能婚貢助之婚陞廉州府丞調杭州歷著循聲尋罷歸惟圖書數卷而已貢子邦偁另傳舊志

李宗元字東皐汝子正德庚午舉人除洮邱令邑當初建百務草創宗元廉以律己嚴以御下葺學宮錮逋稅弭盜革姦鉅細畢舉臺檄有不便民者輒封還之詳理洮畧凡六年遂爲壯邑刻洮邱志考治行居河南第一祀名宦後祀鄉賢通志

王中正正德時歲貢令都昌性方毅有潔操用止薪水邑有白水束薪之謠三年堅志告歸鄉閭有利病必爲長吏白之子承芳另傳舊志

陳欽字石岑正德己卯舉人授新野令居官有廉聲錮俸積粟活饑民萬餘百姓禱頌上聞擢大理評事年餘致仕舊志

李延芳字叔慶正德間歲貢師從祖汝會與湛若水講學湛書隨處體認天理六字付之爲大足縣訓導操履純正言笑不苟勤課校寒暑不少輟士賴薰淑諸生貧者捐俸助給勿計歲祲道殍相望力爲掩之陞汝州教諭致仕疾劇値父忌辰索衣冠强起力不支伏枕痛哭而卒祀四川名宦後從祀鄉賢舊志

周瑯字光載正德庚辰進士幼時相者奇之稍長益嗜

古工著作於書無不讀而尤癖奎氏與同年張治廖道南齊名廷試時咸以狀頭期之乃以卷壞列二甲補省垣陟都諫以論列抗直出守廬州守廬務爲惠愛有廉聲搜緝郡人包孝肅拯奏議序而梓之尋兵備山東轉督學嶺南率先行誼專經術一洗鉛槧浮溢之蠧士以故彬彬多出其門然規範嚴肅從無有干以私者卒於官從祀鄉賢初之官嶺南難與母別作嬰兒泣有依依慈母念千里憶相同之句著有顯侗集春秋補傳後燬於兵火參郡志

胡仲謨字啟忠正德庚辰進士授遂安令沉毅樸訥臨事不苟不以詞色假人姦艮立辨豪猾歛跡民皆樂業累官雲南按察使司後祀鄉賢浙江嚴州名宦志

李獻字顯之嘉靖已酉舉人授射洪令禦强寇使不入境剏城築隄屹然保障守寧州禦寇馭邊以誠動物陞寧國丞協恭佐治太守倚之五十致仕官槖蕭然事兄極盡友恭之禮不以老倦以恩晉中憲大夫卒年八十有四舊志

朱袗字汝衷嘉靖癸丑進士由行人擢南御史飭監守

緝盜令市肆平價官吏守法出守常州府當兵燹後俗靡凋敝吏民爲姦袗爬姦剔蠹去舊俗而新之擢陝西副使值西羌跳梁乃城金川選精騎千餘自持短兵勁其後賊盡駭散擢雲南叅政有銀場官吏乾没則嫁禍齊民袗廉得其實置乾没者於法而嫁禍悉解陞浙江按察又陞雲南右布政以艱歸服闋起浙江右布政未幾以老去送者萬計至毘陵猶弗止卒祀鄉賢子期至期昌見文苑

錢邦偁嘉靖癸丑進士知臨安府慈恕得民除一切陋例尋常詞訟爲之勸息歲儉設粥救饑捐俸完民逋税陞苑馬卿去後民歌誦之雲南名宦志

按舊志邦偁先人於洪武初由荆州避難來蘄改姓田凡五世至嘉靖辛卯始請於朝復錢姓

周鳴塤字思友嘉靖己未進士授餘姚令姚以倭後徭役最苦鳴塤下令丈田田覈籍定按籍雇募公私便之有官湖爲豪貴竊據核令還官歲得溉田數千頃分校鄉闈王者索所私卷堅執不與陞兵部武選主事邑人肖像龍山以祀累官廣東叅議時山海皆寇亡集兵掃蕩而解調報至遂掛冠歸三十年絶足不入城市律已行事動與禮準後從祀鄉賢著春秋旨

及詩文若干卷叅郡志

李畿嗣字民欽嘉靖壬戌進士除廣信推官庇平民忤權相爲營繕主事督乾清宫工世宗親賜食卒爲嚴嵩中傷左遷漳州同知署郡半載案牘盈几片言立折數平海寇漳人德之祀名宦歷南刑兵二部郎出知惠州惠故藨弑寓作寓惠録先是沙田陸梁民人逃散畿嗣勤招徠縱反間擒賊首流移盡復時嶺南方有事羅旁羅與肇慶相接延袤數千里剽掠不可

制當事調畿嗣為肇慶守畿嗣設方畧大破之盡平
羅旁東西山升瀧水為直隷羅定州置東安西寧二
縣隷焉捷聞遷監軍副使卒於官後從祀鄉賢子生
采另傳（參福建志）

王希元字白岳隆慶辛未進士初任南太常博士序禮
典樂多所建明南有富商妾生遺腹子嫡子利其貲
逐之歷訟不決訴之希元嫡子又以千金賄進希元
直諭嫡自認弟均其財並取賄金給妾子南人頌之
旋擢吏科都給事時以議兩宮朝禮忤權貴出鎮滇

南之金滄旋陞福建提學轉江西參政因御窑作溪
巧器難成糜費浚民希元疏罷之與代巡者不合累
疏乞歸卒於家祀鄉賢

徐一唯字心溪隆慶辛未進士授萬載令沉毅果決置
學田以贍師生定瀏陽濠戸爭廣洞田地之亂擣大
圍山巨寇李大鑾等民賴以安擢南戸部主事改遷
北吏部郎歷延平潮州守陞廣東副使轉兩淮鹽運
使致仕（江西袁州名宦志）

易之貞字忠甫隆慶庚午舉人署清浦教諭以廉勤擢
戸部郎中督餉易州奏免積逋二十萬行部至艮鄉
憫逋糧故官為請減十之九且捐俸代償之奏罷礦
璫王虎卒為忌者所中出守馬湖三月歸（通志按之貞本舉人通志作進士誤）

胡仲合字啟賓生甫七月失怙既長善承母教苦心下
帷中隆慶庚午鄉試初令廣昌時方苦丈量之役賴
力請於上憲得免改判通州捐俸疏所屬運道官民
稱兩便當道由是嘉其才陞大理府推官折獄平允
改組後置祭產立義租新祠宇族人至今誦之壽六

十有二

何鳳起字近洙萬歷甲戌進士授萊縣令每聽訟不為
高深聽民從容自理素精鍼灸諸穴法見訟者病即
治之不曲事上官張居正子懋修北上所過餽遺鳳
獨贈疏布居正聞而驚曰此必清操令也適罷職居
正言於朝即日遷知廣德州三年以母艱歸十年不
仕云親已就木無事祿養後復徵起仍補廣德州人
望如慈父母歷刑部郎轉雲南按察副使未赴任卒
於京邸（舊志）

蔡斗移萬歷丁丑進士由刑部郎出守臨江府知府以
正率屬以惠字民陞長蘆鹽運使冰蘗自矢課賦無
私商民頌之致仕歸從祀鄉賢

徐存德字恒庵步雲少子萬歷丙戌進士自少即落落
著丰采無阿徇態初授安仁令安仁小邑人易之存
德矢志振勵與巖邑等邑大治改仁和縉紳持政俗
刁健存德絕遠權勢毅然與之更始有座師使人致
書邑即有囑使爲之干請者存德却其請而厚賮遣
之乃訊其事使人猶復懇恩遂笞而逐之歲歉且疫

捐俸買粟賑饑者安集穰救民呼活命官而邑又大
治奏最推南戶部主事即乞歸存德六齡即孤自念
鮮民三釜不逮顯然傷懷遂用投紱也歸後唯理祠
宇祀産家譜數切要事餘則放懷山水而已 續志

閔廷甲字翼墟萬歷己丑進士常州府推官以敏練稱
嘗自言始至時誤斷一獄至今悔不能已自茲以往
或可告無罪於民矣擢吏部郎中時廷臣諍建儲事
忤旨戶諫孟養浩被杖廷甲坐與養浩善左遷南工
部居二十年陟通政司布衣疏食以清白聞從祀鄉

賢 叅江南名宦志

萬艮儒字楚東萬歷間歲貢爲蘄門訓導與諸生約曰
朝廷因官命名因名立義予惟以忠信立辭貞廉律
身求盡訓導二字之義有諸生兄弟爭産召至各諭
以古兄弟友愛之道猶未釋又召兩家師諭以匡正
務以誠動兩人慚遂棄萬金而式好如初 舊志

陳秉厚字載甫萬歷甲午舉人授常山令蒞任數月謳
歌載道旱魃爲虐步禱祈雨疢癘爲災散藥救疾歷
任寧國府丞尊𥂕與恩兩袖清風後以覃恩晉階知

府 舊志

張文光字公瑾萬歷戊戌進士授檢討以論楚藩華烇
事忤沈一貫謫光山丞久之遷尚寶丞每慷慨陳言
述古今法戒修身講學之要尋遷少卿官至國子司
業 通志

按文光本邑人其鄉會中式郡邑舊志班班可攷其後遷江夏省志因入江夏今應改歸本籍再舊志載國子司業省志官止少卿存攷

官應震字暘谷其先黃岡人萬歷戊戌進士初令南陽
再補濰令有因忿殺人當辟者應震曰此非盜比而

先絶祀殊不忍爲别室獄中令本婦入宿廷訊下偵鰥夫怨女可婚者即諭婚之三年舉循良第一召爲戶科給事於人才消長東宮國本禮儀奢儉宦豎朋黨無不陳說諫垣九年前後二百餘疏皆碩畫神宗嘗以敢言稱之光宗即位遷太常少卿尋乞歸天啟間屢召以魏閹當事不起崇禎朝數問應震爲忌者所格卒年六十八所著疏稿二十餘卷宛灘政紀十卷俱燬於兵從祀鄉賢子四撫辰撫邦撫極撫湞另傳舊志

金玉節字雅初萬歷戊戌進士授長興令遇事勇於有爲禮賢下士貧不能婚者捐俸助之值礦使爲邑厲玉節繩以法卒不敢肆歲當編審立走區走田法逼融均攤詭寄無所容民稱便焉見湖州名宦後累官比部郎從祀鄉賢子甌另傳

周應期字際明萬歷辛丑進士授行人司奉命册封豫章益王擢御史按嶺南執法如山有神明之頌先是應期祖瑯督學嶺南得士堇齊山斗及應期至粵人慕如考妣同祀名宦後祀鄉賢著有易解續志

周延光字斗垣萬歷辛丑進士知金華府政静民和晉副使提督浙學春秋兩闈元魁皆所拔士如曹勳袁儼皆是陞浙左布政收莞關支躬自閱視主藏吏抱牘記出納而已宿弊一清浙江金華名宦志歸里允符鄉論立賢大夫祠於雲路口祀之後祀鄉賢

游之英萬歷丙午舉人令麗水催科不擾值歲歉力請開預備倉以賑且施粥六門食之學宮傾圮捐金爲倡他祠廟堰埠歲久坍塌多加修葺民苦旱步禱雨降虎傷人籲神械至人謂精誠所感云見浙江名宦志

蔡國琦字廷玉性友愛端方萬歷中由太學生任壽光主簿署縣事二載餘歲歉賑饑民更爲勸賑歌以示大家存活甚衆至今稱之歿祀鄉賢舊志孝友今改入

謝天申字元菴萬歷戊午舉人授西寧令居躬嚴潔治尚禮教政美人和梟獍爲空捐俸創典學書院進人士面課之士因咸奮於學見廣東名宦志

畢九臣字恒寧天啟甲子舉人授儀瀧令初儀被流寇焚屠署壘城皆圮壞至則招集流遺捐貲堅築又募鄉勇分營教戰寇不復闌入歷四載遷絡興府丞上

官知其才多所倚任凡雨暑郡守四攝邑令俱稱最
越中倪元璐劉宗周祁彪佳李邦華王思任以詩文
氣節相孚壽調廣信府丞致仕歸生平輕財重義罹
漑三黨卒之日赴哭者聲震里門 續志

桂啟芳字叔開崇禎辛未進士授海陽令時海寇劉香
老猖獗啟芳以計擒其黨林龍角周瑞儒杖斃之更
出奇助督府平香老等惡者奪其功落職歸益讀平
生所未竟書披衣挑燈達曙不倦著有類海策畧諸
書今多散失無全帙子陵見文苑 通志

南有臺字南山以舉人授句容諭講學課士俱有程法
崇經術砥礪廉隅崇禎甲戌捷南宮授諸暨令時當
明季撫字保惠體卹多方擢紹興府司李斷獄明決
民無覆盆調東昌府未幾陞南戶部員外度支部課
潔已奉公尋陞郎中致仕卒於家子州士庠生宏士
縣丞

黄耳鼎字澹巖崇禎丁丑進士幼好學丙子應順天鄉
試道逢老人哀泣問之乃以寃鬻女耳鼎紆途三日
傾囊贖女歸之後試期弗顧會棘闈火改期再試遂
登順天賢書丁丑聯捷南宮第三授中書秩滿名對
稱旨擢廣西道御史彈劾不避權貴巡按陝西値闖
賊破都城耳鼎赴江南尋卒 通志

周壽明字天格崇禎丁丑進士十歲通十三經以解元
聯捷爲臨海令鑿東湖注大河長三里許環衛台城
寇不能犯衛軍三千苛糧酷民激則走海廼痛陳軍
弊撫軍立委勘兵冒免規避者從重法軍始帖然復
海門倉均里平徭値旱免袒禱雨民築喜雨臺攝海
寧天台篆剔歷興除計察三邑廉能第一調曲周三

月召對稱旨擬擢吏垣都城陷遂歸入山
國初徵起壽明瀝陳親老終養親喪執哀盡禮畢生貞介
自守足跡不涉城市著敦和堂集未刊子構國子學
正梓舉人材棡楨庠生有學行孫節周另傳 恭續志

畢十臣字恒泰崇禎丁丑進士授慈谿令適歲饑邑有
積困者姦人乘釁坐以閉糴聚數百人操挺刃圍其
舍時變出倉卒丞史不知所爲十臣曰此欲行搶耳
卽命二執杖者一門豎乘輿至圍所叱曰若等將作
亂耶抑止爲饑求貸穀耶如作亂卽縛我去如止爲

饑何不先告我命藏穀者借爾等乃敢如此衆皆俛伏杖其倡首者二八餘皆散去其定亂之敏決如此行取奏對稱旨擢省垣歷福建道御史都城陷遂歸杜門不出日以課子訓孫爲娱著有說書去存一部續志

高宏基字元開崇禎庚辰進士司理大名値歲饑捐俸市牛種給民山東梟賊米玉逼郡諭以禍福尋就招撫時流離初復民苦徭馬費重宏基白直指疏請甦行改折郡人德之通志

官撫極字建之太常卿應震次子以拔貢再任貴陽通判駐畢烏有捍衛功畢烏人肖像祀之陞平越守忽苗帥藍二率萬衆圍城七晝夜撫極力守禦之伺其懈以壯士七十人夜襲賊營擒藍二餘散去以功陞太僕卿致仕歸通志

姚明恭字崑斗萬歷己未進士由庶吉士授檢討歷仕文淵閣大學士加太子少保戶部尚書其制誥之詞有曰風規澹遠宇量端宏格德明而成士遜王旦謨弼之心繪民隱而省規條李沆公忠之德祖子鶴父光盟俱贈如子官居相位一載歸第居恭爲劍州牧作書戒其潔己愛民虛心聽獄嚴胥役禁家奴居里中亦能尊賢納善蘄之漕米先從蘄州兌軍去會城遠無彈壓者軍旂肆爲科派里甲苦之爲言於上臺改兌會城民甚賴焉會鼎革旋卒黄之九屬數百年來居相位者惟明恭一人而已參舊志

郭原善字復初原理字成初故宋大理評事茂之裔也洪武初嘗身翼父母避難後歸鄉殫力經營興復舊業原理以人才舉爲南京戶部主事原善生子闕才

猷拔萃永樂初以人才選舉任南京主事闕子四原理子六人今郭族稱至盛云

按舊志自南唐陳起至明姚明恭止共入官蹟者五十一傳計五十三人至郭原善係洪武時人不知何以編列明季乃又無官蹟實據今仍照邵志附存於此

國朝

饒應元字善仙明崇禎庚午舉人順治中令溧水天資長厚而事有執持妖婦曹氏邪術惑民應元擒其姦申請殲之編徭役立排丁法俾民無偏重偏輕之累江南名宦

李生美字伯醇弟果字伯徵順治丙戌同舉於鄉丁亥生美成進士授德安令清操勁節饒有胆識草寇負嵎奮欲勦之同寅不可生美曰食國家祿膺民社任寧惧一死耶毅然領民兵摧破之以勞致疾而歿果令洪雅處蹂躪之後以砕土踐毛爲任招流亡修城葺學整理一切廢墜丙午分校稱得士勤勞十載歿於官後從祀鄉賢參續志

何之旭字山夢爲人英爽卓犖有胆畧饒文才順治十五年由拔貢授德化令值兵燹之後民僿俗弊寇燼屢燃之旭蒞任後開誠竭衷榜示曉諭緝柔撫字禁暴戢奸邑有起色作聽事堂題曰不侮鰥寡不畏彊禦不生事以擾民不懷私而忘公德人遂呼爲不凹堂蒞任九載清風兩袖著白雲六編計十四卷分六科皆治德化上下文移因事制宜動見本末洵濟時之良吏也

程維伊字懷人順治丙戌舉人授慶元令邑自兵火後公署久蕪蒞土者幸僦民居如傳舍維伊至謂無以坐堂皇肅觀瞻失建官體乃集衆議建復之民鮮舂糧維伊授麥種導植以補不足邑食鹽聽民自買輸課蠲臺禁姦商漁利運賣之弊修葺學宮纂修慶元邑志復捐俸置學田以贍士子丙午分校鄉闈得士六人皆名儁而平湖陸文清公隴其尤爲理學之宗一時稱爲得人後致仕歸著有積雪樓稿松源彙編若干卷未梓

張邦福字嚮五順治戊戌進士由主事改授紹興府推官精明練達摘發如神訟牒悉置內署勾訊之下情僞立剖吏不能爲姦人誦公明去紹之日爲立祠山

書院祠山其別號也歷官五城兵馬司乞歸居林下端嚴養重子鶚遷舉人有文才早逝參浙江名宦志

王保釐字東郊順治戊戌進士性孝友溫厚和平與物無忤令通江縣修城垣建學宮爲政務平恕不尚苛刻民皆戴德後陞常州府通判通志

李成棟字雲浦順治己亥進士爲樂昌令留心民瘼廉介自持懲姦宄恤窮困置義倉立書院善政纍纍遷雅州牧尋告歸從容里社無軒蓋之習里人多賢之卒祀鄉賢子垓另傳通志　按通志作李棟誤

南之傑字偉公由選貢順治辛丑授利津縣丞署蒙蔭
令值兵燹後多荒田積逋病民之傑力請於上得除
荒田三千七百餘頃蠲積逋二萬一千餘兩民獲以
甦康熙四年改定海丞歷四年以績陞昌黎令未赴
丁外艱歸服闋補長山令邑漕糧數百石例輸德州
去邑五百里費數倍之傑令民就買以兌民甚便之
告歸邑人攀轅弗忍舍去子夢玠令華亭十載卓有
神明之號縣試拔士多鼎甲才艱歸起補武康令未
二載調陞淮安外河同知任七載著勞績

聖祖南巡賜
御筆臨米芾字以寵勵之子光發見文苑郡志

李見瑤字仲崑由順治拔貢授儀徵丞尋署江都令江
都稱艶地而實貧瘠民刁吏猾積逋叢蠹不可覼縷
又當水陸四衝郵騎如織城下衣帶水乃漕運要害
見瑤率民夫日夜挑濬南北交馳方員龜畫常於輿
中挾紅黑二筆運腕如飛凡承讞
欽部大案無不報可後以失察屬吏去官歸家篤孝友之
行爲宗黨法孫美中舉人賦姿頴敏著有春秋闡幽

講義

南仲字屺瞻一字懷劬父有恒髫年工詩文爲名諸生
早逝時仲甫一歲恃母陳撫教成立以順治年選拔
授澄海縣令澄海濱海嚴疆又值兵燹之後仲下車
振興百度加意撫綏不期年而獷馴逋歸遂成樂土
及解組歸里士民攀轅遮道後猶思慕弗忘子岡另
傳

徐五宗字子亢三餘孫由康熙十六年廩貢授彝陵州（今改宜昌府）
訓導署興山縣篆值吳逆未靖招撫流亡卓

有政聲歷遷益陽祁陽後陞石首教諭倶捐俸修葺
學宫課生徒多所成就致仕歸里方嚴端重言笑不
苟雖接童穉必以禮年七十一歿子源舒作枚源遠
師齡另傳參郡志

畢友宜字見次少有至性父没後每試藝必焚香告墓
所康熙已未成進士知建寧縣除積弊杜請謁分校
鄉闈得士稱盛其邑人士嘗請安溪李相公光地爲
文以壽有曰以名進士爲名吏持大體如山岳之不
移負大才如江河之莫遏經猷愾擴皆本文章得士

得民爲循良最以疾告歸杜門訓子當事罕識其面後從祀鄉賢孫封基素性恬静立身謹飭爲巢縣令後嗣列明經黌序者十餘人曾孫從德從升俱登賢書本郡志參新增

劉同向字校五由康熙辛酉舉人任新化諭訓飭多士以窮經力行爲務修葺學宮皆捐俸以倡之弟子北面請業雖嚴寒酷暑無少間秩滿陞永州授新士思慕弗諼請祀名宦至永州諸邑弟子列郡庠而遠未至者歲試之期悉召至而飲食教誨之第其文之甲

乙由是士樂集其齋雖盤堆苜蓿坐客無毡晏如也年七十一歿於官永士思之亦請祀名宦康熙五十九年從祀鄉賢子自拔另傳

徐廣淵字伯志康熙戊辰進士令廣宗縣郎古沙邱地南近漳水故堤卑狹廣淵慮不足障禦稽於衆謂無患忽漲堤决城不没者三版萬戶震動廣淵痛哭籲天願以身塡洪波陡平丈餘水退即日加築身親畚鍤延袤數十里居民安堵名曰徐公堤邑多陋規歲耗民財三千餘兩悉行革除究平王相國熙聞而嘉之擬薦卓異以疾卒於官年四十有九

胡理由武昌學中康熙庚午舉人歷任澧州安陸廣濟學官丁酉聘河南同考秉鐸以來克盡師儒之道養育人才增光庠序載廣濟名宦子攀選廪生學行素優前令汪欽給匾奬之

楊仁迪字惠升由拔貢中京闈房魁出趙恭毅申喬門仍以選拔教習令嶧縣嶧故土瘠民貧家無隔歲儲仁迪多方區畫邑有起色訟者呼至階下立判曲直民咸服以爲神簿書之餘加意文學著課士偶抄訓士置義學延名宿主之嘗自爲文以示程式在嶧六

年頌聲載道年甫五旬竟歿於官仁迪篤於友誼歿後人皆惜之弟仁復縣丞有幹濟尚俠義

徐源爵字崑渟康熙壬午亞魁爲人落落豪邁有治才八上春官不第授零陵諭零附郡有重鎭員弁多擾庠籍有猺生傱倯無知源爵到官後諭士子以禮自守名行伍與之約誡勿再行滋擾於是弁丁歛跡不敢犯命猺生習威儀言辭又爲請於學政於試卷面註明猺籍分別考試以昭造就至意又捐俸修葺學

宮程課士子不計脩脯且割已俸以周寒士黌庠大
振雍正五年遵例保舉生員湯錫遴蒙錄用巡撫布
蘭泰訪咨風俗條陳利弊凡萬餘言布嘉納之以疾
乞歸里居二十載鄉飲正賓三次前令葉爲舟造廬
請修縣志辭復請鄉飲辭因贈以南州繼美匾其閭
年八十一歿於家孫與佐郡廩生能文早夭邵志叅新增
周節周字成菴由舉人任道州學正振興庠序整飭士
風每事必反躬自檢學署有敬一亭嘗於暑月置卧

榻於此有貧生爲族豪誣以盜葬祖塋州牧委勘豪
進暮金求訊免勘節周叱曰此何地敢二心以服官
乎詰旦往曲直立判同署但見其亭摧折榻已虀粉
乃喟然嘆曰向若不畏四知當與是榻同盡矣人欽
其有守後以內艱歸遂不仕子象晉篤於孝養爲文
績客有理致以庚午舉人任東湖教諭兄郁燦歲貢
生姪象豫丁卯舉人俱品孚人望有學行邵志叅新增
王國英字紫儲兄弟有六俱著聲庠序以精書法名里
中而國英敏練條達才學素孚人望雍正五年由增
生舉孝廉方正

世廟召對稱
旨即授宛平令於是任宛七載除民辦羊草之累罷西山撥
夫之役代完被水積逋二千五百有奇循聲卓卓
怡賢親王深器重之嘗稱之於　朝雍正十三年
特簡南雄郡守　陛辭之日蒙
恩賜御書墨刻紫金錠香珠貂皮等項到郡大吏皆稱其爲
王宛平也尋擢兩廣鹽運使以疾致仕
徐作枚字民樞爲人沉毅績客篤學尙古出同考宜興
儲在文之門康熙六十一年總河陳鵬年奏請各省

候選人員曉暢河務願効力者赴工作枚捧檄赴袁
浦次年鵬年卒調發北河由是累著勞績署歸德通
判及上北河同知南河督齊蘇勒北河督稽曾筠交
疏保授兗州府黃河同知雍正七年二月七日引
見奏對河務指畫形勢極蒙
恩賚御書墨刻貂皮諸物有加到任後益竭心力估計工程
不浮不刻各汛堡置小鐘夫給絮衣水發則鳴鐘集
救隄少滲先以絮衣塞之孟家樓大隄外月隄積水
浸沒民地爲開涵洞公私便之是年秋戴家樓水發

平隄雷雨交作勢幾潰役夫驚走作杖疾呼曰我等守土無可去之義如不獲願以身塞衆爲之感奮力搶救獲免其居官實行類如此越二載薦勤卒曾筠內拜以舊同舟不相能遂解組携圖書數帙而已師齡子七辦効力州同署滑縣丞再補湯陰勞勩成疾乞身未抵家歿於許州

徐源遠字星來由舉人於雍正九年令肅寧甫蒞事卽捐俸修儒學立義舘延師課業士習一新邑刁抗不法者悉按其狀弊絕風淸任二年忽染癩疾已獲乞

身旋歿肅中士民有遠涉黃河送至蘄留數月不忍去者其得民心也如此子七存另傳

萬元常由歲貢任雲夢訓導著六經語約成語便覽四言博物文藝通攷等書以訓士子年邁乞休士子佩服不忘歸里後捐墓田立義庄貯義穀族之貧者咸利賴焉

汪世燦字邦彥由貢生考職州同於雍正十三年在部挑選發北河効力在工勤敏著有勞績復於乾隆元年辦送

山陵大差議叙借補宛平左家辦事勤慎才具優長緣積勞成疾告歸歿年四十有九世燦生平孝友待諸弟友愛曲至篤交誼能文章成均肄業試輒冠軍乃屢躓棘闈遂圖捧檄而才猷未展賫志早歿命與時違惜哉著有如濂隨紀河上吟若干卷藏於家子夢旭癸酉副車

徐立御字從六雍正甲辰進士初令新鄉大吏慮弗勝任寄偵之諸務克辦縣有殺人於道者未獲立御禱而往驗屍忽起坐曰殺人者某也語畢旋仆觀者大駭立拘某一訊卽服事具行狀調滑縣有僧被殺未决株

連者衆立御稔其俗多黠少飲博負則爲盜乃寄諭幹役給羣黠以博盡勢之來訊羣方譁辯一人獨股慄願受笞察其有異叱曰博小罪耳汝奈何殺人慄益甚其父爲胥欲袒之是夜收父子於內署而釋羣少厥明令幹役趨其家曰某已供僧爲所殺有刀與僧衣亟持出勿累若等其家驚怖遽以刀衣付役覆訊案遂决陞光州牧以總督王士俊薦授東昌守鄰省有以其屬邑武城爲壑者抗不屈卒得保障內艱

服闋補黎平守修城開江建學立廟躬先勞役權鎮遠城水權舡租商旅稱便晉古州兵備道古近苗疆時當新闢蒞任後布威信設方略每戒僚屬謂職有兵備之責若敢荒怠偷息國法不可假借由是官弁爲之震肅苗目仇殺大吏議以兵勦力陳止之是以在古數年孳情帖服然以諳練苗務出入障地歲無寧輪遂致瘴疾卒於官年五十三歲立御弱冠通籍居官近三十年自讀禮家居外里人罕識其面然其清名則播於桑梓知身無長物惟躭古圖籍而已初

晉東昌守季父本僊以雲龍牧於乾隆元年春同引
見
賜克食字帖貂皮藥錠至乾隆八年起補黎平守本僊又以陞授永昌守與之俱
天顏喜甚詢及宗貫
溫諭移時詢臣子不易之遭也弟立得武魁有幹材歷任賴其贊襄之力乃先歿於黔（以上邵志　國朝總計二十四傳二十七人）

徐本僊字佑倫康熙庚子舉人考選中書雍正六年簡發雲南以知縣用權昆陽州牧多善政郡有滇池周五百餘里山河五道橫入有建言會五爲一者將趨工僊謂一河受五倍水勢必橫決多廢民田乃再三指陳利害當路悟乃止補文山令捐建書院置膏火田時以報懇加賦爲功飛檄旁午僊獨條陳利弊文山遂無加賦累委審烏蒙東川重案約九百餘人不須三木務得實情中有讐口所誣及濫獲邀功竟列重犯者皆三復供情案無冤抑陞雲龍州牧革井竈陋規捐軍需馬匹代完民間無着浮糧捐修關坪大橋民顏曰徐公橋平頭山有神最靈能禍人歲賽會

縻數千金舉火焚之後神降夢於坪尾村再建再焚之無何普思不靖檄州民一千五百名運米赴軍如雇募需攤里下三萬餘金民挈家走避僊急止之代繳夫價五百金備詳不能挽運故得批允民慶更生爲時大吏以知府保題適丁內艱歸乾隆元年服闋赴部少司馬王士俊以博學鴻詞保舉奉
諭旨試內閣仍以雲龍州任內保題授永昌守條減公件歲免銀一千三百餘兩捐修龍泉井通黑龍潭而農利以溥所轄土司如猛卯抄擄孟定開廠孟連承襲

諸大案屢爲見才者啟邊釁連年不靖偲深謀獨任
定難倉猝不折一矢而邊地以寧乾隆八年引
見賜蟒服取道里門建祠置產收族恤隣諸多義舉復之
滇承審邪教波累三千餘人分別查擬定議之日全
活甚衆乾隆十二年晉滇糧道上游悉心委任至十
七年解組歸里引掖後學如不及捐田四十石入輿
賢莊築室石雲嘗手一編吟咏自適卒年七十有七
著作甚富成一家言工書人多寶之有曲辰堂詩集
巳梓子五立崧由附貢生歷任福建閩清連城建陽

松溪諸邑所至有聲於建陽新設考棚士咸賴之立
蘇另傳立垩拔貢生立彖立年俱國學生
奚學標字虎男庠生濬子濬四歲失怙恪守慈訓家貧
力盡孝養嘗慟母桂氏苦節奮志芸窗屢困棘闈益
刻厲教子學標博聞强記嗜學不倦雍正癸卯舉於
鄉奉部文截取因親老以病辭父母歿服闋選廣東
從化知縣潔已愛民每杖一人必爲心戚歲饑請發
倉廩全活甚衆壬申分校粵闈識拔皆佳士後以病
告歸越二年歿子四志燦志煌志照俱負才未遇而
逝煌篤修自好知慕義爲照國學生
潘伊琪字介純雍正乙卯舉人中乾隆壬戌明通榜授
公安諭爲敎一本躬行以率之每識諸生曰吾輩惟
孝弟忠信爲務庶上不負聖賢下不負吾身爾即制
藝一道乃代聖賢立言須遵先正矩矱若但連篇累
幅月露風雲非所望於諸生也後以舉班截取發掣
四川東鄉知縣因病乞歸歸三十餘年安士子常以
郵筒往來有疑必質焉耄年居無惰容亦無遽色頤
養自適年八十有八子紹渟拔貢生紹濂庠生

龍雲斐字用占乾隆丙辰進士原名于飛榜下改今名
性和易家貧好讀書己酉鄉薦入都大司寇勵文恭
延請教諸子及孫輩丙辰捷南宮授浙浦江令調奉
化民有愷悌之誦甲子丁卯兩科分房所取如張世
犖輩皆知名士旋陞渾源州知州兩辦軍差無誤以
年老致仕歷官三十餘年家無長物及歸囊橐蕭然
依然清白素風也子漢文以監生肄業雍學年滿考
職候選主簿未仕歿
岑天構字文堂性謹飭躭書史乾隆甲子舉於鄉乙丑

成進士榜下分發山西以知縣即用歷署虞鄉號縣
臨晉所在多惠政後實授虞鄉值歲大荒設法賑濟
饑民得以安堵竟因撫字勞瘁得疾歸里未數年歿
嗣子德峻入成均
范思皇字西懷庚午辛未聯捷進士授庶常次年散館
改部用乾隆二十年補吏部稽勳主事勤慎供職丙
子充福建副考官拔錄皆佳士差竣復
命召見萬壽山仰承
天語春溫垂問父母年歲下詢子弟功名眞適分之榮也

是年冬蒙　相國忠勇公及各堂大人保題晉本部
文選司員外郎二十二年復蒙保舉御史列名引
見着以御史記名十一月奉
命提督福建學政加檢討銜恭請
聖訓諭以振興文教用心作官注視良久蒞任後旋丁父
艱二十五年服闋終毋養二十九年起復赴部以應
補江西道監察御史於三十一年引
見奉
旨回籍嗣於三十六年三十七年兩次恭祝
萬壽俱着加一級回籍歸老林下訓廸後人嘗有句云
帝遣閒身歸畎畝天留老眼看兒孫其安分自得之趣已
流露於筆墨間矣居官十載宦況清貧士林推重年
七十有四子世業丁酉拔貢分發陝西直隸州州同
現署定邊鹽課大使世榜國學生世棻廩膳生世梁
世樂俱邑諸生
劉夢鵬字雲翼　贈文林郎文選之第三子也文選弱
冠入泮性謙退不尚聲華友愛諸弟足不入城市督
學張曾以優行舉生子五皆教之成名長裕禹登乾

隆癸酉賢書甲戌明通夢鵬以辛未進士授饒陽令
饒故多奸猾夢鵬緝之力案無留牘緩徭役免浮稅
興學賑饑循聲卓卓後丁艱歸里留心著述乃以强
年遽逝未竟其才所著春秋義解屈子章句已呈四
庫全書館中子光鎭邑諸生
閻國淇字衛瞻由歲貢授保康訓導乾隆十七年赴任
培養士類保康湖北邊邑地險而途遙諸生艱赴鄉
試國淇助資斧勸之觀塲文風蒸蒸日上在任六載
告歸年屆八旬前令周選舉鄉飲正賓恭膺　大典

克孚人望

程應麟字耀東儀表威重至性廉潔才識邁衆事祖母蔡母李克孝李多疾侍藥餌輒累月不寐雖子姪林立不假手與弟邑庠繼東友愛出入跬步不離中乾隆癸酉經魁兩薦禮闈乾隆二十六年挑選一等分發直隸試用知縣時逢

上幸木蘭麟奉差委至密雲潮河見上流浮漚謂從人曰連日陰霾浮漚者水汛也可速渡否將誤越次趨渡登北岸而浮橋官渡盡爲衝波漂去諸辦差者皆爲

水阻南岸由是自密雲至古北口三百餘里道路差麟獨承辦無貽誤黃河水決需秫稭急麟奉委在邱買辦十五萬嗣又益十萬麟惻念民力維艱多增其値示出民輸恐後不數日報竣委審疑獄多所平反景州饑賑錢米必親核村民被胥役朦蔽者引之升堂而撫給之其體恤民隱不憚勞瘁類如此二十七年春

上南巡至趙北口蒙

恩賜荷包一對綵緞一疋旋因造密雲潮白二河浮橋竟以勞歿於密上官聞之多惜其才未展也子六皆能文奉錫斐然俱庠生龍然優廩生清才卓犖尤工書法屆歲薦期旋逝 以上新增宦蹟計九傳

宦蹟補遺

石三復字懷白生平坦易與姪淩雲以文章孝友相期門內雍睦登萬歷癸酉賢書甲戌會副留部觀政旋補授正定府同知歷任數載署府篆事以慈惠清白見稱士民戴之年七十六致仕歸長子中璞任長洲主簿孫永錫由貢生考授縣丞分發直隸効用未幾

以母老告歸延師取友惟教子弟以讀書爲事

駱驌字公驥順治辛卯舉人幼穎悟爲文原本經術不事浮光掠影之談初授潛江司鐸約諸生修講倫理務以孝弟爲先課制藝力追先民潛江人文蒸蒸蔚起任三載陞廣西平樂府富川縣知縣縣山高水淺有四十八寨屢不馴驌蒞任勦渠魁釋餘黨民皆安堵隨陞平樂郡守赴任三月丁艱歸足跡不入城市者十有餘年歲時伏臘與二三父老敦桑梓婣睦之誼教子姪輩以孝弟力田爲本故子孫皆能守其家

法焉

嚴繼陵字星占康熙丁酉舉人雍正癸丑成進士選襄垣令襄晉瘠壤士樸民勤稱易治陵平易近人有孚惠德愛士恤民出於至誠凡承讞訟獄務曲折以得情蒞襄九載乾隆六年適屆編審戶口期陵陞擦咸宜風清弊杜襄人感戴弗諼

何遇龍字子成幼穎悟富文詞中雍正乙卯鄉試乾隆丙辰捷南宮八年癸亥選直隸大城令才識敏鍊操守廉潔克稱其職邑相沿陋規生男女有稅龍詳請

豁免民戴其德歲荒爲捐俸賑饑多所全活十一年以病歸里惟以詩書孝友督子姪敦宗睦族至今賴之

畢志璜字姜綸性淳慤刻苦勵學中乾隆戊午舉人乙丑會試以第三名魁禮闈歸班候選邑令葉延請掌教蘄陽書院生徒彬彬稱盛屆期選授廣西義寧知縣蒞任後惟以惻坦慈愛爲懷士民稱便公庭閴若無人簿書之暇吟咏自適以年力就衰歿於任子庠生儲源扶櫬歸里囊橐蕭然　以上補遺宦蹟計五傳

葉際昌字占祿保康訓導東高之幼子也蚤失怙事母以孝聞性敏而慧詩文秀麗旁及琴棋曲藝無不精絕豪爽好客岡邑名士王一翥歿葬巴河鳳山年久就湮爲之倡修立碑其輕財尚義類如此屢試高等中乾隆癸酉鄉試甲戌薦南宮未第選均州學正訓士文必宗先正理法尤培養士氣不數年而歸均士至今稱之但用財疏侈家道中落從不乞憐於人宦歸後其家益貧矮屋數椽不蔽風雨年七十餘歿其子因家貧宦遊秦中昌歿之日竟無以歛有好義某

欽其高節佽助成禮及子歸而後窀窆焉　又補宦蹟一傳

蘄水縣志卷之十一

署縣事宜昌府通判高　舉
知蘄水縣事　蕪　扎　哈　纂輯

人物志

忠烈傳

經曰士見危授命又曰以死勤事則祀之蓋所欲惡甚於中而剛正之氣遂倫千古而不顧故或從容以全節或慷慨以殺身所趨不同要其取義成仁則一也蘄自元明歷今五百年間以忠烈傳者十有三人在服官守土者職固當然若夫一介之士執義不

回眞匹夫不可奪志也

元

李清七清八兄弟也性剛毅謹禮好義俱以標梧英邁聞元順帝至正十一年徐壽輝陷蘄水人多脅從清七兄弟以爲恥匿鄉人吳伯通家不出賊怒大索得之兄弟歷陳大義堅抗不出賊縛於薛湖東畔之樹殺之鄉人皆曰義士也有司以其有功名教立廟於河中之太公石時致祭焉舊志

明

王聰城山間鄉人性謹畏有膂力時孟家山產野馬蹶嚙不可近聰獨能控馭之善飲啖以兼人之力擔貨貿易博一飽後荷大鐵具乘馬入行伍間洪武末從軍至北平靖難兵起以燕山中護衛百戶從起兵取薊州攻遵化徇涿州轉任茌平滑口破南軍獲馬千五百還守保定從次江上略南軍舟濟師累遷都指揮使封武城侯祿千五百石偕同安侯火眞備禦宣府屢詔巡邊從邱福出塞戰死年五十三追封漳國公謚武毅子瑛嗣聰及李遠嘗諫福故得褒卹語見

邱福傳

按明史邱福傳先是本雅失里殺使臣郭驥上大怒發兵討之命福佩征虜大將軍印充總兵官武城侯王聰同安侯火眞爲左右副將靖安侯王忠安平侯李遠爲左右參將以十萬騎行上慮福輕敵諭以兵事須愼重自開平以北即不見寇宜時時如見敵相機進止不可執一一舉未捷俟再舉巳行又連敕謂軍中有言敵易取者愼勿信之福出塞帥千餘人先至臚朐河南遇游騎擊敗之遂渡河獲其尚書一人飲之酒問本雅失里所在尚書言聞大兵來惶恐北走去此可三十里福大喜曰當疾馳擒之諸將請俟諸軍集偵虛實而後進福不從以尚書爲鄉導直薄敵營戰二日每戰敵輒佯敗引去福銳意乘之遠諫曰將軍輕信敵間懸軍轉鬭敵示弱誘我深入必不利退則懼爲所乘獨可結營自固晝揚旌伐鼓出奇兵與挑戰夜多燃炬鳴礮張軍勢使彼莫測俟我軍畢至并力

攻之必捷否亦可全師而還始上與將軍言何如而遂志之乎聰亦力言不可福皆不聽厲聲曰違命者斬郎先驅麾士卒隨行控馬者皆泣下諸將不得已與俱俄而敵大至圍之數重聰獨戰死福及諸將皆被執遇害一軍皆没敗聞上震怒以諸將無足任者决計親征奪福世爵徙其家海南

呂鏞宣德丙午舉於鄉授萬安教諭陞河南宣陽令有政績調福建清流令流寇鄭茂七寇清流邑無城郭鏞拒之力不能支具服端坐庭中抗駡不屈賊怒殺之支解其體清流人哀其忠節立廟祀之後從祀鄉賢舊志

鄧祖禹字又元家貧而負氣慷慨不耐與里中細人伍每傲視之以是每來細人之咻勿顧也舉萬歷四十七年武會試授瀋陽守備嘗出戰中矢死夜半復甦創甚告歸崇禎初起宣府游擊入衛京師副將申甫軍没祖禹力戰蘆溝橋擢涿州叅將疏請召對不許入朝上書聲甚厲爲御史所糾下獄然帝頗採其言久之赦出爲辰沅叅將會苗酋飛天王張五保斬首千五百級夷其巢擢副總兵轄德安黄州攻賊土壁山盡殲所獲爲巳有當事將劾之請勦寇自贖乃令援應城是時祖禹駐孝感將往援孝感人泣留曰兵

一動城必不可保祖禹因留兵一半守孝感率七百人入應城賊大至圍之數重血戰自辰至酉僅餘七八十人祖禹突圍保西城外賊復圍之遂被執賊愛其驍勇説之降怒駡不屈賊言之再三復駡之曰若此須換却心肝賊笑曰換不難遂剖心肝而死子天源天河覔屍以鬚長可識得歸骨先隴應城人祀之參明史

邑劉志云萬歷巳未邊事殊急武場會榜竣矣議者疏請精選將才科武進士一榜數十人禹與焉今按明史選舉志中萬歷之末科臣又請特設將材武科初場試馬步箭及鎗刀劍戟拳搏擊刺等法二場試營陣地雷火藥戰車等項三場各就其兵法天文地理所熟知者言之報可而未行故汪祖禹出身仍遵明史本傳

程爲常徐玉蘭蔡巨人胡方壺徐用極由武科舉知兵有氣節崇禎十年春流寇不時困城下邑令設里兵每里出資募壯丁一人共五百八十八人守城以五人主五營三月十七寇至新橋爲常將兵襲賊爲賊所殺越二十七日徐玉蘭等四人復與賊戰於叢山寇多兵少殺傷甚衆四人死令爲立五義士祠手書額以祀之更申詳兩院具題兼請學憲高各給扁坐一

人以供俎豆祠在城隍廟側爲逆獻燬今棲其神於
廟之右廡庭前
程九萬字翼雲天啟恩貢初令信宜著有循績卓異丁
內艱服闋起補興安州牧崇禎十三年以兵荒民逋
謫池州府知事十七年署篆東流縣順治二年四月
初七日左良玉叛將楊幺兒破縣九萬死之妻汪氏
弟九鼎九觀夫婦同殉邑人哀其一門忠節收而葬
之祀名宦江南東流縣志
按九萬死城之事舊邑志郡志通志俱闕未載乃
前郡守關中王勍於乾隆十四年修郡志得之江

南名宦通志其姪曾孫梅士錦復得之東流縣志
始知殉難之月日及其夫人兄弟嗟乎以死城之
大節而本地不知則凡隱德幽光埋沒於荒城蔓
草者可勝慨哉是故搜討之功所宜亟也士錦本
姓程以前人從姑姓
李師淵崇禎元年武進士授京營把總累任陝西固原
州遊擊時右參政陸夢龍守固原慷慨好談兵以廓
清羣盜自負七年夏賊來犯擊却之閏八月初一日
賊陷龍德縣夢龍率師淵等禦之賊初不滿百已而
大至矢石如雨突圍不得出夢龍與師淵等大呼奮
擊遂俱戰死男之芳孫巍峻俱庠生曾孫琮以歲貢
任武昌縣訓導
程正秩字維明力勇善射中明萬歷癸卯戊午兩科武
舉授邑營官攝本府團練崇禎十六年三月流寇逼
城力戰死
國朝
官撫漁字萃之國學生順治初令會稽時郡守持法太
峻漁請少需之弗聽民乃揭竿殺郡守及隣邑官不
忍及漁漁抗節數日並遇害事聞
賜祭葬

贈按察司僉事錄其子純心
賜名存均入監讀書通志
高有功明經子才子幼時獻賊掠去及長遂籍山東
國初以才能授守備駐劄肇慶復防守海南九江鎮康熙
十八年署廣東虎門協右營都司號令嚴肅征勦海
寇血戰死十九年
贈廕二十一年
賜祭葬子二僑寓肇慶參通志 總計十
傳 計二十八

武勳 武科附

古者春夏干戈秋冬羽籥文事武備並重焉自文武分途而材不逮古我朝經綸具舉張弛互用蘄士囊韜智畧冒險阻以樹奇勳被服儒雅藏鋒距以邁壯趾于城之選腹心之寄屹然足恃焉

元

薛天定生宋末會盜起里人推爲郡長募義保障寇不敢深入元世祖下江南手詔名拜爲防守撫郡按伏

官壽擢先鋒使從平閩定廣下越取淮功勳益著遷滇萬戶府總管轄漢番兵馬使經畧邊疆再遷兩淮防禦都招討總鎮江南上護軍嘗病語曰吾當臨陣死公事安能居牖下死兒女手也英宗至治三年寇至淮力戰卒於軍事聞遣中使護喪贈總帥謚威武賜其家楮帛子楚卿襲總管漢卿領仁宗延祐進士高第授館博士 舊志

明

薛徵天定之孫膺父楚卿爵當紅巾叛授兩淮水陸都統制提督江南兵馬總理軍國事徵髮上指搤腕勤王募兵秦淮間爲王師內應遇明高皇帝渡江大雷雨弓膠盡解人馬蹴躪容授知者移檄諷降不就尋遣左司郎中吳明遠賫手詔召徵徵望江邊王氣奮臂曰得毋眞王出乎遂跳驅渡江從太祖帳中屏語大悅令叅知幕府畫奇策屢中及下吳破金華意得重臣鎮之非徵亡與者遂督金華軍事 舊志

曾毅定番衛指揮洪武中月魯帖木兒反攻圍城池時新設衛百度未舉毅運謀撫衆與士卒同甘苦晝夜

拒守伺賊怠擊破之圍始解陞遼東都指揮使 四川寧遠名宦志 又按明史毅率精騎出西門擊賊賊衆大集毅且戰且却復入城拒守賊圍城毅乘間遣壯士王旱突入賊營斫賊賊驚遁

文質字東進善騎射有異材由嘉靖間會試第一任錦衣衛都督子應詔由進士任錦衣衛都督僉事父子二人一封昭義將軍一封昭勇將軍應科武魁光印之貞等乃其後裔也 按舊志於科名封謚俱未攷實今從明史選舉職官二志核明 詳見塋墓

附

楊先春膂力絶倫有大盜數十人刼其家先春以隻手托磨盤盛茶飲盜盜驚去又嘗與盜較騎射揚鞭走馬於樹下已而伸手挽樹以雙足夾馬馬懸空中不得逞盜笑而去又嘗隻手舉碾轂碌石置樹椏上戲佃者具雞黍以爲笑蘄州大同鄉紅旂賊亂集衆數千人據羊角尖當事檄先春督勦椒樹爲捍賊聞胆喪藏其渠魁後隨征麻陽洞有功予以官辭不受里人至今呼楊健八云舊志

程鑨字君鼎崇禎末爲蘄州衛守備佐州牧增堞鑿壕團練編戶禦寇有方

國朝

易應試字希臺

國初以軍功爲閩省遊擊駐防上杭順治五年隣邑武平所轄鶯鶩寨界接悅洋招屯賊黨千餘與高峕土寇合夥勾引廣賊屯扎水陸要衝焚掠地方截刼商旅益欲阻絶杭米而積集以應賊也是時妖氛四起變生倉卒汀杭之不通者浹旬矣應試因漳南道移同張遊擊陳上杭晝計勦賊於四月十四夜五鼓領所部會中軍李應華統道標壯兵及上杭鄉勇同時進勦賊寨踞山巔道路險峻兼天雨難行公奮臂一呼諸軍鼓勇從兩路直上砲石交下鄉兵林榮富爲賊銃傷公與張遊擊冒矢石先登親斬賊魁陳儀元等諸將繼進斬獲甚衆掃平賊寨疏通道路乃建義塚以收遺骸發鹽賑濟招撫流亡歷有勞績以終養歸寄居鄂城至康熙四十年其孫易某歸巴河居焉

冷文瑞字錫五本姓瞿父凝端居邑之阜城門外與糧

倉近祁陽冷成鶴在縣幕司倉廒出納夜夢黑虎遶倉楹聞晨往見文瑞在與夢符因丐其父爲已子時年尚幼也携歸祁陽教之學後家漸窘俾務農每有輟耕太息意潛往粵西柳州籍營伍起身千總遣人迎成鶴成鶴盼子久欣出望外自是終養官署自喜得驗所夢後以保舉引

見授

御前侍衛外補江南狼山鎮標都司遣弁丁致書來邑迎本生父凝端至署孝養備至陞貴州安龍鎮遊擊逢

覃恩授明威將軍　封贈二代便道歸里省墓邑人咸異之
洊歷黔省都勻撫標大定參副多著勞績
特授貴州鎮遠鎮總兵官鎮當衝要又苗疆新服整飭撫綏
兵民德之署安順提督凡所部署壁壘爲之一新權
古州鎮總兵官古爲瘴地文瑞素知醫時瘴疫甚行
心憫之令病者舁至署親診視捐藥資多所全活因
染時疫卒妻馮氏亦於是日卒於鎮遠鎮官署子逢
泰扶櫬歸葬祁陽文瑞爲人偉岸材武絕倫性慈祥
恭儉居提鎮布衣疏食自如然損已益人見善必爲

則惟日不足故歿後聞者多爲流涕長子逢泰以廣
西鬱林州佐權隆安令歿於官其妻王氏携二子歸
來居邑清水港次子逢春仍居祁陽嗣冷姓

附

徐本任字仲倫幼失怙卓然自立年十八入本邑文庠
五試棘闈不售康熙甲午遵例由文生得入武闈中
本科武舉任江南滁州衛領運千總督糧滁藕奉公
勤敏趲運無停嚴束旗丁沿途守法歷有勞績大憲
深奬異之以年逾六旬告歸著有斌巖小草以子立

正貴贈昭武大夫

徐本信字傑倫五歲失怙幼而勤學私作文數十首師
見奇之洎長典贍雄傑書逼晉法每篝燈夜讀達曙
寒甚置爐足下火爇衣及半不覺久之慨然曰丈夫
志在萬里班定遠非人乎乃偕兩弟試馬山南落月
凄風荒燐古墓與篝燈不寐等也一出冠其曹鄉會
聯捷竟歿京邸先是季弟本偲以詩送行有鼯連暮
雨憐人別西風不斷長相思之句至是嘆曰前詩讖
也長材駿足未展所用士論惜之子立行另傳（邵志 參新）

增

徐本修字佐倫雍正丙午舉人性戇直事親純篤兄弟
友朋間一惟眞樸抱隱德崇俠義多智慧經理戶事
親疏大小罔不咸服生平義利兩字辨之尤悉有因
族公事以暮金致者峻拒之兩上兵闈勉慰親志丁
內艱後即絕意名場嘗曰昔馬少游云人生守父母
邱墓鄉里稱善人足矣自此治家課子優游壽終著
有履軒集若干卷

方雄字冠雲武科成德之子幼頴悟通六藝其父因少

習韜鈐未伸厥志每課督甚相期望雄偶從童子試
習騎射遂獲雋中雍正乙卯鄉科然其所嗜嘗在詩
書也工詩尤善集唐人句著有草堂稿乃未獲假年
士林惜之子修承國學生以上邵志十二傳 總計一計十三人

駱尚賓字彤獻中康熙戊子鄉試狀貌魁梧風裁磊落
歷任本省永州遠安兩地城守營制軍楊深器重之
旋擢廣東高州右營中軍守備紀律嚴肅逢
覃恩授明威將軍防海十有餘年邊境寧緝軍民和協陞
都司僉書提署龍門協副將印務時其母楊恭人年

逾八十賓援例呈請終養
恩允告歸粵東宦遊爭獻詩章父老各挈酒食餞之其德
澤及人有如此者子文璧另傳

駱文琮字珍璜 贈明威將軍孚獻長子也少能文善
騎射尤工樂毅論小楷康熙癸巳舉於鄉由江西南
昌衛隨帮千總陞[illegible]江南興武衛守備加陞都司僉
書前後凡十餘年官方秩然累著勞績其弟文璦性
穎悟號詩酒善丹青年十九領鄉薦部咨未就父命
其赴江左傳示珍璜以爾輩幸綰半通邀祿糈當以
樽節愛養爲務珍璜凜然旋解組歸里宦囊蕭索晏
如也子國鏞候選縣丞

徐立正字丹懷雍正甲辰武進士乾隆九年鐵掣四川
成都府守備旋護成都叅將印時贍對用兵需軍裝
帳房火藥急正晝夜營備又需竹蓆數萬床正一晝
夜買備提督武加器重焉十三年委署泰寧協都司
旋護泰寧副將印泰寧適有陣亡骸骨存古剎正悉
令安埋又爾時夷人入流者子弟從未應試正詳請
考試以彰教化未幾署阜和營游擊時土司阿旺勞

丁無主部落互相搆隙妄起兵端提督岳具奏飭行
各部種印信委牌飭正赴阿旺勞丁之長女桑結住
嗎處頒賜桑結住嗎酬以良馬金帛正申明大義無
所取十四年十一月題補晃山營都司十六年十月
委署建昌中營游擊一日寧遠失火延燒甚正請用
以火攻火法以鳥鎗數百對火排放火應鎗而息總
鎮董奇之十九年四月制軍開提督岳考驗以心地
明白辦事勤敏保舉赴部閏九月引
見奉

旨准註册候陞二十二年二月兵部籤掣廣西桂林營叅
將由是辭蜀赴粤將抵粤疾大作仆跌於大溶江更
時方甦正力求致仕制軍陳以患病入
奏奉
旨休致正歷任川廣十四五年矣猶負夙逋除朝衣冠帶
外竟無餘物歸里數月卒子道泰廪生道豐庠生
駱文璜字珍渭幼好讀書每思奮志功名為國効勞叔
父彤獻見其器宇不凡獨加珍愛之康熙丁酉舉於
鄉中丁未武進士授甘肅凉州鎮松山營守備歷署

三眼井都司上憲嘉其訓練嫻熟委署鎮番營遊擊
後以勞疾歸里西凉送者皆泣下殆其撫恤所感歟
潘成玉字德璋乾隆十八年因其祖昆友被事隨適嶺
南寓廣州時年方八歲越數年昆友卒於廣成玉營
葬畢旋往滇之威靈州越十二年值緬匪倡逆以貴
州行伍隨大軍馘賊深入所向有功往返金沙江外
四千餘里瘴癘衝冒卒不害由營千總擢古州營守
備又四年隨大學士公阿征大小金川其地六月積
雪陰崖窮谷萬仞直下沿山皆石磵飛徼人行兩山
間亭午夜分不見曦月下多叢箐水深不測渡則以
皮為舟如甗瓢狀守禦之備利於中國抗
王師五載始就擒馘其間若羅博瓦括爾崖諸戰績成玉
之勇畧居多將軍豐陞陣賊兵如堵墻成玉單騎拯
之又乘閒道襲虜巢大軍隨至遂平其地千餘里置
為縣將軍額駙交章薦之擢都司乾隆四十年大軍
凱旋經成都成玉情懇歸里省墓借補湖北道士洑
營都司越二年入
覲卸篆

天語褒嘉晉廣東右營遊擊會郡城門災沿於藩庫成玉
率所部撲滅之廣州濱海大盜梁亞香等糾黨數千
人出入海洋焚刼商賈成玉率部屬殲擒之而赦其
為從者粤人戴如父母旋晉廣東中營叅將入
覲路經本籍遽染癥瘕卒於武昌縣樊口妻族杜家年三
十有六以其堂姪裕武嗣　以上新增武勛計五傳

蘄水縣志卷之十二

署縣事宜昌府通判高　舉
知蘄水縣事爇　扎　哈纂輯

人物志

孝友

庸行弗立而勳譽名高舛矣盖孝友之道推其至雖聖賢且有未盡而衆人未始不可與知與能也故或至性所感或禮教所濡熏而萃之亦足徵蘄俗之敦本重倫也已

元

周古象元兵掠至薊贅蒙古氏既生子竊日夜泣氏詢其故曰有母欲歸省妻許之且囑曰母在當奉養勿以妾故復來及歸母尚無恙古象奉養盡孝母歿廬墓妻亦終身不嫁妻亡古象年四十亦不更娶淮西守臣幹克莊道邑聞古象欲見之趨而避乃留詩於壁立孝里門祀鄉賢 明一統志

明

王壽七世同居少長三百餘口庭無閒言或以其人衆一心慮生他變聞之巡訪及微服私造其門見二叟對奕適一婦抱嬰兒至二叟起立問之曰此諸父行也巡訪喜曰不謂此閒尚有古風請於朝洪武九年十一月詔旌爲孝義之門 見明史

劉淳永樂中歲貢父早喪事母呂氏惟謹母老念無能祿養輒泣下不自已遂捧檄爲吏目母年七十九卧病盡心醫藥復延三載母歿廬墓三年芝生塚上邑令王伯俔之以爲純孝所感事聞建坊旌表立祠祀之賜祠生一人 從列女呂氏傳節録入

周雍字孟調宏治時人素孝友母病侍湯藥惟謹母終痛甚含殮如禮大哭一聲遂絶 通志

戴仲英明經勵行爲時聞人早失親觸目悲哀感慕及老不替宗伯陶凱遺以詩見後藝文志 舊志

樂韶性和易善屬文母程氏歿哀毀不可踰廬於墓三年父歿亦如之 舊志

可清早失父事母李氏如禮母歿柴毀骨立結廬殯所三年如一日 舊志

詹子陵字希嚴宏治閒人敬事父母父歿事母倍篤出獲甘旨輒懷遺母母遘疾以身禱藥餌服食皆躬親

奉之舊志

南向陽宏治時人性至孝事父母若嬰兒之戀戀於懷及父母殁思念不忘鑄銅像以祀之自銘曰丁蘭刻木今我鑄銅世世子孫孝道攸同

李美字汝成幼孤與弟芬事母至孝芬性豪華家中落母憂之美割已產之半予芬由是芬亦樽節成家壎篪和叶母心大慰二子長邦嗣庠生次畿嗣另傳後以畿嗣貴累贈如子官

樂浹字柏齋嘉靖乙卯舉人性純孝爲西華令父廷訓

年高不欲之任浹力請迎養至署率縉紳奉壺觴稱歡而罷期年致仕歸分俸餘予兄父殁廬墓三年初爲閭鄉諭應聘廣東所得士黃應坤任楚臬謝三知任巡道知其貧餽以金弗受惟教子讀書爲事舊志

姚永濟讀書惟能記姓名父昱早殁事母張氏夕膳晨饈必豐必潔母樂輒喜母憂即懼母終哀毀瀕死三年藁卧殯側不入私室

朱文明嘉靖時歲貢文行自勵事父母極力崇養嘗割已田十畝以周兩弟廩俸所餘分給族里無吝色甫貢將北上會歲歉盡散邑令所贐六十金於親屬乃稱貸行尋殁於北子以產償其負貧無立錐舊志

桂友金不事詩書天性友愛兄亡事嫂如母撫姪如子築墳願與兄同穴作室畀姪以居其篤厚如此

蔡株字岐岡嘉靖時庠生善侍母疾兄松岡病篤願以身代兄亡有遺腹子力撫之不私財產嘗暮夜遇盜盜避去謂是善人妾徐氏以割股痊嫡子應詔亦克稱淳厚焉舊志

柴杰嘉靖時人博學有隱德每挾蒲團坐竹林中讀書

竟日自經史外凡諸子百家及醫藥卜筮之書無不通曉尤精於譚易與兄木友愛最篤兄三子杰一子析產爲四分語兄曰伊兄弟僅四何遽有異同每戒其子以風趨日異甚不可以田產自累也舊志

李生采字自受隆慶間諸生處貴介而儉素自如性嗜書篤於孝友父歷宦途生采奉大母暨母色養盡歡父廉不庇其家生采亦不名一錢父殁卜地營葬耗盡心力手足瘃痺竟以是終督學金旌其行後從祀忠孝祠子見壁另傳

周易邑諸生篤於孝友父環與從弟四世同居易兄弟十一人易母王氏餘繼母南出也南產幼子祿貌惡甚環欲棄之易泣諫不可潛育於舅家割產以資之長始歸環没事南尤謹萬歷十一年邑令闔士選舉孝子旌其廬曰閔孝姜義 續志補遺

黎民範字爾瞻廩生早喪母事庶母尤謹父喪廬墓哀禮俱盡兄早逝撫孤姪如已子姪又夭爲姪撫遺孤生平頗以文章幹濟自負萬歷開辟賢良不就殁從祀鄉賢子洪祚拔貢延祚庠生

畢良謨萬歷歲貢嗜義賑急不責償死而露者瘞焉二姊嫠無歸迎養遂志父殁誦風木之句輒泣數行下 舊志

孫蕊字虛白萬歷甲午舉人性孝友初守藁州多惠政繼補無爲州廉能無雙分清俸先爲其兄置產居喪骨立守禮甚嚴 舊志

王之民字存初萬歷庚子舉人由河源令歷蔚林全州守掛冠歸行李數肩捐俸餘置祭田數畝祀先啟後囊無長物家四壁立年七旬教子讀書敦行孝弟 舊志

許恩獨與母居夜半鄰家火逼恩宅恩已得脫母汪氏未出冒焚哭入救母遂俱化爲燼止存其手尚抱母身云 見明史

程若召字明南母陳早寡若召事母盡孝母病斷髮嚙指血書籲天請以身代露號至夜半見月華燗燗者三次日母瘳孝友端方推重閭里築別業於龍石山下延訪才俊子弟授師肄業四方賢士大夫爭相造請顏館圖書甲於一時 舊志

李蘊字發之號梧岡鄉賢延芳子也家貧力學能得親

心父母殁葬宅右數年有言不吉者啟視果然時五內盡裂一慟卸斃明萬歷間教諭申騰漢表以孝子梧岡之門六字

南山石字柱中性端方好讀書年十二入學二十補廩旋因父邦奇病不起山石焚香祝天願以身代父疾愈後以壽終學使嘉其行扁其門曰求忠惜未遇徑得歲薦殁 舊志

王教民大恭希元孫父三捷爲樂林丞崇禎八年三月流賊突至執三捷將殺之教民求以身代賊曰爾果

真心誓父當連諾教民毫無懼色願死之聲震天地
賊遂戮教民而舍其父子名竑順治中爲祠生 舊志

易有象庠生年十六母王氏患病危篤象焚香籲天虔
誠祈禱延生三載兩事後母備盡孝職又篤守遺編
家藏舊志一册爲前纂修者所採 舊志

徐文覲字信卿明諸生自幼以孝聞執父母喪哀毀骨
立是時流寇衝突蘄人以數驚城晝閉文覲懼以柩
没泣籲於邑令得以棺縋城時倉皇無可召役里人
被其德者爲執紼以助中途遇賊衆駭走賊挾文覲

要路覲撫棺痛哭賊感之乃散去得歸葬廬墓三年
因老病以詩酒自娱號浠上老人終焉

張世濟字垂雲廩生庠生張孝之子也崇禎十六年流
寇屠蘄世濟以父櫬未窆不忍去乃囑眷屬奉母避
寇身獨留寇至白刃交加世濟號泣以實告寇憫而
釋之遂依櫬僦死月餘寇退家人歸視面目如生若
拜跪狀咸驚異之妻胡氏以姑馬氏病癱瘓臥床
蓐慮驚悸凡侍湯藥寢不解帶者十九年每有所奉
必膝行詣榻前不致驚姑寢歲久板著膝處洞二穴
今家中猶存之以示子孫邑侯葉爲舟造其廬題曰
雙孝故里

郭士員明末人生母曾氏早逝奉事繼母備盡孝養其
兄分居蕩産士員爲之贖取更撥産以給之前邑令
邵尊俱贈以額子能臣亦能孝友型家

國朝

王三尊字光甫邑庠生幼穎異過目成誦受知於董其
昌葛寅亮之門屢躓棘闈作艮亭寓志至性尤孝早
失怙恃事繼母聞庶母劉内無閒言友愛兄弟刻意

教子爲人坦易而嚴正以子保鳌貴贈文林郎 續志

張問德字心吾太學生至性醇篤事親以孝聞常兩佐
邑狷介有聲佐貴時力爲民請蠲夙逋格於上令乞
歸終養父歿撫兩幼弟俾登仕籍邑前輩重其端方
在京邸公推主理蘄水會館二十餘年人皆德之因
十無子置側室康其父因官逋鬻女立召父遣還之
不責其償旋舉二子兵燹後鍵戶不出惟日課子以
文行爲勵兩飲於鄉後以子邦福貴贈文林郎 續志

畢袖洲字一洲九臣子性孝友弱冠入泮數奇不售膺

選貢平居踈財仗義飲人以和邑長幼莫不敬愛長子紹昌有文名任休寧令後以出嗣子紹輿貴贈文林郎 續志

甯有杞字爾楨邑諸生生而孝恭父邦取四世單丁及有杞始伯仲三伯兄有臺負儁才仲兄有喬彊幹濟有杞厚重若愚父鍾愛之嘗教之曰吾不願汝輩金玉其外有杞受教益恭洎伯兄成進士有杞益潛心經籍體認躬行不以文采表見乃棘闈屢躓教子之傑之麟之鳳之貞之祥篤守先訓孝友無閒之傑初

仕誨之曰官無尊卑在於稱職事無大小要於愛民汝第誌之故後之傑居官所蒞得著循聲年七十二歿康熙二十五年郡邑士大夫公舉從祀鄉賢 參續志

朱絅字自衣邑庠生孝友性成侍親疾百計求愈行止醇謹博學工詞屢舉行優學士大夫咸尊禮之入棘闈者十三次一時有抱璧懷瑜之歎云 續志

施惠孩提知孝隣家予以棗栗懷遺父母父亡貧不能治喪具遂傭其身主者與之食餘半養母冬母寒無力置綿乃刈艾作絮兼乏薪恐妨主者工鷄鳴走江干拾蘆根歸始旦夜則抱母足溫之值流寇亂負母逃爲賊所執叩頭流血請殺身留母賊哀感而釋之母年九十七而終惠復廬墓三年雍正元年 旌 通志

戴華凌幼孝謹不先親食親或不懌必婉容慰解父病三年侍湯藥廢寢食父歿竭力奉祖母與母母年逾七旬保護尤至有延之訓課者以母老堅辭不赴前後執親喪哀毀骨立廬墓六年雍正三年 旌 通志

徐粱字雨州邑諸生幼孤事孀母江氏以孝聞有幹才

董理家政置祀産睦子姓族人讋服邑有貧乏自鬻者出資贖之惜早逝未竟其志兩世孀節表表貞珉子本僊雲甯糧儲道孫立衡貴州兵備道其他登仕籍者甚衆人謂粱盛德之報而篤孝之廕更遠也 參郡志

方師璟字崇友幼有神童之譽弱冠補弟子員以擬蘇子瞻與潘大臨弟兄書受知於督學姚淳燾嘗以父疾禱於神明至感其父於夢中與神遇曰爾子誠孝也又弟患瘵疾與之共起卧調攝者三年不入房幃

後父曾撥田稞四十石與之以示奬勵弗受然其孝
讓之行風於鄉里至今望其畝者猶輒指爲孝子田
岑世鎮字來章邑庠生性至孝侍庭闈無閒言親卒友
愛諸弟俱教督爲諸生雖析箸猶以筆耕餘積置産
均分從父三參貧乏嗣世鎮捐已産約四百金爲繼
立資擇堂姪世文承祧迄今子孫繩繩不墜里族稱
之子秉忠庠生義另傳岑國學生
瞿世正字憲邸邑諸生性孝友居喪盡禮撫愛幼弟家
資悉登簿籍及弟成立並所積贏餘悉推予之族戚

嘆服子顯然乾隆甲子舉人　郡志
徐仕英字榮臻庠生父孝子文覲母華氏士英承父母
訓痛前母鄔氏慘烈每中夜淚血漬枕邊又憂父年
老恐傷其意乃發憤讀書力行思以報厥所生遇閭
閈善事必勉力成之子鳳墀鳳昌邑庠生鳳翽鳳燦
太學生皆卓有文行孫立階棟梁登賢書其諸孫繩
繩振起人以爲節孝之報云
徐本仁字伯倫梁長子幼失怙事大母暨母修盡孝道
課諸弟後先登科甲克承先志族人以家政委之年

未弱冠族之長老咸推服焉以急難告者竭力濟之
其見義必爲蓋至性然也以長子立御貴　贈中憲
大夫　郡志
宋士吉邑庠生原籍福建以祖宦居蘄父國器早喪母
鄧氏家貧撫孤規矩整肅教子嚴厲吉事母盡孝筆
耕度日每歸家見母必衣冠叩首不命之坐不敢坐
雖盛暑不敢解衣母若變色必跪伏請罪命之起乃
起其敬養大概如此乾隆七年與母節同　旌　本郡志郡志新叅

岑義字波士邑庠生夙性孝友博學能文試輒前茅屢
薦不售生平樂善綽有父風遇宗族鄉黨之急多方
濟之了無德色教子天構成進士人以爲不於其身
於其子云
王毅宏字方舍太學生幼時以父命出嗣長房毅宏稟
於大義勉遵父命降服從禮敬宗致孝恩禮交至友
愛兄弟兩無閒言教子讀書尊賢敬士其子孫皆有
家法長子永謨縣丞次子應徵增生
江友臣巴鎮江泗涓子泗涓年十六親迎十七生友臣

僅三朝即出貿易涓妻戴氏勤紡績以供舅姑撫幼子友臣稍長亟謂母曰天下豈有無父之人哉母語之故友臣即日東裝出歷寒暑三始識父於四川重慶府旅館父究無歸志友臣泣請不輟遂偕歸是時父年三十五矣復舉次子過臣又十餘年父命次子析居友臣更讓資産分潤其弟俾雙親樂享餘年壽登七十友臣之志有以成之也

高仲憲三歲失恃孝事後母幼嗜書明大體因家貧廢書力田以養親然田閒力作時輒携書往鄉人咸笑

之執親喪哀毀逾常於後母尤孺慕難忘生平精力惟以課子孫讀書爲諄諄殁後里人稱之

張師栻字念軒太學生少孤事母以孝聞兄師藝早逝撫孤姪底於成立嗜典籍工詩文屢躓棘闈後值母年高備極愛日之誠母殁喪葬如禮哀毀三年竟以痛劇致疾不起

夏在朝年十二失怙事母朱氏定省溫凊數十年如一日母終泣血三年足不出戶葬時依塚數月遠近賢之

張盛文貢生年十六而孤哀毀動鄉鄰時祖母在堂盛文侍祖母暨母二十年備極色養延名師與諸弟讀書發憤爲文章次弟早折爲之立嗣屢躓秋試應北闈二次亦不售乾隆十七年學政長洲宋邦綏以優行薦格於例撫軍江都唐綏祖以立品端方四字奬之盍里中善士也踰年殁

可光斌字元秩庠生爲人倜儻不羣屢困棘闈結廬山中杜門不出以詩文自娛一時學者皆推重焉兄光義析居早夭遺孤兩月光斌撫養之誠逾於己子凡家貲鉅細悉登簿籍俟其成立一一付之年七十端

坐而逝

瞿嘉儒庠生性孝友兄希雲以訟誣被逮十年嘉儒奔走以理其冤至破家不惜當事感悟事竟昭雪遂得兄弟如常

胡其鼎順治庚子副榜孝友性成力學攻苦闔族咸推重之

胡承德邑庠生事親篤孝行已端方閉戶潛修不干外事

柴應瑚六歲喪父事母盡孝因母歿哀毀成疾相繼亡

蔡永琯國學生少孤依依母側以孝稱性尤敦義妻亡年方壯盛絕意不娶撫二子母歿廬次三年泣慕如初喪子文湧庠生藻國學生

王永仁邑庠生兄弟有六父夢鯉病篤永仁禱天求以身代爲文語極懇摯葢思父存得撫羣季也後四十餘年其孫端人得其親筆文稿於殘書中而前此家人莫之知也

胡賚詔居河東衛康熙丙戌暴水𣑁屋漂流時父柩在

堂賚詔揮妻子與訣以繩繫棺在腰與水浮沉適當一桂棺得有著詔亦獲免人以爲誠孝所感云

范同仁太學生字純希孝友性成宗族鄉黨無閒言幼頴異讀書輒成誦不忘工舉業未售年五十謝棘闈專意課子極義方督家政嚴整有法而待人甚寬和閭里有急難必極力救濟其貧困者周恤無虛歲焉有某貢子爲之鞠育迨年長而厚遺之有某鬻身祭知其爲葬父還其券不責償生平濟人利物類如此戊辰舉鄉飲大賓以子思皇貴封文林郎翰林院庶吉士

方成業字冉周國學生幼孤與兄成基事母至孝及長痛父齎志以歿下幃發憤雞窗燈火讀書聲與哭泣聲嘗間作也母病衣不解帶五十餘晝夜喪則哀毀柴立葬則廬墓終禮早年筆耕晝則受徒夜則窮究經史性理諸書然數奇不利於試晚年杜門不出益篤志於學歿年七十有一子雒淮另傳以上邵志總計六十二傳

割股附

蔡斗煒嘉靖時國學生以割股事孝聞任成都主簿項卽自罷舊志

萬明善割股救親廬墓者再嘉靖閒旌舊志

南邦棟隆慶閒庠生至性惇篤盡孝庭闈父廷彥病篤百藥未愈邦棟割股煮湯和藥以進得愈

牛二不識字負薪傭工養母母病劇饌其雙股肉以進母獲愈邑令棹楔旌之賜貽走避邑人官撫邦爲詩贈之

郭尚堯崇禎初割股救父父甦時門生芝草大如斗邑

令李汝燦旌曰孝子

李珩玉字石公庠生節婦潘氏之曾孫庠生碧山之孫英白之少子也幼聰慧友讓孀母南氏病篤將危嫂楊氏十六而嫠珩玉甫十齡各割股肉以救世稱潘氏孀幃貞潔南氏矢志柏舟楊氏節孝完美珩玉孝德性成洵一門之可紀者也舊志以上明代

王效武字國香明旌表孝義王熹之七代孫也父抱病幾危嘗父糞割股肉調痊十餘年父死廬墓三年一時宗族咸稱純孝

柴寅芳性至孝父病醫藥無濟籲天割股父病得愈

徐大升字允吉性純謹能和睦鄉族尤篤於事親嘗割股以愈母病

徐廣涵太學生性純篤嗜學嘗割股以愈母病以上國朝共割股十傳

駱傑字公選國學生性敦本睦族與兄　封翁俊承父之奇命捐祀產建祖祠堂弟均益均球家貧苦學助其斧資俾兄弟得食餼宮牆先是傑有叔太二遨遊山左未歸傑以不得聚首為歉常囑其子姪云汝輩今仕宦南北予季父處其留心諮訪焉乾隆丙辰邑紳徐本僊與太二之子大鵬同官滇南敘故園始末甚悉旋陞浙之湖州守路過蘭谿來蘄省墓傑時年逾八旬久沐　榮封率孫曾相見言歡謂大鵬曰吾久深繾綣今見子來吾願慰矣年九十一而歿里中咸稱盛德云子應賓職貝慷慨好義尚賓另傳

徐鳳昌字道周邑庠生父仕英母翟氏昌三歲失恃繼母方氏連舉五子俱付乳媪惟鳳昌自鞠不離左右仕英歿方氏年三十時諸弟鳳燦鳳超鳳遷鳳翥俱

幼季鳳翾僅七月昌不憚辛勤俱撫之成立俾燦翾入成均翥患痰疾昌寢食與俱三年不入內室翥疾得痊後生子入泮諸姪及姪孫多入庠序乃昌條同伯道而歿遺言立遷次子增貢生立樞為嗣遷撥產益之

尚三銘字又箴增廣生其父邑庠玟治家最嚴銘先意承志得其歡心與弟三錫國柱俱以能文馳聲黌序經理戶事十餘載置產修祠捐貲不惜後次子嗣董戶事族人贈之先後濟美匾額以銘為之先也暮年

搆鋤經書屋課讀諸孫俾列邑庠益銘教導之力居
多有外戚柴某貧且孤養諸家二十餘年厚殯葬之
其扶危救困類如此年七十有五子四嶽另傳四維
國學生
周廷易字文卜儒童元臣子郡庠開新孫幼失恃事父
與繼母陳氏備極色養陳患羸疾侍湯藥衣不解帶
者年餘父母歿喪葬如禮待昆弟友愛兼至析箸時
田園取其瘠者曰吾欲子孫不忘勤儉耳閭黨中强
暴有忤之者避不與校也人咸稱有長者風以簪纓

舊族不事浮華教子孫讀書爲務年八十有四孫夢
堅邑廩生
范延豐字禮甫國學生　封文林郎同仁三子也幼業
詩書長綜家政一庭孝友内外肅睦家口數十毫無
間言俾弟思皇得以專心肄業名列清華延豐友愛
之力居多至於周濟鄉鄰頌其德者至今未艾年八
十有四子世材開第俱庠生蔚岑世儒俱國學生
駱文璧字郊珍邑庠生　誥授明威將軍尚賓之子幼
失恃撫養於祖母楊恭人善書法能文章謙謹有長

者風其父宦粤東代父承歡膝下以孫道而兼子道
他如重修祠宇續置祀產營塾舍以延名師課詩書
以勗諸子族中有貧乏者周給衣食無難色有不能
婚嫁者助資財以成其美其孝友洵足風焉邑中如
學宫書院義莊諸大舉無不竭誠盡力以勷勤之年
七十有二而歿其子朝鈞嗜學能文素行端正士林
重之朝錦朝鐘繩武等登賢書列庠序門庭雍睦人
咸稱駱氏孝友足法云
王永謨字述文國學生少失怙以母老依依色養援例

縣丞銜惓惓督課子弟邑中諸前輩及往來名宿必
隆禮延致之俾子弟受業南樗野徵士門下者最久
親承講授涵濡風雅有由來也性尤急公前邑令餘
杭邵太倉王任内興復蘄陽書院俾謨經理又兼管
南河義渡及河東渡經費謨皆矢公慎毫無欺僞邑
人稱之從弟永謙郡廩生長子兆敏恩貢生俱有文
名未遇孫彬鸞邑諸生
張大鵬字扶九邑庠生性醇厚坦易立身制行動有尺
寸孝養父母曲承歡心造就兩弟多方訓誨仲必達

季大忠俱以文行知名列成均乃困諸生者三十年前學師屢以優舉乾隆三十二年督學胡選舉優行已給咨適丁父艱服甫闋旋丁母艱遂以痛劇致疾而歿他如修理學宮纂輯志乘諸大役鵬才識敏練勤贊居多邑人士至今猶利賴焉子之福邑諸生厚履早逝振鐸縣丞銜出嗣弟大忠後

王安泰字履謙援例州同銜弟宣泰字布和例貢生運使心齋子也幼失恃時心齋友教蘄州兄弟煢煢依繼母友愛篤至雍正五年心齋膺薦舉任郟平兄弟

隨侍署中攻習詩文臨摹尤得晉人筆意維時大輿令後任温處道莊書石亦擕二子於署各延師課讀暇則尊酒論文過從殆無虛日十三年心齋擢守南雄又二年晉運使鹺務殷繁安泰襄事居多入夜酒闌燈灺仍肆力於詩文而宣泰尤用志不紛乾隆九年歸里弟兄相繼督戶事敦宗睦族邑有公務身先倡率癸酉學士莊方耕典試楚北揭曉後郵書邀至漢上引觴話舊依然丱角歡然宣泰屢試棘闈終不莭分外恩亦矯矯流輩者也子登雲以增貢生例授鹽場使銜

方淮字巨源少負才名授業於徵士南樗野之門績學攻苦數奇未遇淮父以其多病俾入成均乾隆二十四年河水大漲薄城壞屋家人走避淮因父殯在堂獨留撫棺痛哭以身維繫得不漂蕩者幸也與人交重然諾周人之急於寒士尤垂青焉中年病肺高枕絕意名場每寄興於瓜塍豆架間逍遥自得竟以疾終後蒲圻張白菴來諭蘄每與人言謂其後克繼儒業云子覲組覲紱俱邑諸生

李含芓字昺人國學生孝友成性幼習舉子業與岑菊村爲莫逆交屢入棘闈未售教授生徒多獲儁者肩隨昆季色養高堂數十年間庭闈雍睦可風其分財析產多讓與諸姪凡親朋往來談論詩書不及外事和光善氣溢於眉宇歿年八十子永昌榮章邑庠生

吳鼇字昌祚國學生父乘時監生祖名世庠生四歲失怙母程氏苦節數十年以年例稍逾未舉鼇事孀母竭誠盡慎得其歡心母歿哀毀盡禮居外寢者三年廬墓者又三年每祭涕泣沾襟如見其親欒然性好

義如修道成梁諸事毅然任之族黨有貧苦者多解囊相助焉年八十有四子斌國學生應台邑庠生

潘伊祚字顯承國學生其弟伊瓏歲貢生伊瑚伊璉俱國學生昆弟間皆存心淳樸居家孝友教子姪悉有繩尺遇事敢爲敦實行樂施予大槪相同伊瓏尤篤志好學潛心肄業以歲試第一食廩餼歲薦後於乾隆五十四年選授德安隨州司訓未赴任諸子姪多列成均入庠序

徐立天字大懷七歲失恃長隨父本任宦滁州未嘗廢

學讀書立品古道自期伯兄立正遠宦川粤以病歸里僅百餘日而卒立天傷慟刺心待諸弟姪友愛倍篤敦本睦族里黨有困乏者輒解囊周濟之屢困場屋年四十餘始舉於鄉一子早殀立姪生員道豐之子爲嗣孫

顧存仁字萬含國學生父生員世諫早歿事繼母以孝聞其弟亦早歿撫姪成立析箸時將祖屋讓姪居恂恂謹厚貌若不知詩書然俗慮無所營心惟訓子孫以讀書爲事子寶賢國學生

周洪邦字甸寧援例州判銜優增生廷藻長子承先世簪纓後以詩書爲業事父與繼母克盡孝養與同母弟洪端友愛倍至中年督戶事正直無僞處事公平闔族嘉之贈以助宗首望匾額教子姪輩甚嚴俾之有成次子必仙登乾隆庚午科武榜孫飛熊萬詮俱庠生

楊士俊字千八國學生其弟士忠字義人例貢生郡庠生玉之子也玉篤於孝友三兄皆早逝以勤儉起家析箸時產業計子姪均分不以一己勞勤有德色士

俊承遺志總持家計俾諸姪成立於三節建坊處搆立祠宇士忠爲人質實然諾不欺早年奮志詩書未售遂殫精教子延師課讀不稍怠族黨中有緩急輒樂施予俊子鼇生員忠子國璜郡庠生

周兩槐字集五邑庠生郡庠生廷元孫國學生洪達子三歲失恃事祖母及父母克盡孝養曲得歡心人無間言父歿友愛諸弟懇懃課讀俾之成名尤嗜學屢試優等覯場七次數奇未售年四十七終子繼熊職員作霖庠生

李見智字仲仁秉性質樸不事浮華早失怙季弟見信更幼仁偕弟依侍慈幃克盡孝養綜持家計貲財充裕析箸後信家貲蕩廢窮無依仍歸仲仁仁待之友愛如初爲祖父捐嘗祀産捐巳業拓公祖祠基又令其子虎貞倡募國泰寺香燈田稞教子延師訓課耄年不倦今後嗣得入庠序人以爲仲仁積厚所致云

鄧逢泰字維任　貤贈登仕佐郎賢富次子也泰早失怙母陳氏持家最嚴泰事之孝偕弟繼禹讀書圖進取禹中庚辰武榜泰屢試不售遵例於乾隆丁亥以

吏目揀發雲南借補順寧典史委辦永平軍差及白羊石馬銅廠俱無誤癸巳告病回籍丙申病痊起復補授山東滋陽典史時黄岡張鳳鳴任兖郡守以舊識格外相待乙巳告歸旋殁其姪職員佐朝承嗣

徐世勳字策臣年十八中乾隆壬申　恩科武榜第二名幼聰慧書如夙讀英年嗜學不輟工書法善詩詞澴水胡侍御牧亭有武庫中青錢萬選之譽父殁後事祖母蔡氏以孝聞祖母病篤拯救不憚焚剪俾病漸愈事母吳氏以六十八子彌篤孺慕之忱守喪憔悴貌不可識竟服未闋而殁

李聞振郡庠生紹祐子性孝友篤志詩書析爨後家貲羸餘兢兢爲兩弟延師課讀售産爲弟援例入成均弟負債又售産以償之奉養父母必誠必敬居喪哀毁盡禮三年不入内室及葬捐田爲父祖祀産雍正八年邑士民欲公舉其行而聞振旋殁子含象國學生

吳方翥字萬九國學生母潘氏生方翥數月而逝繼母陳氏恩勤鞠育如同巳出翥事之先意承志曲盡孝養無不得其歡心及父一𤸷殁後尤加敬愛不敢稍

懈乃年僅五十有二病篤時呼其子扶跪母前深自引疚以八旬衰母未得終養飲恨而殁子文炳邑諸生

楊承鵬少孤母吕氏患疾不能舉動鵬常侍湯藥出入必親自扶掖每冬夜解衣爲母温衾母未寢不敢寢母年九十六而終鵬遂食素終身鄉里至今稱之

游逢仁字静山性謙退爲人正直孝事父母母患痿症不能舉動仁侍湯藥扶掖維謹者數十年如一日兄

弟五巳析箸後復合爨友愛無間生平嗜古勤學數奇未遇年八十餘猶以讀書訓子孫授生徒爲事子二鯤邑諸生能文早逝

閔德盛字邦選由國學生捐縣丞銜屢入棘闈不售延師以課弟姪操持家務總理戶事置祀產建祠宇修家乘悉公平正直又捐建延壽橋一座仝弟兄捐建閔家橋繼誌橋綏復橋三座又以贍祖田稞六石捐助開口渡費行人利之年八十五而歿子三性中國學術與占鰲俱庠生克敦孝友亦德盛貽謀之善云

葉映桐字唐勅父尙猷篤學能文以教授生徒爲業中年生桐猷即見背桐撫養於母何氏母年屆九十桐事之孝養彌摯雅嗜詩書因不利童子試援例入成均三赴棘闈數奇未遇士論欽之年七十歲而歿

五世同堂

華廷訓壽九十有四乾隆五十一年遵例呈報子孫曾元五世同堂經邑令謝錫位詳請題旌蒙
恩賜瑞凝五葉匾額一方賞銀拾兩中緞壹疋得沐
榮寵洵昇平之人瑞也

篤行

昔范史立獨行傳儒者韙之朱子論古謚法乃聖人所以取人之意希之人士固彬彬焉而言坊行表足爲閭閻式法者誠有合於范氏抑或謹身寡過設心制事無背於古人亦篤行君子也

明

胡溥字景周少篤行好學以嚴謹爲閭閈師教二子成進士以恩封主事晉贈按察司副使　舊志

王承芳嘉靖時人尊師重友然諾不欺延江西鄒生爲

師鄒積數年館金托寄經營鄒偶歸承芳疾不起乃囑其家人以匣貯金歷年子母纖悉登記封置床頭俟鄒來予之其生平不苟類如此子希元另傳　舊志

何鳳池字國賓富而好施以長厚聞於蘄黃閒子其宏鄉會試俱以房考有異徵拔取中式時人以爲積善之報云　舊志

官如皋字直卿家貧攻學事親以孝稱爲諸生久躓棘闈益發憤力行績學學者多師之或面折人過久之人以爲愛我尊曰古愚先生卒後李方伯維楨銘其

墓嗣是子孫以文章氣節著於時古愚之澤也叅郡志

南邦取字賓吾生平慎言笑嚴取予居常與人無競至義氣所激則凜乎如烈日嚴霜非禮之投不爲屈焉折節讀書以帛布終不求聞達教其子敦行力學以忠厚禮義傳爲家法子三有臺有杞另傳舊志

胡潤字景雨以輸粟授七品散秩爲人器量深宏議論英發里人咸推重之子仲方由劍監授南京西城兵馬司副指揮奉職勤能歿於任蒙恩勅祭追贈

朱廷錫字善吾萬歷間三舉副榜天懷樂易至性孝友

年十二通周易聲名藉甚門多問字歲入館修稍贏分以予弟一室之中融融淑氣邑令游王廷舉鄉飲禮造廬敦請壽八十二臨卒時招一寄金者至手付之而瞑以子朝熙貴封奉直大夫著有玉楮集若干卷舊志

高如岳字鎮南博文强記學劍學書南入太學大司城郭明龍器重之就新津簿司理楊一鵬嫉之不爲屈時師征劍南經津邑諸卒索飲吏匿民逃如岳出故劍技少試之師心折兵少緝遷靈川經歷投劾歸里

母劉孺人在堂侍養無間族黨蒸蒸相洽置義庄三十畝以供祀天啟七年大饑煮粥以活饑者壽六十四終子宏基耀基另傳舊志

國朝

桂大生字元直邑諸生特立獨行不求聞達詩文書畫名重一時華亭董宗伯其昌深加器重無子一女適邑廩生張師聖學者稱爲貞介先生云

李嘉甫字衷聖邑庠生爲人敦本砥行勤學能文尤嚴家法有物有恒教二子同登科甲以次子果貴贈

文林郎洪雅知縣續志

畢朋祥字叔旋邑諸生鋭志學修尤勤教督取重鄉黨次子友宜戊午已未聯捷實本其家學云友宜另傳續志

周之規字啟樸學使延光之姪也六歲父母俱喪延光教之學遂博極羣書弱冠入泮尋食餼兩中副車從遊者多列科甲徐五宗其及門也年五十終

楊繼桂字文升簡樸自持居家孝友人無閒言性好士凡楚中知名者多延於館供其困乏且謀安家室不

矜不忌泊然無欲以諸生終其身著周易辨疑三傳從同若干卷　續志

楊儁字儁人邑諸生秉公持正邑中老幼無不悅服晚築止水菴於梅梓山麓延請名流講學其中以教子子楚珩城俱列宮牆迄今蕃衍

程維侗字恪人邑庠生慶元令維伊弟也維伊宦十載維侗里居事親治家無私族姓咸服捐田產創義學義祠陶淑子弟歲旱米値騰湧首倡平糶當事以義重紫陽四字獎之

李見奇字仲常洪雅令果之四子也由附監生考授州同爲人至性醇篤天懷恬靜父歿哀毀逾常事母備極孝養和睦兄弟推甘讓肥晚築亭圃植花竹奇石延名師教子讀書以繼先志

梅映雲字太璞邑廩生品詣端方爲人師範早負文譽與邑中畢開潤程士棟楊仁迪輩爲莫逆交子琮甲午舉人文字冠一時士多宗之孫士錦士鐘皆食廩餼鐘年四十歿無子一女適翰林程光璵錦以拔貢考授八旗教習生平謹飭篤行有父祖風　據家乘本姓程邵

志參　新增

方志開字以國邑庠生博極羣籍[illegible]古藴書尤篤於孝友於骨月難言之處能隱忍曲全當時莫知也事後人皆咋舌無不嗟嘆丁明季之難同宗轉徙村落皆虛志開慨然念其祖自瓊州守郡以來而子姓如此凋零遂首倡義田經營團聚逃竄者得復故業又嘗以牛積廠路達英蘄河流奔肆乃捐修石橋橋成連舉二子里人以爲生平義舉不爽其報類如此長子士瓊入郡庠有幹才善承先志斂費以恢擴義田而貧

苦無依有志上達者悉倚賴焉當事採其實贈以額曰克壯先猷次子師璟另傳

范璿字膺玉邑庠生剛方厲志孝友傳家凡收族睦宗濟人利物事皆勉力爲之捐軍田二十八石以厚族人及崇義倉社穀百餘石鄉里賴之尤嗜古圖籍年八十餘手不釋卷丈夫子七皆稱克家以孫思皇貴貤贈文林郎翰林院庶吉士

張師聖字念尼邑廩生事親孝同懷五人友于無間讀書尊經術步履準繩言笑不苟每謂學者務於世有

禪嘗捐金助遭水患者修築牆舍歲饑捐穀助賑買僕知爲良家子某焚券不責償更予金以資其生理凡此推解之事多勇爲之子旭榆貢生另傳

汪林茂字基聖邑庠生嗜學篤行好善樂施嘗倡捐田稞若干付文昌閣僧爲收惜字紙費前令侯方夏手書序文獎之復舉鄉飲介賓晚年怡情山水詩酒自娛登盤龍峯桃源洞刻石留題傳爲勝跡五子俱嗣先志季子國學生映章善行彌篤

李隆字濟雲弱冠入泮食餼爲文章步武先民褆躬謹

飭有法度兼通鐵筆丹青琴奕諸藝居城市不輕出閉門自守絕遠勢務以孝友勤儉教其子孫晚由歲貢選潛江訓導未赴任歿

鄭崑璜字汝堅邑庠世僑子也世僑素慕邑人徐子芳學臨終遺命子崑潢往受業焉崑潢凜父師教礪志砥行甘貧學古不怠晚乃受知於督學繆沅首拔入庠年五十六矣居巴河闤闠市中士非以文事質者終身不得見其面每授徒往還館舍輙尋後山僻徑行不一足涉市廛也年七十四歿人稱其介介云

周多才字以謙弱冠應郡童子觀風試郡守許錫齡拔居第一入泮食餼乾隆元年歲貢自少至老篤學不倦每深思自得而確守之雖衾影急遽之地不失所秉持也蘄黃後進有文行者多出其門葢自其父孝健出徐祖齡之門敦氣節能文章孝健歿囑二子從祖齡子子芳受業長遊才超軼次多才尤純粹實講行於正學爲淵源有自云年七十餘歿

蔡凱字希碩廩生爲文古茂善詩通經籍與之上下古今輙亹亹不倦年六十外始食餼八十六尚應試文

皆結搆完密人稱矍鑠焉然以數奇卒不售子文禮廩生

萬其位郡庠生立品端重存心利濟凡邑有公務必急力贊勷如建文峯開西門闢一邑風水者皆首爲之倡又嘗經理河渡出納平允邑令劉象賢深加獎勸舉鄉飲介賓贈以德孚鄉表四字後雍正十年督學凌會經詳舉優行

陳珽字石蓀增廣生介直有守篤學不倦文清勁以先輩爲程授生徒嚴於繩檢多所成就鄉會試獲雋者

多出其門然斑生平惓惓教人尤以立行爲先孝昌夏太史力恕贈以聯曰惟持古人意能令學者尊

李林茂字凡起國學生父友梓爲名諸生篤於至性與從兄開禧俱以孝行稱早從黄岡王一翥遊林茂奉家教兢兢懼弗克荷父歿事母色養無閒友愛諸弟備極篤摯尤克守先世圖籍保護一編珍逾拱璧以故出其片紙隻字皆足以資考證者之博采蓋繼先志而守其業也如此子映瑚正國俱列庠序

官正得字咸一廩生少孤自立奉孀母三十餘年備極

志養友愛羣從營葬祖墓悉出私橐總族政收集子姓之散逸者葺祠宇歲時聚族以祀人有過失直指無隱偶值非禮觸若虛舟其居心坦易不設城府類如此爲文辭簡古有法至老不懈於學

蔡光璧字左錫候選縣丞自幼操文章工書法才情卓越儀容都雅與里中楊仁廸程正翔輩翩翩裘馬以仕宦相期許故足跡幾遍天下而長在京邸然卒不博一官晚歸桑梓篤守遺編型家訓族雍正七年汪令歙以賢良方正薦

徐本佳字俊倫邑諸生少孤力學善文辭尤工書法以屢躓棘闈寄情山水藉青囊以自娛幾遍楚中人争迎之笑曰吾眞金精救貧之流耶聊以廣吾足跡耳因謝之由是杜門課子讀書緝文年四十八終

黄芝字砌南拔貢生家貧力學文筆奇横先是郡守尉士貴府試得芝與楊宏模卷未定甲乙貳守王鸞至質之答曰與寒士芝遂得首拔入學雍正癸卯選貢太學考授八旗教習積瘁成疾歿於京歸葬先隴

鄭毓珠字浦九廩生尚氣誼有介節苦心力學雖枵腹

而歌聲不輟乙卯首薦得而復失司衡者深爲惋惜後竟以貧死

畢封斗字星之幼孤克自立事母盡孝教弟揚楚苦志勵學同入泮旣食餼與邑中張聯奎陳鵬翥爲文章有聲江漢閒張隨登乙榜辛酉學使者拔鵬翥貢成均復保題封斗優行入都試教習補正白旗先是聯奎會試歿於京櫬羈未歸封斗斂資斧附糧艘而還逾年鵬翥歿封斗又爲之經紀其事扶櫬歸里比再入都不數月而封斗亦歿京邸同人寓書於弟揚楚

奉柩歸
駱于賓字扶獻邑庠生父俊與弟傑孝友無閒俱沭榮
贈于賓和易坦懷不設城府性謙恭善下雖胼
恩封益甲以自牧雞豚桑柘之飲每扶杖往觀與里
中年高德邵者結香山之會迄今傳爲盛事年八十
四卒七子成名孫曾疊見人以爲福壽罕覯云
王大章字擔廷國學生夙性孝友侍庭闈無閒言自幼
若心力學爲文章以先儒傳註爲宗處身世以躬行
實踐爲本接人藹藹可親當大事則卓然不可奪人

有急難則傾筐篋以周之而未嘗有沾沾之色緣善
病絕意進取治岐黃術以自調攝久之術益精請診
者盈門心存利濟不憚勞劇貧者則予以藥如涉嫌
疑難達人造請不出也人欽篤義君子云子永謙郡
庠生
潘秉禮字鐸士郡增生鍵戶力學不慕浮名屢試棘闈
不售刻意教子讀書敦品爲務生平儉約自處布衣
疏食而不乖於物鄉里有鬩者望其顏色輒驚走凶
頑無知之徒隨事訓誡輒爲所化焉里有栗木橋遍

衢也瀕於河泥封險阻欲修未逮及卒命其子伊超
捐五百金以成之至今稱坦途云以孫紹觀貴 貤
誥贈奉政大夫刑部山東司郎中 本郡志參新增
劉自拔字萃長雍正己酉舉人素性耿直家雖窘杜門
教授怡然自得嘗爲蘄陽書院長每以孝友立品端
行訓飭後輩爲文章則主經傳先儒性理若老莊諸
子則屏置弗觀人或迂之弗奪也乾隆二十二年春
選監利諭年已八十凡學中規條悉遵功令行之八
謂復見蘄湖之盛焉是冬歿於官子廷對郡庠生

胡迎詔增生赴棘闈十五次雍正四年呈請蘄學人文
日盛廣額二十名又呈請鄉試二三塲俱用橫格免
致錯惧
姜崇昌邑庠生研田爲業從無隻字入公邑令汪欽給
以篤學善誨四字 以上郡志總計四十傳
潘恭理字恪士邑庠文俊子文俊克敦孝友存心濟物
里有三壕橋常捐多金建修往來稱便尤軫念貧苦
族黨咸倚賴之恭理踵父遺軌樂推解其素性恬靜
不苟言笑待人不設城府遇人子弟每諄諄訓誡勉

之爲善以子伊琪任公安教諭　貤封修職郎年八
十有四子另傳
倘三才字參人素性靜穆及長好學研經蚤年入泮惟
知閉戶潛心不妄交接雖隣居罕見其面母岑氏年
逾九十三才年近七十白髮傴僂承歡膝下嬉戲作
嬰兒狀自樂也縣宰汪以望重藝林嘉之乾隆癸酉
鄉試邑中式者十八其孫惇典以治書與焉三才年
居九十同譜九人製匾稱觴顏曰伏經垂遠蓋䀌以
伏生授書之年而遺經遽及其孫也一時傳爲佳話

逾年無疾而逝年九十有一
王廷琬字在育郡庠生廩生三兼子兼於明季團聚鄉
民捍禦流寇又曾爲里長輒變產代完逋賦里人德
之俄以勞瘵卒琬同弟建琰奉母朝夕不離母歿哀
毀盡禮兄弟感憤力學思貽父母令名後建琰中康
熙己卯舉人俱教授里中建琰歿琬亦憂傷數月而
逝其子實玆篤於孝友兄弟同居食指繁多一庭雍
睦咸無閒言孫士鳳有孝行涉書史家本衛籍設法
貲備軍田承辦漕務二十餘年公私稱便族中得稍

蘇息僉以爲鳳之力也曾孫永祚歲貢生永祺邑廩
生
程學瑗字莘起援例縣丞二歲而孤孝事孀母其周貧
乏濟困危雖竭力不稍吝嗜學有捷才爲時人所推
重延師教子倍極誠敬邑中才俊多藉資焉姑子胡
承捷幼失恃瑗視如同胞共事筆研族姪孫良開家
貧好學瑗多方成就承捷良開先後俱登賢書其篤
婣睦族育才樂善大槩類此子應麟癸酉經魁另傳
繼東邑諸生

徐鳳逞字丹暘優行生員早失怙事孀母方氏克盡孝
養尊師篤友蒙師童文進業師畢開潤陳斑皆爲修
墓立碑歲時致祀邑孝廉張聯奎旅櫬在都遑解囊
佽助與衆謀載糧艘而歸在諸生中數十年手不釋
卷晚歲猶勤作詩文以課子孫他如邑中學宮書院
志乘諸公舉當事敦請俱竭力贊襄成之年七十九
子立階棟梁俱登賢書後以立階任崇陽教諭　貤
贈修職郎
程作楫字巨濟國學生爲人端方正直不苟言笑屢試

棘闈數奇未售督戶事建祠輯譜捐置義田濟族之貧苦無告者前邑令修學宮及邑乘恒董其役勤儉持家義方啟後年七十有九子錫璧國學生孝事嚴親友愛同堂從不干與外事惟於族事必竭力贊勸畧無難色素善病晚謝交遊閉戶課子孫家雖豐而麤繒大布不尚浮華人謂其宛有父風焉年七十有八孫另傳

張旭榆字近澠例貢生幼孤事母以孝聞生平嗜學不輟入棘闈者九次居家儉而有禮凡族戚衣食不繼

婚喪不給者輒解囊相助捐貲建祠置產族人德之祀諸公祠雍正四年邑令汪詳請上憲錫以品隆望重匾額乾隆六年邑令張詳請上憲錫以經明行修匾額子大鵬另傳必達大忠國學生

徐立行字從五父本信以進士殁京邸櫬歸行方九歲盡哀秉禮一如成人長營兆域風餐露宿心力交憊事孀母依依孺慕其委曲承歡有外人所難知者嘗隨季父雲龍州任幹才裕如公務賴其贊勷行懼久違色養不樂稽留官署後諸從兄弟雖多歷仕途行

竟絕跡其真誠可想見也以援例州同銜年僅五十未及終養而逝子世勳另傳道瑛廩生道瑚道璉俱國學生道璋邑庠生

顧玉字振瑗邑庠林之孫宅心古處力敦行誼屏謝浮華里黨奉爲儀型尤隆師重友即囊橐無多常有分潤貸貧人多不責償佃田之人尤加惠恤老於童子試雖未獲一遇而經解通曉從遊者多賴其啟迪年七十有二子攀桂邑庠博學覃恩未遇佑賢乾隆巳亥　恩科舉人

張以忠字尊一國學生幼聰慧善屬文詞工書法應童子試屢列前茅伯兄盛文以貢生赴監肄業忠綜持家政遂援例入成均偕弟國學篤信事祖母郭氏母徐氏俱極孝養平生正直尤好行善事倡修北關外石路八十二丈捐地入張王廟以助香燈其曾祖均惠曾勸捐望城岡田稞入普濟庵有住持不法忠請於前令洮逐之其田現撥入蘄陽書院督戶事與弟篤信姪宏恩宏勳共捐田稞十石以奉公祖子四長庠生國煒早殁諸孫林立

周洪端字謐寧郡庠生有鎬孫優增生廷藻子幼失恃事父與繼母依依孺慕閉戶讀書足跡罕入城市與弟兄分財不計多寡鄉黨有急難者周濟無難色自念家世縉紳又濡染於外家孝廉官子賓之教續學攻苦未遇遂援例入成均隆師課子俾其奮志詩書子龍躍春侯錫範俱庠生必誠業儒

方承祉字介夫邑廩生生員鵬程次子也八歲而孤事母以孝聞待異母兄友愛備至兄拙於生計產業蕩然祉一一贖回俟兩姪稍長俱還之性方正廉潔取

與然諾不苟詩文奇奧每見賞於宗匠乾隆甲申循例經管興賢莊科舉費酌定規條剔除諸弊邑士至今守爲成式子協普邑諸生

周象豐庠生周郁煥子幼承庭訓潛心肄業早入黌宮屢試未售遂援例入貢爲人謹飭居家孝友敦宗睦鄰從不干與外事子應奎國學生

洪一正邑庠生素業詩書尤篤至性奉母以孝家雖貧甘旨必供盡心色養族里有貧苦者解囊相濟生平勤儉持家子姪守爲成法孫緒蕎國學生

王先遴字廷重國學生博涉經史早年銳志名場未售事母克孝兄先達早逝撫孤姪桐成立交友重然諾披肝胆周人之急口不言惠濮川夏太史在蘄時欽其品謂可爲後生矜式邑公事當事彊之始出經營籌畫羣倚重之孫履端國學生履和履道邑諸生

陳璉字孚交邑庠生性敦孝友雅尚儒素生平端謹自飭足跡不輕涉城市從無片字入公庭訓子弟以修身立品爲務家法最爲嚴整凡族鄰有困貧廢讀者必助以膏火之資有家計困乏者必捐升斗以濟之

子嘉霖嘉雲嘉曙俱國學生嘉霽皆忠厚淳樸克踵前徽孫士珂曾孫光詔先後登乾隆丁酉己亥兩科賢書

李承休字以篁郡庠生邑庠友洛子洛少失怙友愛諸弟撫之成立遇義舉輒解囊不惜承休克踵前徽廣置祀產敦本睦族歲歉則減糶卹鄰生平品行端方言笑不苟前令許舉鄉飲介賓贈以德邵躬徽匾額邑令邵復贈以望重儒林晚歲龐眉皓首諸子環列孫曾挺秀一堂聚順洵稱一門之慶子五另傳

徐承祉字九章邑增生性穎悟沉靜讀書根柢經史不涉龐雜兄弟五人敦友愛教子姪極嚴切俾得相次入泮弟喬綏中康熙癸巳舉人姪于宣登雍正丙午鄉榜皆賴其啟廸諸經指授者獲雋良多困諸生中四十餘年棘闈兩次呈薦未售前丙戌水荒館穀所餘以濟族黨之貧乏者人皆德之歿年八十有四曾孫光朝光清邑庠生

趙氏璧字秦還邑增生幼失怙事孀母程氏克盡孝養奮志詩書數奇未遇教授生徒多所成就邑巨族爭

延爲師以母老憚於遠涉時邑紳徐本僊官滇南厚聘敦請力辭不就嘗曰吾與母朝夕相依菽水承歡勝三牲養多矣生平淡泊自甘不私家計每歲底館穀所餘分潤諸兄年七十時猶好學不倦孫之驥例貢生之駒邑庠生之駿郡廩生

徐翕翥字宏聲國學生邑庠大捷子天性孝友積學勵行一時咸爲推重族中如置產建祠諸務不惜捐貲成之鄉里有忿爭善爲排解有緩急樂施予生平隆師重道訓督子姪極嚴切年八十餘猶課誦不輟子鵬超瀛洲集章俱庠生孫連城乾隆丙午舉人

謝明揚字立升郡庠生邑庠楚珩之孫恩之子攻苦績學舉業恪遵先正法程訓子姪嚴立工課雖盛寒暑不輟而謹身寡過深自歛抑持玉捧盈之意蓋數十年一律也他如捐田爲祀產捐貲建祠宇立墓碑䘏鄰周乏族黨賴之子光奎邑諸生光祖元書國學生

徐燭理字默齋幼失怙與兄郡庠則理同受學於伯兄聞昌一庭講授歷有淵源聞昌志行狷潔閉戶潛修以歲薦終燭理爲文理解明確有聲庠序乾隆癸酉

以科試第一選拔應
朝考列二等就復設教諭銜二十二年邑令邵應龍聘修邑乘襄事居多年屆八十猶訓迪諸孫不倦綜持家政不涉煩苛族人德之孫宗岳國學生

程士璵字右纕性誠愨嗜讀書每賓朋宴集訥然若不能出諸口而古貌深情令人對之悠然意遠一時名宿若孝昌夏觀川黃岡周展野及邑中徐澹山南念貽輩皆樂與之遊搆書屋數楹觀川顏曰石泉精舍璵日蒔花種竹與名流嘯咏其中早困童試晚援例

入成均而名揚意泊如也年七十餘無子立族子某爲嗣

范之光字東明性孝友頴悟過人弱冠入郡庠博學能文年六十餘始舉於鄉揀選知縣以年老未仕生平舉動皆有法度足不履城市者三十餘年壽九十三而逝子延逑紫峯鵬程桂殿俱國學生

楊宗先素行淳樸不尙雕餙里黨閒咸以長者目之事父母以孝聞待子姪輩嚴而有禮嚬笑不假延師課讀倍極慇懃其積善累行爲一時所稱道前令許曾

以望協鄉評表其閭令後嗣多列成均入庠序

范如璧字毓珩國學生幼嗜學工舉子業奮志名場屢入棘闈數奇未售年八十餘猶吟咏自適手不釋卷穀子貽孫俾紹詩書經理戸事垂三十年置産建祠族人德之子鳳翥諸生鳳詔鳳池延和俱國學生

李含宓字積人邑庠生事父母以孝聞紹父承休督戸事備竭心力遇事坦白慷慨慕義有官某爲黃姓債負所阨宓念世誼爲代償以寢其事有至親詹某祖墓爲人所沒搆訟宓爲多方解釋卒直其事而彼此

咸悅凡鄉黨中有相爭鬬者排解不數言而決子運齊蕆貢生超楚邑庠生

胡璆選字公韶舉人承撰長子也性端重嚬笑不苟讀書無間寒暑閉戸潛修不役志紛華家素豐其弟不善支持致中落璆友愛如初無怨言祖母年九十餘母年亦就衰璆事之菽水承歡晏如也待人樸實無僞人亦莫之或欺子楚元楚光俱庠生

程大本字天升國學生爲人謹飭事親以孝聞延師教子督之甚嚴雖居城市力洗浮囂尤樂施予凡邑中

義舉如廟宇橋梁道路有傾圮者倡首捐修雖多金不惜人以急難相告解囊濟之無吝色子正誼國學生正學邑庠生正謨

黃居中字莊士邑庠生性渾厚勵志攻苦爲舉子業不染時趨自抒己見生平篤修自好守正不阿前邑令許以品端行潔嘉之族黨交遊有貧窶及婚葬不能舉者輒分己所有以周給焉孫惟寅道明俱國學生

周士元字善長國學生邑庠生叔郃子敦行礪節篤志詩書屢入棘闈未售中年督戸事秉公持正族人咸

服兩子洪度洪寧俱列成均克承先志爲遠祖敬常
肇建祠宇置祭産祀事罔缺他如修道成梁諸義舉
不惜捐貲相助孫灝援例衛千總銜

周邦任字平載例貢生幼好讀書頗通文藝族中仰其
孝友公正推爲户首凡遇公事不惜解囊延師教子
一以謹身畏法爲訓其勸族衆亦如之生平少入城
市年八十五歲而殁子光國光祚俱國學生亦輕財
尚義慷慨公平鄉人重之皆邦任之遺教也

胡欽選太學生字廷佐品行端正事父母至孝父殁繼

事祖母倪克繼父志倪卧病選必親奉湯藥後倪年
逾八十有四選色養長如一日庭無間言

王啟鎮字慶廷鄉民也三歲失恃祖母周鞠育成立事
父及繼母克盡深愛周年老病劇鎮日稽首求神佑
愈病果愈延壽三載無疾而殁後茹素終身以報祖
母之恩父病年餘鎮扶持未嘗就寢家因食指漸繁
析箸以多予弟待鄉鄰言笑不苟同鄉罔不敬而愛
之壽七十八歲而殁次子正倫邑庠生

郭一榮字升華國學生其父庠生超臣生子有六榮居
幼母劉氏最鍾愛之榮克自樹立以敦孝友勤儉操
家和平接物經營祠務修理橋路解囊捐貲全無吝色
族黨間咸推重焉雅嗜詩書入棘闈者三卒以數奇未
售年七十有六而殁子正咸貢生正金國學生

閔文鐸庠生字大振郡庠應選次子性敏慧尤篤孝友
其兄大鼎析居多年家業蕭索鐸供衣食如同爨然
子士英孫尊程俱　貤贈武信郎士英善承鐸志待
兄士昌亦如之尊程與兄尊周洪達俱以孝友稱後
洪達爲諸生而尊程弃儒服賈家道漸隆人以爲皆

文鐸忠厚所貽也曾孫有六德盛德光德輝俱另傳
德榮例貢生德修衛千總銜言中布政司經歷銜重
修竟成橋一座快活嶺路一截

閔尊受字景綏性敏嗜學教授生徒多所成就事父母
以孝聞温清定省寒暑無間一日其母程氏病篤焚
香自誓願以身代母旋愈人以爲孝心所格生平樸實
自居不尚雕飾與物無欺人亦莫之欺也鄉里欽之
以爲有長者風焉

蘄水縣志卷之十三

署縣事宜昌府通判高　舉
知蘄水縣事蕪扎哈纂輯

人物志

尚義

古者三物教民而睦婣任卹居六行之中取其有裨桑梓也厥後俠士輕財樂予雖趣尚有別要不失此意云蘄俗淳謹人情好義捐金輸穀載在舊編彙而志之亦足破吝情而敦古誼矣

明

陳遵德正統六年陝西饑捐穀五百石往賑中途爲難民所奪歸復載六百石以往降勅旌爲義民勞以羊酒給復三年舊志

徐朝仕係兗州守漢舉子正統間陝西大荒出千金穀千二百石助賑降勅旌以職銜以羊酒勞之舊志

蔡時成化時出穀五百石賑濟授承仕郎舊志

南鑑榮景泰六年知縣何實立集義倉鑑榮捐穀五百石助賑又藩司王勸借出百金佐之成化二年春邑大饑有司勸賑榮慨然曰財雖貴積貴能散復出穀千石當事賢之賓禮鄉飲

徐三餘三仕副使一唯之孫也俱邑庠英年有才學值明季亂辭城市入山散出家貲數千遍給貧苦惟攜殘書數束教子弟爲實踐之學遠近師事之

徐四方有學行喜義俠值明季流寇亂經營保障里中人咸賴之子五薰五華亦孝友型家不墜前緒

楊簡字竹間崇禎己卯舉人明季寇亂保護一方鄉人德之治家勤儉傳數代尚食其福著梅亭稿二帙載先人懿行垂爲家法子煦善庠生亦輕財好義

附

王如川輸穀五百石　程琥輸穀四百石　王鍾輸穀三百石

賀宗茂輸穀五百石　周永全輸穀四百石　徐友恭輸穀四百石

夏子美輸穀四百石　徐行中輸穀三百石　李福元輸穀三百石

沈文貞輸穀三百石　劉子才輸穀三百石　周瓚

吳尚義邑中公事皆與經營舉鄉飲

右十三人邑劉志列選舉表內郃志核其行事均係輸粟急公以維桑梓原非國家應例之典乃仍附選舉之末今按既屬尚義則位置宜合體例故

特改附於此以存其實焉

國朝

徐允福字嚴公邑庠生幼孤事繼母蕭以孝聞工文詞喜扶掖後進有貧不能卒業者延師傳多方以成其材族子某因貧鬻身捐鏹贖之某外姻子孤貧分產二十石給之道拾遺金二百兩封還失者無德色又捐修邑東家湖大路其蹈義行仁類如此舉鄉飲介賓子以泌志遠克紹先志邑有下河坪橋尤河義渡並岡邑華岳港橋修設之費數千金弗吝也督家政

以孝友爲本孫澍績又承之諸凡收宗睦族賑孤貧成後學悉如福所爲蓋三世累行源流一轍雖家素豐裕物力能給而行其所樂歷久不倦則修身持家可以風也其後嗣宗璉等猶繩繩善繼云

王夢鯉字龍友邑諸生存心剛直見義勇爲凡邑中大事必倡義首舉無所迴避蘄久苦里長役民多受累夢鯉身知其害同錢天用南伊水華元柄牛子敬力陳當事展轉三年擘畫條達至大憲允請始獲革除排年官徵官解民困以紓里人至今能言其事子六俱列贇庠季國英任廣東鹽運使

張鳳起字翔友郡庠生忠直愷切重義輕財每遇大事輒勇敢擔當不吝囊橐嘗邑中公舉官徵官解鳳起慨助銀三百兩以爲舟車往來之費事成人咸德之生子六三列贇庠兩明歲薦一任訓導

王國瑞字士獻好善樂施族黨推之嘗捐銀四十兩修祠宇又彭家港至蘭谿大路爲水傾頽捐穀三十石與同里買石鳩工協力修補

袁明甫字一耀居邑之蘭谿有負債莫能償者將以未

婚之媳償明甫知之爲捐金代償並擇吉令其子成婚修青蒿港路以便行人康熙三十二年大旱積米飯饑者于道彌月弗怠時署郡守戴廉其事賜額旌獎子引吉承父志亦喜施濟嘗歲施棉衣膏藥捐修彭家港路置義塚於黃草湖畔妻李氏亦施棉百二十有奇

蔡之儁字德言邑庠生存心忠厚行已端方捐資以濟族黨鄉里急難每多解推邑令汪欽舉鄉飲介賓年八十卒子孫多名諸生云

李垓字經十歲貢生勵學行卑牧自處遇義舉無不玉成康熙四十七年饑倡首捐賑多所全活教育孤姪如已子捐已業以活族設義塚以瘞貧善行纍纍著有世濟堂集子永蔚庠生大鶴舉人負文才中道而逝

張世名好善樂施康熙間邑旱捐米周給貧乏邑有生生橋久圮世名捐貲重建有遠客某相善客死無歸世名不忍置荒野乃葬祖墓傍並爲立雙石以誌之今所名鼓兒墳即其地也子度孫膺俱庠生捐貲煮

粥以助賑勷立下河義渡置船租捐關廟香火田若干石普濟菴香火田若干石家世好善里中多能言之

程紹伋字宣裔廪貢生九歲失怙孝事孀母爲人勤慎周密率子弟以儉樸勿事奢侈每接後輩以縱欲敗度爲諄誡後輩多嚴憚之然見義舉則慷慨樂施未嘗有吝惜意康熙年間嘗輸穀三百餘石以助賑恤後其子作楫猶能率其家教云

汪時清字文院國學生遵例赴監肄業撥修道堂西二班呈堂掛號期滿回籍爲人落落有氣誼雅重義不私其財遇匱乏者輒傾囊以助子承澤謹奉家教乾隆十五年巡撫唐以存心利濟旌之

何如璉字連玉國學生敦氣誼多俠義遇人急難傾囊不惜鄉曲受其益者多稱道之子元鯨元鼇倜儻不羣善承先志亦多義舉

高燦雍正二年捐穀一百石以爲社倉公儲雍正三年穀價騰湧又減價出糶近則施粥遠則發穀一時鄉鄰咸德之

汪時亨鄉飲耆賓義行甚夥康熙五十八年歲歉嘗捐穀一百石子承寵爲汲縣丞有能聲卒於官

張承椰字重木庠生應舉子單傳六葉蓄積豐饒長子既娶而夭年六旬猶未舉子承椰爲人謹慎篤厚不妄言語貲財雖裕然性好施予其外兄弟程集木嘗與承椰言古人廣嗣務多行善事惟恐力弗克濟君樂行善而力又能濟何弗爲承椰因黽勉行之助棺木施葬地減糶賑貧如是者數十年至七十一舉一子名紹昌

龍嗣恭字質先幼孤與祖母劉相依爲命鄰佃倍償及壯通經濟諳練時務嘗應幕𧩙獄大案片言决之歲積俸餘悉周親故康熙四十七年饑剩米八石盡散隣里自爨不給晏如也後以長子雲斐貴　贈奉直大夫次子雲起乾隆癸酉魁禮經侃侃正直不爲囘曲惜無子而逝

吳名世字瑞人康熙四十八年旱蝗捐粟四百石又於歲歉時施粥共粟六十石

楊成璟字漢吉邑庠生輕財重義爲人公正勤敏嘗以

優行薦

龔見文字元先孝友重義急人之急雍正三年客陽邏有王姓負債將鬻女償見文解橐中貲三十金代償之王欲以女歸見文堅拒之後攜其子來邑相謝見文復予金五兩以資生理可謂爲善有終

姜鈺英字敏士由州同改授高唐州吏目奉公勤勞伉直好義雍正七年在部候選捐金修葺會館先是鈺英祖所逸于明代以縣尉解餉有功陞衢州通判在京督修會館同鄉咸稱其才鈺英繼志踵徽洵義舉

也邑進士張素臣爲文泐石以誌

蔡永璸郡庠生讀書好義居家節儉有餘貲周卹貧乏嘗於歲暮作綿衣散米粟以給無衣食者族黨稱之

秦良邑諸生曾倡捐募衆建沙港頭石橋一座又捐石牛背田稞二十三担零以辦漕運子澥庠生國豐太學生績置田稞百十餘石以贍族人孫得吉卜吉俱監生克承先志　參新增

陳宗發邑庠生夙敦孝友存心利濟會叨優薦子希學監生克承父志亦慕義行

盧士元邑庠生性和易尤好禮捐田贍族分粟賙鄰修理道路多方義舉捐置義渡於上巴河行旅便之子經邦貢生孫廣祚選授龍泉縣丞

任光選字明遠候選縣丞乾隆四年郡守王立河東書院光選捐銀五百兩以助膏火之資

黄楚蘭在皮家河建萬全橋　以上郡志　計尚義三十二傳

景榮邑諸生居家孝友持己端方家雖豐裕能好行其德絕無慳吝鄉里咸欽慕之舉鄉飲介賓

張璘邑增生讀書自守輕財好義落落有氣節不隨俗

尚舉鄉飲介賓

張師孔前按院呂奬勵善人以三代典型表其門

王大喆歲貢生前令給以三槐再植匾額

高做賢爲人端方公正篤族睦鄰族人宗元鬻子做賢爲之贖身使其父子完聚鄰人余玉先已聘未娶爲助資親迎樸樹坳大路捐費修理前令楊煒汪欽俱給匾奬勵

何以仁醇謹篤厚雍正十年邑令汪欽給有瑞堂令範匾額

李以眉雍正三年奉例爲田畯給八品頂帶

艾桂先好善樂施前邑令許祚遠給以守經達善匾額郡守許錫齡復旌其門以上邵志附尚義後計八傳

可二典　周天極　姜佐民邑庠生　高雲衢國學生

以上四人俱好善樂施邵志

李紹度字公律援例州同銜慨慷好施邑中如學宮書院城隍廟南河渡諸修建紹度倡首經營董厥成事邑西六神港橋被暴水冲頹紹度念係先人義舉捐金重爲建新堅固宏整增於曩日經理戶事適須紹度先行墊充期於濟事後將祭租所餘作十年歸還毫不計利善岐黄有病且貧者捐藥物調治全活甚衆然以性豪俠家中落不惜也子閶韶郡庠生仗義疎財有父風

徐立榜字石蒼國學生與兄宗璉位標孝友無間立榜魁梧負氣見義敢爲其兩兄頗饒幹畧解爭釋憤人咸服其公正乾隆二十三年有流丐百餘人由江南宿松歷蘄州入邑境轉延蔡家河桃樹坳諸村集立榜兄弟奉郡守錢邑令邵諭率鄉民百餘人逐捕於

邑之油河嶺獲爲首者送官遞解回籍餘各散去民以安堵郡守邑令錫以國士干城器備國楨匾額奬其勞子觀象國學

何電字耀升以武庠援例授衛千總銜敦行孝友經理族事多年公正勤敏置祀産四十餘石贏錢存貯無私臨殁囑其子續置祀産五十石何族祀産漸增皆電經營所致也每遇歲歉減價糶穀前令邵詳請各憲給以尚義可風匾額子之佐從龍國學生應龍邑庠生

楊偉畧字羽儀邑庠生負氣慷慨頗爲族黨排難解紛衆咸憚之有族孤某被叔欺淩侵吞產業偉畧爲訟於官卒直其事其生平行事大都類此孫琨邑諸生

顧蘭字調陽郡增生幼孤克自樹立積學未遇季弟破產爲三復其舊俾無失業里中急難極力排解常於七里冲拾得蘄州貿易者田某遺金并劵票候其人至日暮還之不受其謝人樂道之

楊春秀性存利濟邑南河渡東有夾河每遇水漲病涉者多春秀置渡船橋板僱渡夫以濟行之歷年後因

大水漂壞終非久遠計春秀同舉人李樹聲募銀二十兩付南河渡經管爲修理羅公祠費嗣後歸南河義渡經理每年撥船一隻接濟夾河有印照承付約撫子繩正繩枉俱國學生

程啟祿字榮爵國學生素行淳樸居家孝友父母早逝兄啟元總家計祿凡事必稟命焉及析居一切惟兄命是遵其兄亦毫無侵欺凡遇邑中公事竭力贊助不稍推諉經管邑東河南河兩處義渡十有二年添置田稞二十五石有零重修雲路口及躍龍門外羅公祠並置鋪屋爲義渡公所前邑令尹重修學宮祿襄事匪懈邑令贈以匾額其他慷慨慕義者多類此子大經援例布經歷銜宏瓏宏琮宏璧俱國學生

陳志文國學生性廉潔好義敦宗睦族有族姪在田德億幼孤無依姪孫卓富夫婦仳離志文皆爲謀厥安全他如建祠宇置祀產整理關口清風巖兩處義渡羣推公正焉子鳳岡職員鳳池庠生

顧作楫字濟川國學生爲人重義輕財督族事無所苟且不惜捐已所有以培之族人貧乏者多方賑卹兩

嫡母年高不能自給奉養無缺鄉黨慕之子尊賢象賢俱國學生尊士附貢生

范國治字理元國學生至性純篤存心利濟有族子某被事羇身爲竭力贖還族人義之又捐田稞三十石以裕族之貧不能贍軍者雍正二年嘗輸穀二百石以賑貧乏惜年僅四十而歿子延文貢生早失怙恃克自樹立攻舉子業未售延師教子不稍寬假逢歲歉減價糶穀鄉里同贈善人匾額子世一永州同廷魁千總登席增貢宜善諸生登鰲附貢世㧞世爵國學

潘生榮字愈添庠生性耿介公平理家事延祠置產族人德之雍正五年歲大祲慨減穀價捐買社穀鄉里有積欠者聽其緩償前令劉以樂傚紫陽四字嘉之其子繼洛字勝扶國學生樂施予乾隆四十年歲饑亦減穀價有不能償負者即焚其券諸凡橋路廢缺無不解囊相助以修補之今後嗣多列成均入庠序

董希瑚字雲琪優行生員性淳厚有從姪伯堯伯榜家俱貧瑚各撥田畝令其力食捐金為伯榜娶婦貧民張某逋負葉賈八金五十兩葉索逋急張窘甚將以

其女償女曾許字黃姓誓死不往瑚聞代完逋金女得歸黃前令侯廉知錫以湛德斐文匾額又曾捐入董家河社倉穀六十石前令劉以尚義可風獎之他如邑下河渡倡募置產董家河橋捐金修理其子士蘭庠生克踵芳躅敦行不怠孫自超立超必超俱庠生

程錫履字裕翼國學生立品端嚴輕財重義性尤篤於孝友撫幼弟孤姪均底成立總族事凡有益子姓者必竭力為之嘗管蘄陽書院經理適宜邑有羅家河橋通衢也河之南水漲成潭岸頹橋斷錫履捐多金運巨石塡其潭重建橋亭行者稱便邑令周澹深加獎勸手書仁襄利濟以贈之乾隆辛卯年舉鄉飲介賓子艮玉國學生

程艮潤例貢生性孝順篤友于兢兢自守素輕財樂解推里中有以急難告者慨助之不吝年五十三以父艱哀毀致疾後數月而終子開震援例千總銜

任協雨字趣菴例貢生性慕義鄉里有困乏者多周濟之邑西六神港河有渡無田招募失守行人病之又

羅潭河每逢水漲必催覓民舟臨河浩歎者多協雨俱不惜多金捐助為之置產造船民賴以濟又蘭鎮城隍廟被水冲頹建造無基協雨捐貲公買袁姓基屋以改易之其生平義舉多類此子德普恩普俱國學生忠普援例州同銜

歐陽灼字華盛國學生秉性淳樸孝事孀母尤慕義族人有以祀產私售外姓者灼捐貲贖歸還祭鄉里有婚喪貧不能舉者輒解囊佽助近地有溪潭均至青蒿港係蘭鎮通衢每雨雪泥濘行旅多阻灼甫議石

修旋歿乃不惜多金遺諭其子成厥志焉子龍溪援例布經歷銜鳳儀以從九分發山西歷署絳州吉州吏目蒲州府經歷借補永濟縣尉官晉十有八載累著勤勞逢

覃恩貤贈灼爲登仕佐郎

葉方雲字從龍爲人孝友和平尤好義舉蘭鎮居浠河下流前江後湖地勢低窪水泛街道被淹行旅常患泥濘方雲獨捐金數百市取紅石自街後至彭家港約五里餘修成坦途行人便之孫金錫國學生金臺

邑庠生

李含芳字毓人其弟含萃字拔人國學生含哲字九人郡庠生各以行誼聞於鄉昆季相隨和悅無間事父母均極孝養門以內睦如也族黨戚友有困乏者解囊助之不稍吝其至性大畧相同今子孫多列庠序

翁昌瑞字仁士母李氏早逝撫育於繼母汪氏鄧氏皆能得其歡心友愛諸弟幼習儒術長營家計漸見充裕生平敦本善俗人咸稱之年四十五而歿病篤時猶惓惓以葺祠宇聯族屬爲囑焉孫如峻國學生

郭一榮字用榮國學生持身端謹尤篤孝友其弟婦周氏家貧子幼而寡榮割己產十餘石予之氏得撫孤成立以完節終又姪某買羅姓田歷有年所後羅氏賴贖姪不允榮恐滋訟以己產換出給贖得寢其事生平捐貲成美解囊息患類此子孫多列成均庠序

任國元字善長援例州同銜國學振麟子幼失怙事母承順維謹雖家計豐饒而儉樸自處延師課子極爲隆禮族戚有空乏者推解不吝歲饑鄉里賴其周䘏他如建祠設渡常捐金以勷其事子敏功敏俊俱國

學生敏彩邑庠生

程良洧國學生八歲失恃事繼母克盡孝養深得歡心其父經理戶事凡有義舉欣然樂從不辭勞瘁偕兩姪卜葬父母竭盡心力越二年而卒年五十有三

盧智熹國學生性冲和居家孝友延師課子督之甚嚴與諸同志倡募公建文昌祠於近地之竹瓦店爲文會所又念奉祠講學苟無所資久則必湮擬捐田入祠未逮歿遺諭其子邑庠生廣振捐陳家屋巷側田十二石以爲香燈膏火費乞邑學師陳爲文以誌之

陳天錫居邑北鄉好義舉邑巴河口河道淤塞每逢久雨水積害稼天錫捐近河洲地數十畝開溝引水西流田禾免淹民獲其利前邑令汪書以彰有德四字旌之闔鎮紳士以西流既開於文風有裨公贈匾額金泐碑鎮睢陽廟內誌其事

李鍾輿字其有沉靜好學家本軍籍其父國學生世達饒幹畧豫備軍田以贍漕運族人賴之尤親賢敬士俾鍾輿學業得以有成中乾隆壬申副榜後選光化教諭到任未一載即歸歸後惟以詩書訓子姪人亦

罕見其面咸稱敦厚云子乘位邑諸生

閔德光字觀國德輝字邦舉俱國學生光隨長兄德盛操持家務衣食裕如輝幸弟德榮言中及姪衍出就外傳學皆有成凡修橋整路施茶送藥俱樂爲之光年八十而歿子四長性聰國學生次性敏早逝三鳳翥四鳳翔俱庠生輝年五十五而歿子三長性毅次性文俱國學生三性温業儒

熊才善字宗元特立成家教子有則爲遠祖建立祠宇一以敦本睦族爲重性尤好施邑西六神港上河潑田一十四石才與衆勷置孫攀桂國學生攀雲邑庠生

潘伊虎字爾敵立心淳厚居家孝友尤喜周給貧乏族黨多受其惠家以此中落然爲所當爲毅行不怠致足風也

徐期位字思兼國學生早失怙孝事孀母訓子義方董理家務修建祖祠族人重之鄰里有急者不惜周恤至於修補橋路無不捐貲成功子徐超國學生

鄉飲附

徐雲彩邑庠生　胡奉詔邑庠生　胡泰詔邑庠生　張耀九

周有榮　李承休郡庠生　以上六人舉鄉飲介賓郡志

周爲岐　羅仁則　華灼春　彭學海

徐子鳳　景可榮　何維重　余仲纁

戴宏叙　李隆吉　胡景德　以上十一人舉鄉飲耆賓郡志

徐五紀　徐六達　謝丹佑　李含衙

彭一道　以上五人舉鄉飲耆賓縣卷

鄉耆附

羅永鏜　戴國治　鄒國林　向益珏

義僕附

明

王九皃州判王悅民僕也負擔隨主與流賊遇賊探其擔中多金問主人何在不言加之刃無懼色乘間附悅朋使去賊先劓其目次斷其手每一揮刃問主何在終不肯言府志

王子皃諸生王三愼僕各被賊刺數鎗兩無生理三愼欲自投水中子皃力止之遂裹創負三愼從亂尸中走七十里竟抵家親串聚觀泣下府志

安子官氏家僮負盾守城誓死殲寇被擒不屈臂間鐫大儆流賊四字死後乃見

添賜廩生李添植僕寇執添植欲殺願以身代遂剖腹死

蔡喜嘗刲股肉以療主士元

隱逸

書曰野無遺賢萬邦咸寧若是乎隱者何足述也然箕山潁水載籍傳聞甘心淡泊永矢弗諼其致亦足多矣蘄自宋以來如二林樂壽諸人樂恬退而在優游長林豐草之間吟咏太平又何莫非堯舜

宋

林敏功字子仁號松坡十六歲以春秋舉進士不第杜門不出者二十年博通五經尤長於詩元符末徵召不赴賜號高隱處士有高隱集蒙山集弟敏修字子

來亦不仕與敏功以文字相友愛著無思集世號二林 叅通志

明

李子賢以孝聞持身醇謹平生雖僮僕無媟語以山水自娛鄉里重之 郡志

潘彥成圓通有致每大集鄉人語以孝弟娓娓不倦俗因化焉 舊志

程在霄居分流山早受尚書好古籍有關世教者輒誦之謝絕賓客朏明呼童子挾卷隨步吟咏而已晚號孤山樵隱 郡志

彭垍字子厚成化時歲貢授衞學教授醇厚自持喜吟咏乞歸二十年許視鄉人婉如一家亦無姓字落公庭 舊志

程文達字尙質正德時歲貢雅意林泉不嗜仕進築臺自娛有詩云泥塗風雨怯沾衣臺築荒園祇自宜竹放靈根封砌穩樹披清影下堦遲湛若水題其臺曰樂壽號以訥菴贈詩云天下方多巧訥菴原不知菴中人默坐兀兀到皇羲 舊志

畢鴻字翔霄正德時歲貢寬厚好學不慕榮祿少即敦行務實長益習渾噩閭井有長者之號 舊志

錢仲仁習春秋有沉思雖家世通顯自視蔑如也後竟不求仕以終其志 舊志

周仕哲字尙明嘉靖時歲貢性敦篤學先忠信有司雅慕其風終不一見稱眞隱云 舊志

樂庭訓性冲淡禪悅自喜所至軒軒霞舉人多詡在邴曼伯仲間 舊志

柴大愚正德時人性亢直不事生業事諸父至謹偶有

失德郎而静之閨門肅睦嘗值横逆不與辨具几席登章麓山絕頂焚香備書其事曰吾身直可與列宿爲伍何能向世俗論是非耶晚年家益落賓友日盛布冠緼袍遨遊諸名山蕭散自適舊志

畢良凱嗜古多著作以春秋名世黄士夫皆宗之立義館以贍貧士從游講學者衆兩中副車嘉靖間舉明經不仕生平不以私謁公門邑令慕其賢每就訪之郡志

柴大楠隆慶時人磊落英奇弱冠棄家遠游曰男兒志

四方安肯爲一老博士顛倒膠庠間耶乃周遊歷覽凡一切名山大川皆足跡所必到自負多奇特偶與人議論不合輒拂衣而起曰此非吾同調也乃倣古幽居傍巖臨溪因築一室廣不盈丈山居四十年讀老子易象莊屈諸書終身未嘗出戶外舊志入仙釋邵志遵省志郡志改正

黄可久字柳溪幼徙於鄂爲武昌諸生甘貧力學壯年遂恬退棄舉子業與妻吳氏偕隱臙脂山下精丹經内典醫卜諸書自號出塵道人好遊匡廬湓浦齊雲破額木蘭之巔皆寄跡焉後以子正色姪耳鼎同業於浠迎歸居於浒流光之濱天啟二年年九十無疾而逝正色耳鼎另傳

按舊志本傳後段省郡志俱逸去邵志核其事蹟收入撫聞故於此亦節之

楊伯浩字洪宇萬歷時人性端方精理學九困棘闈辟舉不就居鄉化俗後絕跡城市邑令杜長春游王廷皆敬禮之舊志

陳觀峯偕妻周氏樂守泉林素封好善夫百歲婦百有二歲崇禎八年婦尚存縣令登堂持羊酒拜祝贈以壽母匾額舊志

官撫辰字凝之太常卿應震長子也夙穎悟於書無不讀皆可以試之實用乃時丁明季莫展所學僅以恩選授桃源令不三月丁内艱去服闋有薦以徐州牧者不受托跡空門法名德昰別號知劍道人雲隱霞栖詩酬曌醉數十餘年人呼爲劍叟是子純齋慧而早逝有頤岫居音遺從子嗣長才尤傑出抱至性從父官蜀中父殁道梗殯於僧菴越九年間關崎嶇始謀歸櫬有弟純徹亦亡同載歸世友劉侗之孫流落

蜀中携還故里自是隱居不出時作詩以見志

國朝

詹澍字宜振能詩文工畫有元人筆意嘗作三峽圖黃岡王少宰封濮賓之華亭名宿吳樊桐昌祺舘溮上愛其畫屬作萬里長江圖與黃鶴樓圖稱爲絕筆然性孤介聞公卿召匿走遠引晚年杜門不出惟與老友詩酒倡和年八十餘終

李根字美發性孤潔不屑屑與世俗交每探山水務窮其勝居近㕓市焚香默坐靜若深山癖嗜石竹因以

名齋別號橫山道人善字工詩好古圖書爐硯隨分自甘無求於世著有竹香籟二集詩見同聲詩選

吳振起字卿雲博極羣書目過成誦兢詩古文詞尤好搜奇討勝窮涉人跡不到之處凡斷碑殘碣剔蘚捫苔務求源委嘗夢宋郭君錫墓銘蔡襄筆次日尋其地悉與夢合著梧齋詩文八卷性甘恬退嘗作書室於蓮塘之上顏曰泊艇棄諸生以老弟振崇亦慧秀入泮早夭見同聲詩選

金振祖字文起明刑部郎玉節五世孫幼寄於農隱禪師名法鎧師喜其慧語以詩卽解師死乞埳銘於梅川金翰林德嘉旣知其爲金氏子作歸儒說貽之令蓄髮生平能詩尤工近體於五言愛唐孟浩然七言愛王建韋莊於宋詩愛范成大終日苦吟仰屋梁窮新探異不屑寄人籬下夜半枕上推敲得句起挑燈書之展玩數四異日諦思之復抹去日弗稱心盡其詩自幼時得力於農隱者居多厥後從歸儒之說而油然忠孝之思隱隱結於心此詩之不浪作也乃竟貧死一女嫁舉人柴承旺族人爲立嗣附葬石峽寺之祖墓側

周起璸字玉臺癖潔性成簡於應對好獨坐讀書興至輒飲嗜古名畫圖書尤嗜在硯嘗曰我非硯無以守其黑硯非我無以知其白作百磨硯銘每醉後濡毫作擘窠字法顏眞卿李西臺一流作詩自命一家類徐文長渭而幽冷峻潔覺前賢猶或畏之乃性甘枯寂老死邱壑嘗居蘭谿鎮上巡檢某知其名造廬敦請爲師卽夜匿走邑城外南嶽廟側以居堅不就

程林字集木世居巴江爲人方頤修髯長身短視望之

偉然能詩工書善畫解音律有竹則吹有絲則彈少即豪放棄功名徧遊名山川偕勝友攜具或詩或書或畫或絲或竹長歌短拍揮酒淋漓葢逸才也然爲人多至性與人語必竭衷不以死生異其志著萬姓典聯一書旁搜故實極詳贍晚以題琵琶亭詩見賞於九江關使唐英將爲之梓而林歸老病不能以書往逾年歿以上郡志 總計二十三傳

方技

古者天文樂律岐黄卜筮推步風鑑以及彈碁擊劍走馬蹴踘觝觕射覆皆得謂之方技蓋士不求於儒而占一藝成名者亦未可沒也蘄方技不多表見而得載之國史惟宋龐安時夫數百年來占藝者豈一人而安時獨傳豈非士之有遇有不遇與

宋

龐安時字安常兒時能讀書過目輒記父世醫也授以脉訣安時曰是不足爲也獨取黄帝扁鵲之脉書治之未久已能通其說時出新意辨詰不可屈父大驚時年猶未冠已而病聵乃益讀靈樞太素甲乙諸秘書凡經傳百家之涉其道者靡不通貫嘗曰世所謂醫書予皆見之惟扁鵲之言深矣蓋所謂難經者扁鵲寓術於其書而言之不詳意者使後人自求之歟予之術蓋出於此以之視淺深決死生若合符節且察脉之要莫急於人迎寸口是二脉陰陽相應如兩引繩陰陽均則繩之大小等故定陰陽於喉手配覆溢於尺寸寓九候於浮沉分四溫於傷寒此皆扁鵲

畧開其端而𢪷參以內經諸書考究而得其說審而用之順而治之病不得逃矣又欲以術告後世故著難經辯數萬言觀草木之性與五臟之宜秩其職任官其寒熱班其奇偶以療百疾著主對集一卷古今異宜方術脫遺備陰陽之變補仲景論藥有後出古所未知今不能辨嘗試有功不可遺也作本草補遺為人治病率十愈八九踵門求診者為辟邸舍居之親視飦粥藥物必愈而後遣其不可為者必實告之不復為治活人無數病家持金帛來謝不盡取也嘗

詣舒之桐城有民家婦孕將產七日而子不下百術無所效安時之弟子李百全適在傍舍邀安時往視之纔見即連呼不死令其家人以湯溫其腰腹自為上下拊摩孕者覺腸胃微痛呻吟間生一男子其家驚喜而不知所以然安時曰兒已出胞而一手誤執母腸不復能脫故非符藥所能為吾隔腹捫兒手所在鍼其虎口既痛即縮手所以遽生無他術也取兒視之右手虎口鍼痕存焉其妙如此有問以華佗之事者曰術若是非人所能為也其史之妄乎年五十八而疾作門人請自視脈笑曰吾察之審矣且出入息亦脈也今胃氣已絕死矣遂屏却藥餌後數日與客坐語而卒 宋史本傳

易坤字本厚以醫名家早業儒善吟咏成化二十一年應取至京補太醫院醫士不競時好時人重之 舊志

國朝

嚴楚璧瞽者也康熙年間以星卜名海內本省巡撫某夫人將產問之曰弄璋弄瓦楚璧屈指算對曰璋也弄瓦也弄果產一男一女巡撫大奇之或以為不學

而妄中者蓋嫉之也由是公卿交聘殆無虛日竟以術致貲巨萬雲開許觀察纘曾滇行紀程內載其人與語 邵志 總計三傳

流寓

古有寓公之號志流寓其遺意與夫賢者之至人國高風亮節懿行嘉言可以法人步趨雖杖履蹔駐居停有餘慕焉故不忍等之蘧廬之過客也

宋

程居字隱谷咸淳三年授漢陽簿有惠政遷迪功郎由漢陽至蘄占籍查山之東迄今子孫稱盛 舊志

明

范承吉其先姑熟人學士常之後洪武初徙居蘄之土門少孤廬母墓三年一日之野獲遺金數百守之以還遺者有司以孝義旌其門其子後遷黃岡之魚博村 舊志

胡之驥字伯良蘇州人高祖西林曾祖半山祖孝先叔祖武先父大形皆以能詩名萬歷初與故懷慶守朱期至善因家焉嘗客燕越南浮江淮北出雲中上谷與諸鉅公遊而瀟湘雲夢猶同堂也期至卒之驥爲序遺稿行世生死交誼每抱濟川河山之感註江文通集晚著詩說紀事數種 舊志

熊文燦字心開四川瀘州人萬歷丁未進士由黃州推官歷任兵部尚書總理南畿河南山西陝西湖廣四川軍務先是天啟四年憂歸徙家於蘄子檜柏椿皆以文燦軍功得錦衣千戶知府入監讀書崇禎十六年城陷賊盡索熊宅人誅之惟檜得免當熊氏居蘄時家蓄壯丁皆四方勇健不下千人流寇犯蘄亦藉其力而寇之屢犯蘄者亦以熊氏之在蘄故耳 舊志

王一翥字子雲黃岡才子也與邑人黃正色金賦爲有道之交往來清泉白石間愛羲之陸羽遺蹟有終焉之志先是一翥遊京師魏閹聞其才名欲邀爲記室一翥以父廕尚不屑屑於仕子官肯𦡱就閹豎乎遂間道歸崇禎庚午舉於鄉後遊匡廬還寓巴江上二十年別號補菴閉門著述家益貧學益富文宗西漢詩本風騷天下莫不知有王子雲者歿葬巴河鳳山 叅郡志隱逸傳

補帽匠不知何許人嘗擔補帽具往來蘄黃間以所得值市米取擔頭小鐺作炊或煮水爲茗飲暮舉襆被投逆旅携書數帙琴一張時讀書亦間爲操琴問其

姓名漫云姓何字白雲其在黄岡時李之泌嘗作七
言長歌贈之極珍重不輕示人後寓邑王宿山之陳
家巷數年徙居何廟舖年八十三終葬何廟舖邑人
徐子芳作何白雲傳稱其經歷澄潭潵澗斷岸奔流
長松怪石間過者如聞其聲息殆隱者也 通志

國朝

奚祿詒字克生黄岡人由名進士官毘陵司馬政治蹟
嘖人口歸時家無長物愛浠川風景遂家焉結廬邑
之西境閉門却掃與農隱李恕相往來邑歲貢馮之

貞諸生周世濟乃其得意弟子俱以文名一時生平
著述自任嘗輯郡志簡峻有法

李恕字相如肇慶人能詩善書畫精於琴理始來邑之
金谷山間作詩畫鮮有識者同時有僧大農稱其書
畫與詩而人猶未愜及鼓琴有攫鼠捕蟬之異始詫
爲神某年參政李爲霖至巴鎮見行署供具屏障有
恕畫跡諦視之曰此吾友某筆也何在此亟索之邑
令訪求與致之握手道故泫然出涕由是絶筆不復
作書畫著鶴歸堂集一日因醉墮馬死人咸稱之曰

十潭先生 郡志

杜士鷴字騫公黄岡諸生也幼穎悟絶倫博極羣書尤
邃精經學人咸以通顯立致而彼愀然不顧也輒飲
酒賦詩自娛中年悉取生平著作焚之隱居於蘄寄
跡邑之夕山受徒三十餘年每因事導人於善年七
十有二歿無嗣其門人陳汝鱗輩以其行似林逋私
謚曰和靖先生各捐貲建杜師祠置田奉祀春秋不
懈 以上郡志 總計九傳

蘄水縣志卷之十四

署縣事宜昌府通判高　舉
知蘄水縣事藴扎哈纂輯

人物志

列女

昔劉向傳列女義取勸懲不存一操范史因之亦采才行高秀者非獨紀節烈也後之史家多取患難顛沛殺身殉義之事近又專採節烈中之蒙旌者噫斯亦取之嚴矣夫從一之義出於性天當其之死靡他豈復有望旌之見存其意中而王持風教者則不可

没而表彰之所以扶翼教化也故余作列女傳於既旌之外又錄其實蹟可旌而未遇暨一切淑配賢母以爲閨中之範云

元

武氏趙正二妻夫亡年二十二家貧守節奉舅姑尤謹事聞旌表 舊志

明

王氏卄原禮妻夫亡年二十四茹貧守節五十三年洪武初旌表 舊志

潘氏李渭妻永樂時人年二十三夫亡七月生遺腹子某守節歷五十九年終

呂氏劉永釗妻年二十四夫亡父母欲奪其志引刀破面乃止守節五十八年壽八十二終子渟事呂盡禮載孝子傳

胡氏汪弼繼妻年二十三夫亡妾楊氏生遺腹子某兩人誓死共守勤紡織自給事姑孝謹不匱人稱雙節 舊邑志止載妻某氏郡志作繼妻今從之

楊氏王仲謨妻九歲通列女傳十五適仲謨越二年謨

殁父强之再適氏斷髮自誓敬事舅姑撫遺孤以完節終 舊邑志遺氏姓今從郡志

胡氏周道妻宏治時人年二十夫亡子鳴球在襁褓姑舅憐其少令再適以死誓守節六十年如一日

楊氏周鳴後繼妻楊景春女年十九適周僅一年無出夫故撫前妻子廷祚如己出敬事舅姑至老不渝

程氏李黄妻鄉賢李宗元之冢孫婦儒林程轍之長女也年二十五夫殁治葬卽成二廓虛右自待氏言動一秉於禮簾幃肅如還葬舅姑定立嗣子俱竭心力

家有餘貲施建六神港石橋邑人賴之有司屢旌其門至八十九壽終

鄧氏庠生張存貴妻貴家貧好學年二十餘歿氏苦節孀居其舅時年九十病篤氏夜夢神告之曰何不救汝舅氏思家貧無從得藥餌乃齋沐籲天刲股以進時室有異光舅復蘇者五年氏亦年七十二終

何氏庠生蔡寵妻十六適寵十八生男際盛甫百日寵歿氏撫孤守節甘荼如飴歷五十九年終闔族欽之

楊氏庠生徐尚國妻贈徵仕郎楊申春女也性嚴毅有

丈夫概年十八夫亡遺腹生子鉉氏泣血撫孤後補邑庠生姑病刲股以救守節五十年萬歷四十三年事聞奉旨建坊題曰純孝完節

劉氏周鳴洛妻正德時人年二十餘夫亡子延甲方三歲次延節尚襁褓氏撫二孤課之有成苦節四十餘年廷甲中萬歷癸酉鄉試孫之士亦中天啟丁卯鄉試

楊氏周廷祚繼妻夫亡時年十九矢志守節父母欲奪之以死誓氏無出撫前孤如己子人無閒言

胡氏李彰芳（舊邑志作彰郡志省志俱作漳誤）妻知事胡仲哲女氏年三十夫亡誓志撫孤乃家季不淑欲廹遣之母家亦慫置不顧艱楚萬狀氏益激勵茹苦課子勤女紅自給以老壽躋九十學師青邑宰游咸以節孝上聞云

按郡志載年二十二夫卒誤今從舊邑志

鄭氏舉人易文訓妻文訓以嘉靖辛丑會試歿於京櫬歸氏哭泣治喪葬祭悉如禮匝朞嘔血瀆死者二十餘年訓弟文誥妻李氏李春之女也誥亦早逝子偲生甫八月家甚貧兩人誓死靡他人稱雙節

廖氏袁正魁妻年十八夫亡撫藐孤貞誓死泣血至七十六歲終萬歷間邑令具詳中院畧云白屋甘貧青年砥節引繩却聘猶存項上之痕拾穗存孤常灑指中之血受盡五十八年之苦方成七十六歲之人事聞奉旨建坊

潘氏李學妻年二十一夫亡家貧守節躬紡織撫從子某業儒有成後從曾孫李世太列邑庠生

羅氏郭廷庠妻年二十八夫亡家貧撫二子親操井臼織紝供養舅姑至六十八而終孫士望官祠部時以

祖母羅節三疏乞旌情詞哀摯奉旨建坊曰天彰節
孝
湯氏庠生楊伯亮妻年十九夫亡矢志氷霜撫孤繼震
有成後補邑諸生壽七十五卒
畢氏庠生李淡嗣妻貢生畢良謨女年二十七夫亡畢
矢霜操力承先業延師課子每歸必令背誦不能則
夏楚之若嚴師然歿年六十五歲邑侯游學師青俱
表其門 以上舊志
林氏徐存念妻嫻禮教于歸奉孀姑陳敬順相夫勤謹

居家嫌微必飭存念歿氏年三十遺孤三氏痛其夫
以蚤孤廢學責志没因汲汲教子讀書復世業書出
就外傅暮歸篝燈徹夜躬紡績課誦不倦或燃膏
不繼責令拾薪葉供夜燃母子同照各業也後其子
宗齡祖齡以學行深僃為名諸生氏稍以自慰年六
十一歿孫子芳為邑名儒今後嗣詩書科甲繼美云
郡志
蔡氏庠生楊學溥妻年十八夫亡苦節五十年終 舊志
畢氏王望民妻年二十五夫亡遺腹生子宗茲辛勤撫

育萬狀艱難歷五十餘年不以為苦孫士廉補邑諸
生
袁氏程若召 郡志作洺誤 繼妻夫亡奉孀姑盡禮氷雪自持
四十餘年前妻周氏遺一子氏出有五子俱撫之如
一夫遺緒業半弓周子半食五子人稱其賢後五男
皆庠生孫維伊曾孫士棟五世孫應麟鳳翽等聯綿
科第 舊志參新增
孫氏張邦恒妻年二十五夫亡遺子五衡甫四齡氏茹
蘖自甘躬紝織給五衡讀書資後中順治戊子鄉試

氏年五十終
朱氏華甲妻年二十二夫歿守節至五十四終 以上舊志
繆氏庠生戴添眷妻年十七夫亡無嗣柏舟自矢事舅
姑極謹性儉素惟一老僕傭莱以給饔飧親姬之宅
一足不履言動秉禮者數十年初寄居姪孫之廂房
及疾革謂姪孫曰爾遷我於正寢使得正而斃焉壽
九十一終邑令李大受李汝燦劉佑李長敏俱為表
額 續志
周氏名致柔字德芳邑名士周延廉女之篆女弟也博

覽經籍工詩文適邑諸生朱朔晉子朝吉朝吉母微初有娠爲其嫡所嫁嫁踰月生朝吉長於農家後朔晉無子知之始認歸年已十七矣氏歸朝吉數年朝吉歿以柏舟自矢年未三十亦歿所著有鳴鞘集未梓 鄒志以上節婦

徐氏蔡國嵩妻幼失明外舅欲議毀氏時年十一聞之泣訴於父曰女無再許曷爲寒盟議遂寢後歸蔡鴻案相莊生子二長光翰次光馥俱補弟子員 鄒志

陳氏庠生南有恒妻夫亡遺子南仲甫八月氏苦節撫

之有成歷二十六年崇禎十六年流寇難遇害子仲庠順治戊子選貢爲澄海令 舊志

李氏南邦鼎妻貢生李仕女年二十六夫亡無出矢志守節篤素自持崇禎十六年死於流寇之難時年已六十矣稱完節云

尚氏詹某妻貧家女卓有丈夫概夫家衆凡事取平於尚尚誠足以服人也值流寇奄至不及避踞坐大呼曰死即死耳不能向汝賊求生遂遇害

吳氏蔡應兆妻夫以繼母奇嚴逼令自縊氏年二十二痛憤死守姑復逼之萬狀啜粥茹疏雖兩飧亦不飽也水操三十一年崇禎十六年獻賊屠城遇害死

洗馬畈婦崇禎間流寇充斥寇往兵來婦爲兵所執死不受汚兵刃其腹婦一手抱嬰兒一手捧腹使氣不即盡以待夫夫至付兒放手而斃載明史 時官兵駐蘄不能殺賊往往取民首級以獻俘鄒志作賊執誤

李氏庠生何之旦妻李大魁之女也崇禎八年二月流寇至蘄被執逼之去不從則衆挾之氏罵益厲嚙賊求死賊怒刺之劍徧體無懼色賊斷其頸死從婢阿

東抱李幼女守側哭賊奪女斬殺之婢不與伏地以身庇女賊刺數十劍婢女俱死載明史

畢氏徐一三妻邑庠廩畢朔玗妹也崇禎十年正月廿八日流寇奄至執氏以威刼之氏大罵曰我夫君箕兒皆何如人而爲爾汚自巳逵年罵不絕口卒不屈乃殺之邑令許申學憲王旌以貞烈二字其夫一三雙目爲土賊所刺猶吟咏不輟每有作令他人書以自怡適盜亦有積學焉惜無存稿 以上舊志

李氏庠生南有杞妻崇禎十年避賊山寨寨破被執促

之上馬去氏厲聲大罵賊乃刺殺之邑令申文巡按林請旌其詞有曰欲斷李媛之臂毋慚南八之心後以子之傑貴　贈孺人康熙二十五年撫軍石琳贈以貞烈風世四字旌之之傑妻周氏崇禎十六年獻賊陷城亦以烈殉後以之傑繼妻高氏子夢班貴贈宜人 通志

柴氏庠生郭韡妻柴美之孫女也流寇至氏被執欲汚之氏罵曰余家累世清德安能從狗彘求生可速殺我賊就臂間砍之見肝而死 舊志

姚氏庠生南士華妻姚相國明恭姪女明季避賊於寨寨破見夫被虜痛哭號救賊以兵威之氏曰吾以得死為幸遂死之 鄧志

孟氏王靈妻崇禎八年二月[illegible]四日流寇突至圍攻執氏以刃刼之氏奮聲罵賊抵死不辱賊忿甚遂殺之是日與王教氏以子代父同日死邑令為立王氏表異傳 舊志

南氏庠生游文錦妻庠生南望手女適游生子一値流寇掠野猝不及避與婢一兒匿林中囑夫負子去且與訣如被獲誓不與賊俱生後賊搜獲逼之據樹罵賊不從賊怒殺之後文錦尋於匿處氏死兩眼俱淚手猶抱樹不解一兒身被數創祇氣未絶 續邑志補遺傳

王氏蘄水人劉氏黃岡人相國姚明恭側室也俱室女歸姚王生二女子各有家劉生一男子名師道敏達而殤順治二年楚兵亂從家西江之信州道經潯陽都統兵士雲屯鼓行刼鈔適放舟利鏃如雨明恭躍入小艇得脫王劉兩人爭赴水死邑人周壽明以詩吊之 附周詩只今遠亂泛江濆鼓刼中流車騎屯月照雙雙湘女淚波翻片片石榴裙匡巔木土難消怨水抵魚龍共御君黃閣玉琴攜不去年年兩鶴哭濤雲 舊志

周氏副貢徐蕙映妻周延廉次女幼與其姊德芳兒之冠之篆俱有才名長適徐相夫子以學閨閣閒唱咏盈帙崇禎十六年流寇亂城陷與夫俱死之遺一子暹好學自書屋絶城脫出暹原配邱氏亦自潰城避走度不得免投溪潭死 鄧志

吳氏庠生蔡應渚妻崇禎十年寨陷不屈投水死 繼廖氏崇禎十六年城破抱子同溺 鄧志

蔡氏孝廉楊簡妻年十六適簡勤家政有賢聲値明季

寇亂倉皇多故崇禎十六年簡攜二子避賊江南晋氏在城臨行囑曰吾婦可出則出毋蹈險以自危也三月初五城破氏謹奉夫言遂以身殉 郡志

胡氏錢應運妻崇禎末流寇屠蘄氏抱幼子避之相遇青木畈寇令去子以從氏指罵不輟誓死不污寇怒兵之既死而子猶在抱僵立不仆人咸異之因名其子爲成節 郡志

鄧氏陳所望妻鄧子愛之女也崇禎末流寇突至所望以搬糧入城未出氏急挾子心壽匿河巖中被賊搜執推兒入河挾氏上馬氏堅不從投地者數次賊怒曰不去即殺氏大呼曰寧殺不辱賊遂殺之越二日賊去所望乃歸收葬焉 郡志

郞氏徐文覲妻崇禎十六年流寇襲蘄文覲父母新殯見賊勢熾城且晝閉不敢啓因縋柩出城安厝囑氏偕子媳居守期以葬畢來携三月六日城陷賊衆提刀入室逼氏欲擁之去氏紿之與俱至南關外湯月臺下投河死媳張氏亦隨死郞氏年三十三張時年十五 郡志 以上遇寇守節

烈婦徐氏程安國妻徐景位孫女也年十六歸安國嫺禮義事姑至謹夫暴病外戚家有張某爲力求醫藥不愈竟歿凶聞至氏慟絶不欲生姑勉諭强起營葬爲兩壙虛一自待悉撿什器奉姑曰婦不即死者爲夫疾時勞張君未謝也頃之張來弔氏備酒饌拜謝畢遽投夫墓側池水死時年十七 舊志

烈婦陳氏甫十四歲適鐵匠周世文姑寡贅夫蔡鳳鳴窺氏少艾挾姑勢百計迫之堅拒不從告太姑曰兒不能爲狗彘矣夜自縊死隣黨喧傳聚觀烈日中面色如生耆儒謝朝宣皮子恕摛文祭奠進士何文與爲作傳 舊邑志遺載郡志

烈婦申氏李新期妻夫死土人李豺恃爲官戚且積役也漁色强委禽焉氏斷髮不從豺劈門縛至其家乃自縊死明季喪亂無敢白其冤者 舊志 以上烈婦

烈女王夢貞王綸女也字某氏未嫁會祖母喪女翁李婿行貸女守禮不出有輕薄子讀祝歸嫁言得覷其女女聞之怒曰造言嫁汚我寧可受此疵耶遂憤自縊死嗟哉夫以一言之汚而不受甘心就死非義烈

者不能也其父諭以女附葬妻錢氏墓側鐫詩碑陰
時嘉靖三十七年季冬事也舊志烈女
按劉志云順治十四年適修邑志聞此事往求其墓掘殘碑見諭詩詎嘉靖戊午歷百年始得爲之表彰詩附載自古皆有死吾兒死可傷已知讒口誣詐識鐵石腸氣薄雲霄暗名垂草木香祇憐遺史筆刻石豈瑩傍

袁氏程祉妻有懿行奉舅姑必適其意相夫無違教子嚴而有法鄉里則之號女中君子後子孫科第聯綿稱盛舊志參新增

汪氏孺人壽光知縣蔡國琦妻姑病劇氏侍湯藥不倦

兩次割股以愈族黨異之郡志以上孝婦

右自元迄明計五十五傳計節婦烈婦烈女孝婦共六十四人

國朝

歐烈女黄岡歐彝臣女性端厚每樂誦貞烈事幼許字蘄水儒童徐基盤年二十聞基盤病篤私憂不食及基盤歿女自縊死父母舁而合葬之康熙五十九年
旌省志作廣濟徐基盤妻非

江氏生員徐時可妻姚氏生員徐粱妻江年二十一適

徐生子粱年五歲夫歿撫粱年未弱冠爲諸生復夭偕婦姚氏撫育諸孫倍嘗險阻卒全其志今子孫文武科第蟬聯咸以爲累世苦節之報康熙六十年
旌

龍氏張登璽妻年十九夫亡舅姑衰老一子在襁褓家貧勤操作課子永綏爲諸生年八十歿雍正元年
旌

郭氏周有繼妻年二十一夫亡孝事舅姑撫孤廷德能文工詩皆氏教督之益也苦節七十餘年壽九十六

歲雍正元年 旌

張氏高元哲繼妻年十九而寡未生子撫前室二子如已出年五十歿雍正元年 旌

烈婦吳氏范彩雲妻歲饑隨夫乞食至黄岡宿賀家坳涼亭夫早出行乞樵子田士義過亭見氏獨處欲犯之氏大罵不從田以斧砍之創甚越五日而亡田後伏法雍正二年 旌

汪氏戴三祝妻年二十七夫亡舅姑未葬氏力舉三柩無仸禮氏幼通經史親教其子縉雲成明經纂先賢

嘉訓垂爲家範年八十四歿雍正三年　旌
曾氏戴晉琮妻年二十四夫歿哀痛悽切每哭暈絕事
舅姑盡孝撫孤子成立雍正三年　旌
梁氏戴起源妻夫病年餘扶持無倦色夫亡撫遺腹子
性至孝祖姑年老畏寒每晨温衣而進晚爲熏被代
覆俟安寢乃退飲食起居皆適其宜舅姑以是益愛
之雍正三年　旌
易氏程朝鼎妻年二十二夫亡僅遺二女立從子枚爲
嗣力撫成之娶婦生子祉仁又夭氏惟二女是依長

適貢生徐雲文次適庠生楊春齡氏素介性守貞足
不越戶閾必二女强迎之始一至壽八十有一終前
數日在徐氏自知將盡謂外孫聞昌曰我程氏婦也
當終程氏速送我歸歸遂逝雍正四年　旌
南氏高啟疆妻年十九夫亡撫遺腹子至十餘歲而殤
觸柩幾死守節三十餘年雍正四年　旌
聞氏程楷妻聞啟謨女年二十二夫亡立從子志道爲
嗣復夭氏寡居無依堅貞不渝苦節數十年又立從
孫基繼志道之後年七十餘終雍正十一年　旌

蔡氏楊成雲妻庠生蔡國蒲女年二十四夫亡孝事舅
姑遺孤本性早夭立從子傑性爲嗣苦節五十二年
雍正十一年　旌
江氏監生袁其珞妻年二十六夫亡撫二孤之明之曉
俱成名雍正十二年　旌
楊氏李蓮妻年二十二夫歿撫孤永治成名孤歿復撫
兩孫雍正十三年　旌
張氏鄭文衡妻年二十七夫亡奉事孀姑撫孤毓珠成
名守節三十四年雍正十三年　旌

楊氏監生李幹貞妻贈文林郎楊道曾之女年二十三
夫亡無子矢志守節遺腹一女適蔡立從子紹總爲
嗣方嗣之未立也氏孤撑獨立支持先業修理祠墓
捐田附祀闔黨稱之雍正十三年　旌年八十餘
終
鄒貞女麻城舉人鄒汝治女幼許字進士徐廣淵子如
樸未婚樸夭女年二十聞訃力請於父母往弔之遂
姊素奉姑立從子爲嗣從子復夭與娣陳氏依姪守
貞以終乾隆元年　旌

華氏王步瀛妻年十九夫亡無子立從子爲嗣守節三十三年乾隆元年　旌

汪氏徐如梅妻年十八夫歿立從子爲嗣守節二十七年乾隆元年　旌

戴氏徐基美妻庠生戴士桂女年二十八夫亡僅一女立從子清緒爲嗣守節二十六年乾隆元年　旌

何氏畢開祐妻年二十九夫亡孝事孀姑撫二子成立守節二十九年乾隆元年　旌

朱氏萬永慶妻年二十有三夫卒姑目失明克盡孝養

撫幼孤成名守節六十一年乾隆元年　旌

李氏胡潤詔妻年二十而寡立從子爲嗣守節四十四年乾隆元年　旌

程氏李聞璠妻年二十四夫亡一子旋夭立從子爲嗣守節四十年乾隆元年　旌

王氏蔡友仁妻年二十夫歿矢志從一孝事舅姑姑失明兼患痿疾常卧床褥氏御衣進履寒暑不輟者七年撫孤以位爲諸生邑令李育劉光然皆額其門一日雪古瑞池一日冏孟芳徽苦節六十一年八十有一終乾隆二年　旌曾孫婦范氏蔡清德之妻年二十一而寡無子守節五十二年人以爲有曾祖姑之風焉立姪東白爲嗣壽七十三歲終郗志叅新增

楊氏畢開疆妻贈文林郎楊道曾之女也年二十八而寡捋荼集蓼撫孤長封斗優貢生次揚楚庠生苦節二十五年乾隆二年　旌封斗以教習歿於京遺孫從乾六歲氏與婦李氏復撫之十二年氏始終揚楚亦先氏一年歿

袁氏黄從震妻年二十夫亡家貧竭力撫孤復觸從姪

幼孤無依鞠養授室苦節五十四年乾隆三年　旌

江氏監生方師璘妻年二十二夫亡守節孝事舅姑撫兩孤成美成傑俱列成均氏中年得疾幾危成美由是精岐黄術調痊三十餘年壽八十有五乾隆四年旌孫御龍國學生

王氏生員楊永焜妻李氏楊永煜妻馮氏生員楊元昊妻夫俱早歿娣姒同爨共矢柏舟王李撫字遺孤馮氏立嗣奉祀一門三節乾隆四年　旌

周氏生員程正炳妻陳氏程士羽妻蔡氏生員程正緯

妻周氏年二十八守節撫孤士豹夫婦陳氏十九矢
志撫孤原銓復夭炳弟正煒妻蔡氏年十八守節撫
孤學瑗成立候選縣佐長孫應麟中乾隆癸酉經魁
直隸試用知縣次孫繼東邑庠生蔡以之嗣陳氏後
三孀同節乾隆四年　旌（本郡志邵志叅新增）
張氏國學生徐與參妻邑庠生張節藝女年二十八夫
亡欲以身殉姑抱遺孤强起之以夫未了局自肩事
舅姑逮祖舅姑皆盡禮撫五歲孤宗璉成立守節二
十四年乾隆四年　旌

高氏周耀先妻家貧姑老夫傭莫給氏自餐野蔬紡績
以供姑養夫死鬻敝室以殮矢志奉姑及姑死殮畢
痛哭自縊死時年二十二乾隆四年　旌
柴氏周洪惇妻年二十三夫亡家貧奉舅姑盡禮遺孤
必纘復夭立孫以鮮承祀苦節二十九年乾隆六年
旌
徐氏監生張永年妻夫亡守節一子早死以族子爲嗣
乾隆六年　旌
龔氏生員周漢聊妻年二十八夫亡無子越六年夫兄
舉子氏立之月餘抱養至於成立守節三十六年乾
隆六年　旌
周氏郎世松妻年二十六夫亡立從子爲嗣孝事舅姑
守節三十五年乾隆七年　旌
鄧氏縣丞宋國器妻年二十八夫亡守志孝奉孀姑撫
孤士吉成名守節六十一年乾隆七年　旌
曾氏劉邦正妻家貧夫病割股以進及夫死撫兩子漢
伊正全皆成名守節五十四年乾隆七年　旌
尚氏生員蔣永芳妻年二十二夫亡撫九月孤成立苦

節六十一年乾隆八年　旌
胡氏王天祐妻年二十二夫亡無子立從子爲嗣守節
三十年乾隆八年　旌
蔡氏武進士徐本信妻夫歿京師氏聞訃幾絕事兩世
孀姑盡孝撫遺孤立行有成守節二十七年乾隆九
年　旌
曾氏石永銓妻年二十六夫歿事孀姑盡孝撫五歲孤
柱濤成名乾隆十一年　旌
陳氏可光羲妻年二十四夫亡舅姑垂白在堂氏奉事

甚孝撫兩月孤啟棟成立棟恪遵母教繩尺不踰中年以疾逝囑子燦呈請表節乾隆十一年　旌

孔氏儒士可啟謨妻年二十五夫亡家貧撫四月孤一煜事舅與繼姑以孝著後一煜成立與婦徐氏經營拮据誓爲建坊表節於乾隆十一年　旌徐氏徐魁舉之女孝婦也卧病血勞建坊時猶强起餉工姑令稍休答曰此兒婦生平願也雖死何辭迨坊竣氏旋亡族里深爲悼嘆云

李氏范家槐妻年二十三夫殁遺孤四歲旋夭立從子

爲嗣與孀姑同寢室奉事勤謹乾隆十一年　旌

翟氏南風高妻年二十七夫殁撫孤授室後復夭立從孫承祧守節三十年乾隆十一年　旌

徐氏李達妻年二十七夫殁甘貧矢節孝事舅姑撫遺腹子成立乾隆十一年　旌

盧氏張雄壽妻年二十五夫殁甘貧守節女紅自給孝事孀姑撫二子成立乾隆十一年　旌

張氏華濟川妻年二十八夫殁甘貧矢節孝事舅姑撫三歲孤旋夭立從子爲嗣乾隆十一年　旌

徐氏李長郁妻年二十四夫客死氏迎柩歸葬無子忍死二十年俟夫弟啟昌舉子立爲嗣苦節六十餘年乾隆十二年　旌

王氏監生鄧應善妻年二十四夫亡撫五歲孤朝棟成立授室後棟復早死氏與婦倘氏同心矢志立族孫爲嗣建祠宇捐祀產守節四十餘年乾隆十二年旌氏殁後倘氏克繼姑志以節終

趙氏生員楊承材妻年二十九而寡孝事舅姑撫兩孤成立守節三十二年乾隆十三年　旌

倪氏姚玉麟妻南漳令桐城倪灝女年二十八夫殁遺一女復殤氏侍奉孀姑孝謹姑殁喪葬盡禮人稱節孝兩全乾隆十三年　旌

南氏庠生周郁仕妻國學生南瀹女年二十于歸夫病割股以療絶而復甦者數次二十四夫亡一子早夭立姪象乾爲嗣乾隆十五年　旌象乾亦早逝僅生一女遺婦王氏年二十二與姑同志撫從子攜薙爲嗣後以節終

項氏袁士龍妻年二十九夫亡守志上奉舅姑下撫遺

孤守節二十六年歿五十四歲乾隆十六年　旌
林氏郡庠生徐士俊妻羅邑庠生林奎女幼明大義適
士俊籌燈佐讀勉立名業年二十九夫亡竭力奉舅
姑存歿備禮撫子應魁鵬飛成名守節二十六年乾
隆十七年　旌
余氏孔世璡妻年二十二夫歿無子立嗣承祧孝事舅
姑守節三十年乾隆十七年　旌
王氏萬維藩妻年十九夫沒守節三十六年乾隆十八
年　旌

蔡氏姚承典妻年二十二而寡堅貞自矢守節三十一
年乾隆十九年　旌
陳氏儒士徐滜揚妻蘄州廩生陳于座女幼嫺姆教孝
事父母十九適徐奉姑旌節貞女鄒克盡孝養年二
十二夫亡誓從地下貞姑勸慰乃茹痛强起立三房
次子七義爲嗣撫養成立苦節三十年巳請　旌
南氏饒訓世妻庠生南之麟女　贈文林郎南有杞之
孫女年二十六夫歿長子上湖甫二歲次子有年尚
未週氏矢志撫以和熊勵學至于成名守節三十七

年巳請　旌
朱氏監生張能行妻武進士朱應高孫女年二十四夫
歿遺孤旋夭立姪宏勳爲嗣教子身列黌序乾隆二
十四年　旌守節五十一年歿年七十四歲
余氏鄭紹利妻年十九夫歿孝事孀姑撫遺腹孤邦英
甘貧守節歷四十五年巳請　旌
李氏聞源昌妻李世蕃女年二十四夫亡時源昌祖母
年八十氏與姑奉事維謹撫孤子盛棟成立娶葉氏
期年而盛棟夭無子立姪大勳爲嗣與婦撫養教讀

撑持家計乾隆二十五年　旌壽九十三以節終
陳氏監生李楷妻年三十夫亡守志歷三十八年乾隆
十四年請　旌
周氏歐陽成栻妻孝事舅姑年二十八夫亡矢志撫孤
子灼成立後入國學灼亡復撫兩孫龍溪鳳儀登仕
籍守節五十九年乾隆二十一年　旌郇志泰新增
程氏儒童高佑琳妻年二十一夫亡撫遺腹孤啟賢成
立娶婦汪氏啟賢尋夭撫孫大昌成立壽七十有三
守節五十三年巳請　旌

陳氏監生周建子妻儒童陳文生女監生周天極子婦也氏年十九于歸建子慧而好學致弱症歿遺孤世堂僅稺齡氏矢志守節孝奉舅姑踰九年舅天極故氏與繼姑甯延師課教經營家計俾世堂得以成立已請　旌以上邵志

徐氏儒童李近守妻歲貢徐泗水之女遠安教諭李光祖子婦也年二十六夫亡撫遺腹孤成立守節年例巳符乾隆十五年　旌

王氏高正簡妻年二十一夫歿氏矢志堅貞孝事舅姑

守節三十二年乾隆二十四年　旌

華氏黃士琰妻歸琰四載琰病歿矢志守節水雪其操乾隆二十六年　旌今子孫他適建坊猶存

盧氏儒童李聞仕妻貢生盧經邦女年十九歸李逾三載夫病篤氏盡心醫藥百計求痊二十一歲夫歿無所出時孀姑岑氏在堂氏欲以身殉恐顯傷姑心越旬有七日竟忍饑於悒而卒立姪含瑾爲嗣乾隆三十二年　旌

樂氏生員程開儀妻年二十二夫病篤囑氏劈以盟血流遍體氏願以身代及歿遺腹生子光琦體弱多病氏備極劬勞事舅姑孝養周至歿後殯殮盡禮撫孤成立名列成均乾隆三十二年　旌卒年七十有六守節計五十五年

戴氏鄭毓芳妻年二十三夫亡遺孤嘉謨氏延師訓讀教之嚴切俾列成均守節五十七年乾隆四十二年旌

郭氏陳斐章妻年二十二夫故遺孤二次早夭氏志厲冰霜敬奉孀姑撫孤正魁俾入國學守節三十年乾

隆五十五年　旌　以上縣卷計　國朝已旌列女柒拾陸傳

翟貞女生員翟廷謨女幼許饒上池未婚上池死女時年十八聞訃哭暈投地數次請於母同赴饒弔撫棺泣血絕飲食者三日諸姑强諭起之乃進淡粥自是入居深室不出戶撫嗣子華光入邑庠年六十餘以節終　邵志叅新增

邱貞女父德崇幼許監生安撫邦子士鑌未婚鑌歿欲往弔父母不能止同母赴弔撫棺痛哭矢志守貞立姪正壁爲嗣苦節四十餘年

烈女俞氏幼許巴河高渭璜之子某俞世居黃岡陶店祖章彛與渭璜訂盟未幾高氏貧子得痼疾鼻唇俱無流爲丐乾隆十七年渭璜見其子殘廢無生人理之俞氏願退婚立寒盟約女聞趨出碎其約流涕邱渭璜曰女生死高氏身雖富族不忍適渭璜亦泣諭以殘廢之故女曰是皆命定欲易之安知將來不乞丐乎議遂寢次年夏渭璜與其父議决再字殷族將聘先一日女聞之默無一言是夜沐櫛斂裳自縊死一時婣友隣里咸哀嘆之

高烈女高一崑之女也幼字夏觀籍子國傑未婚傑歿女年十九聞訃痛哭誓不願生至晚更衣自縊死宗族憐之舉棺與國傑之柩合葬焉

高烈女高時憲之女幼許李飛熊之義子招兒兩姓俱貧未婚招兒死女有殊色人爭以兼金啖其母母亦利其賄矣微示意於女女佯諾之恐變生不測也夜半自縊死

韓烈女三家店韓國珍女幼許方開述之子先歿未嫁歿死女年十八聞訃欲奔喪母以未婚諭止之女泣告以有姑可事必終志母堅不許女持素衣日夜泣誓死不欲生越某月某日先歿葬女聞之即於夜半自縊死以上邱志

陳貞女父光澍幼許監生蔡文翰之子士徵未于歸士徵歿女憤不欲生欲往弔父母不許蔡貧甚無以爲家或有議適人者女泣曰生許蔡門死即蔡鬼戒勿多言父母喻其意遂終母家守貞三十餘年歿

周貞女父信臣幼許字岡邑王以坤之子信臣早歿遺腹生貞女年十六而其母又亡依伯叔撫養成人聞

數載王氏子流爲丐百計尋獲促其入贅幷給錢數千文以爲資王氏子攜錢陽諾而去次年有丐者持柬至門欲寒盟約恐誤女終身王氏子亦尋沒時女年二十有二或有勸其適人者女恚曰一女字兩姓辱莫大焉我決不爲遂焚綺麗縞素終身女工自給現年七十有四其從姪生員周承烈迎養於家鄉閭稱之曰周老女

黃烈女父儀宰母王氏幼許監生萬里風之子濃蔭乾隆三十九年濃蔭年十四而夭女時年十七聞訃欲

奔喪父母阻之女終日哭泣不輟遂同母赴弔一慟幾絶拜見舅姑留不肯歸心常憂鬱顏色憔悴舅姑勸諭暫歸母家解鬱及歸而憂傷益劇至四十一年女年十九有富家求婚女聞憤甚遂於是年十一月十九夜乘隙登樓自縊及母奔救而氣已絶矣是夜萬家燈盡暗晨起聞女已捐生母家爲之葬於聯二塘立烈女碑事詳碑内迄今白石磷磷皦然在望也

程烈女父人高母王氏幼許字曾氏子某女年長未于歸而曾氏子不才甚女日夜勤紡績有餘貲授兄密以付曾勸其營家計乃仍不悛將術娶歸爲轉鬻計謀已成女聞憤極泣曰貧苦常也棄妾命也生何爲哉遂縫其衣襦自領至足皆極周密躍池水中自溺死

王貞女農民王志賢女幼許字儒童范德植未于歸乾隆二十九年德植故女年十六聞訃欲奔喪父母力止不能遂隨母往弔號擗幾絶因勸諭勉存活以有姑可事必守不二之志遂拜見姑縞衣𦄂裙入内室不返母家事姑盡孝盡禮二十餘年乾隆五十三年

病終得年四十一歲立姪昌立爲嗣以上縣卷貞女烈女共十一傳

蘄水縣志卷之十五

署縣事宜昌府通判高　舉
知蘄水縣事蘇扎哈纂輯

人物志

列女

吳氏庠生郭琯虞妻武昌貢生吳汝揆之女也琯虞家曾家寨離城十五里許順治五年春東山土寇聚衆攻蘄城聞寨多火藥破之寨長曾雙南遇害曾賀營官兵且至寇奔竄琯虞等恃我實拒寇還寨不避無何兵不知旋爲寇竟殺琯虞挾吳氏上馬去氏義不受辱遂與夫死一處所琯虞蓋郭士望之孫也郭志作流賊破寨誤

周氏　贈君王三尊元配也幼穎慧言動端莊于歸後恪守婦道事姑無間言持身儉勤御下嚴而有惠蓋贈君恒賁內助力焉嘗夜課其子不倦故諸嗣皆有聲黌序以第四子保釐貴　贈孺人　賢媛

廖氏黃寶臣妻年十八夫歿家徒四壁苦節自守撫遺孤孔訓早夭無子遺婦王氏年二十三守志立從子朝桐承祧姑婦相依織絍度日廖年九十有一終王年六十有六終

里氏儒士李仲參妻年二十三夫亡守節歷六十五年壽八十有八終

孫氏陳宗高妻黃岡孫厚菴女年十七歸陳舅姑久病氏謹侍湯藥及歿氏力襄殯葬明季流寇亂陳族衆俱歿于賊戶勢單零遺強鄰搆釁使其祖墓宗高冒死爭勞鬱成疾不起時氏年二十有六遺孤作仁甫五歲宗高囑氏曰以一婦人寄邇讐敵能撫孤守墓有濟乎氏吞聲曰憑陳氏世德以死繼之必有濟自

是延師教子力禦外侮濟之以才百折不回每事窮勢蹙人咸以爲憂獨從容整暇成算然後應之其後讐悛悔子作仁學成以明經薦蓋必濟之言有終也苦節六十五年享壽九十有一

王氏游璣妻年二十四夫歿一子文翌甫六歲家徒壁立勤紡績自給教子貽孫歿年八十有六

徐氏儒士畢開奕妻庠生徐應辰女年二十二夫亡遺腹一子封理苦節撫養封理年十八娶婦吳氏甫十月封理夭族人覬其產蜂議承繼氏言吳氏有娠姑

待之彌月果生一孫名從佑姑婦閉戶守撫備極艱
辛從佑年十七爲之娶婦年餘復夭族人復理前議
吳詢新婦云有三月娠族衆未信强爲爭繼屆期產
男女各一徐氏吳氏哀喜交幷寶爲命脉因無乳倩
媼哺之媼于夢中壓斃其一驚起視則男尚存也吳
氏痛心不敢他委乃親爲撫哺涕泣祝天吳孀居近
二十年忽兩乳如注遂得哺孤成立三代遺腹獲存
禋祀闔邑異之以爲節孝所感云雍正五年公籲請
旌徐氏吳氏以婦職當然堅辭不許從佑子名運

泰今生子四
范氏儒士王士亨妻　貤贈翰林院庶吉士范璿之女
年二十二夫亡撫子成立守節六十餘年壽九十餘
歲
鄭氏錢宏沛妻年二十三夫歿家貧守志撫孤孤復夭
鞠孫八十有三終苦節六十一年
戴氏江純貞妻年二十三夫亡撫一子宏波苦節五十
六年
余氏汪基賢妻年二十四夫亡遺子映璘甫週復早夭

立姪孫啟誌承祧營葬夫柩苦節五十六年壽八十
有一
張氏龍雲登妻　封翁龍嗣恭之子婦年二十四夫歿
家貧無子一女適戴立姪漢才爲嗣孝事舅姑備嘗
辛苦後女與壻並夭氏以憂亡守節二十七年
張氏陳啟貴妻年二十一而寡撫孤守節五十五年
李氏周有資妻年二十五夫亡守志上事孀姑下撫孤
子廷烈廷佐苦節五十二年
王氏邑庠生馮傑興妻年十五歸馮孝事孀姑二十五

夫亡苦節五十二年
李氏胡承搢妻年二十六夫歿一子時選早喪偕婦蔡
氏撫孫楚治成立苦節五十二年
張氏熊青蕃妻年二十夫亡無子立胞姪正蕃承祧正
蕃亦早逝妻操氏年僅十八撫從姪學山爲嗣姑婦
共守計張守節四十年操守節三十三年
甯氏潘宗海妻庠生甯之選女年二十二夫亡守志家
徒四壁撫孤名楷等成立苦節五十一年
吳氏彭文炳妻年二十八而寡歷五十一年以節終

王氏庠生張家深妻年二十四夫亡撫孤士珠成立守
節五十一年
萬氏蔡應義妻年二十夫亡志堅從一孝事舅姑立從
姪亮衡承祧守節五十年
汪氏高兩儀妻年二十一夫亡家貧勤紡績以養舅姑
撫遺孤爲娶室孤夭復撫孫歷五十年以節終
董氏庠生萬景煦妻年二十夫歿遺孤甫十日氏盡心
撫養後入泮守節五十年
石氏程延泰妻年二十三而寡孀姑在室且喪明氏克

勤婦職孝養不衰撫孤宜萬成立守節五十年
鄧氏王際泰妻舉人鄧之驥孫女年二十三夫歿遺孤
基幼家故貧氏泣血支持躬藝園蔬寒冬龜手拾蘆
炊爨以供舅姑養舅歿奉孀姑范年逾八十病足卧
床氏吮咀血汚衣不解帶者三年教子基爲邑諸生
撫遺姪如已出守節四十九年
蔡氏胡倉選妻生員蔡永敬女年二十一夫故孝奉孀
姑立姪楚瑛爲嗣守節四十九年
王氏國學生李紹麒妻邑庠生王溴女年二十夫亡無

出苦節四十九年
袁氏李以書妻袁楚望女年二十四夫亡撫孤立人亦
早逝氏上事舅姑下撫幼孫守節四十八年
桂氏邑庠奚祿逵妻庠生桂和雲女幼通女史在室即
以孝聞年十八歸奚値戎馬蹂躪之際奉事舅姑悉
能致孝備禮三十夫故氏勺水不入欲以身殉因夫
亡子幼强起視事營葬舅姑及夫櫬畢誓曰身爲奚
氏婦使子弟讀父書則生不如死也後子滑孫學標
俱學行有成年七十七歲守節四十七年以孫學標

任知縣　貤贈孺人邵志參新增
章氏舉人張萬選妻郡庠生張鳳起女年二十八夫亡
撫孤暎珂成立守節四十六年
王氏徐紹緒妻年十八夫故矢志從一孝事孀姑撫姪
七棠成立後姑與七棠之生父母繼亡氏經營喪葬
貧能備禮守節四十五年
詹氏庠生柴文貞妻家被盜夫亡遭回祿盜復致摟氏
恐被汚墜樓幾斃時年二十有六撫遺孤甫六歲守
節四十四年

彭氏庠生范可孝繼妻年十八夫亡遺孤璋甫週夫前
室陳氏遺二子氏俱撫之有成守節四十四年
袁氏姜崇炎妻年二十夫亡撫孤成立守節四十四年
蔡氏郡庠生官誎妻庠生蔡光翰女年二十而寡矢志
柏舟孝孀姑撫二子銓錀成立守節四十三年
週氏周廷梓妻年二十三夫亡子洪舟甫一歲氏撫之
孝養舅姑俱壽登八十守節四十三年
陳氏熊菁莪妻年二十三夫亡撫孤一張守節四十二
年

姚氏邑庠生林天楩妻年二十八夫亡無子守節四十
餘年
游氏太學生趙藻妻年二十餘夫歿無子柏舟自矢撫
嗣子承祀歷四十餘年以節終
岑氏姜封湄妻年二十五夫亡矢志不二事舅姑十餘
年如一日撫四歲孤承璧成立守節四十年
畢氏邑庠生張宏功妻舉人畢元英女年二十三夫亡
孝事繼姑撫遺腹子聯奎苦志讀書守節四十四年
聯奎中乾隆戊午科舉人

吳氏奚孔文妻武昌庠生吳森女黃岡進士奚祿貽孫
婦祿貽本清白吏流寓邑西孔文竟以餓終祿葬氏
痛泣曰苟以身貧豈不能覔一棺垢彌甚矣欲仰從
夫地下以有遺孤子一女三勉存活撫之屑糠以咽
日止一餉爲度歷四十年苦節以終
高氏南運猋妻年二十于歸時夫已得疾奉侍八載夫
亡守節四十年
葉氏涂際雲妻年二十夫故撫遺腹孤方潤成立苦節
四十年

徐氏蔡永珩妻徐師齡之女也年二十一夫歿孝事舅
姑立姪文法承祧守節三十九年
陳氏庠生徐雲範妻黃岡進士任福建學政陳璉之孫
女性頴慧嫺詩禮工文墨年二十歸徐二十一夫亡
矢志守節立姪定中承祧與姪守中同殷教誨後定
中援例入成均守中以選貢任山西平遥知縣皆書
荻丸熊力也未幾定中故遺婦周氏江西建昌孝廉
任撫州教授周大勲之女與姑同志撫子宗正成立
陳守節六十二年壽八十有三周守節三十九年

楊氏盧坤載妻楊成丞之女也年二十五夫亡矢志守節養孀姑撫弱息撐持家計俾子學孟成立苦節三十九年

徐氏王博仁妻儒士徐鴻女　旌表孝子王教民之孫婦也年二十二夫故遺腹生一女立姪學淵爲嗣守節三十九年

陳氏郭應得妻年二十四夫亡撫孤時億守節三十八年

陳氏監生吳從佑妻年二十八夫歿矢志柏舟勤紡績

孝事公姑撫子兆猷成立守節三十八年

楊氏蔡永璐妻夫故哀痛急切勺水不入幾死者數日凜舅姑命立子文游承祧躬紡績冰雪自矢苦節三十八年

陳氏汪煥湘妻年二十二夫歿無子遺一女孝事衰姑時有欲勸其改適者氏斷髮毀形以自誓乃止守節三十八年

畢氏國學生李士鵬妻舉人畢元英孫女幼端詳通書籍年二十三夫亡撫姪樹勳爲嗣上侍耄姑曲體順

承苦節三十七年

周氏李聞振妻夫病篤刲股以進夫歿年二十四孝事舅姑下撫孤子守節三十七年

郭氏徐五序妻年三十而寡矢志從一孝事舅姑撫孤洪德洪業成立守節三十七年

李氏袁用文妻大冶李又思女年二十四夫亡舅姑俱歿矢志撫孤苦節三十六年長子嗣藩列郡庠

盧氏南金蘭妻庠生盧士元女年二十四而寡生一子任撫字成立清操厲節歷三十六年以節終

張氏華殿英妻四齡失怙守母教友弱弟在家郎以孝聞年二十八夫故値染急症倉皇無資氏盡脫簪珥以爲喪具事舅姑維謹撫兩孤文煜文炳成立守節三十六年

王氏劉世鏡妻年二十四夫亡撫孤本源本亨未幾亨逝遺婦張氏年二十一立源子承祀王守節二十八年張守節三十五年

潘氏程元義妻庠生潘生榮女年二十四夫歿撫孤艮楷守節三十四年

葉氏黄子壽妻年二十九夫故矢志從一守節三十三年

邱氏庠生程芝英妻蘄驛丞邱宗麓孫女年二十六夫殁遺孤元乾甫數月氏矢志不二撫子成立年七十殁孫名釆鴻賓俱邑廩生邵志參新增

顧氏龍雲從妻　封翁龍嗣恭之子婦年二十三而寡一子漢章復早夭撫孫爲光守節四十餘年

徐氏楊炳性妻庠生徐師齡女年二十二夫亡撫遺腹子一辰成立守節三十三年

蕭氏程艮佑妻年二十五夫亡矢志守節撫孤開泰成立歷三十三年以節終

葉氏監生汪承滌妻年二十八夫亡撫嗣子成立守節三十三年

蔡氏國學生楊登雲妻庠生蔡永琳女年二十五夫亡無嗣殮畢誓以身殉家人密防之乃絶食悲號勺水不入者七日臨殁時曰吾得從夫地下矣

王氏周忠妻年二十四夫殁無子撫姪宗栢成立守節三十三年

奚氏馮大烱妻奚祿貽之曾孫女節婦吴氏女也自襁褓至于歸盡忍饑度日身無完布常勤紡績易剩米零錢上以膳老姑並饋孀母夫貧病連年服事惟謹夫亡子女俱無或勸以改適氏誓死不易苦節三十餘年人以爲祿貽清厲之遺云

何氏秦安吉妻年十九夫亡孤子可權僅數月氏撫養成立事舅姑曲盡孝謹守節三十餘年

樂氏生員李瑾妻年二十三夫亡遺腹生子文密家貧氏勤紡績事舅姑無缺嚴以課子不稍怠守節五十餘年

孫氏易克全妻年二十一夫亡撫子燕貽成立守節三十二年

潘氏陳心德妻年二十七而寡撫五月孤瑶庭甘貧守約苦節三十二年

江氏邱璠妻年二十七而寡撫孤艮才歷三十餘年

李氏涂元亨妻李聞同女年二十一夫亡遺孤侖水僅三歲氏事姑教子矢志彌堅守節三十一年

周氏庠生姜世鐸妻周卜周之女年二十二夫亡遺子

女各一孝奉舅姑撫孤成立守節歷三十一年

方氏監生周協命妻監生方成美女年二十八夫亡矢志從一撫姪必興承祧苦節二十餘年終

周氏郭鑿臣妻年二十五夫歿家徒四壁矢志撫孤苦節三十年

王氏南應朝妻年十九夫亡守節歷三十年

佘氏南嘉魚妻佘正坤姪女年二十七夫亡守志孝事舅姑備歷艱辛苦節三十年

孔氏黃宗曉妻年二十七夫亡守志孝事衰姑歷三十

年後以節終

鄧氏李紹泌妻邑庠鄧之華女舉人鄧之驥姪女年二十九夫亡遺孤聞迪甫四歲氏孝事孀姑撫孤成立守節歷三十餘年終

佘氏陳廷輝妻年二十九夫亡撫孤序恒守節三十餘年

汪氏蘭谿佘仰高妻年二十三夫歿遺兩孤長二歲次月餘家徒壁立氏以織紝奉養孀姑後姑與氏長子偕逝氏經營拮据氏自蘭谿移四棺於城東之祖塋安葬守節二十九年

鄧氏汪啟謨妻年二十四夫亡蕭然四壁氏拮据經營孝事舅姑姑患癱症常臥床褥氏侍湯藥者八年撫孤萬銖等成立守節二十九年

袁氏邑庠李瑛瑚妻瑛瑚少聰慧沉酣六籍下筆千言壬子獲中見遺遂以幽鬱死時氏年二十八無子立姪含輿為嗣撫養教讀守節三十餘年

陸氏張聖修妻年二十二夫歿撫遺腹子文蔚守節二

十七年

李氏鄧恩魯妻年二十三夫亡一子殤立姪承祧守節二十八年

張氏何芝亭妻年二十九夫故撫孤三守節二十五年

聞氏庠生蔡應賡妻年二十夫亡孝事舅姑教子有成紡績度日矢志彌堅守節二十四年

徐氏胡珂選妻縣丞徐七辯女年二十夫歿無子立姪承祧守節四十餘年

鄢氏潘德友妻年二十六夫歿無子立姪三元為嗣守節二十餘年

游氏官濆妻游聲裔之女濆以奉例入勇健營効用歿於營氏時年二十七聞訃號泣誓不欲生舅姑抱遺孤桂强起之茹貧矢志撫孤成立以節終

余氏葉毓華妻家甚貧夫兄弟八人嗷嗷者衆氏困頓萬狀年二十四夫歿氏盡脫簪珥營葬事遺孤甫九月多疾孤歿益耐饑寒年七十餘白髮蕭然蘆扉土銼終如故也

王氏胡賀詔妻年二十四夫亡守節歷四十一年

舒氏團陂王兆恒妻舒天爵女年二十歸王不數年夫

患癱疾濆死氏為親吮焚香禱天者三年後以節終

熊氏陳子鏘妻年二十餘夫故守志撫遺腹子孔占娶婦甯氏未幾孔占故一子隆世甫七歲姑婦相依撫孤成立娶婦何氏未幾隆世又故一子諦輯甫三歲何撫字娶婦易氏未幾諦輯又故一子二長早殤止存一女歸徐姓

袁氏萬仁綬妻年二十九夫歿無子矢志守節孝事舅姑撫嗣子如已出葬夫於茅坪即預成二塚以自待卒後附葬焉

張氏蔡士楷妻訓導張覲聖女楊氏庠生蔡士榆妻生員楊成玟女張年二十三夫亡一子世隆甫數歲楊年二十七夫歿無嗣兩寡相依勤紡績養孀姑張年六十有四楊年五十有二人稱雙節

何氏縣胥何人碩女適王某年二十一夫亡守志撫孤居河東街河水漲溢居民逃避氏以姑柩在堂堅不外出水勢益盛氏手抱孤繩繫姑柩堅挽于腰升屋抱棟號呼願以身殉隣屋盡毀氏室獨存姑柩飄搖水中一晝夜賴繫得免淪没水退竭十指以營葬孤

復早夭撫孫艱險備嘗後以壽終

范氏儒士陳哲時妻年二十三夫故孤子儕雲甫八月苦節彌堅撫養成立娶婦徐氏未幾儕歿徐氏時年二十七一子紫芳四歲姑婦共撫之俱以節終

雷氏孔世璵妻年二十四夫亡撫孤承模孤復夭立夫弟世琪之子承楷為嗣世琪又早逝遺馮氏青年矢志兩寡相依後以節終

翟氏彭冠羣妻徐氏彭二璋妻翟年二十二夫亡撫一歲孤三署成立歷三十三年徐年十九夫亡無子立

從子三揖爲嗣歷三十一年俱以節終
易氏南兩崑妻監生易儲升女年二十二夫亡家貧矢
志承堅孝事孀姑撫遺腹子成立守節三十一年
范氏監生潘晟學之妻二十四歲夫亡撫孤存樸苦節
以終
甘氏李昆儒妻年二十五夫故無子越數年夫兄舉子
承貞氏于襁褓中立之撫養成立苦節以終
程氏楊成翀妻庠人程維極之孫女庠生程淳女年二
十一夫亡生子臺性復早夭止遺一女家貧矢志守

節四十餘年
詹氏徐七正妻年二十二夫亡無子撫姪八師成立守
節三十餘年
楊氏程元鵬妻年二十五夫亡遺孤良俊甫四歲氏撫
養成名守節三十五年
張氏胡以郁妻年二十六夫亡守志苦節以終
潘氏胡楚昶妻年二十四夫亡家貧氏盡出家貲殯之
父母憐其貧欲爲改適氏搶地呼天誓不欲生議遂
寢以節終

王氏胡禮府妻年二十四夫歿遺孤待詔甫五月氏守
貞不二事舅姑撫孤子苦節十六年終
張氏周振洛妻年二十一夫亡家貧勤紡績立姪宗旦
爲嗣娶婦楊氏甫數月宗旦夭氏更立姪孫定邦爲
宗旦後以節終
陳氏李公錫妻年二十三夫病刲股以療仍不起氏欲
以身殉舅姑抱月餘遺孤勸之乃止撫子成立以節
終
楊氏瞿條有妻夫亡遺孤甫數月氏撫養爲之授室孤

復夭更撫幼孫守節以終
楊氏瞿君厚妻夫歿矢志不二壽九十三以節終
宋氏馮大遂妻監生宋永清女年二十三夫歿一子先
殤氏誓不欲生姑楊氏泣勸之乃隱忍相依初大遂
生甫墮地而母呂氏亡繼母楊撫之如已出其待婦
亦如之越七年楊歿氏痛甚絕粒以殉張兩目血淚
迸隕氣息奄奄而死族黨咸悼嘆之
馮氏蔡永[illegible]妻年十八歸蔡越數年夫故氏誓從一撫
遺腹子[illegible][illegible]爲命矢志不移後以節終

尙氏國學生蔡文瀾妻年十七歸蔡夫故氏矢志不二現年八十歲撫遺孤三青選士傑俱列庠序士揚歲貢生郡志參新增

萬氏庠生蔡文洙妻夫以赴試歿於齊安氏時年二十聞音泣暈倒地半晌方蘇往扶櫬歸里至渡口號哭躍江家人强禁之乃免於難

陳氏貢生周聖甫妻年二十六而寡撫孤成立以節終

范氏李紹稷妻年二十三夫亡氏痛不欲生自經而獲救者兩次父母聞之勸令歸寧倍加防護是年十一

月初七値伯氏誕辰乘間登樓自縊死

陳氏周延偶妻夫亡守志撫子之赤之貞吉甫皆成名後以節終

陳氏徐受中妻郡庠陳守崙女夫以遠幕歿于山西太原氏時二十九聞訃痛哭誓不欲生一時族戚咸以家貧子幼撫孤爲重因忍死茹氷守志于鳳臺後入泮苦節三十二年

司氏庠生李聞楚妻年二十四夫亡無子矢志不二孝事繼姑立姪承祧苦節五十餘年

胡氏郭正魯妻年二十夫亡撫遺孤一龢成立以節終

程氏邑庠徐師齡妻貢生程宣裔女年二十九夫亡孝事舅姑撫二子七辨七稽有成七辨爲滑縣尹時知縣桐城姚孔炳爲之傳孫光龍貢生曾孫九賦庠生

張氏庠生楊吉泰妻年二十五夫亡矢志不二立姪以德承祀躬操作以養舅姑守節二十餘年

何氏庠生樂則韶妻年二十六夫亡家徒四壁貧苦萬狀孝事公姑課子教姪苦節五十六年壽八十有二

陳氏郭一得妻年二十二夫歿撫孤奠邦成立守節五

十三年

李氏庠生吳學禮妻年二十八夫歿撫孤開璠守節二十八年

張氏庠生周協正妻貢生張由聖女年二十三夫亡遺孤遥芳三歲氏撫養成立爲之授室遥芳又早夭婦程氏遺腹生子繼法氏策勵孀婦共撫孤孫張守節二十三年後繼法復夭程氏爲立嗣子苦節二十餘年終

張氏姚應麟妻訓導張親聖女年二十三夫歿無子家

貧守節藉針黹傭工以事老姑夫櫬久停度日之餘積數文歷二十餘年拮据安葬人咸哀之依母家以終守節三十九年

畢氏蔡國崑妻夫亡氏苦節自矢家財分給諸姪不留餘貲生無間言享年九十有七前縣許聞而異之謂其青年矢節白首完操贈以柏節松齡匾額

周氏儒士李爲崑妻生員周膚公女也年二十二夫亡無子貧甚乃鬻嫁衣備葬臨穴之時嚙指血流棺爲之赤斷髮置柩前以死自誓絕而復甦者數次哀感

族人各出己分田稞三石立胞姪貢瞻爲嗣守節五十六年

熊氏郡庠高于岱妻生員熊棫絡女也年二十三夫亡一子襁褓氏艱苦備嘗守節二十八年

張氏儒士萬氏則妻進士張素臣姪女年二十四夫亡一孤在抱矢死靡他守節二十六年

程氏監生胡成棟妻年二十五夫亡遺孤志鰲三歲氏矢志撫孤成立娶婦汪氏數年志鰲復夭無嗣氏與婦汪同志茹荼柏舟共矢氏守節四十四年汪守節二十三年

汪氏儒童徐坤緒妻監生汪士綸女年二十五夫亡遺腹一女氏矢志靡他苦節守貞紡績度日孝奉舅姑族里賢之後以節終

彭氏徐六瑗妻彭成捷女夫亡矢志守節孝事舅姑生養葬祭如禮撫二孤七萃七澤俱成立苦節四十餘年　以上邵志計國朝未旌列女一百四十傳

馮氏儒童陳嘉霽妻性貞淑涉文史年二十七夫故遺孤士珂士典氏矢志堅貞奉舅姑竭誠盡禮痛夫績

學賁志早逝訓其子立品敦行每日夜以經史親自課讀俾子爲邑中名宿守節四十八年士珂乾隆丁酉舉人士典國學生孫光詔乾隆己亥舉人餘孫曾繩繩繼起多列庠序

張氏附貢生徐六敏妻六敏性穎異好學工書法弱冠入泮馳聲庠序間益晝夜雒誦不倦遂成瘵疾年二十七而歿氏時年二十有九遺孤二俱在襁抱氏勵志守貞上事廢疾嗣舅省視維謹承奉生姑與嗣姑孝養備至尤痛夫績學早逝急思課子詩書以慰夫

泉下子鳳岐國學生翼亭登乾隆巳酉賢書乾隆五十六年督學李以鶴年松節表其閭守節巳歷三十八年

李氏儒童尚五福妻監生李含芋女年二十九夫故撫孤六齡成立娶婦周氏貢生周宗文女年二十一六齡復夭無所出時同父周親無人可繼立族姪孫芳訓爲嗣數年訓又夭氏率婦堅貞自守操厲冰霜後立胞姪庠生六翮之子七綬爲嗣李守節巳歷四十二年周守節巳歷三十一年

王氏拔貢生陳鵬翥妻鵬翥文學爲士林翹楚乾隆辛酉遵例赴部考授正白旗教習留京氏以婦代子職孝養舅姑家貧恒刺繡易米供之鵬翥疾歿於京氏時年二十八聞訃即欲身殉以舅姑衰老子幼勉爲其難遂忍死守志謹守禮法舅姑歿哀禮兼盡撫孤成立守節四十七年

曾氏夏世璋妻年二十五夫歿遺孤彤紳氏矢志不渝紡績度日孝養舅姑延師課子俾列成均年六十時孝昌夏太史力恕贈以聯有青年節氣橫山嶽皓首堅貞映玉壺之句守節五十八年歿年八十有二孫五松邑庠生

漆氏郡廩生徐立藩妻江西新昌漆太守扶助之女及笄于歸母族清華夫家閥閱氏嫻禮教通書史篝燈佐讀克相夫子思以奮志青雲乃立藩中道而殂氏時年二十有四遺孤一遂屏棄華靡自甘澹素撫孤逍其成立歲歉常出粧資以周貧乏守節三十年

劉氏儒童謝光四妻十九于歸值夫多疾越二年而生一子體復羸弱氏事夫育子艱苦備嘗年二十三夫

故矢志靡他撫孤開緒列名成均奉繼姑孝養盡禮年七十時族里贈以瑤池冰雪匾額守節五十三年歿年七十有五今孫曾林立人以爲節孝之報焉

汪氏生員楊以斗妻年二十七夫故號擗幾絕舅姑諭以撫孤爲重氏矢志堅貞延師教子俾之有成姑華氏年老忽染沉痾氏奉事不離床蓐者三載守節巳歷三十八年子琦邑庠生璐郡廩生

柳氏貢生盧智煥妻監生道明之子婦也年二十三夫故遺孤三氏矢志守貞孝事舅姑姑常病在床蓐氏

曲意將順侍湯藥者五載撫孤有成長廣厚列成均次廣居例授州同三廣植原任山西河東鹽知事守節已歷四十四年

孫氏　貤贈登仕郎張厚萃之繼妻也年二十三夫故氏無出夫前妻汪氏遺子傳璧傳籌遺女二氏撫如已出恩勤教誨不憚勞勩守節已歷二十九年以子傳籌成名氏與汪氏俱邀　恩貤贈封孺人

駱氏生員徐登嵋妻與武衛守備文琮之女年二十六夫歿撫遺孤二及長俾就外傳訓誡嚴切思得成名

以慰夫泉下其長子光朝已入泮氏操厲冰霜守節四十五年

郁氏蔡士森妻年二十歸蔡甫一載夫故無所出夫弟士棠僅二齡家貧姑病氏夙夜侍姑寢膳未嘗稍懈一日抱疾忽曰身將死事不可廢强起爲姑滌器畢返室坐而歿守節三十六年士棠以子世璉繼其嗣

闕氏龍泉縣縣丞盧廣祚妻年二十四夫故無所出立姪志忠爲嗣冰霜自矢孝事舅姑守節三十三年

畢氏儒童王士泰妻乙丑進士畢志璜女年二十四夫歿遺孤立訓氏勤紡績孝事舅姑撫育孤子俾入成均守節已歷四十三年

蔡氏儒童徐益緒妻年二十七夫歿僅遺一女立姪承嗣復夭氏夫家本簪纓舊族家中落乃矢志守貞始終不渝守節已歷四十年

蔡氏生員徐益僎妻年二十九夫歿遺孤二氏姑早逝奉養衰舅克盡其禮尤痛其夫以芸窗奮志績學未遇汲汲延師教子思慰夫泉下及乾隆甲午次子賡泰登賢書公車數次皆氏爲之經營部署四方縞紵

之交不惜典釵脫釧以佐之乃賡泰年逾四十無嗣而歿不數年氏亦歿守節四十四年

閻氏舉人徐棟梁妻性敦厚佐夫讀徹夜紡績不倦年二十夫歿撫遺孤高麒教同晝荻麒年十五入泮十七娶婦尙氏甫六載而麒又夭尙時年二十有二未生子遺一女立姪監生量之子岡復爲嗣閻以憶子成疾逾年歿尙撫嗣子纔識之無而尙氏又歿兩世孀苦聞者傷之

李氏方修立妻貢生李正國女生員方雖子婦也年二

十七夫亡無所出姑病氏典釵釧爲醫藥資百計求愈後家中落常至斷炊而志節彌堅立夫弟生員躍龍之子爲嗣守節已歷三十五年

夏氏生員陳光倫妻年二十二夫故氏痛其夫篤學早逝遺孤學憚甫二齡誓不欲生觸棺氣絕復甦者數次舅諭以大義乃勉存食息孝事舅姑姑夏氏年老患風症飲食動履維艱氏盡心服侍湯藥扶[illegible]起居三載如一日撫孤讀書成立守節已歷三十年

郭氏毛恒旭妻兩歲失恃十二歲失怙事祖母以孝聞

年二十三歸毛二十五夫歿孝事舅姑撫孤龍光名列成均守節四十三年

萬氏郭喬望妻年二十六夫歿氏孝養舅姑撫孤成立備極艱苦守節四十四年

瞿氏郭正泌妻年二十四夫歿遺孤一六歲而殤氏紡績度日奉事舅姑艱辛萬狀守節四十四年

彭氏監生石永鍠之妾漢陽人年十九以室女事永鍠性貞靜寡言侍永鍠五年鍠歿時氏年二十三無所出嫡婦令其改適氏曰妾主歿時無後命妾不敢背嗣子本皓甫數月恩勤撫育家貧紡績度日不數年嫡婦歿家愈貧氏志愈堅幷日而食率以爲常苦節三十九年歿後本皓以庠生呈請丁憂經學憲吳批准與律文爲慈母斬衰三年之例相符准其丁憂

王氏儒童蔡文彪妻年二十四夫歿遺一女立姪士輝士奇爲嗣氏安貧守志督子力詩書俾士奇入邑庠守節四十五年

徐氏生員李允漢妻年十九夫歿無所出夫弟皆幼無可議繼者氏矢志彌堅孝事舅姑俟夫弟生子守良立爲嗣生平禮法自持不輕言笑守節已歷三十一

年

張氏懷在廷妻年十八適懷甫三月而夫歿遺腹生子繩宗恩勤鞠養年未三十而又夭遺孫四氏食貧作苦女紅自給上事衰舅甘旨無缺俾舅得頤養以壽終耄耋守節已歷四十年

袁氏程開東妻年二十六夫歿遺孤甫三歲氏撫孤子勤紡績以十指操作黽勉有無守節已歷二十七年

黎氏儒童徐顯烈妻年二十五夫歿無所出誓欲從夫

地下舅姑諭以大義乃止立姪習成爲嗣善事舅姑
鄉黨咸稱其孝守節已歷三十四年
駱氏儒童梅永溥妻援例縣丞國鏞之女年二十二夫
歿遺孤鵬飛甫週氏上奉舅姑孝養不衰下撫孤兒
至於成立支持門戶家道賴以不墜守節已歷三十
二年
凃氏儒童葉金華妻年二十三夫歿遺子女各一子元
勳墮地纔四十日耳氏上顧衰姑下撫乳抱幾無生
理乃矢志不移食貧作苦奉姑甘旨偶有外侮防閑

備至不受侵欺遺孤體弱多病每軫憂慮今已成立
守節已歷四十二年
張氏監生蔡文沐妻年二十九夫病篤氏侍湯藥無間
晨昏竟不起氏哀毀骨立上侍舅姑下撫孤子備極
辛勤守節已歷四十五年
陶氏雷知徵妻年二十四夫歿撫孤震一及長娶婦楊
氏楊年二十而震一又夭無所出姑婦相依爲命貧
苦自甘至老不悔陶歿年八十有二守節五十九年
楊歿年六十有八守節四十九年遺言立次房子光

運爲嗣
汪氏儒童胡源淇妻年二十二夫歿家無擔石遺孤在
襁氏誓不欲生以勸諭勉存活乃矢志堅貞自甘貧
苦紡績營生撫孤成立守節三十八年
張氏余士懷妻年二十六夫歿遺孤紹瓏甫數月家徒
四壁饔飧不繼氏謹守禮法足不踰閾日夜紡績撫
孤成立歿年八十有二守節五十七年
周氏謝藎臣妻年二十五夫亡無所出立姪曾芳爲嗣
亦夭氏一身孑立家無宿舂貧苦自甘守節已歷五

十八年
鄧氏杜朱政妻年二十五夫亡家計貧窘日不再食身
無兼衣氏撫遺孤居敝廬以女工度日鄉鄰罕識其
面歿年八十有三苦節五十九年
廣氏張元魁妻年二十二夫亡無所出家窘甚族戚有
憐其貧而助之者却弗受紡績度日撫嗣子光運成
立守節已歷五十年
張氏姚一清妻段氏姚一寧妻張年二十四夫亡遺孤
二南二典段年十九夫亡遺孤二晉娣姒間遵年作

未亡人於一室家計窘乏艱難萬狀兩人同心矢志
撑持門户各撫孤子教讀甚嚴俾得成立張守節已
歷三十九年段守節已歷四十年
彭氏朱依渭妻年二十六夫亡祇遺二女氏淚盡血繼
誓不欲生有勸令再適者厲言相拒撫兩嗣子惟懷
惟勝成立守節已歷四十二年
戴氏儒童陳士鍠妻年二十四夫亡遺孤光鴻甫八月
氏痛夫芸總苦志屢試未售急思教子讀書因家計
蕭索窮年絡緯以佐舅姑甘旨給光鴻膏火守節四

十二年
李氏儒童章佳士妻年二十五夫亡遺孤枝華枝茂俱
幼氏身勤紡績以供舅姑甘旨及年衰老尤曲加承
順孝婦之名聞於鄉里教子慈嚴兼至守節三十五
年
姚氏儒童詹光台妻年二十二夫亡遺孤應桂在襁氏
矢志不二事奉孀姑曲盡孝養鞠育孤子俾得成立
族隣無不稱其節孝守節已歷三十一年
饒氏湯世鎮妻年二十六夫亡遺孤三氏食貧勵節撫

孤其瀾其灝其清皆得成立守節已歷四十一年
田氏胡楚珍妻年二十一夫亡遺孤一氏家無擔石日
夜勤勞艱苦備嘗撫孤成立守節已歷三十一年
周氏范廷楫妻年二十二夫亡舅姑衰老氏矢志靡他
生供菽水死營窀穸備極黽勉苦節已歷四十二年
李氏胡公省妻年二十六夫亡孝事衰姑倍加勤懇有
諷以改適者乃毀棄鉛華自御荊縞焚香立誓以守
節必須吃苦苟一念回邪明神殛之族人傳以爲訓
守節四十九年

張氏王紅攀妻年二十五夫亡遺孤方直尚幼舅姑貧
老無依氏服勤作苦黽勉有無有諷以改適者氏憤
激幾瀕於死里人皆爲所感舅姑歿後衣縞食糲窮
苦自甘不受人憐守節四十三年
董氏儒童華謙貞妻謙與兄生員豫貞隔河居因父病
來豫家侍湯藥適天雨歸家自行操舟失足溺水身
死氏聞信奔救赴水同溺衆援氏起越二日舅復逝
氏痛夫死於非命舅復連喪家貧無子終不欲生或
勸以夫遺三女尚在提攜襁抱遂隱忍作未亡人然

眞傷莫解每憶衝波激浪雨嘯風嘷遂終身不見笑容夫歿時氏年二十有六今守節已歷四十六年

高氏儒童景斯廣妻年二十四夫亡無所出立子復夭又立孫誠意爲嗣氏畧涉書史明大義孀姑卧病九載侍掖惟謹粧資盡付質庫以爲舅姑及夫營葬之費終身貧苦自甘守節四十五年

徐氏儒童李含燮妻乾隆丙辰氏年二十四夫亡終日含淚紡績不輟撫孤之庚延師課讀督之甚嚴今已入泮乃竟以憂傷成疾歿於乾隆庚午守節一十五

年身雖死而志已成矣

吳氏程尚位妻年十九夫亡上事舅姑克盡孝養下撫孤子備極恩勤以家計窘乏晝則勤苦力作夜則篝燈紡績苦節三十六年

周氏儒童林緒和妻年二十二夫亡遺腹生子肇乾氏撫之成立家貧日夕針紉自給閫範嚴肅鄉里罕識其面守節已歷三十年

龔氏王榮茂妻年二十七夫亡遺孤邦珍甫二齡氏茹荼食蓼撫孤成立娶婦李氏年二十五而邦珍又夭僅遺一孫貧苦如舊氏率婦冰霜共矢鞠育孤孫龔守節五十二年李守節已歷三十二年

陳氏儒童李椿艮妻年二十七夫亡遺一女無子氏孝養舅姑足不踰閫雖姻戚罕見其面里人欽之守節已歷四十四年

周氏閔性邦妻郭氏閔性詞妻周年二十五而寡遺孤二俱成立長子道盛娶婦毛氏盛貿布鄖陽客死僅遺一孫問名次子亦相繼夭喪郭年二十四夫歿遺孤道烈甫數月娣姒同居共勵冰操孝養舅姑紡績不輟周以憶子憂傷成疾而逝守節三十六年郭守

節已歷二十八年

張氏儒童閔性斂妻年二十五夫亡無所出氏欲以身殉者數次家人力勸乃止孝養舅姑立姪超羣爲嗣名列成均守節已歷三十一年

張氏郭應瑯妻江氏郭應玕妻張年二十有五而寡遺孤明建甫週江年二十有四而寡遺孤云書四歲值家運屯蹇連年夭喪兩寡相依孝養舅姑撫孤俱得成立張守節已歷四十四年江守節已歷四十三年

徐氏朱會琛妻年二十五夫亡遺孤二氏自甘淡泊謹守先業勤於紡績以耕讀訓子成立守節已歷四十一年

何氏徐五節妻年二十九夫亡遺孤六富甫六歲氏甘貧守節孝事舅姑撫孤爲之延師課讀俾得成立守節四十六年

陳氏儒童畢封班妻生員陳斑女年二十六夫亡無所出氏矢志守貞奉七旬老姑曲盡孝養姑病焚香默禱願以身代有以家貧年少諷以改適者曰氏去如

老姑何隣里皆爲寒心守節三十五年

程氏儒童畢封珏妻年二十四夫亡遺孤二氏矢志撫孤稍長令其隨伯叔讀書訓督甚嚴後兩子成立藉筆耕以供毋養氏仍紡績不輟以終餘年守節四十四年

趙氏儒童徐鳳超妻生員趙氏璧之姊年十九于歸孝事孀姑鳳超以好學致疾身故無子遺一女長適士族氏時年二十三嘔血暈死累日始甦恐違喪以傷姑心越歲鳳超歸窆徐家山窀穸畢而趙竟從夫於

地下矣

畢氏儒童張大勳妻優貢生畢封斗女年二十二夫故立胞姪之本爲嗣家貧勵志始終不渝紡績度日苦節已歷四十一年

畢氏儒童張厚履妻舉人畢從德女年二十四夫故無所出立從姪傳翼爲嗣禮法自持不輕言笑上事衰姑克盡孝養守節已歷二十七年

范氏李永芳妻年二十五夫故氏矢志守義氷雪其操撫孤成立守節三十五年

董氏監生胡楚第妻年二十八夫故無所出立姪鶚山爲嗣鶚又夭氏堅貞自矢孝事舅姑苦節已歷四十年

潘氏儒童胡楚瑶妻歸瑶僅兩月夫故氏年二十一矢志靡他孝事舅姑舅姑相繼逝夫弟楚端尚幼氏操持家計俾端成立入國學撫姪壽山如已出守節已歷三十五年

袁氏生員李開鼇妻年二十二夫故遺孤含德氏撫養成立娶婦范氏范年二十四含德又夭遺孤允慶甫

六齡遺腹生子允壽氏撫二孤子敬事孀姑矢志堅
貞歿於乾隆丙午得年三十有八身死而志已遂哀
守節三十二年
胡氏楊芝蘭妻年二十八夫故遺孤永寧僅數月氏矢
志從一雖饔飧不繼惟勤紡績守節已歷三十三年
廖氏監生方有瑞妻年二十三夫故遺孤成農復夭氏
幾不欲生以宗祀爲大立姪成章爲嗣孝事孀姑甘
旨無缺守節四十二年
王氏何永興妻年十九夫得惡疾永興父囑氏父王濬

智另許配氏聞哀號不已誓不改易是年于歸最得
舅姑歡心奈夫疾漸劇疲癃不堪者七載氏事之曲
盡其道至夫歿氏年二十有六遺腹生子繼宗家貧
勤紡績機杼之聲冬夏不輟守節已歷三十五年
徐氏彭秉義妻年二十二夫故遺孤昇榮甫四月氏苦
節自勵竭力以事孀姑撫藐孤有成守節已歷四十
一年
皮氏彭道合妻年二十二夫故遺孤漢宇甫週氏苦節
自貞奉事孀姑克盡孝養守節已歷四十四年

張氏彭台占妻年二十二夫故無子遺一女氏家貧守
義紡績度日竭誠以事舅姑苦節四十五年
瞿氏彭咸宜妻年二十八夫故無所出立姪高陞爲嗣
氏矢志守節女紅自給奉事舅姑孝敬不衰苦節六
十三年歿年九十歲
葉氏彭唐瑞妻羅邑貢生葉長春女年二十夫故遺腹
生子勝傳氏矢志守貞紡績度日孝事孀姑倍加勤
謹守節已歷四十五年
范氏程永燊妻年十九夫歿一子殤立姪紹洛爲嗣撫

之成立娶婦段氏年二十四紹洛復夭遺孤二氏率
婦冰霜共矢教育兩孫長一魁國學生次鶴鳴邑庠
生范守節六十三年歿年八十有一段守節已歷四
十三年
翟氏儒童李聞桐妻年二十六夫故無所出立姪含煜
爲嗣氏甘貧苦節雖衣食空乏堅貞不渝守節二十
八年
張氏儒童程元驅妻年二十七夫歿僅遺二女氏矢志
堅貞撫諸姪如己子愛養備至及女長成俱適士族

家雖貧恤苦憐孤常減餐以周給之守節四十九年

石氏生員程鳳翽妻年二十夫歿無所出氏痛夫英年績學遽赴玉樓矢志堅貞茹荼集蓼艱苦備嘗立子早夭又立孫承嗣守節已歷三十二年

方氏生員蔡士梓妻年二十七夫歿僅遺兩女氏痛夫芸窻奮志力學早夭矢志靡他堅貞不渝立夫弟生員士樞之子爲嗣苦節三十三年

董氏江大顯妻年二十五夫歿遺孤一氏家貧勵志哭泣常不絶聲躬操井臼不以爲勞撫孤嚴加督責俾

之成立苦節五十五年

邵氏陳載華妻年二十九夫歿氏家貧作苦力必已出饔飧雖常不繼鄰鄉饋以米粟輒辭不受撫孤不事姑息苦節四十一年

王氏張應瑚妻年二十九夫歿無所出氏守從一而終之義自甘貧苦守節四十二年

戴氏陳嘉告妻周氏陳端明妻戴年二十四而寡遺孤東山氏蓬垢而居誓死守義撫孤成立周年二十五夫亡氏日不再食苦節自甘訓子嚴厲戴守節五十

九年歿年八十二周守節六十二年歿年八十有六

戴氏之女適本邑蔡季玉女年二十餘季玉歿女甘貧守義歿年七十八稱母女雙節

劉氏張本梓妻年二十二夫故遺孤二氏冰雪自持孝養孀姑壽九十餘甘旨無缺撑持門戶撫孤煥鼇煥熙成立守節已歷三十三年

林氏張國統妻年二十八夫故氏本農家家無宿舂貧苦自甘謹守禮法雖姻親不輕接見撫孤成立守節三十五年

周氏生員潘伊滔妻年二十八夫故遺孤一氏貧苦自甘操持益勵撫孤督責甚嚴俾以成立守節三十五年

孫氏舉人徐立天之側室年十八以室女事立天立天歿時氏年二十有五正室生子早夭氏遵遺言乳抱姪孫生業以繼宗祀矢志茹荼針紉度日苦節已歷二十七年

胡氏儒童程天奇妻十九歸程年二十四夫故遺孤萬名甫三月撫之成立操持家務備歷苦辛乾隆五十

五年詳請學憲給有松栢凌霜匾額守節已歷五十
三年
梅氏盧廣勳妻年二十夫故遺腹生子誠秀氏貧苦萬
狀堅貞不易上事孀姑下撫孤子守節五十一年
華氏閻盛樟妻年二十三夫故氏矢志從一紡績不輟
孝事孀姑撫孤大烈成立苦節三十四年
余氏監生石文蓁妻年二十五夫故時舅姑年逾八十
氏奉侍維謹舅姑病篤經年調理不懈撫子茳名列
成均守節四十二年

陳氏儒童程之鐸妻年二十六夫故遺孤二氏矢志從
一經營家計不辭勞瘁奉事舅姑存歿盡禮撫孤光
祖念祖成立爲光祖娶婦徐氏光復早逝遺孫廣潤
陳守節已歷三十五年
陳氏何元勝妻年二十適何甫月餘夫故服闋後姑以
年青勸令改適氏矢志不二家雖困乏紡績自給艱
瘁備嘗守節三十三年
范氏潘伊鎬妻年二十六夫故氏堅貞自持始終不渝
撫孤成立苦節六十五年歿年九十有一

程氏儒童楊以煥妻年二十適楊甫一載夫歿氏痛夫
芸牕攻苦青年早逝擗踊幾絕以舅老夫弟幼强起
支持家計事舅及繼姑盡禮舅姑歿氏服喪爲代亡
夫持服共十二年家雖中落勤於紡績艱苦備嘗守
節已歷四十一年
閻氏庠生方松妻畢氏方之鐸妻閻二十八而寡畢二
十六夫故遺孤岳甫五齡娣姒間同執節上事衰舅
孝養備至操持家計艱苦共嘗俾孤入國學生遵例
一子承繼兩房閻守節二十八年畢守節已歷四十

四年
張氏吳應武妻年二十歸吳僅數月夫故氏年二十有
一遺腹生女立姪遐熙爲嗣氏矢志靡他孝事舅姑
撫嗣子慈嚴兼至苦節三十年
陳氏周奉彩妻年二十三夫故遺孤繼序僅月餘氏殷
勤鞠育及長娶婦陳氏于歸七載生子守先甫三歲
繼序又歿婦時年二十有九姑婦相依爲命貧苦萬
狀矢志不渝撫孤守先成立姑守節六十二年歿年
八十有四婦守節已歷五十三年現年八十有二

潘氏監生盧廣厚妻年十九歸廣厚甫三月夫故氏堅貞自守立子承祀上事孀姑倍極孝敬救患恤貧好善樂施捐建邑北水寨畈石橋四座石路百五十丈有碑爲記守節已歷三十二年

鄧氏儒童艾必煥妻氏年十八適艾甫三月夫故氏矢志不二立姪永璽爲嗣孝事舅姑撫嗣子有成守節四十六年

李氏生員蔡文淇妻年二十八夫故無所出立子夭立孫世治爲嗣氏矢志守貞孝事舅姑守節已歷四十

三年

李氏郭學優妻年二十八夫故遺孤文漣甫週氏矢志從一事姑以孝撫孤成立守節四十六年

陳氏監生謝光青妻年二十適謝僅生一女勸夫買妾生一子視猶已子未幾子夭夫旋故氏年二十有八時祗衰舅在堂立胞姪之子世譜爲嗣孫支持門戶孝養衰舅撫孤成立守節已歷三十三年

周氏郭一善妻年二十九夫故遺孤幼稚氏矢志守貞勤苦力作得免饑寒夫兄國學生一榮分產以助給之守節四十五年

張氏儒童郭應珩妻年十八夫故遺孤時庸甫兩月氏矢志不渝紡績度日足不踰閫面無笑容撫孤成立守節五十七年

陳氏生員吳必高妻年二十六夫故氏矢志守貞謹事舅姑撫養嗣子雖家漸蕭條而始終不渝守節四十四年

胡氏儒童李含覺妻年二十四夫故殯殮無資氏鬻衣典釧附身附棺無不盡禮撫六月孤茹荼集蓼至於

成立守節已歷三十一年

徐氏生員柴世琯妻年二十六夫故遺孤望甫三月氏矢志守義孝事舅姑策子就傅力學勉承夫志守節已歷二十六年

范氏黃作舟妻年二十四夫故一子早殤氏斷髮守貞食貧茹苦立姪朋煕爲嗣撫之有成年五十時黃范兩族俱贈有匾額表其節孝守節已歷四十四年

顧氏儒童徐集奎妻生員顧蘭女年二十五夫故無子立姪德堂爲嗣嫻於禮教雖母族親屬罕見其面夫

家食揹繁多氏搒揣家事咸無間言守節三十一年
李氏儒童楊繼倫妻年二十八夫故遺孤坤彩纔數月氏矢志守貞饔飧不繼貧苦自甘守節已歷五十八年
徐氏楊明傳妻年二十九夫故無所出立姪邦賢爲嗣氏矢志不渝朝夕惟姑是依窮苦度日堅貞自勵守節已歷四十六年
任氏生員顧建寅妻年二十九夫故無所出立姪志拔爲嗣氏清苦自甘孝事舅姑守節四十六年

馮氏儒童張永臺妻年二十二夫故遺孤昌英甫週氏矢志守貞孝事舅姑撫孤成立守節已歷三十五年
龔氏潘伊本妻年二十八夫故舅姑衰老遺孤幼稚家計蕭索氏茹蘖飲冰清操自勵守節四十五年
鄧氏潘爾治妻年二十四夫故氏矢志靡他孝養舅姑撫諸孤成立守節四十三年
胡氏潘紹階妻年二十六夫故遺孤幼弱氏親操井臼不避勞苦且閫範嚴肅雖娣姒亦不輕接族黨咸以爲訓守節四十五年

胡氏潘踐理妻年二十八夫故遺孤二氏矢志靡他以事以育責在一身搒揣家事悉有條理苦節三十五年
盛氏潘蘊玉妻年二十九夫故遺孤尚幼家計艱難氏竭孝堂上竭慈膝下苦節已歷三十年
陳氏儒童周青選妻年二十五夫故無所出立姪懷東爲嗣氏矢志不渝孝事舅姑撫嗣子成立年五十時母族贈以美竝梁韓匾額守節已歷三十六年
何氏姚二元妻年二十八夫故遺孤春方七歲氏茹荼

飲血紡績度日撫育孤子列名成均守節四十年
陳氏王兆昌妻年二十四夫故氏欲以身殉舅姑諭以大義乃止盡心孝養立姪博年爲嗣守節三十八年
張氏程廷封妻年二十四夫故遺一女遺腹復産一女氏矢志守貞孝事孀姑立姪永達爲嗣守節三十四年
王氏姚二昱妻年二十六夫故舅姑連喪孤苦伶俜氏矢志靡他操家勤儉撫孤劬勞後次子杰入成均諸孫林立守節五十九年歿年八十有四

何氏王兆岐妻年二十二夫故無所出氏矢志守貞立姪博選爲嗣守節六十三年

陳氏王曦馨妻年二十七夫故遺子女各一氏艱貞自矢孝養孀姑撫孤能述成立守節已歷四十六年

王氏程岐山妻年二十八夫故氏閉戸守貞不踰閫閾即母族亦不輕往撫孤廷茂成立守節已歷三十年

陳氏姚艮志妻年二十六夫故無所出立姪兆昌爲嗣兆昌弱冠完娶與婦連喪氏矢志始終不渝守節已歷三十九年

夏氏王士松妻年二十于歸越七月夫故氏欲以身殉者數次得救獲免遂截髪盟心敬事舅姑操家勤儉立姪永揚爲嗣守節已歷五十三年

徐氏姚一澈妻年二十二夫故氏痛不欲生舅姑勸諭方止遂矢志守貞撫孤教以詩書目及其孫學棻英年入泮守節五十四年

張氏儒童蔡文潞妻年二十五夫故撫孤士榜成立生孫廷採士榜又故家貲漸耗氏撫孤孫茹荼集蓼守節已歷五十六年

蔡氏陳一德妻年二十二夫故遺腹生子所習家貧子幼氏志厲冰霜躬親井臼敬事孀姑撫孤至於有成守節四十年

徐氏陳文王妻年二十八夫故遺孤三家業蕭條舅姑衰老氏節厲冰霜撫孤有成長子運選娶婦畢氏年二十七運選復故遺孤光照甫五歲畢上奉孀姑下撫孤子煢煢弱息矢志不渝亡年四十有八徐守節已歷五十五年

王氏陳文耀妻年二十五夫故遺孤運行甫三歲遺腹生子運農氏撫兩孤有成家無立錐營葬舅姑心勞

力瘁守節已歷四十七年

胡氏陳文禮妻年二十八夫故遺孤運魁甫五歲氏家徒四壁孀姑在堂親操井臼養姑鞠子身肩其任守節四十五年

蔡氏陳運謙妻年十九夫故無所出家貧饔飧不繼舅姑衰老氏勁紡績操井臼以盡孝養撫嗣子光玉成立守節已歷三十二年

鄔氏盧智炳妻十九于歸生子賡樂甫一載夫歿撫孤

爲聘監生徐立松女爲婦年二十于歸生子成㦒甫
三歲庚樂復夭姑婦相依爲命矢志守貞徐氏有治
家才事孀姑甘旨無缺自安儉約用能經營節嗇葬
三代停柩以安先魄鄖守節三十餘年徐守節巳歷
三十年
徐氏儒童李煥緒妻生員徐立梅女十九于歸煥緒以
攻苦成疾卧病三年家貧氏盡出粧資爲藥餌計焚
禱身代夫竟不起氏時年二十四遺子女各一家愈
貧日夕以十指操作黽勉有無食常不繼乃供養孀

姑甘旨無缺及子女婚嫁畢而氏以勞瘁身歿守節
三十年
徐氏高之鋭妻年二十一夫亡遺孤甫二齡氏甘貧守
義身勤紡績延師教子苦節六十四年歿年八十有
五
龔氏高光斗妻年二十七夫歿無所出立姪承嗣氏持
家嚴肅鍼紉自給孝養舅姑撫育嗣子苦節四十二
年
孔氏儒童何龍躍妻年二十八夫歿奉事舅姑克盡孝

素貧沿途覓食奉姑鞠幼姑歿喪葬悉力營之撫孤
幸得成立苦節三十三年
胡氏鄭嗣庠妻年二十一夫亡有欲奪其志者氏矢志
不移家貧紡績營生孝奉舅姑撫孤恩勤有加守節
巳歷三十三年
李氏鄭以勝妻年二十適鄭甫數月夫亡舅因氏年少
欲令改適氏矢志不移孝事舅姑俟夫弟生子鳳翥
立以爲嗣守節已歷三十五年
劉氏儒童李含桂妻年二十歸李歷五載夫病危醫藥

弗治氏刲左股以進延生數月夫卒不起閲五載姑
涂氏亦病垂危氏百計求愈復刲右股以進姑歿後
遺孤巳得成立娶婦生孫以慰夫願守節四十年
徐氏王清人妻年二十二夫亡遺孤安業甫週氏甘粗
糲勤紡績孝事舅姑撫藐孤有成守節四十六年
石氏裴國治妻年二十四夫亡僅遺一女立姪承嗣延
師課讀俾以成立奉事舅姑極其孝敬守節巳歷三
十六年
詹氏監生羅心周妻年二十七夫亡一子早殤氏撫棺

泣血欲以身殉因姑年老不敢輕生立姪福恒爲嗣
事姑孝敬教子詩書苦節三十六年
楊氏貢生程艮澍繼妻年二十六夫亡氏屛棄鉛華自
甘淡素撫夫前妻汪氏之子開詔恩勤教養俾之成
立操持家計具有條理諸孫茁出延師課讀不敢稍
怠守節已歷二十五年
倘氏儒童可鳳翥妻生員倘德皓女年二十五夫亡無
所出立姪嵩齡爲嗣娶婦王氏郡庠生王永謙女于
歸三載生子新祚甫兩月嵩齡又故氏率婦撫養孤

孫俾其成立倘守節已歷二十九年
李氏吳周官妻年二十五夫歿遺孤太璜席聘氏姑老
子幼紡績自給一日更餘隣舍火延燒氏宅氏舅柩
在堂撫棺大哭喊救鄰里共扶棺出氏掖姑翼子獲
免後二子俱成立席聘入國學守節已歷四十五年
蔡氏華任生繼妻年十九夫歿遺孤家駒氏撫夫前妻
子及己子視之如一延師課讀俾俱成立經營家計
竭力以事舅姑守節五十六年
可氏李之樞妻年二十五夫歿遺孤士瑚僅三歲氏藜

藿不飽紡績度日孝事舅姑撫孤成立俾入國學守
節四十九年
閻氏李士海妻年二十七夫亡遺孤二四壁蕭然氏堅
貞自矢上事舅姑下撫兩孤子倍極艱辛守節四十
七年
查氏閻本立妻年二十七夫亡遺孤甫週舅姑年老氏
操持冰潔孝養不懈撫孤成立娶婦生孫守節已歷
四十二年
熊氏生員王龍章妻年二十七夫歿遺孤甫二齡氏忍

死守志孝養舅姑課子詩書綢繆百計心血爲枯僅
年四十有五而歿然其志則已遂矣
盧氏南方明妻乾隆三十一年夫歿氏年二十六遺孤
甫週氏家徒壁立孝事孀姑撫孤成立凡亡夫一切
殯葬大事皆氏經營拮据任之歿於乾隆五十一年
以節終
李氏監生可三省繼妻年二十四夫歿遺腹生子榮啟
氏隻身撐持儉勤自律延師教子督之甚嚴守節已
歷三十四年

頡氏王安人妻年二十一夫歿遺孤之煥甫數月氏家無長物惟勤紡績勵志撫孤教以詩書守節已歷四十六年

劉氏監生葉植妻年二十七夫歿遺孤文焯年六歲氏紡績不輟事舅姑以孝教子讀書爲務守節五十一年

陳氏顧雙才妻年二十七夫歿遺孤自愉敝廬三間外别無長物氏撫孤稍長令其業醫餬口守節五十八年歿年八十有五

郭氏彭奎壁妻年二十一夫歿遺孤道立甫週氏親操井臼艱苦備嘗以事舅姑撫孤至於有成守節四十一年

張氏鄉民林向夔妻年二十適林越五載夫亡遺孤一家窶甚氏矢志撫孤凡井汲臼舂採薪拾菜諸苦作爲之無難色守節三十三年

馮氏胡楚江妻年二十三夫亡僅遺一女立姪松山爲嗣氏禮法自持惟勤紡績奉姑教子苦節三十年

汪氏徐立衙妻年二十六夫亡遺孤僅八月氏冰霜自持儉勤成性孝養舅姑課子詩書不稍寬怠守節四十三年

馬氏程八級妻年二十九夫亡遺孤子勝孚東尚幼氏甘貧勵節紡績不輟撫孤成立守節三十八年

程氏袁光秀妻年二十八夫亡遺孤二氏冰霜自勵紡績度日撫孤仲明仲偉成立苦節已歷三十一年

宋氏生員涂鳳棲妻年二十七夫亡遺孤二舅姑衰老家徒四壁氏忍淚吞聲艱辛踣頓雖勤紡績時以不舉火爲常舅姑接喪喪葬盡禮撫孤不事姑息苦節

已歷四十四年

張氏儒童徐家偉妻年二十四夫亡遺一女氏痛夫芸牕攻苦篤學早逝乃賫志守貞禮法自持女長適士族立姪爲嗣撫之成立克繼舊家門户守節已歷三十年

江氏徐子嘉妻年二十九夫亡遺孤汝駿年九歲氏冰霜自勵孝養舅姑撫育孤子苦節五十七年

龔氏盧席珍妻年二十四夫亡遺孤二氏勤紡績孝舅姑撫兩孤有成守節六十二年歿年八十有五

夏氏儒童奚正坤妻年二十一夫亡遺孤大銘甫數月氏夫家本簪纓舊族清白垂芳痛夫以攻苦致疾刲股救治罔效矢志守義汲汲延師教子期以無墜世業守節已歷三十年

郁氏范魯占妻年二十二夫亡氏矢志靡他冰霜自持現年八十有一守節已歷五十九年

汪氏王之朝妻年二十四夫亡遺孤二氏家貧子幼冰霜自勵撫孤劬勞守節已歷三十九年

范氏潘冬香妻年二十八夫亡遺孤承祖五歲而殤氏

家貧煢煢弱息矢志不二苦節已歷四十三年

王氏潘龍光妻年二十三夫歿氏矢志守義閫範嚴肅家貧紡績營生以事舅姑撫孤成立守節已歷三十一年

陳氏儒童潘紹庚妻年二十五夫亡遺孤甫十餘日氏上事孀姑下撫乳抱茹蘗飲冰艱苦萬狀守節四十四年

王氏華久占妻年二十五夫歿遺孤二氏上奉舅姑定省毋缺下撫孤幼慈嚴備至雖家徒四壁而紡績不輟賴以營生守節已歷四十三年

郭氏儒童吳應善妻年二十六夫亡遺孤一氏孝事孀姑極其承順撫孤爲之娶婦旋即殀喪僅遺弱孫氏鞠養教督竭盡心力守節已歷四十五年

陳氏儒童饒成珠妻年二十四夫亡遺孤業觀僅六月氏誓不欲生姑秦氏勸以藐孤爲重絶而復甦者數次氏乃堅貞自矢孝以事姑嚴以課子守節已歷二十八年

詹氏鄭鏞菩妻年二十一夫亡無所出遵例立姪嘉謨

承嗣乾隆四十三年呈請學憲洪給有冰心皓節匾額守節已歷四十八年

袁氏胡一元妻年二十六夫亡遺孤二璽方三歲氏撫之成立娶婦高氏年二十一二璽復夭遺孤三全三得姑婦共矢冰操且好施濟捐田入渡捐修橋梁袁守節四十五年高守節已歷六十四年

蔡氏儒童高世偉妻年二十二夫歿夏氏高世儀妻年二十夫歿娣姒共勵冰霜矢志不渝蔡守節已歷三十五年夏守節已歷三十三年人稱一門雙節云

邵氏牛正檜妻年二十夫歿遺孤一氏截髮自誓家貧半菽不飽而舅姑之甘旨不缺姑病劇朝夕呼天願以身代撫孤爲之娶婦及生孫而子復歿又撫孤孫維持倍至守節四十六年

蔡氏監生朱衣彩妻年二十六夫歿遺腹生子應梓氏孝事舅姑督子嚴切守節四十五年現年七十一歲

孔氏儒童可三銘妻年二十四夫亡無所出有胞姪漢甫早失怙恃氏撫如已子俾之成立入成均後甫生二子夫婦偕亡氏又撫二孫以其長承甫祀而以次

爲已孫撫兩世遺孤繼兩房宗祀皆氏力也守節已歷三十九年

江氏生員秦錫爵妻年二十歸秦越五載夫亡氏年二十有五家計蕭條氏勤苦力作以自給其衣食者踰三十年卒爲常未幾子可棟歿喪氏遂幽鬱以節終

高氏徐方岳妻年二十三夫亡冰潔自持孝事衰姑撫嗣子賢豐成立守節二十九年

彭氏監生徐七誥妻年二十六夫亡遺孤文元後夫弟七藩故妻楊氏年二十二遺腹生子文光彭率其娣共矢冰霜未幾楊氏亦故彭撫一子一姪教以詩書俾皆成立守節已歷三十四年

彭氏儒童瞿顯勳妻年二十一夫亡遺孤一家貧勤紡績孝事舅姑孤殤立孫承嗣守節已歷三十九年

余氏儒童徐七謙妻年二十四夫故無所出氏呼天搶地誓不欲生遂飲蘖茹冰訓嗣子文光成立俾入成均守節五十年

王氏詹星景妻年二十九夫故遺子女各一氏勵志守貞艱辛萬狀撫孤成蒞俾入國學現年八十守節已

歷五十二年

周氏鄭世珍妻年二十二夫病不起氏毀容自誓事舅姑克盡孝養撫孤家驟有成苦節已歷三十一年

張氏周世德妻年二十四夫病篤氏焚香默禱刲股以進夫病猝愈族黨異之至二十八歲夫卒無所出立姪志道爲嗣俾入國學敬事舅姑歿年八十有一苦節五十七年

程氏鄔韶禧妻年二十八夫故無所出立姪傳鍂爲嗣撫之成立遺一女長適士族孝事舅姑守節五十五

年歿年八十有三

高氏監生徐六呂妻年二十三夫歿遺孤七駿氏孝事衰姑撫養孤子無何七駿復早逝氏率其婦夏氏共撫兩孫俱得成立高苦節四十一年

汪氏監生秦得吉繼室十九適秦生子可格得吉以衣食奔走四方氏力持門戶事舅姑克盡孝養年二十八夫故氏仰事俯育益加勤謹督子尤嚴俾子可格列庠序孫仁勲仁烈食廩餼而氏以年五十一遽歿苦節二十四年

周氏高星趾妻監生周志道女年二十四夫故無子遺一女氏矢志冰霜事舅姑維謹勤於紡績守節已歷三十二年

田氏杜永福妻何氏杜永鐸妻田年二十一夫歿無所出立夫弟永鐸之子玉衡爲嗣何年二十九夫歿遺孤次子世雄娣姒同執節操厲冰霜撫孤教以耕讀玉衡名列庠序田守節三十二年何守節二十九年

潘氏張宏達妻年二十一夫卒無所出氏矢志靡他家計窘甚以十指操作黽勉有無食糲衣縞冰霜自厲守節六十一年

曹氏儒童畢從書妻年二十八夫故遺孤運星甫三歲氏矢志撫孤及長娶婦岑氏岑年二十有一而運星又歿遺孤仲佳甫週兩世孀苦家計貧乏姑婦相依同撫孤孫俾之有成岑年踰四十而歿以節終曹守節已歷四十五年

陳氏儒童詹德備妻年二十六夫歿無所出氏誓不欲生以勤諭勉存活乃矢志守貞家貧紡績營生立姪作桐爲嗣撫之成立守節已歷三十八年

華氏黃陳棘妻年二十四夫故遺腹生一女氏矢志守貞立姪陳熙爲嗣孝事孀姑訓子嚴切苦節三十三年

李氏儒童董仲芹妻年二十四夫故無所出立姪存賢爲嗣乾隆四十九年督學王給有節義垂型匾額守節已歷四十二年

范氏潘紹義妻年二十八夫逝遺孤三氏家無立錐日不再食矢志盟心紡績營生苦節三十五年

徐氏儒童周必祺妻乾隆三十一年氏年二十九夫故

無所出立姪映璉爲嗣氏矢志守貞節厲冰霜歿於
乾隆四十五年以節終
李氏儒童范世滔妻年二十五夫亡無子氏明大義矢
志從一奉舅姑以孝日夕操作軋軋圭窬中守節已
歷四十八年
徐氏范世淍妻年二十四夫故遺孤德杖氏矢志撫孤
及長娶婦傅氏甫一載德杖旋夭無所出傅氏年僅
二十姑婦相依立孫承嗣傅事孀姑克盡孝敬徐守
節三十三年

馬氏宋傳仁妻年十八歸宋越五載夫亡遺孤僅兩歲
家故磬如氏勤儉操作孝事舅姑訓子嚴切不事姑
息守節已歷四十六年
邢氏王學喬妻年二十七夫歿氏矢志守貞勤紡績以
操家延師儒以教子俾子入成均不數年子復夭遂
撫幼孫訓以詩書守節已歷四十五年
陳氏汪啟淍妻年二十六夫亡遺孤善訓僅四歲氏苦
志守貞操家勤儉撫孤成立列名國學守節三十七
年

涂氏程原敏妻年二十九夫歿遺孤良葵僅二齡氏安
貧守志日夕勤織紝拮据家食上事孀姑下撫遺孤
苦節三十八年
袁氏生員戴邦治妻年二十七夫亡無所出氏矢志堅
貞立夫弟鄉科光國之子星煒爲嗣熊丸教讀俾入
黌宮守節已歷三十五年
王氏吳方茂妻年二十六夫歿遺孤二氏誓不欲生姑
力爲勸諭矢志守貞事姑以孝撫孤成立守節三十
年

景氏儒童袁可珖妻年二十六夫歿無所出立姪起明
爲嗣撫之成立孝事舅姑守節已歷三十二年
張氏王德懷妻德懷爲人傭工氏亦乞丐度日於乾隆
四十九年氏年二十二歲德懷病故氏即閉門自縊
死
周氏可四訓妻年二十三夫歿無所出立姪有章爲嗣
守節已歷二十六年

列女補遺

高氏生員王三兼妻年二十九夫歿遺孤廷琥甫四歲

建琰僅六月時承明季兵燹後氏既痛夫亡又恐二子不能成立延師訓誨俾之向學家本軍籍有以其子名報衛簽解漕糧氏曰是不可以廢吾子書即撥田稞二十石付族子以文赴衛領運役二子皆有成廷瑰郡諸生建琰康熙巳卯舉人氏以節終

余氏徐允緒之妻緒傭工操舟溺水身死氏年二十二歲堅苦守志凍餓不易其操撫孤娶婦生孫而子又死於水復撫孤孫苦節五十年七十二歲而歿

閻氏儒童朱應爵之妻年二十有六夫亡無子立姪永

高爲嗣而永高又夭家貧子立苦節三十四年現年六十歲

何氏王學富之妻年二十六夫歿苦志操家紡績度日教子有方撫孤審珠成立現年六十三歲守節四十三年

穆氏徐焰緒之妻夫歿氏年二十九歲家貧拮据堅苦自持撫子成立苦節五十年七十九歲而歿

傅氏高全文之妻年二十歲而夫歿家甚貧苦女工度日苦節四十二年

王氏儒童汪乘鰲妻監生王公升之女年十八歸汪二十五歲夫故生子三俱幼長繼伯父早故次隨身教養復早故三介福少亦出繼旋即相依時家貧零丁氏茹荼撫子族人賢之守節三十五年而歿

周氏儒士李岑妻年二十九夫故事舅姑無閒言撫孤二璘璥家貧惟勤紡績教子以詩書爲事負笈之資盡脫簪珥相繼後璥入庠鄉場屢薦壽七十八苦節四十九年

王氏貢生盧起鵬之側室年二十以室女事鵬生子棨

起鵬歿氏年二十五屏棄鉛華氷霜自勵正室何氏待之如姊妹同心撫育孤子俾刻成均王氏守節已歷四十一年以上未旌列女共計貳伯叁拾四傳

賢媛

華氏國學生王毅宏妻華亨洋女幼淑慧十歲失恃善事繼母年二十于歸毅宏乃故援例州同式賢次子出繼伯父庠生式聖氏事嗣姑及本生姑俱得歡心姑素患羸疾竭力奉養歷十餘年如一日夫歿教二子有成長永謨援例縣丞次應徵邑庠生乾隆十二年邑令葉爲舟詳請三院給淑孝可風匾額旌其門黃岡孝廉周茂建爲之序

李氏生員方師璟妻蘄州貢生李方叔女幼讀經史曉

大義年三十二而寡時門祚凋殘氏孤掌獨撑守志如皎日撫兩孤子長成基食餼芹宮以優行薦次成業入成均博通羣籍推重士林皆氏教也歿年七十有一鄉里稱爲賢母而嘆其格於年例未獲請旌云以上郡志

徐氏國學生官御昌繼室舉人徐明理女幼嫻姆訓曉大義及笄于歸孝事舅姑先意承志備得歡心官氏爲邑文獻舊族氏相夫佐讀冀紹家聲夫年四十未舉子勸納妾余氏委婉教導視之如女後余生子毓柯扶持保抱從不假手他人及長延師課讀倍極恩勤至於成立於所生父母天性尤篤歲時省問無間母家每遇慶弔事部署不辭勞瘁族黨姻婭緩急咸倚賴焉縣卷

江氏生員駱文璧妻貢生江淹筆之長女也性慈孝嫻母訓未歸駱時值親姑　封母陳恭人卒於遠宦署遺女三及歸駱氏躬親撫養又兄惟資歿遺母朱氏妹一女二時江姓門衰祚薄氏承祖姑楊恭人命令江母子相依二母異姓同居氏奉養無間六女不

時教訓皆適名門繼姑三皆異省寒微氏事之備極孝順子七服時佐夫勗諸子誦讀冬夏不輟以致多所成就年七十五而歿今蘭桂盈庭孫曾發跡殆氏賢淑之報云

龍氏舉人陳士珂妻黃岡名族女也賦性端莊幼嫻女誡凡事悉遵禮法士珂性至孝每往應試必以母之溫清定省叮嚀告戒氏事孀姑恪勤不懈體貼徵至鄉里之婦咸取法焉珂嘗友教呉中氏以諸經課三子讀每夜漏三四下以爲常人皆以賢淑稱之今子

孫登賢書列宮墻猶篤學謹行殆守氏之遺教云

程氏國學李含芋之妻生員程芝英次女也性柔順慈惠幼失恃事後母極孝長歸李其姑胡氏以孝慈著珍愛介婦氏承意服事無間時家頗豐厚氏惟以勤儉自飭紡績如常布衣荆釵年八十無改也佐夫訓子及待諸姪等俱融和合度賢聲丕著其子及孫篤志詩書皆列宮庠殆恪遵氏之遺教歟

郭氏生員郭開先之女年二十適顧自芳甫歲餘而姑歿夫弟世爽尚在孩提氏盡心鞠育賴以有成厥後

繼姑不耐家計委之於氏雖家貲頗饒而氏舅理贍時方經理戶事又以里長徵收在城居多氏夫則負笈遠隨歸家時少而曾舅文鼎年且九十有餘支持不給未免有曠廢之憂氏乃董理婢奴令各操作凡日用之需無不周至而孝慈所感均無間言如是者逕有五年不幸無出而歿繼室周賢而有嗣

萬氏國學生尙四維妻其父國學生萬仁經女二氏其次也性柔順幼嫻姆教歸四維克盡婦職翁年七十餘病床三載氏奉湯藥不少懈姑年逾九十氏孝養如一日姑有弟柴某貧無所依翁養諸家二十年氏一以事翁之禮事之四維延師課子長永淸補增生次五松列成均皆氏佐之以有成家雖饒時勤紡績飮食服御儉而有節年七十三歲歿

貞壽

王氏副貢周之規妻壽登百歲

彭氏舉人張聯箕之曾祖母壽一百有五歲

袁氏方子曾之母壽百歲

甘氏張國通之妻壽一百有二歲

張氏郭振豪之妻壽登百歲

蘄水縣志卷之十六

署縣事宜昌府通判高　舉
知蘄水縣事撫扎哈　纂輯

藝文志

古文

文以明道亦以備故實勵風教也茲於前志所載刪其僞刪其冗補以前之所遺增以新之所擇得如干首凡無關風教不足備故實者概弗取焉

宋

書 四首

答龐安常三首　　蘇　軾

久不爲問思企日深過辱存記遠枉書教具聞起居佳勝感慰兼集惠示傷寒論眞得古聖賢救人之意豈獨爲傳世不朽之資蓋已義貫幽明矣謹當爲作題首一篇寄去方苦多事故未能便付去人然亦不久作也老倦甚矣秋初決當求去未知何日會見臨書惘惘惟萬萬以時自愛可耳

人生浮脆何者爲可恃如君能著書傳後有幾念此便當爲作數百字仍欲送杭州開板也知之

端居靜念思五臟皆止一而腎獨有二蓋萬物之所終始生之所出死之所入也故太元罔直蒙酋冥罔爲冬直爲春蒙爲夏酋爲秋冥復爲冬則此理也人之四肢九竅凡兩者皆水屬也兩腎兩足兩外腎兩手兩目兩鼻皆水之升降出入也手足外腎舊說固與腎相表裏而鼻與目皆古未之言也豈亦有之而僕觀書少不見耶以理推之此兩者其液皆鹹非水而何僕以爲不得此理則內丹不成此又未易以筆墨究也古人作明目方皆先養腎水而以心火暖之脾氣盛則水不下泄心氣下則水上行水不下泄而上行目安得不明哉孫思邈用磁石爲主而以硃砂神麴佐之豈此理也夫安常博極羣書而善窮物理當爲僕思之是否一報某書

寄龐安時聖散子　　蘇　軾

昔嘗覽千金方三建散云風冷痰飲癥癖痎瘧無所不治而孫思邈特爲著論謂此方用藥節度不近人情至於救急其驗特異乃知神物效靈不拘常制至理開惑智不能知今僕所蓄聖散子殆此類耶自古論病惟傷寒最爲危急其表裏虛實日數證候應汗下之類差之毫釐輒至不

救而用聖散子者一切不問凡陰陽二毒男女相易狀至危急者連飲數劑即汗出氣通飲食稍進神宇完復更不用諸藥連服取差其餘輕者心額微汗正爾無恙藥性微熱而陽毒發狂之類服之即覺清涼此殆不可以常理詰也若時疫流行平旦於大釜中煮之不問老少良賤各服一大盞即時氣不入其門平居無疾能空腹一服則飲食倍常百疾不生眞濟世之具衛家之寶也其方不知所從出得之於眉山人巢君穀穀多學好方秘惜此方不傳其子余苦求得之謫居黄州比年時疫合此藥散之所活不

可勝數巢初授余約不傳人指江水爲盟余竊隘之乃以傳蘄水人龐君安時安時以善醫聞於世又善著書欲以傳後故以授之亦使巢君之名與此君同不朽也

序一首

贈龐安常序　黄庭堅

龐安常自少時善醫方爲人治病其生死多驗名傾江淮諸醫爲氣任俠鬬雞走狗蹴踘擊毬少年豪縱事無所不爲博奕音技一工所難而兼能之以醫聘之者皆多陳其所好以順適其意其來也病家如市其疾已也君脫然不受謝而去中年屏絶戲弄閉門讀書自神農黄帝經方扁鵲八十一難靈樞甲乙葛洪所綜緝百家之言無不貫穿其簡策用以視病幾乎十全矣然人以病造不擇貴賤貧富便齋曲房調護以寒暑之宜珍膳美饘時節其饑飽之度愛老慈幼如痛在已未嘗輕用人之病嘗試其所不知之方蓋其輕財如糞土而樂義耐事如慈母而有常似秦漢間游俠而不害人似戰國四公子而不爭利所以能動而得意起人之疾不可縷數他日過之未嘗有德色也其所著傷寒論多得古人不言之意其所用意於病家之陰

陽虛實今世所謂良醫十不得其五也余始欲掇其大要論其精微使士大夫知適有疾未能然未嘗游其庭者雖得吾說而不解誠加意讀書則過半矣故特著行事序之

明　記十三首

修學記　正統二年　陳循

學校自京師以至天下府州縣莫不有先師廟其從來遠矣蓋孔子之道如天地之化無不覆幬持載蒙天地之化者皆知感荷於俯仰之際學聖人之道者孰不欽崇於瞻仰之間天地俯仰有象聖人瞻仰無方此廟所由建也貢

之蘄水縣學在治東之高阜前臨大溪元季廟學並燬於兵國朝洪武七年知縣趙季光始復建於此歲久日就圮壞宣德八年縣丞黄含覲主簿夏時共患之始勉新禮殿未幾被震正統二年鄱陽胡奎以戎臣薦來理縣事下車之初即謁廟學而周覽之大懼無以稱瞻仰之盛心謀於僚佐師儒曰爲政舍此曷所當先於是縣丞李蔚主簿王輔典史金鼎教諭申屠鐸訓導簡縉紳左惟賢僉曰不可後相與市材鳩工撤其舊而大之爲禮殿凡三楹東西兩廡戟門外楹各視殿之數有差備享有廚藏器有庫楹皆

如之蓋經始於次年之春即落成於是年之秋既成胡奎爾以職事至京求記與畢之歲月於戲爲政以興學爲先惟令克知教化之本紀事以溢美爲戒然不敢沒人之善況求之篤如此遂爲記

濟民倉記　宏治八年　　李承芳　嘉魚人

孟子曰五畝之宅樹之以桑五十者可以衣帛矣雞豚狗彘之畜無失其時數口之家可以無饑矣管仲曰守國者守穀而已某縣之壤廣幾許某縣之壤狹幾許則必積委弊重之相因救時之化舉無不爲國筴後世之爲治者心於爲人用其法而良焉心於爲己倚其法而姦焉民之生死國之興喪實係之水旱不問豐凶並誅用其力不遺其時盡其求不遺其法吾楚茲數年民之困苦可勝道哉雖然爲國家培植根本而講求王者之所天果無人哉仲伯者之佐也收其利權於己離民喪邦而所以啟之者何居衣帛食肉不饑不寒而所以使之者何居新安潘君珏以成化甲辰進士宰蘄水至今乙卯九年於茲矣予嘗道蘄蘄父老相率而告予曰吾令其養民也能其取民也不能吾生實賴之其公帑之微毫積寸升貴則吾與賤則吾收

義以入之仁以散之禮以守之智以藏之倉以舊開廪以日實乃者又於治所之北郭門再闢而再實爲屋者二十有四閒扁曰濟民內外完密不啻大賈富豪有成令之守守法勸民上下熟知是舉也藩參林公臬僉張公實有以成主簿王賓閻端徐懋典史王恕恭趨所事惟恐後而令之志得以行焉吾民相率伐石請能言君子而文之以辭期法於遠敬以屬予不敢辭記其大較

重修學記　嘉靖十五年　　王鎔

蘄山之陽南谿之涯古建學宮焉負崔抱流探奇挹勝其

左則鳳棲玉臺之迴翔其南則登瀛天馬之拱向風氣萃止靈光俱存斯以文藻淵源簪纓聯續樂育餘音庶幾嚮魯善乎作者之遺也嘗考邑志國初祠宇迄今僅一再修棟橈榱折瓦甓零藉配席饗禮無所於依久之未有克振者走以展謁因諭其不飭而諸生亦奉以告儆焉此有司之責也夫墜而得舉者亦艱矣謀貳則不協數般則厭衆討處稍濫則財用不給任事者惰則鮮克有終今縉庶同聲不可謂貳三紀而後葺不可謂般度支簡節不可謂濫師賢而丞厲不可謂惰夫鎔也會其謀而違其幾者也乃

裒金於東矢取材於廢寺鳩工於北闈鍰不滿百工不踰月作而新之以求安妥聖作鍾焉豪傑興焉茲非文運之一助與且吾儒誦法者聖人之言所推行者聖人之道睹宮牆而弗肅者非禮也逢圮怠而弗加之意者非義也禮以成敬義以孚信將令德之保膺而民協和在位者慎矣將帝學之緝熙而敬恭明神諸士子亦進於是矣事已而竣教諭李仁偕其僚友來亟以文請因緒書其概以識歲月云

修學記 嘉靖二十三年 胡仲謨 啟忠邑人

聖天子御極二十有三年實天下臣工述職之期吾邑長吏以去歲之冬北徂臺省諸公謂蘄當孔道政務旁午選於屬僚檄判黃陂江公文煥署邑事至則檢身心設條約嚴吏胥之防寬里甲之役滌煩譁杜需求享祀克虔征歛未嘗擾豪右屏跡小民無隱懷前此妙齡清擢久於厥官莫之或及也維邑廟學歲久就圮聖賢無妥靈之地師生無棲止肄業之場江公見而憂之謀諸邑判黃公國政志同力協俾民犯輕科者贖以木石諸材躬自區畫夫匠並興頹者立之敝者補之陳者新之事半而功倍焉茲固斯

文之公樂也微江公則圖難於易將誰任之予觀老佛宮牆淫於天下黃冠緇衣者皆其徒也往往節衣食求施舍時葺而日新之崇本始也凡今誦詩讀書典司學校者非聖人之徒耶乃愁然不爲之所此無他故矣網羅民財以爲已有惟恐身之不肥家之不富又安肯出錙銖爲學校計耶由是觀之今之誦詩讀書典司學校弗若黃冠緇衣者亦多矣而江公其賢矣哉抑學校所以養才六經之道炳於日星師之所以教弟子所以學朋友所以切磨率不外是而已若夫模範不良志存溫飽非教也文藝是攻氣

質不能變非學也相與以善柔相率以豫怠無匡失輔仁之益非切磨也今日之士習他日之官箴係焉可不慎與予時丁内艱家居無黜陟考課之責姑爲是矯俗之論與吾黨商畧焉

蘄水縣重建三賢祠記　胡仲謨

古人之登秩於祀或忠信孝廉祀於鄉或從政樹勳祀於國其或高風遠韻身經歷處即祀之不以遠近爲限隔也邑南郭石岡之巔舊有祠祀晉王右軍逸少唐陸處士鴻漸宋蘇文忠公東坡三賢皆嘗遊涉茲土王之洗墨池陸之烹茶泉蘇之緑楊橋與河厓所刻擊空明泝流光字相望俱存祠則久而殄廢遺址裂爲民居正德初府倅龍渠謝公稜建於南門外右區淪於河厰後鮮有議及者新建手墟陳公來牧是邦才敏急先務况值歲豐人和凡廟學壇壝衙署坊巷咸振飭改觀下令復石岡祠地民悅而從之撤屋隳垣拓地愈廣於是歛材鳩工搆正堂三間東西廊房各三間大門一間内飾丹青外裹以堅甓題榜翬飛周遭繩直俯長河於一帶鍾蒼翠於萬峯雖狂夫稚子亦知其佳麗而嗟賞焉簽日列三賢木主以世之先後爲倫

次牲用少牢率師生父老駿奔虔告仍請於當道載之典籍蓋將與廟社之祀相爲久遠者也三賢有神歆然萃止於斯無疑矣夫以右軍之文雅淸眞處士之奇雋冲淡東坡之文章氣節妙悟慈良均之爲古今所向慕顧予於東坡有偏嗜焉自通籍後得官於蜀每巡行至眉州必宿於祠修葺其傾圮更新其祭器而惓惓之私未巳也迄今歸田欲建一祠而力弗給謀於斗墟者數矣茲恢復故祠乃一舉而三得因併記之彰予莫大之慶幸焉

重建社稷壇記　錢邦偁　邑人

邑社稷壇舊在郭中偪也前侯方公榮遷焉又在西北隅亦失辨方正位之義瀕年水旱相仍若有由然蘄父老率請於今侯陳公期改建侯曰立社稷以爲民也而責在有司敢不矢心力以求利爾民蚤夜詢謀捐貲買地鼎建闉諸監司允焉量出鳩材周繚以垣外爲門内爲齋居爲省牲室其壇壝悉如制以嘉靖三十九年九月肇工越月而事竣文物更新輿論快之君子曰是役也陳公可謂知社稷之義者矣右陰而尊地於北義也圖事而枚卜告虔禮也心怵而惠下孔殷仁也三者備矣明德馨香以祭神其

以之乎是民之庇也國之幹也若侯其眞達於此義者與余江右事竣便歸梓里樂觀厥成敬爲之紀其他建制未暇悉書侯新建人諱蘭化號斗墟嘉靖三十七年任今陞北太僕寺丞云

厲壇記

朱　袗　汝東邑人

蘄邑舊有厲壇民居焉諸六博鞦韆蹋踘鬭雞走狗之儕事於此紛囂相攙門垣俱圮莫或舉之水則浸大河若旱則禾䅵槁死亢陽之氣焦金若蝕蟲閒之父老竊色懼陳侯以故侯惘然事蝟亡及也乃庚申吉遂易建朱子曰庶

有豸乎是役也夫侯也帝以氓授之族而氓之是用撫柔明惠也而慱者先祀爲氓也被髮如野海若祇惴惴乎假手是皇而曰神將不遑于氓若其以禍悔福於蘄毋寧茲而厲也曰滋蔓無能奚事饒危而臟爽塏而憶寧我其有辭於靈靈將蔓露草間大地之泣若置焉奚厲後哉而不爲氓急侯爲政鷹擊而惠捷而執事平振覆亡蘊年以滴不立下氓欣焉爲氓急而厲明德而羞厲將蔑焉其旺之乎而壇且圮操荊從事亡能靈是妥焉靈即不言非御也梧邱沈首也鵠亭灰骨也俾有依也茲有祊也侯爲氓修祀事匪遺而厲而且也重而壇方閱月奏成崔蔚矣觀美矣而其妥之無驚其爲佐我氓時則秋不時則不秋而厲若尸之亡令吾氓痒而重侯釐則壇之於侯也不虛矣壇建於嘉靖庚申九月十月事竣地在北門制如故南北一十二丈東西八丈七尺周繚以垣外爲門內爲宇爲齋居爲省牲室度於大卒之居焉是爲記

修城記

朱　袗

聖天子銳精圖治尤加意邊圉疆宇詔兵部行撫臺都御史汝陽趙公旣嘗巡諸屬訪民疾苦備知某縣某縣可城

因麻城黃陂工方興暫爲停待其蔓寐固長在江漢間也今遵新例復仗鉞而東熟爲巡閱與按臺侍御史豐城李公會行左使嘉定徐公副憲長洲馬公而按境躬親相度剷量務求於民暫勞而永逸者則我郡侯上海潘公及我邑侯崇仁劉父母也議定於今四月二十八日經始方垂成間僉以城記介邑侯劉公謀於予予弗克讓竊惟蘄水之地李勣謂其濱帶江淮張耒謂其一大藪澤嘗稱劇盜出沒之衝孰不知其爲當城乎而向未有舉者功匪易也乃今一旦議建計城周圍七百六十丈樓高三丈五尺濶

四丈工不甚小公廪提綱價不甚裕侯且懼下人侵漁募民自出納分築以城工付戸長城樓付義民不數月告成雄壯堅緻悉合程度偉麗岑巍甲於他邑每登四樓而覽焉祗見其護峯俯揖歆朝宗於北斗浠水前抱迎豐樂於南薰而玉臺呈瑞玉鏡迎禧猶藹乎東作發鬲之氣西成康阜之景行且置壺漏以授時棲譙鼓以驚怠多捕臺以備覘儲兵甲以示威可以嚴平時出入之防可以禦意外倉卒之警拱環挹秀啟他時築巖物色之光不少厥功艮亦懋矣曷以致哉易稱說以先民民忘其勞詩咏庶民子

來今日之功之速夫固有以感之也後之莅茲土而專城者得無同諸大賢締造初意而心民之心乎後之產茲土者得毋允懷諸大賢締造始功而恒心上之心乎乃同志合川錢君伯谷周君會川李君自岳王君九嶷李君郢白蔡君心溪徐君近洙何君暨弓子計部與諸士若民謀以陳於當事者採之以志天假之靈固尚有仮廓恬養而表章之者

蘇民亭記

邑令　閻士選　江都人

聖天子御極之九年方宇大安思以加意元元勅所司議寬恤吾下方田之令蓋始於閩而遍於天下云選釋褐授蘄方蘄田歲值夏仲禾黍遍野民稱不便爲請緩其期臺使者報曰可而日夜與邑士大夫里老等制弓格計便宜度肥瘠秋杪促民收斂始興厥事卽以製定弓格先令里役設之里役稱便而令戸自爲丈也請外境持弓伺民募者悉竄出境積算吏卒閉弗使出聽民自丈隴陌之間有主督其佃者有父率其子者有兄命其弟而夫共其婦者間有左右田鄰互丈而更番以息息而起丈者丈畢則又對相語曰某寛某緊某可無疑於官府之抽丈而某尚致

恐於左右之連坐密使人察之得其情狀如此選激切自慶仰天祝曰蘄民之易爲感也蓋風行於廟堂而草偃於隴陌卽一邑而寰宇可知矣時出而按其所親供畝畝合也選感蘄民之不欺卽不敢過疑其民而據册以報蓋閱丈於是歲九月之朔而報成於十年春正月望是役也得田五千八百四十二頃一十六畝七分一釐五毫塘六百六十四頃四十一畝六分九釐地一千五百六十五頃三十四畝三分三釐七毫畝盈於舊賦減於初選揚言於衆日爾父老子弟知方田意乎粤自后稷昭田其制大約謂

一夫三百畒而播種於畒中量入畫野已肇於此井稅之興其來日久而田菽之賦後世倏稱漢云考漢史書賜民田租半三十稅一者不一禩豈漢德隆於桑井舊哉法不立而煦煦之惠易竆也史稱某歲賜田租半則歲之不賜者多而某歲三十稅一則不減者何可勝書荀仲豫嘗嘆官收百一之稅而人輸豪强大半之賦惠不下逮而威福分於豪人彼漢儒習漢事已扼腕言之矣爾父老子弟今試度爾土地之毛斂於私者何輸於公者何隱於豪强而抛於狡詐者浸失制賦初意今一釐而正之細人獲資生

之利豪右靡餘地之盈無私之澤乃播均於兆庶如阜如山不井稅其制已井稅其意矣故丈事方畢而蠲逋之命隨下廟堂之微意豈不以今斷自丈事之始宇內悉以均平庶幾古所稱無怠無游者乃責之共哉漢德不侔矣諸父老子弟咸曰唯唯是不可無記余爲記之且冀告於後之蒞茲土者披圖按册當知茲方土穀盡括之無遺而愛惜之因記其亭取曰蘇民明此爲蘇民舉也

修巴河唐睢陽張王廟記　閻士選

夫忠於主者人之主皆欲其臣主於人者皆欲其忠以故刼遷代異而忠無貳軀烈有餘氣誠欲之也天地一指萬物一馬而入無窮之門游無極之野與日月參光天地爲常者誰乎南華之言曰小人以身殉利士以身殉名名利異號其於傷性以身爲殉一也有旨哉誠傷性矣則殉名之殉何異殉利之殉唐睢陽張公遡唐迄今王公民畊罔不日醬神悚曰忠獨其所謂忠者則公固刳心焉按唐紀公尹眞源先是譙郡太守以城降使公爲長史西迎賊公還眞源帥吏民哭元元皇帝廟誓不與賊俱生起兵討賊迨雍邱戰死公併其衆令狐賊尹賊前後擁至公嬰鋒百

餘戰殺賊十二萬人使公乘戰勝之威以雍邱一隅之地不足恃擁衆還報天子其動猷未必不埒李郭銘彝鼎公獨私念睢陽江淮保障寧掘鼠雀啗茶馬殞愛妾不悔封疆之臣死封疆義也彈丸不足以當勁敵公稱多算豈不燭照預計之刎死縊死背城戰死皆謂死封疆而公獨不死豈難死哉括城中老弱逮城中婦女暴泰之酷不是烈矣公尹其地魚肉其素所耳聞目見之人以成一己之忠公奚忍之大臣慮四方念此彈丸爲江淮保障無睢陽是無江淮無江淮是無唐也國家養士百年我宗祧藉其休

養生息之澤以有我此身而我一旦擔圭析符值此九九之運猶得以爵號呼吸此方之人藉以扼賊之衝維其旣衰之運使我委封疆於賊以死繼之賊蠶食江淮操弄國脈我當躡魂叓譴地下公被執曰臣力竭矣死當爲厲鬼殺賊是竭力者公之心而輕一死於鴻毛以塞死封疆之責非公心也死一也殉利死殉名死皆有倚有倚則有盡而公之死夫焉有所倚哉無倚之謂神神則不可知蓋所謂入無窮游無極與日月參光天地爲常者也巴河故有公廟往有議毀之者而巫稱公降有詞廟得無毀余過巴

河禮公廟主廟者爲余述其詳如此士人聚觀其詞曰此僞也余詰士人以果僞也孰使之使天下之人者鬼神之德之盛而眞僞無辨矣廟不知所自始嘉靖間倪令會新之至萬歷十三年余帥士之鄉者等爲理傾圮增甃石竻清民基之侵占者爲臺高二丈許臺之上爲室三楹廟貌攺觀瞻拜臺下可仰不可卽孰非神所使哉若曰蘄當江淮間蘄人當祀公公宜享蘄祀是猶有倚之說也

蘄水縣會館聚升樓記 萬歷四十一年　郭士望 天谷邑人

蓋邦畿千里惟民所止止之言萃也聚也萃之辭曰利見大人又曰乃亂乃萃無亦惟是聚則升雜則離與去鄉三日見所常見者而喜矣蘄所以有館也頃歲名猾胥竄穴其中爲囊橐浸失初意會閔翼墟先生在銀臺余承乏吏部郎兩人目擊愀然者久之作而曰若是可毀也已又曰若是可廓也其毀也其薰屋灌社之意乎而廓者譬之解醒以酒也夫蘄之人寧不可勸誘去安宅而甘剝廬以是知宜廓矣暇日步出後庭得隙地可方幅瞿然曰是地傍帝城尺寸千緡詎宜爲鼠壤與蟏蛸虺蜮分此區區也且室無陪貳勃谿嘈踏患是以生是地旣不饒果蓏芰蓼

則當巋然樓耳於是焉大捐財鳩工閱三旬樓以成樓成而軒楹之所值與目境之所到若預設以待而位置匀停心意恰適者嘗試思之文正岳陽紓去國懷鄉之想眉山遠景摹黎侯愷悌之遺王粲以離家作賦劉琦以問計去梯古人有是心則有是感情隨事遷感慨係之吾安能必今之登樓者强合於古人又安知古人不如今人之心故或朝暾夕曛出入薇虧則傾葵炙背之忱也怒飆狂颶裂榍度幘則大王庶人之風也煙霾曖嘒曉昏千變則白衣蒼狗之態也素娥孤冷以窺人黃竹飄渺而委戶則捫梯敍

榑之思也他如紫煙低於蠕雉徵風高乎燕雀有鈞天廣樂之象焉青牛白馬如龍如水縱横絡繹有五侯七貴之豪焉塵闔撲地歌吹沸天巷杵夜春與人聲相亂有煙火萬家之概焉至若東瞰滄海雲霞之所沃盪旁督西山爽氣之所暗逼又此樓之所駭矚而不可備窮者也夫滋領多美以恣人之挹取而人翻會之無心攬之不盡是造物以自然之玩供人而人不有也非情也吾知周章遠望必有舒人之鬱寬人之鄙害馬頓去戰蝸潛銷而得意於茲樓者是樓之有造於蘄人不淺也以此爲萃是所謂聚以

正者見大人則利抑何亂之與有是役也板幹瓦石傭僦約費百五十金經始於萬歷四十一年之九月初三日落成於十月初八日

長如居記　徐存德 恒菴 邑人

元湖博士自爲閑骨所面修原帶流水倚幽澗枕平阜林鳥甚多寒泉素冽門無轍跡居在竹中以是爲終焉之計自顔曰長如蓋竊取子貢願息夫子望壙之意云嗟汝燥髮未乾尊慈早棄刺血無從削簡未受以故性多疎多緩多自好不能與世浮沉以自甘放逐元鬢歸田自眼徒在語曰力田不如逢年汝固應爾家世善貧汝復以傲骨骯髒假臥露車長嘯林壑意殊豁然也居恒慕朱家劇孟之義而厭薄子長傳貨殖排難周急不擇其人顧影披衾絕無隱匿緣是間亦攖禍逢難日就蕭瑟年四十衰徵早出顛毛種種伏思古人等百年於朝露齊生死於一途文子升瑕之樂淵明歸宅之詞傅修明躍馬回旋顧瞻永宅司空圖賦詩酌酒寧止暫遊姚勗之自署寂居王樵之預爲繭室既已首邱爲適又何荆棘之悲而況奇跡偶逢石槨之佳銘已定亡人在殯野棠之風雨何堪前之倏巳駒馳

後之何殊蝶夢則此一抔故與身同不朽所云大宵之宅長夜之宮永息之菴千秋之室比之逆旅傳舍旣殊而付之烏鳶螻蟻可惜奈何見之曉也於是以四壁蚤累二子而廿一邱以消長日心無别慕身有餘閒知世事之何窮喜年華之復至桑樞甕牖容膝爲安鳩杖鶉衣山行不險菱歌偶唱洗塵土以滌腸鳥語初聞識玎瑺而悅耳深清手汲浮白沽來臨流濯足於寒潭荷鍤爭喧於野席門教野鶴無妨車馬之來里有木奴信是春秋之托北窓攡斷簡以爲城南圃據秋梧而知歲鄰家秫熟蚤已流涎野店

雞鳴不遑起舞少而好義老豈肯違生則投軀死惟寄魄則茲山何負於汝更他有所羨哉夫萬靈胎胚真宰陶鑄稟受一定飲啄不移況其大者定分所在至雜而不齊至嚴而不逾至密而不露造化與人既無厚薄成心生之而非以亭毒死之而非以虔劉人强以機心驅役造化欲恩之而厚欲籌之而精以僥倖萬一貪愛無已幼而嗄嗄壯而鹿鹿老而棲棲生爲酷形爲辱而智爲毒塵念百相起桎梏百相偪馳逐旦暮嗟咨伏櫪萬境流連寸陰如割比其既也覺往事之皆非悲身世之有盡則亦不達於生死

之必然而自失其有生之至樂乃爲半偈曰穴居巢處不遠父母之國汨泥揚波不祈黄季之名不貴不賤不喜不嗔葱葉菜根逢著便喫生老病死時至則行自是最上一乘不二法門

癸未建置紀畧

邑令　孔維時　四川人

余自崇禎十二年季夏筮仕佐尹浠上遭西北兵起所在充斥江以北無寧宇也余帥士民嬰守者數載旋以考績得北中城兵馬因僦屋於縣之阜城門家其父母妻孥隻身赴都及抵都而邊事益急天子殷憂詔舉堪任殘破郡邑者御史黄以實專疏蘄水以余來試疏上報可蘄即報陷余衔君命來實念父母妻孥來也至自下始知家變計止存萃茂兩兒急泝蘭渚殘黎環余哭日今年癸未三月初五夜獻賊襲破我蘄僵屍遍城野迄今骼珊珊骴纍纍且燒官民廨舍無片瓦寸土掘城爲平地言訖復哭余喉哽不能哭詰黄直指前號乞終喪不得經衰到城東隅倚殘壁蔽蓆而廬焉見白骨朽齒果珊珊纍纍也睍覗泚流又隱隱疑有聲斯時也秋杪霜凝陰燐凄慘悲風木者哭於寢悲棠棣者哭於荆悲斷絃與西河者哭於枕余煢煢

一身諸哭畢集病幾死思瘞焉而乏資茂兒前席曰昔祖父藏有膳俸銀百餘兩兒尋拾貯之可佐用遂捐若干金付老成吏事者募收盈原之骨厝塚於南河之南覆以白石丹土俾勿壞亦倣古作大坑埋髑髏三萬餘之遺意耳又見衙舍盡赤果無片瓦寸土也夫邑無廳事民將疇依行見頹垣碎礫之地終不室不廬矣即於是冬捐貲鳩工因官基之舊建樓二座平房三間原堂大堂及儀門旁屋共十五間未嘗空役一夫妄派一錢而落成焉又見城堵果掘爲平地也蘄邑係吳楚咽喉城既成墟萬一賊氛復

熾嗟我孑遺不鳥獸散與然而興茲大役勢必藿石誅土疲勞民力余欲逸人而事就化絕業之無用者爲有用諭諸紳士詳諸院道於甲申春便糾人慮事量址計城給工合計周城八百餘丈雉堞樓櫓一一捌修約費若干金四閱月告竣堅穩嶒崎庶可恃以無恐夫城堞屹如衙宇煥如萬塚奠如余初願期至此今乃幸至此是縣尹當盡之分也是天子命余之志也是余猷痡終天之微忱也嗣是事有宜爲而未及爲與夫爲之而不易爲又不得不爲者俟余次第徐理云

序十一首

贈謝爵來雨敘　爵寧州舉人嘉靖元年知蘄水　王廷陳　黄岡人

謝君令蘄水壬午春三月不雨民戚曰何以播君歩自邑壇禱焉雨越四月不雨民戚曰何以植君步自邑壇禱焉雨越五月不雨民戚曰何以穫君步自邑壇禱焉雨邑人歌之爲來雨之章王子聞之曰歌也足爲長民者風矣帝也豈民棄夫錫蕃育庶靡不民焉供是務殖也或雨蘄焉食且不粒以幾務殖之而復以棄也其否也矣是虢用棄棄吏也吏也者族民而臨之殆爲帝殖者乎不德而辭帝其曰吾且㞕殖不有於民之室而吏橐用盈是以吾殖賄也故蘄焉不愛棄民昭吏棄也君之政聞之矣斂而思達而執肅肅而惠法不勢貸其仆也勁者先苟民庇焉不惜冒罰邑人宜之乃不吏亦靡不禮帝其曰令良吾㞕殖焉今不有也禱輒雨豈惟殖民不吏棄焉昭其良也傳曰禮有祈焉有報焉夫傴僂而趨匪其衷也即煬焉以其軀犧巫也感而酬豐品是事而幸帝之私也謂帝需乎君也不然乃不雨曰予也帝何意焉其雨矣曰帝也予何力焉夫始不姦帝之命既也不有帝之功是謂對帝之休帝其永庇之矣

菊山遺稿敘　錢貢

記稱父書不忍讀手澤存焉母棬不能飲口澤存焉噫此猶感於外物爾若詩文之遺則精神思慮之所萃心澤存焉苟散逸而弗收將安忍乎先君子菊山翁學成數奇屢困場屋無暇於詩文或迫而應之則狀趣紀事信筆登紙殊不經意然機軸自出不飣餖陳言每爲識者賞之貢不肖今年六十矣乃輯其詩與文及人所贈輓之詩文皆僅得什之一以遺後人嗟乎此豈書棬之類之比乎吾尚忍

復展而讀之乎吾又尚忍不展讀之而使之蒙塵於笥中乎拭淚而敘之

贈胡奎序

劉定之

聖天子紀元正統之十年天下藩省郡縣臣咸以職來述旣預期集闕下每旦隨文武常參庶僚入覲仰瞻清光侍象魏左右凡都俞吁咈之旨禮樂文物之盛獲聽見之元會之朝復入奉天殿廷鳴玉秉笏用展臣敬大駕出奉郊禋禮成旋蹕則迎鑾稱慶均沾耋澤共際盛美已而公卿侍從風諭綱紀天子若曰其勿深咎俾歸供乃事以觀後效賁之勅戒勵使不怠嗚虖其仁又何至哉於斯之時蘄水縣令胡君奎景粲實與胡君始由科目任教事於閩凡兩易任既以知者薦得陞今職至則能治其民化其士類詞訟清簡之餘用其心於學校躬其程業弟子員蒙誘掖者成材膺貢異於昔時蓋匪徒政足觀抑不褻其宿學非泛乎為令比也於其陛辭以行邑人士友乃來徵言夫胡君自詩書出宰民社則於為理之術既監於古矣況身當盛世沐聖主深仁其自今感發又何如也士學古而不逢時或時逢矣而學於已者不足故猷為有不及未必君子

責焉胡君其思自重以求見用於世尚無安近小以苟止則豈惟嗣膺寵渥抑聲光之垂未有涯哉

甘棠集序

李汰清之 邑人

右蘄陽別思及雜錄諸詩凡百六十六篇今倅金華雪竹軒潘公治蘄水及將去時作也公以名進士來令蘄水凡十餘年其愛君憂民感時觸物之情多見於詩要之大才小試久淹一邑或亦有所激而鳴者若夫別思詩則於吾蘄凡宿昔心思之所經營精誠之所感通意氣之所孚合恩信之所綏懷者莫不形諸嘆咏若少陵蜀中之作以攄寫其湮鬱徘徊繾綣不忍遽去之情亦宛然見於言外先是公至蘄尋適膺薦上春官謬領教事遂違鄉邑不獲躬政化之成宏治十年承部檄解永新還義烏時旅病無聊且所代者未滿因就醫於家遲留歲許見鄉人誦公詩甚習十一年冬詣縣告行閭巷之間誦聲滿耳公以清白之操著循良之績是時去已踰年矣德在人心而不能忘思之深則誦之切理固然也十二年春謁公金華得公別思全稿程課之暇併以昔所得於鄉人者彙進成帙而題曰甘棠集甘棠召伯所憩也民思召伯愛而不忍傷是詩公

所作也民思公誦而不忍忘且蘄亦召伯宣布之區而詩與棠也同一遺愛噫甘棠之在召南始焉勿伐繼焉勿敗旣焉又勿拜愛之愈久而愈深也雖然棠有時而朽所以永召南之思者詩而已是故詩傳於一世詩傳於十世百世愛亦存於十世百世矣吾知蘄人之於是集必將爭致而愛護之謳吟諷誦愈久愈甚傳之子孫無有窮已然則是集在蘄其與召南之詩同一不朽也公爲詩平夷沖澹深粹溫厚其音調似陶謝而理致本程朱此特作於蘄而爲蘄人所誦者耳若其全集當别傳云

蘄陽懋績序　李汰

予少讀聖賢書以爲禹稷伊尹之志苟得一縣亦可小試何則於民最近而爲惠易及也及讀傳記諸名公所論則往往以作縣爲難柳文肅曰諸使之軺傳所臨賓客之道路所出餙次舍而具委積簡卒乘而供勞遺惟縣之求惟令之責故寧保障之不先而無寧趨辦之或後王文忠曰財者民之心徵需所集阻而不辦則致怒於其上取之無藝則貽患於其下品調消息之間難矣此皆難其勢也吳臨川則曰固有廉者矣然或未明則眩於壅蔽亦有明者矣然或未仁則入於嚴刻仁矣或短於剸裁則澤不下逮仁而不能故也能矣或意向小偏則事亦小疵能而未公故也全此五善難矣哉此又難其才也方讀時未涉於事未之深信旣從宦牒淹於一氈凡五易縣亦兩攝邑符乃得與諸公劇談治理且目擊夫縣之爲縣上轄於大府宣使監司巡鎭而又有分督諸使者文移旁午動盈几案催科撫字異趣殊塗然後知作縣之難而信前修之不誣也正德九年成都王公以西蜀之英由賢科奉簡命來涖吾蘄甫及朞年百里數千家已藹然愛戴未幾大府騰檄書

褒勞而士夫亦形之詠歌頌嘆嗟夫令而獲乎上者有之矣或未必得乎民也得乎民者有之矣或未即獲乎上也今也下悅上信聲聞翕然公何以得此哉要之以宏達之才施愷悌之政其儒先所謂能全五善者乎所謂能品調消息者乎所謂保障是先者乎衆美萃而濟以文學將無施不可於縣何有毛靜可曰安得百器之布滿弦歌城乎亦曰安得公百輩萬宇回陽春或曰吾邑得賢侯足矣遑恤其他噫狹矣宇宙吾人分內易曰無平不陂日中則昃持泰保豐聖人所謹國家承平百四十餘年可謂盛矣試

言今日徵科之額比之國初奚啻數倍近時羅圭峯有云官之歛也日增民之生也日蹙韓子曰財已竭而歛不休人已窮而賦愈急其不爲盗也幸矣往歲流賊猖獗令民者以懷印踰垣爲得策民逃匿山谷叢刃迫務死拒不從與夫一呼而雲集響應者異矣是何也國澤深浹民心未忘故也有識於此知賊之不足平焉民爲邦本古今置官而尤致慎於民牧者以此誠得循良若公者布之天下於以撫摩綏輯庶斯民有所賴哉庠友詹君本道輩輯詩盈卷合衆議題曰蘄陽懋績而徵予序予退老山林方欣託

棠陰之庇者奚容默乃攄此芻蕘之悰庶幾儔循良者詢而采焉

送李叔慶貳敎序　周珊 爾山邑人

叔慶氏將貳敎大足也周子以其姻也送之曰若爲敎何吾聞之陶人之爲甓也其礫也無反質焉則埏埴之爲也輿人之爲輪也其敝也無再直焉則㮺括之爲也夫敎所以埏埴其才㮺括其行者也子之敎也若之何其有以善之叔慶氏曰夫吾於學信疣贅之末若也其冥然而資師之吾敢也與哉幸終敎我以往敎也周子曰夫先王盛時德隆政也敎隆刑也是故聲氣相激行誼相摩而世爲道磷緇治之日登也其所由來也迨世下衰政隆德也刑隆敎也是故邪曲相煽撓枉相入而道與世抹鍛亂之日熾也其所由來也夫敎重專也師重任也其容以忽乎是故誦貫者粗也修綴者末也程課者陋也進取者利也敎之無良其焉攸賴之故君子之敎也一曰敦本二曰正業三曰際機勞來匡直所以敦本也下學上達所以正業也啟憤發悱所以際機也敦本則不倫正業則不歧際機則不楛三者敎之之道也而身敎大焉是故任之重行之力植

道之極植道之極其感之也易學之博約之精昌道之門昌道之門其入之也深夫是以敎成不隳功省而化倍之詩曰德音孔昭視民不恌夫身之不淑何以視之又曰敎誨爾子式穀似之夫惟有諸身而後可以責其似也叔慶氏曰子之言大矣吾未之能也而有志焉

送李九嶷守惠序　管志道

嘉靖中巨寇起惠潮間外連內訌旋撲旋獗至屢宵旰憂蓋三紀於茲矣天子若曰洛亂匪自天維司土者之尤其以良二千石往字之於是司大計者推擇視內地尤重倉

惠守闕以九歲李君補君未發白門而識者已嘖嘖爲惠州老若稚距三百矣同曹諸君子祖道郊外若躍若惆有嚬且前曰難君之爲惠哉惠去楚數千里君慈幃在堂勢不能以頹顏白髮之老人相攜於炎瘴之鄉夫皇華四牡畏簡書也孰紓君陟屺思哉言未旣君瞿瞿有惋色又或作而言曰毋然男子生固四方也而君又才破浪標銅大丈夫當如此矣君亦有志乎不者寢潢池兵易干戈以俎豆闊不淺矣君乃奮然有扼攘意蓋君與諸君子離合之際其詞情感悵慨難執也第余尤願有請於君余聞之寇

自外易攘也寇自內易戢也何者其形可格而謀可奪矣迺若外搆其謀內匿其形奸宄與善良至不可白黑朝唯諾於公庭而暮烽燹於山藪株連根糾倏忽萬態既不可以絃誦馴又不可以礁斧禁此惟惠潮之境爲然聞之老成人云欲靖外宜先安內安內之道姑無亟於發摘姦伏而以保惠善良爲先蓋廣寇之起也始甚微渺其土人之力自足以制之翦此而後朝食一丞尉事耳而有司懼爲謀尸恬不加意是以其黨漸滋而不可解然而未與王師相接彼其意猶有所虞也迺一一大吏輕入弗詢之謀輒以兵嘗之自損威重其司土者幸須臾之不警其境以免譴謫則賂遺款問無復民吏簾級之閑以至於今棼棼也於是狡且日肆而小民之淳謹奉法者復不知有食土之樂相與咨嗟而望其上曰吾儕小人鰓鰓然力嗇輸賦爲公家守三尺律曾不若草竊之徒弗耨弗織與長吏遁也相誘且驅使良善者化爲姦宄而閭右幾墟顧其情則亦中州人士之情耳無亦集鴻雁去鷹鸇追渤海朝歌之遺智乎如此而後良民安良者安弗良者漸歸矣君廉明愷悌人也其應機捷如風霆始而授信州司理也會朝廷籍

豪貴人傾撼江右而君爲畢力調斡其間賴以保全者甚衆然竟以此忤直指使者意弗得要垣既召爲繕部郎猶以前啣搆之移外者屢年而後稍遷南比部大夫尋轉虞部數歷中外十餘禩所至恩湛纛别聲燚燚起以今惠州盤錯之鄉而運以郢斤有不爝然穎見者乎吾以君卜海波之寧沸矣

賀董少伊父母陞汾州序　易之貞（忠甫邑人）

古泰氏登顯俊乂每歷試郡邑以覩吏治重民職也我父母少伊公昔在朝禮九賓天子欲用公則試之我蕲蕲當

吳楚之會頗要劇稱煩民且嚣縣嗷嗷公下車訪民疾苦課耕省歛以濟時急吏胥無所容姦老稚恬然閭內不識隸貌遇旱公徒禱山川澍雨立應猶焦然在念恐傷禾弗甦徵蘘日征催之弊革總收湔卷牒務以便民好生一念尤根諸天性雖發擿如神而慈仁殷勤每出常刑外民自以不寃䜣大辟每於死中求生惓惓矜恤不獨受活者啣恩卽不獲免無敢怨尤謁先師必肅皆發於至誠以故一時子衿俱恂恂樽俎名節自勵皆公指授也河澌病涉公捐俸鳩材不踰時梁成躬往視之命環騎上蓋圖爲永久

至街衢廟宇悉經整頓昔武侯在蜀井竈溷㵎無不修治追誦其功與岷峨劍閣爭高公則何多讓矣在治三越歲政簡民乂威不以幽隱竊令不以强梗移賞不以微倖取蒲鞭纘鉞不以律側拘絃歌簿計不以贗情測近者天子嘉公績未卽召內試之汾陽士民聞者如失則請於余爲留公許予曰公安得留往吾蘄竹馬郊迎猶此日汾陽望琴鶴也乃餞公祖道持觴而進曰願公所如仁聲先路我則去思彼言來暮再持觴而進曰願公毋久河東適跡文潞公之鄉入輔明宁普惠我元元公亦顧予曰願若輩毋忘我舊績寄聲代牧者我赤子何患無怙恃離尊既傾夕陽在道遒人促急雲山幾重

周易翼翼似言序　　閔廷甲 翼墟 邑人

易翼曷言貞一豈非易道之要領歟或謂易時而已貞不可爲時猶方不可爲圓奈何言一是不然道之體方而用圓方以立本不易者貞圓以趨時常易者貞其致一也是故言貞於一卦一爻偏辭也窺本於貞觀貞明全體也在造化曰陰陽不測之神生天生地生人物之萬殊神妙萬物惟此一物在圖書曰易有太極立天立地立人極三極

之道惟此一道求一於一一不可見求之至賾至動得其所以不可惡不可亂者而一始見是易所以立教也易爲理窟羣經受其幾變精深幾變精深正其易簡之至易簡之至正其中庸不可能者道豈復有加於一外者哉徒知道之爲一不察於器則亦無以證道圖書非天地載道之器乎人第知圖書中宮之爲太極而不知其通體之先天後天合爲一太極第知造化神之爲神不知天地萬物之所以妙於易簡而自然者通爲一神自夫見一者分離一貫之說斯以荒大道斯以隱天地聖人之心斯不易窺諸

凡若著作家菁華汗漫功聲家塗飾紛鶩方外家毀滅墮遺而大道將爲天下裂聖人蓋已灼見天下後世之弊有必至於此者而易始作作易無他所以上乘天道下察民故貞天下之動而一之也是故義易對待立本中之趨時至常主至變者周易覆體趨時中之立本至變歸至常者四德二用無齟齬者易簡以御險阻原始要終以爲質無水火者其道陰陽剛柔仁義忠信其人君臣父子家國天下其具禮樂敎化而其學則精而一殊塗百慮總有歸致此其道鮮能亦難言矣吾蘄翼明周君讀書不屑制舉藝

確然斯道爲已任擬言議動力行寡過乃能博極天人理數之書以探先天秘奧翼翼之作蓋本義後一大啟關也余嘗就君講求有年卽儒先宿說誠不敢輕議顧未敢驅經從傳屬得楊止菴先生說圖書者君益解悟合東漢宋以來諸家薈萃成書夫說天莫辨於經說經莫辨於翼說翼舍圖書奚辨君大指輔翼惟無牴牾圖書庶幾貞一之旨千古不晦以此翼翼余敢任之

李元瑩楚詩序　黄正色

李子元瑩爲詩蓋二十年而不欲以詩自名嘗辟譚於泰青未窮其技而不敢言歸也善解牛者每至於族則見其難爲怵然爲戒視止而行遲技也而幾於道矣李子之於詩非就詩以爲詩也有立於詩之先者李子純孝多篤行廉隅砥礪中有權量以程衡當世而酌取於夷惠可否之間學無所不窺默然深思其於道也不厭奢取而緩出之蓋所培於未詩之先者如此迨其欲作則又非其人不詩人非其志亦不詩非其地不詩地非其懷亦不詩非其感不詩感非其誠亦不詩故篇章簡淨不可以不類而得其情若夫喜斯陶陶斯詠憂斯悲悲斯詠或長謠於登嶽或

寄懷於彼美模取物情孤心獨往一語墮地異彩芬郁使人不知其所自至殆積之深也歟彼見彈而求鴞炙者聞李子之爲詩亦可以稍愧矣通籍伊邇將以其道澤天下而出所著曰楚詩者若干卷蓋分滄溟之水飲人以一蠡也於是徵弁言於余余固知李子之湛深於詩有素其遲之久而後以之自名者不欲以未信者示詩人耳故聞其命若懸鐘而待考於后夔不能自禁其聲之出也已

張啟佑耐瓜居詩序　黄正色

予嘗訪同學張君啟佑造其居雖逼處闤闠而蕭然自遠

也升堂書卷盈几琴尊筆墨皎皎然無塵主人雖出應門者婉而嫺怡然自得也予尋思曰啟佑其壺公也耶抑君平下簾受易之高致也已乃聞啟佑治方書往往爲人所慕予心儀之一日其弟翔友出啟佑耐瓜居詩一帙丐予序予受而觀之清響孤超留人耳目如懷秋英飲蘭露覺人間體薦殽烝不堪舉筯予乃知啟佑以詩人自隱於長桑之術非凡流也夫詩不尚多亦不尚豪駿傳神寫照只在阿堵中啟佑之詩每因一二字迴別便覺通體皆靈置之吉州司戶集中似亦莫辨予嘗謂今人無知詩者得啟

佑詩大快出望外郤意十七八女郎唱楊柳外曉風殘月此語真入詞家三昧若丈二將軍銅琵琶鐵綽板唱大江東去坡老竟受此優識彈去矣因笑而書之

傳三首

易中齋先生傳

易　侗

先生諱文謨字汝顯號中齋居士余祖槐軒翁仲子也槐軒翁生四子長爲余大人次先生曰瀾川曰少槐則又其次者余大人少游燕畿故檢蠧搜索之功先後有差先生幼小不爲嬉戲偉於成人稍長與弟瀾川下帷嗜學博通經史以春秋補邑弟子員亡何瀾川領鄉薦去先生屢科不第時春秋亦漸高乃憣然嘆曰吾縱不賈於當身倘謀子姪與里中佳兒輩釋經校藝令得蜚聲以竟吾未竟之志亦足了此生平安能兀兀久困鹽車也遂卜築於鳳棲山臨湖書室子姪輩及二子堦咸隨之蘄與羅之士嚮風仰止執經問難者屨滿戶外教人不爲章句之學嘗曰讀得一尺不如行得一寸每講罷日西率諸及門散步山水商榷古今得失輒指示之曰某艮士汝等效之某憸夫汝等戒之故其從遊者或析圭擔爵或崖居谷棲率多端人

碩彥卓有西河黍谷之風先生事大父母孝視聲華世味甚疎其家務悉付余大人不問錢穀出入所獲束脩儲之公錙銖不入私槖雖毫髮書楮不以自匿用則向余大人取之視姪輩若子鞠誨一致嘉靖二十三年蘄苦旱民人流莩其弟婦鄭氏李氏早寡磬懸無依先生曰二婦爲吾弟抗節何忍坐視困危遂鬻服壞越鄰邑貿粟英山以全之縣北有村名三店俗尚慓悍先生徙居此慨然有移易之思因與三十里衆約爲社會取聖諭及已所制化俗文刊刻成篇家喻戶曉揭之堂壁每於二八月社令爲首者

執簡講讀吏序禮雍容少飲而退行之三四年人咸愓悟穀粟牛馬之屬即遺之山邨無隱匿者間有不若於訓則私相語曰毋使易社長知之其令人嚴憚如此易族生齒頗繁或有爭訟難解者咸就先生分理悉平反無寃人人帖服無後言先生自諸生時與邑之名彥約有文會惟先生氣節自好不邇封殖以故家亦蕭然身沒之日有貸及子其會友姜泌溪者倡言曰吾儕與中齋交生不周之死不能賑困異日何以見吾友於地下可如約分償勿令爲若後累也衆皆泣下踴躍唯命雖姜之好行其義亦先生

之景耀休光足以動人心也先生內行甚修燕居不苟雖盛暑未嘗褻袒冥冥不至墮節故學牒紀行家譜載德子姪十餘輩彬彬雅量有先生之遺風其二壻有聲庠序一上春官取高第皆先生切磨之力先生卒於嘉靖之季享年未及六旬其後門人周少參伯谷子壻蔡太守郢白攝其素行聞於學宮欲令從祀竟爲某沮惜哉余小子疾沒世之無稱痛哲人之長萎故敢闡發幽光表章梗概倘懿德之好終未泯於人心則不朽之傳猶可俟夫來禩

又嶷李公傳

黃正色

公諱生采字自受號又嶷憲副公九嶷先生之仲子也生而端謹諸子競宦橐公獨取載籍憲副公笑曰孺子似我弱冠補諸生思憲副公官東粵頻年兵旅不休大母及母俱在千里外不獲躬溫凊於是犯瘴嶺涉鯨波擔簦覲省憲副公謂其荒於學而遠遊不悅公不敢留未幾憲副公乞歸不起哀毀骨立謂吾父自守惠肇遷監粵東軍數年間決策征猺獞討平羅旁千里地陞瀧水縣爲羅定州始設東安西寧二縣有恢疆拓地之績而掩於大吏功不得上聞位不過常調天下之功名竹帛安足苦耶吾其爲政

於家乎事大母終天年遷葬大父以大母祔色養母黃恭人三十年如一日畢弟妹婚嫁兩營父母元堂抔土拳石必誠必信家有鬩牆者上下匡襄俾無相尤憲副公故舊門人多官楚者人謂公從俗俯仰以鄉賢從祀請度無不得公曰求而祀不如無祀且無以賄營而辱先大夫之名其異於草木腐者有幾生平嗜古樂道聚書盈鄴架陰陽醫卜百家之學無不泛覽獨指經生帖括爲無益曰是於聖賢理道固遠也庭訓其子無督責但曰不忮不求脫凡近趨高明而已矣歲時饗祀率宗親子弟序昭穆謹儀節

豐桼盛均餕餘有爭者平之所居種竹萬竿名曰寧靜取武侯寧靜致遠之意瀟然自適飲人以和居恒野老與爭席傭豎樂惠愛浮沉諸生中年六十有八臨卒時取架上野史小說叛道不經之書盡焚之曰勿以是亂後人耳目也子見璧者才行絶人幼以童子應博古試補諸生性至孝嘗於友人家得橘見其鮮香急馳至又巖公公食而甘之後久困諸生不即售自念未能累茵列鼎事其親而含悲風木乃泣然曰吾生平所上食於先人者止吾友之一柑君子嘆其言之哀深而意苦也崇禎已卯登賢書出蜀

念恒劉先生之門璧既請先生誌又巖公墓而更丐其友黃正色傳公特立獨行之致以聞於世古之君子父母既歿必求仁者之粟以祀之李子有焉贊曰人爲世舍而終川淵木無匠顧而終天年如又巖公非欲用於世而知者希蓋亦不屑屑焉與世之人俯同其方圓不然豈其羞請謁之俎豆而陋干祿之篇夫士之功業不彰而正身修已者其道闕於世風最急而有時或失於傳故捃摭其言行使有以箴末俗而勵後賢非獨吾友之不忘其先也

御史公放菴畢先生元配魯孺人合傳　王一翥　黃岡

放庵者侍御史協公之別號也公出於太封君諱大猷公之次子性英敏端方嚴厲不可以犯善言語多血性爲文雄肆明崇禎丙子科鄉薦十一名丁丑聯捷成進士筮仕浙江寧波府慈谿縣宰慈在浙爲大邑薦紳如林復多强禦公理煩賑荒造士惠民崇節孝除姦弊無不畢舉慈大老馮公元飈元颺阮公震亨姜公思睿率多士彙緝爲書次以詩歌謠頌題曰畢侯樂只集癸未秋入覲都門值畿輔邑多殘破上以考選諸官能命出撫綏公補河間之吳橋九月召還甲申春召對中左門公侃侃讜論指陳痛切

上嘉納之長嘆欲起者三擬除吏垣首改授福建道御史追順治十一年起用舊人入都以違限未授職歸自是林棲淡約把酒敲碁自娛著有說書去存之燕草以貧未梓春秋八十五度弄飴五代兒孫太夫人魯氏孺人性慈孝能逮下歸於放菴止二乳一女一子女適於郭子鳳洲以歲薦任湖南麻陽司訓孺人年長放菴一歲後一年而卒計八旬有七也闔蘄稱之曰全人

書一首

復萬德夫於黃岡　李沭

時在黃岡從李彥明學前此書來有別離之感因慰勉之

別來寘茨幾新企仰之私與日俱積惟時天根初動惟冀德業增益與之俱長爲慰竊思科目登庸固人情之所願然必有可教之資又有父兄師友之教而後可也如某者質雖愚魯使有教而成就之者功名雖未可必若淹貫古今㝎亦可及也奈何幼失怙教雖累從鄉先生授書作課亦僅足以發蒙而已今雖有志於是其於家事何此予所以日就荒塞每一興念未嘗不撫膺浩嘆也足下氣淸質美而尊甫教之專一堅確不使少有累其心俾得專心於

學彥明先生又吾蘄黃之傑然者盡忠指導朝夕相與切磨所謂父教師嚴兩無外者也人生有此何幸如之胡雲峯嘗謂每嘆世之爲人子者盛意氣無詩書之志不可教爲人父者矜勢利無道德之味不肯教爲人師者弗克遂於詩書而澤於道德者不能教吾子有一於是乎不特此也三代而下莫盛於漢唐漢之設科最爲冗雜唐之諸科獨先詞賦所取既不本於經所習或遂遠於道士生其時未爲多幸有宋雖以經義取士而士宇未復國勢不振方今諸夏一統海宇淸寧入仕之途獨重科目科目之取專以經義生斯時而業斯術者豈不大可貴乎來翰有云百里客中實可憐焉男兒四海爲家百里猶室中耳君子道義爲樂名教中自有可樂耳方且歆羨不暇又何憐焉又云有堪滴淚而不可以盡書者蓋必別離之情有以懷於中也夫令慈既不可作令嚴動履無恙揚名顯親孝之大者區區奉養曾足爲孝乎若日妻孥之奉事童僕之趨承則士而懷居者也聖人之言自可爲戒夫出門第一步其幾甚微其判迥別蓋宴安之與修爲正天理人欲之所以分也苟歸就安逸則是狥人欲狥人欲則日究乎汚下强

於進修則是循天理循天理則日進乎高明舜蹠之所以分實在於此足下其亦念之哉

疏引題詞　三首

龍洞寺建石門引　錢貢

予嘗北走南旺而東游於浙西見河海之濱皆有龍王祠蓋龍爲靈物藉之以扼泉流而通漕運殺潮勢而奠生民非諸淫祀類也蘄有三角山之勝蛟龍宅焉歲旱則近者候風而雨遠者負水而雨然絕頂多虎穴人不可行自五代時慈蘊祖師居之虎遯去民無旱憂故有伏虎禪師之

稱歷宋及元代有封號賜寺額曰龍洞蓋因龍而有寺也兵燹輒廢宏治中僧廣智者嗣焉漸爲修復今年七十有五語其徒曰吾老矣寺頹矣野燒之延而及者非力所禦山風之烈而頻者夜不可燈惟石其門焉乃可爲佛庇乎執募册乞予言予曰佛善人也其心主於濟物龍能變化性雖莫測而澤亦及人二者固相遭而不相離也石門之設豈徒爲佛庇耶民之急旱而來者望門而趨叩洞以入得水而歸各遂其所求庇佛因庇龍庇龍因庇民也四方仁人寧無起而佐其費者乎予因論龍而及佛如此若曰

四萬八千門之廣大其間諸學佛者

南河官渡募文　黃正色

南關一渡兩蘄之通津五鄉之孔道也輶軒絡繹車馬交錯鄉市貿遷莫切於此曩者浮梁橫水上車騎經過如履平地亂後浮梁盡廢川漲則行人坐立兩涯待居民搖扁舟以濟人有廢時失事之嗟濟又橫索人錢米柴薪不滿其意則怒辱加之鄉人以爲患水落駕單板渡深泓擔負往來相値不得避中河而返者有之且衆步起落板作上下顫少不戒即溺於水不得已而以衣涉之寒泉透筋骨如割邑有好義者憫人之病涉而思爲之計余以爲法不善則不可以久欲善其法非吾儕小人之所能必也羣請於大父母劉侯願自捐貲兼募闔邑漲則造兩槳船一往一來俾無坐而憂不濟者水渴則架兩杠串大木爲級使不得動搖亦一往一來而不相碍募津卒幾人使終年操舟守杠不得營他業募置公田付津卒使收其歲入半以自贍身家半以爲每歲修船修杠之費乞五鄉帶派公田糧差使津卒不得藉口鬻田而廢斯渡大父母義其說而許之欲申請於臺司邦伯以圖久遠蓋因民所利而利大

父母之美政與邑人之公願適相符也時即有願捐已產以成斯舉者諸好義之家更以募文見委謂費繁計遠非一手一足之力所能辦余以爲邑之義舉大父母之深仁當與衆同之力雖可辦亦不必有獨爲君子之名用是序募渡本末普請於仁人長者願共成其美焉

楊母蔡節孝引　黃正色

楊母蔡者邑庠生楊于恬母也稱氏以及子可也稱楊母蔡何也從子也曷言乎從子也氏貧而蔡貴進士斗發與進士璿父子爲太守氏於璿爲叔姪以族貴闈女貞其力

捷楊爲名門蔡甫十六適生員學溥未三載生于恬未三
月學溥卒旣葬豪掘塚將暴之感動於蔡之誠乃獲掩土
學溥於虞衡郎惟一爲兄弟封翁太公期願人望以搢紳
閨婦德其力又捷而于恬之意殊不然謂當官旌表可以
目前未可以千古孝子之心將以目前慰目前以千古望
千古自非丏文人墨士爲之言以與之永久則目前千古
未易相償故鰓鰓焉如不及是鰓鰓焉著母者子也爲楊
也母而蔡著節著而孝從之是從子也而實從母也詩人
稱大風所從之來自有其道乃從彼有空大谷而來也楊

稟有天性鰓鰓著其母如不及其所自來矣嗚呼睹楊母
蔡之風者節孝之心亦可以興矣故凡物有其性卽各有
其力性所自植恩情深淺不足以論之矣力所自定時候
暫遠不足以覲之矣不然兩載諸居與數十年寒暑深淺
遐邇相度奚若耶矧其間食貧茹苦上有繼姑下有前子
且又有母無告而寄於楊楊方衆㸊叢居也一二而調之
將一一而間之矣一有間之不復一一而調之矣夫惟至
性一綫入於無間之中縱態狀萬千貫之惟以一綫姑克
諸子咸立孀母相憐衆紛處而㸊不欲淸獨以塞淵專靜
相持者數十年乃一發明於厥子冀以千秋償一日之憾
而人不聞言彼其力之所至無所倚藉於天地之間獨以
母子天性孤行於世嗚呼天地之所以長久者非此性此
力也與故曰從子也而亦母也系之以詩曰性之所植如
水能漬如火能燒各自有力不漬不流不燒不出出之流
之性殊力一水明內鑒火光外燔柔內剛外魚以名餁何
金無水不茲於源何本無火不生於根兩端未兆孰與先
傳同此性力胡不聞焉

墓誌銘 七首

周雪窩墓誌銘 王廷陳

君童父遣就傅傅讀或誤輒捧焉以難傅曰童惟訓何難
也君曰實疑焉其敢弗難且訓以開慧而務閉之閉慧以
訓何傅之有傅聞而駭以辭父許業成父曰何弗試也君
曰兒聞之積之如淵流之以涓不然且竭兒虞竭也父聽
久則請曰可試矣父廼曰巳淵乎君曰卽弗淵當無竭憂
一試而廩食旣屢試弗第君色慍或曰達生無慍君曰豈
一第之留焉父老矣而不務以寬之懼乙丑歲以次當貢
强而就曰童而業何期也茲之就也何卑也復曰賢而抑

者豈不繁哉何有於予而以懟已爲慈谿丞慈谿饒國也國重賂吏當其甫至百金作皿藉手稱覿令不有始國人作例君曰却焉昭令之徵其罔却焉廉不吾有也昭徵匪仁捐廉匪智弗却以却吾是用思首營學宮士也朋從繼給孤窮民無煢煢末糴以充委吏則粽費不帑出貯以爲公邑人悅焉按者爲賢政不可遷甫三年以疾卒於官君諱紹武字大烈生以天順辛巳卒於正德辛巳嘉靖甲申葬地名小嶺銘曰澤儉厥德予也實惑不軀而裔爲我民悅爰妥厥居宜懷以舒矚後以娛

朱公浠桂墓碑　　鄒迪光梁谿人

方伯朱公戊子春卒距今二十三年至庚寅冬而葬距今亦二十有一年墓之木林林矣而公之次子期昌越數千里持所爲狀請文勒之碑以公嘗守吾郡余方髫年爲門下士又公伯子期至與余爲同年友又余亦嘗領郡郯城習公桑梓誼弗克辭按公諱袗字叔袞別號浠桂其先世居江右樂平從樂平徙蘄者曰顯卿公自顯卿八傳一溪公生公公生時有僧持缽過其家曰三日後當產異兒既產見僧則已化去蓋異兆云公生不大露奇穎年三十未領青衿仲弟已試茂材異等一溪公令去呻唔而穮蓘公讀自如鄰盜起比閭鳥獸竄公擁攷絫讀亦絶不爲意尋補邑弟子應省試有兩狂生輕詆之既省試第七人兩狂生匿不見公踵門報謝其凝重如此尋登癸丑進士授行人時分宜相張甚公劘去舊籍不爲其鄉之人若引避之同郡陶羽士被肅皇帝寵倨甚公遇諸塗不少加禮皇華所歷日惟取風俗利害收之奚囊備採擇而已其操持如此以行人高等擢南御史會沿江多盜繇伺盜者餌而縱之公移書監守以下曰伺盜養盜罪不在盜勿謂御史懦

不敢吐舌幸善爲計書去監守以下屏息乃條畫方略授之有司盜一平諸捕逐少年亡命至竟其黨與平市肆物價令官吏不得低昂悉著之令其風裁如此以御史秩滿陞常州太守常故饒富兵燹後俗靡不止郡以凋敝公身先率約大筵不過十簋公庭讌饗酒三行罷去一切庭實悉貯外帑以備酬往不入官廨而俗用醇以凋敝故吏與民因緣爲姦輕啻三尺訟積無算公爲爬姦剔蠹去其舊而新之民重捍法即有捍大辟者公愀然不懌曰之生而求之死求死非吾意也覩於囹圄而地湫隘則屋之優則

食湅則絜病則醫藥日之死而求之生求生吾意也用此率五屬邑必惟命乃已不或面斥或密諭不少作摸稜態至以絓誤觸長吏以質直犯巨室必曲爲覆護故人人自感發期無負公其廉平如此以常州守擢陝西副使人以爲遠曰人臣憚遠乎既至西羌人以爲難曰人臣避難乎乃城金川選精騎千餘格鬬之公自持短刀勁其後虜盡駭散獲牛馬以谷量上屣天子賜金幣文綺加等然陝實難於餉以吏胥與諸侯王官相率漁其中莫可究詰公請得請於上寘之理官吏無赦卽諸侯王亦無赦餉弊以除

至巡茶御史每得一小甈輒附之法往往就斃公力請御史此蜚無知入井大可憐惜因多調罷又未嘗不從寬恤也其方畧猷爲如此以副使秩滿擢雲南參政往藩臬初履任必謁黔廟謁必叩首階下公謂我與若咸臣事君而又欲臣我乎不屈黔國度不可强第延入廟門頫首而已其彊項與行人時道過陶引士同滇有銀場所委官多乾沒自膏其槖事發則嫁禍齊民逃罪公於諸乾沒者悉三尺從事與陝西時逮侯王官吏同所嫁禍齊民盡尋繹生路輕其爰書如干人得免於死與守毘陵時生活人同亡

何擢浙江按察使又擢雲南右布政使而姚恭人訃至矣居恭人喪公已六十作孺子慕柴而立亡何一溪公又逝居一溪公喪亦作孺子慕柴而立當此兩喪時掩骼施棺賻葬粥饑療病好行其德絕無小草意而兩浙之命又下不得不爲一起時江陵相有父喪衆率百金賻公獨兩縑又與行人時引避分宜意同乃分宜安之而江陵甘心焉竟以老去也豈江陵比分宜較甚耶天所成全公至矣公去而錢塘送者萬計經毘陵送者又萬計至上金焦公徒步若飛送者曰大夫何老老以不屈耳坐客有詆江陵者

公嘿無語曰吾眞老矣又與諸生時忍兩狂生意同公歸復好行其德所爲掩骼施棺賻葬粥饑療病亦與居喪時同而晚年更好養生家言人謂公可不死死之日有深衣元裳環牀而請者其去而紫府玉虛可知又與初生時遇異僧事同大都公生平不偲偲示牙距而才見不亟亟獵聲譽而名章不沾沾悔歎娛而惠普不斤斤傳檢押而守堅若濃若淡若執若通而立於大中於鄉爲長者於國爲老成人於士林爲君子故其生有異兆其沒亦有異徵豈偶然哉公生乙亥七月初九卒戊子正月二十三元配張

夫人生長子朞至登甲戌進士官河内守筵滕安人生次子朞昌登庚戌進士官司農尚書郎孫男女若干人載顧太史起元誌銘中不具悉墓在油河華桂山陽

贈文林郎官古愚公墓誌銘　李維楨

故黃州郡諸生贈濰令官古愚公今諫議東鮮之父也東鮮舉進士令宛五月餘公卒服除除濰以考最贈公如其官尋以高第徵拜諫議蓋葬十有二年而始以狀介其友泰民部敬伯屬志銘於不佞楨楨辱在鄉人之末知官公父子稔矣志曰公初名惟德更名如皐字直卿其先行三

自江右鄱陽以元末避兵徙黃岡烏林數傳至守忠守忠子清清子政政子封徵仕郎永富永富子福質直好義七十爲三老賜高年爵配王孺人則公父母也王孺人夢麟入懷而公生小字夢麟自少儼若成人塾師試以偶語敏而中比長善舉子業之文所師陳公馮公黃公遜其能公益自奮夏席地冬絮裹脛夜誦不絕聲二十九補郡諸生探窮往籍游思元微丙子己卯試兩見格蓋直指郭公讀其文以爲夠深而近古揖之於庭口勞之仍旌其門後直指張公郡伯鄒公屢試皆高等然卒不第甲午東鮮舉鄉試第三人嘆曰力何可與命衡有孺子在吾其休矣與同志數輩締文酒社手錄唐人詩而擬之情景所觸題咏不輟疾革猶爲重陽詩一章信則人任焉制義一首其篤信好學如此事父母孝所受生徒月俸以治酒食洗腆而進之有所得果蔬非親嘗不敢先四時之服必備純麗子弟環侍陳說古今父母解頤抵掌也中夜數伺喘息小失節醫藥禱卜皇皇如不及父受爵過國人美公能子公謝不敢當既而曰愛見其親則子悅非人情乎張筵酬賀者浹旬且以奉親歡母疾時東鮮復患疹公不顧專意侍母籲

天請代居喪哀馮而後立扶而後起哭無常時常聲者終其身事繼母張如母愛季弟共釜而炊四十年衣服器用擇其所善而爲之季弟子孝廉受室室隘不可容將析箸兄弟泣數日孝廉齠齔能文愛之教之如東鮮姊歸曹而寡生死於公乎資從昆弟子貧者因能受業無俾失所凶年自鬻出金贖者四人配余程兩孺人父母兄弟贍䕶尤厚姻黨知故拯饑寒救死亡甚衆自奉蔬食菜羹袒褐蒯屨不敝不更程孺人卒家復娶人所不堪猶賦詩自樂也平居立坐步趨不失尺寸對衆無媟言小人女子不假顏

笑料事成敗十不失一就之謀叩兩端必竭卽尊貴有過輒獻規子姓外甥則跪之堂下媿之以辭傷其前事而悔過而後卽安從東鮮京師諸貴人造謁謝不見郡大夫過存亦不出初治戴禮兼尚書四遠負笈之士不問脯脩其不若訓雖年相若不廢夏楚門徒薦南宮登賢書及廩於庠者官氏子弟殆半國中所僦居火或謂其將嫁禍公盍聞於官笑而不應豪侵程孺人墓田倍尋直以饜之鄰搆室其子壓死以爲訟端諭而平之其爲長者類如此東鮮觀政大司馬遺書問司馬何政若何所觀所觀何得邊腹

要害兵食充詘將士惰整俱若何必責對曰身到處不放過他日當事不出此初授宛令手會典律令尋之曰祖宗道法居官謀斷具足矣汝曹平日有才臨事不無識然掌故不習則疑畏生不能使其才與識之必伸爲國家用夫思而不學非獨儒生吏治亦有之不讀會典諸書是也如宛東鮮退食問其科條功課平反亭獄若干人以爲喜慍又言宛孔道飭廚傳瘠下肥上義所不由然古者立鄙食以守道路賓至百官各以物至重王事耳今之賓旅者何莫非天子奔奏臣也致餼授館之不設是爲蔑官豐約適

中可矣居有間病東鮮乞假不視事亟趣出曰奈何以我故令案有留牘先一月召季弟暨諸子來令往江陵治木十二月十有二日木至正襟而坐取筆牘受言震宜當事雲宜作人耐煩二字謹識之某某有德於吾父母吾不及報其無忘二子泣呵曰吾返吾初幸甚毋怛化遂瞑其歲萬曆己亥距生嘉靖壬寅四月三日年五十有八元配余贈孺人無出繼程贈孺人再繼王程實生應震應雲震卽東鮮戶科給事中邦之司直也娶隆安尹宋德祁女應雲邑庠生娶儒士鄧藎女孫五震出撫辰郡廩生娶蘇郡丞

盧國楨女撫極邑廩生娶高平尹洪聲遠女撫邦聘平度州佐周啟孫子戶部郎之訓女雲出者撫燕邑庠生聘曲靖郡丞汪守濂子太學儼女撫來未聘孫女二一字蘄州都御副使李際春子廩生扶一字蘄水戶部郎朱期昌子庠生朝熊俱震出壬寅十有二月十五日葬金羅山東鮮狀云少善病以父爲師未嘗就外傅既冠且舉子不少姑息遠遊必偕唯恐失足既痛母早逝不逮養父逮矣爲日幾何生平文學德行宜有豐亨而遺佚厄窮特甚晚歲逢疾備諸荼蓼凡數千言殆不堪讀稍節之而爲銘曰孺慕

其親要之沒齒是爲孝子千里迎弟與訣死生是爲仁兄子優於學惟父範模是爲大儒將子牧民民戴其賜是爲循吏一人之身備道全美足張楚矣年不登耆以青衿終罔怨罔恫帝賚諱臣龍章在櫝旌此貽穀沒而不朽令德令名賁於九京史作銘詩樹之墓延如山無騫

胡公懷野神道碑　顧問 蘄州人

國家養士之法備矣然士之成材也實難成材固難而人之知之也尤難吾鄉懷野胡公其不謂之人望也乎夫士之材者其生也必本於氣運之盛故元氣之出以有虞八

士之產於成周自漢而下乘盛時而炳蔚者蓋纍纍也我明誕膺景運列聖丕承至治薰融太和感召天地靈秘眞淳之氣所以茂發而宏敷者在物莫不徵之況士乎哉況士之成材乎哉以是知公生之不偶而爲成材士也有由然矣公之初生也母有靈鶴入帷之夢髫從塾師遊姿表秀特穎敏嗜學坐立屹然不與羣兒狎塾師奇之既長入邑庠每試冠多士正德己卯舉於鄉庚辰中會試遇武宗皇帝南巡明年辛巳賜進士第授浙江遂安令以治行聞行取公守正不阿遂得南京戶部主事嘉靖丁亥考績勅有公廉勤勞之褒歷本部員外郎郎中凡政皆精慮而繁行之尚書秦公奏公殿最擢出山東萊州府萊連値旱蝗公徒素以禱蝗遂投海雨大降公自奏免歲賦十分之七時巡按御史檄諸有司自考公考云操守施爲存乎已是非予奪聽乎天一時以爲名言公聞父病陳疏乞休終養不允甲午充山東鄉試廉官所取皆名士擢四川建昌兵備憲副萊人思公爲立生祠建昌値地震大變公至救患卹災身無寧處又捿歲採取大木軍民鮮不罹其害者公申飭號令經畫得宜地方不擾而士民益聚上嘉公弭災

採木之功降勅溫諭有白金文綺之錫尋以奔走冒瘴勞瘁成疾乞休不允丁外艱起補雲南瀾滄兵備土官世驕惡公勘問不數言而服兵息民安邊境賴以寧輯繼丁內艱公兩以憂行番酋土裔感公威德咸盛其賻遺公先後一無所取居憂之際哀與禮胥盡焉再起補河南信陽兵備益貞憲度道不拾遺公凡三被命爲兵憲十年不調處之恬如會浙江左參政缺擢補之視司篆者一年錙銖無染清聲愈著遼東缺巡撫都御史會推二員公次之已而有不悅者以資轉雲南按察司冰霜衡鑑寮寀以爲師模

尤折姦洗貪風力凜凜難犯未幾有歸志戊申冬遂懇疏乞歸允致仕公天植旣淑輔以問學以巳心爲嚴師而期造於聖賢在浙及陽明先生之門在留及甘泉先生之門二先生皆器重之是以敭歷多年而聲實茂著德政輝映如一日也公處家以孝友稱歷官俸餘盡以給父母兄弟而囊橐無私藏建家廟置祭田享祀惟謹又創宗譜立規條以垂久遠族人死無所歸及貧不能婚饑寒無衣食者費出尤鉅雖稱貸亦所樂也其他操履可諷法者不能殫述然公内剛而外和德修而迹隱惟實行之是務未始徼

赫赫名似知之者鮮矣而筮仕以來民人戴慕撫按論薦廷臣亦屢有推舉夫豈無知之者哉大學士毛公紀萊人也謂公方介識治體學士廖公道南著楚紀以公爲人物之綱督學顏公鯨修楚寶錄稱公孝友淸修循良異政不可謂不知公矣資望彌深而未竟鈞衡之任豈知之者有未盡耶抑定於數而人不能勝耶在公則修於已得於天加於民者亦旣卓乎度越人數等矣故曰人望也公致政優游林壑者三十年養高自重德尊名顯凡諸當路及有司求一見公不可得性喜山水春和秋爽則約朋侶時一遊覽此外惟杜門展卷沖然怡適無纖毫塵俗於胸臆隆慶戊辰奉詔進中奉大夫壬申再奉詔進資善大夫兼賜勞禮晚年薦沐殊恩固聖天子優渥耆舊之令典然非公之德之壽曷克至是哉公可謂獲天全而爲有道完福矣公諱仲謨字敬忠號懷野其上世屢有貴顯公生於成化丁未十一月初八日卒於隆慶壬申十月初四日壽八十有六先是公寢疾時語諸子曰頃日星知我吾沒後以墓文屬之吾無憾矣萬曆元年九月二十九日葬公於蒿墩之碧蓮山長嗣行謙衰絰號毀持徐竹峯僉憲所撰行狀

過余弁述治命請余題其神道碑余惟公實學實政元光自遠奚俟於言而子若孫皆才賢且衆必紹家聲而益光大之其所以身表公者愈於言多矣况自有不朽者存乎余與公同心同道又公治命其敢辭愧病且不文謹敘次其大概以慰孝子無窮之思以昭示於將來之君子萬曆二年歲次癸酉孟冬月吉旦

易瀾川先生墓誌　　胡仲謨

先生姓易氏諱文訓字汝式瀾川其別號也曾祖諱澄祖諱永聰齒德冠帶父諱晉世爲蘄水縣北鄉城子里人母

張氏先生生宏治甲子年七月十一日巳時幼肅慤不妄笑語七歲通小學孝經愛親敬長卓然成人弱冠補邑庠弟子員治春秋存心應物謹於公私邪正之辨文學馳騁古今詞致清麗歲時稟餼專爲二親甘旨之奉與兄文謨合志齊名時人稱爲二難嘉靖甲午郭子雨山視學先生試第一郭命諸生進講中庸首章動止安徐敷揚明悉郭大奇之是歲先生領鄉薦以兄下第甚弗樂所得金帛咸歸於親錦衣食肉沛然有餘而錙銖不及妻子其入太學也感斯文之勝集邇師友之淵源慨然有扶綱常齊蒼生

之志邑諸生多從遊先生大書博文約禮四字揭於齋而躬行以率之故當時士氣文風磨濯一新至今言教化者必稽焉三上春官弗第卒於京師時辛丑二月二十五日也壽三十八癸卯十二月初四與弟文詰合葬本鄉清水里詹家冲山娶鄭氏子僎娶袁氏女聘殷氏子丙子先生從妹也予每謂諸子曰汝舅友孝端方吾實與之同道汝舅早世妻子不免饑寒吾則久叨官祿俯仰有資所異者幸不幸之間耳人顧自處何如耳窮通壽殀萬變不齊要之非在我者何足爲欣戚哉先生已矣其遺芳餘烈固在也况妻能抗節綽有古風而其子又皆雅飭好學他日所就吾不得而稱量之也天之所以厚先生者其亦有在於斯乎

王希元墓志

李維楨京山人

公諱希元號白岳楚浠川人也少而明敏長以文章德業自樹年十四補弟子員隆慶庚午登賢書辛未成進士初任南太常博士多所建明於禮樂嘗不愛人暮夜金事聞上擢吏科都給事正兩宮大禮又糾冢宰以直忤權要出鎮滇南之金滄禦罕酋不用兵威陞福建督學每以功名

著聞所識拔士多爲上用轉江西參政因御窑作淫巧器難成廉賈氏嘗與代巡者不合即掛冠歸纔五十有一也居鄉恒樂易至有便於民間者無不爲有司請即一條編之行皆公堅請於陳開府以利賴至今者也議論丰采後學爭尚之公享年七十有八生子六以明經仕至郎官者三孫十四人登賢書者二列青衿者八皆公目擊公以萬歷壬子歲卒葬蘄北七十里東隆冲山之陽余居同鄉仕同寅與公交甚深知公亦甚悉天啟丁卯余馳驛過浠上奠而哭之遂題其墓而去

袁母子墓誌銘

黃正色

母蘄庠生袁鼎石諱廷讃嫡故太常寺卿樊公友軒諱玉衡女幼敏通孝經誦唐詩百千首太常之所珍也適袁又愛於其姑以修名勉鼎石之爲諸生也而相之學丙夜揣摩則刺繡侶之倦則舉詩詞列女諸昔誦記以節其勤豐饋贈贊鼎石交遊鼎石之業進矣歲歉出蓋藏作糜粥飼飢人給棺斂疫死之孤施筏黃蘄界津間以濟涉生也貴而諸艱習絺絖綺縠之不事而事袁氏之希疏也愛於姑孝成其夫順惠於人仁質其身儉孝而順仁而儉君子是

以知袁母之宜子也子康伯爾康字自號大洲袁君鼎石之嫡冢子九歲不鞠於其母母之者張既長也渾渾乎如孩爾康自始交於人至於卒雖暱親者不聞其非張出也故張亦不知其非已出也爾康既雋才鼎石復厚其資糧以教之因於良師友而聞擇日益加爲文詘獨特別躡厲豐宕自取浩上足屈其儕人慕悅者衆矣錢塘葛公屺瞻督學楚合九邑童子大試之與是役者凜衆比之難才爾康是時年十八蟄然總髻婆娑高蹈一再試千萬人千萬人無先爾康士遂補諸生榮之者曰葛公之所賞士也後學使無知爾康者雖殿置之不以隕其聞人曰非葛公之鑑裁也歲丁卯與全楚士從事棘闈蓐食以入登牘萬言而出出而以腹痛卒於旅不及二試之期死之日戚之者哭之友之者走哭之比聞於人驚哭之櫬而歸扶送者又哭之歸於里里之人同哭之於戲許男之卒於召陵也而侯禮之加等也祭法祀以死勤事者故有社稷之役而不殤汪錡君子之於人也若是乎戚汶汶之歿而重其公四體於國者也三歲一賓興國需賢能於是乎出有如不幸而勞於其役以死君子謂是死於其志者矣母生萬歷癸

酉卒戊申年三十有六男一即康伯女二長適故進士南刑部主事金公雅初子邑庠生甌甌字卜公有文學詞章以爾康益厲爾康始死至於殯卜公皆襄其事爾康生萬歷庚子卒天啟丁卯二十有八娶何氏爾康之卒於鄂也何舉子於家三歲而夭子某媵姬之子也爾康之生之也少母賤故隱於僮僕而不子爾康卒而衆建之茲十餘齡矣鼎石以崇禎辛未十二月某日葬母暨爾康於去家之幾里某山先事卜公屬誌於黃正色曰子爾康之事友也誌爾康孰如子子誌爾康即及其母無取名位之言矣遂

銘曰折之猶聣終焉永撓泉壤陶陶子仍母胞苟虞於漠
而食之求其尚捋此杖髻

祭文一首

官母宋太恭人祭文　　黄正色

於戲余觀官氏世澤而深歎天之生太夫人蓋眞有所爲也在昔神廟末年天下燕安無事而禍亂將萌天欲生正直敢言之人以匡濟朝野故奉常公暘谷官先生崛起於楚而太夫人爲之配當是時奉常公昌言危論以一身維持國是十有餘年天下望其風裁莫不以爲長孺敬輿再出是天爲國家生奉常公而即生太夫人以贊佐奉常公豈非氣運所關之人哉奉常公有才子四人奉常公卒太夫人撫四子而訓定之其抱奇席珍思以天下爲已任未嘗輕於一展者叔子也然天下莫不知有叔子蓋未剖之璞而精神已見於山川矣其妙年豪舉將欲見用於時而尚未之行則季子也若夫仕而成效大驗表表今日如伯子仲子更有足述者仲子先伯子仕馳驅三輔居肅紫荊邊徼之地西南之國侃直廉能徹於上下有非俗吏所能爲者身所歷處大抵多戎馬不及將母太夫人而太夫人

實誕仲子以惠仲子所蒞之人是仲子所蒞之人陰食太夫人之德而莫能名也予棲遲白下伯子過我而言出處予贊伯子仕伯子北上道淮陰見大中丞史公公當代純臣也於人不易許與而獨奇伯子才特疏薦之以爲桃源令於是遠迎太夫人太夫人歡然出浠水放舟而下至於桃未幾而太夫人捐館舍計伯子之令於桃才四閱月耳余未知伯子何以惠此一方人而但聞其以母喪去桃千萬人臥轍而哭之又千萬人走大中丞擁其馬首而哭之曰吾桃人之瑣尾流離也久矣聞令來而吾來令苟必欲去吾仍逃死於四方而已矣必借令然後已衆泣留伯子泣去大中丞泣伯子之泣而亦泣衆之泣也曰衆可攀哉轄止戢侯新令來柩且先當是時桃千萬人哀號踴躍捧太夫人之柩抵於淮而止伯子嗟乎人之慟其親一人慟之而已矣伯子能使千萬人同淚而慟之人子扶其親之櫬一人扶之而已矣伯子能使千萬人同手而舉之人子之愛其母一人母之而已矣伯子能使千萬人同如其毛裏而母之嗚呼良吏果不可爲耶予觀太夫人生而佐官氏先子如彼死而關繫桃人存亡聚散復如此蓋誠知天

之生太夫人甚有爲也嗟乎人之一身其死其生泯泯焉無所輕重短長於當世亦足恥矣然則余之素衣裳冠奠哭於太夫人之前也何必悲嗚呼尚饗

蕲水縣志卷之十七

署縣事宜昌府通判高　舉
知蕲水縣事蕪　扎　哈　纂輯

藝文志

國朝

記十六首

六神港修建大橋記

李見璧

循縣河而西河水暴下與江水之逆漲恒爲民涉苦而由縣適蘭鎮之中爲六神港則邑東西南之人必由之曩有橋創自余家先節母程載郡邑志閲今百餘年橋之趾以墮腹背以裂面以欹傾蓋凜乎其不可留憶昔清嵩港之橋固無恙也以乙亥流賊之禍耿識者誤爲毁橋計夫長江且可飛渡而何有於一橋徒苦避賊者臨河嘆耳今喜重新矣然而爲清嵩喜者亦即爲六神港虞余爲耿耿者久之而未敢易以舉也且前有盛舉而莫之繼是自負也衆有公議而莫之倡是負人也自負非也負人亦非也今踵門而告之予者半焉聚族而謀之予者强半焉心目間不儼有成橋在乎及橋之未毁而成之無廢材及時之少安而圖之無虚日其較便者也獨人情之難一也橋未毁

不免處堂時少安亦復築舍可奈何乃筮得無妄之初曰無妄往吉程傳謂以無妄之道而往則吉也先是余不自量初募之數十人人各募數十金謂可咄嗟辦而不意有從不名一錢者有聊且塞責者有廣募而未見一金者有鉅富甚有口而謬不然者甚矣余之不足於誠也然猶幸捐數金募數金者有十餘輩焉此十餘輩中有同心又不下數人焉義至高也抑或捐少而慷慨不吝合衆而積聚成多高義何嘗絕於世乎此外則不佞前後之所貸而捐者誠不敢妄矣是役也倡議於順治七年之八月經始於

其冬苦雨浪費至十一年而橋成其董役者益棘難也區區之心則有如此水矣是爲記

遊三角山記

官撫邦

三角危嵐下瞰數百里余望而愛之三十餘年矣世務經心不敢輕入恐塵玷靈境也乙酉冬偕老衲未聞杖茲山山背陰陰容容深杳十餘里曲曲山家各涵嵐翠爰從石開樵路入漸躋其阜則羊角望江諸峯拱揖而立其下之封煙迷渺者圓鏡西隴諸衡也望古松深處樵人指曰白雲庵庵與松乃先世禪師得心所手治而植者師自白雲

既徹徙蜀宏川宗風大闡余與未聞瞻松而憶之如見其人矣夜宿樵室則平素所望三角峯森森聳翠於月上影逼竹籬疑有落勢猿鳥頻鳴哮虎鬧之此既望後一日也曉起不欲遽登峯乃迂行作猿背引至老龍洞洞在霄中故又名碧霄靈前以巔擊石而出跌跌然黝黝然郡邑旱輒來取茲泉以禱禱多應焉洞口石廣平遂煮泉試茗其間泉茗一家香色相得檜柏綠陰助其幽韻不覺坐移日矣旭日霜淨人爽乃登角尖人間所望止見三峯插天不知其相次有四自薇泉高之裹吞千岫吐長江也每歷二

尖謂極上無與儔及回視初登又降而萌蘖矣斯時也天容特秀九江上下數百里峯巄直如大海怒濤蒼蒼瀬湧其中時見縷明鷗白者江湖影也乃復出沒石林得黃溪冲冲時坦時束在在有老樹奇石爲澗流生其屈詰太傅大林遜其幻子厚愚溪遜其邃詰朝煙開躋徑尋大寺行十里許但覺非常光氣從茂林布出乃嘆寺傳歷代代有經禪宜也疾讀碑字一過遂返黃溪則已鋤山數畝於磵硐泉石中雜得沃土可茗可蔬矣小眠候曉更掣杖尋出徑而向之樹石澗流寂者語聯者朗開疎者忽叢叢鬱鬱

風日爲我逐步換其聲態或與同遊占水石或陟邱捫木而呼遂浩然出谷忽得向者所尋山背首逕則蔣橋也橋上夕陽晰晰欲上人衣坐橋回望椎絮絮白雲劃一縷天緣耳爰吮筆成六詩並記之以敎山志

重建蘄水縣儒學記　　邑令劉　佑 曲周人

順治十四年奉

詔令天下郡邑咸修學宮不佞佑濫竿浠宰奉督撫監司郡守檄躍然興起曰是可以崇明祀隆師儒端士習彰

聖天子右文之深意矣夫浠之黌宮燹於寇焰距順治丁酉已十有五年前此令浠者盖五人焉非無修復更新之志而卒不克舉者無

詔令於其前長大夫率先於其上耳於是集紳衿於庭告以捐助建修之諭皆曰

天子念我士民無禮無學有年所矣育之於前而教之於後堯舜之仁也然自兵興以來浠人之家在在懸罄非衆力之合其能濟乎議里甲爲均輸庶可以應

上旨而成盛化因上其議於督撫監司咸報可顧西南之戎馬未寧荆襄之轉輸日亟踐更往返水陸交弁工徭繁襍民膏欲竭下吏有方圓並晝之難而盛事多鞭長馬腹之慨越三年始立廟貌列俎豆釋奠於

至聖先師又踰時乃始就東西兩廡大成之門具宮牆可望矣是役也學諭李君以端雅鎮士稟司訓潘君以多才精幹董工役而善撙節多士歸其陶鑄不佞佑賴以免於戾獲覩成功瓜期將及宜記其事以授後人俾勿壞已成且踵前事而增華焉故敢爲之言曰浠固黃之才藪也自余涖任登賢書者四捷南宮者三余得分榮焉至賓賓雅雅以六義相質使余得效

古之良吏相從於事友之間者不爲無人黌宮既成正互相詠諸之地矣夫古之爲學以六德六行爲治身之根本今之爲學以詞章制藝爲進取之先資然修文者源本先明而身治者英華自出今古一揆也浠之庠序昔者盖大備焉寇以一炬灰之竭歲月之力始具規模何其燬之易而成之難也君子之修身樹德亦如是矣齋祠庖湢籩篚樽爵之未備不能無待於後賢何其獨任之勞而共濟之逸也君子之觀

庠借助亦如是矣假令過此以往城闉之佻達未還風雨之摧殘不戒何能保其無敝君子之學有增而毋落富有日新之不倦亦如是矣余願二三子去華而就實愼外而修內使

國家取賢斂才於是中若挹水於河而取火於燧不其休歟敬相勗於斯記

玉臺山記　劉佑

不遠騖而得溪山之樂一投足有餘情莫蘄若也蘄之勝在水石開水源於英羅英羅不能有其美而美於蘄穿雲

裂石垂虹懸練矯矯然舍水之常性而趨於西傲睨自得行百里然後背與江合水所同西所獨也十里一澄淵五里一環碧曲折有意而撓之不濁水所同清所獨也中水之百里而爲之邑邑不能有其美有其美者莫玉臺若也始玉臺之上闤闠雜居山情隱而不現世亂居民之棟宇廢獨神光一觀雎陽一祠存荊棘中余令斯邑修邑志問山川得玉臺於郭外而樂之於是翦惡木剗與草除瓦礫有洞穴棄井出莽莨中傳爲仙人張道陵遺跡而余觀玉臺之妙有不以古人爲輕重年代爲存亡者乃糾工庀材剏閣於其上曰挑流右俯觀而左聯於祠閣中邃宇使可以徘徊偃仰固留雲月於其間亭於閣之左曰春曉虛窻可啟使有以受四山之情而不相蔽作書室數椽使邑之俊人佳士弦誦其中是令職也經營相度開徑治畦滋蘭植竹無勤於民而役以竣閒嘗與賢士大夫過賓僚友持山蔌野酌登覽其巔長川東來碧波渺渺天光雲影獻媚几席前去則迴瀾遶郭蕩漾漣漪漁人網集鷩鳧奮鷺種種生其情態明沙鋪兩岸雁遺爪指人留履跡步步可得靜觀而有時山漲排空浮漚似雪一轉眄間撼山觸石聲

作雷鞫動心駭目凜然掠玉臺而西也左顧則蕞袱嶙峋鳳棲競秀如持如翼如倚如扶右眺則烟火萬家山樓粉堞黌宮縹緲上接層霄又有空明石上之書隱隱若相拱揖遠山如黛澹與雲同千重百疊四顧皆成圖畫一坐其中樵蘇入市牧馬飲河鳥過夕陽船回渡口歷歷皆可指數至於市散人歸川虛谷靜暝烟欲合山月將升疏鐘聞於隔浦欸乃發於扁州於斯時也有不令人心曠而神怡者哉夫天下之物皆有所欲托而常患受之者無其地故玉臺未修凡可觀可感之情莫不散爲風雨蕩爲寒暄相

泯於無聲而人不覺及其既修則環浠百里之內山川雲物草木禽魚含靈氣而具性情者雖欲不以玉臺之亭閣爲歸不可得也由是流連詠嘆篇章唱和所以愛此一段幽奇者不止在區區亭與閣之間而亭與閣則其始基之者矣予故詳記玉臺之勝以告來者而且以爲蘄之山川水石處處有足覯接應不暇不必在山陰道上也

文昌閣記　　蔣燦

蘄邑舊有文昌閣建自萬歷癸卯閱今將及百年頹塌已久不可復問矣余甲寅秋甫官浠上越二年政事稍緝乃

於催科之外讐藝之餘而更留神與華之事見其基址徒存頹垣敗瓦野草荒壠不禁低徊感嘆因思復其舊制擴而充之度材計工動以千萬而俸薄不贍乃請之於紳士侁侁而至故無財匱之虞擇諸生中才而賢者董其事故有出入之稽令胥吏勤慎爲公者司催辦故有應時之用訪大匠於豫章彭澤間故有層搆之巧余亦時至其地憯澹經營期年而落成其閣制三層而爲堂以副之奉梓潼於絕頂嵩僧以供香火置田以給蔬食立碑以禁侵犯栽木以期永久於是相率瞻拜俾蘄之士子知文教在茲而忠君事親敬上慈下之心油然而生將見大儒碩彥聲動寰區共有裨於一世文明之治夫豈小補哉若乃長河繚繞秀岫透迤前有橋橫涉自之致旁有面郭臨流之觀春嫣夏綠秋菓冬花四時之景樂亦無窮比之齊雲落星井斡麗譙徒取高華而無關世教者相去逕庭嗟乎昔之頹垣敗瓦野草荒壠今且粉堊丹塗雕楹繪棟矣使後之令此者能繼余之志葺而新之俾不復爲頹垣敗瓦野草荒壠庶斯閣之不朽也歟

重修文昌閣記　　官純滋

浠水源百折抵浠境石嶙峋立溪中水觸石怒奔若銀河瀉過此一泓平衍岡阜林麓緣溪岸而鬱蒼之蜒蜒數十里爲邑城城三面皆水襟帶焉藺陸諸先哲烹泉歌枕於此非以山川名勝與高人適相宜契歟城南壁如削壁下潭澄澄碧游鱗可數也壁上昔有閣祠文昌先大父亦建樓於閣側曰閒雲以助閣之氣勢三十年前若魁若元若臺省若將相皆於浠焉萃形家謂離方聳秀實肇茲盛豈虛哉無何閣圮茂草鞠矣浠人文亦少衰焉邑侯蔣公卽閣舊址而作新之顧民力殫財且匱矣可若何乃募捐而

身爲倡庀材課工計能授事不旬日閣竟巍然雲表矣閣成而東望高峯天半黛翠換色三角峙焉西望孤塔與危巒競秀爽氣綺霞落人衣袂閣北天水光一片則擊空明也其水石相激作噌吰聲者蘇公漱流處也漱流南上巉巖突起氣吞星漢者吾家御予窩也漱流北轉亭焉臺焉丹竈焉則何所乎曰玉臺也又北乎燕萬項杜鵑數聲矣曰絲楊橋也度橋有方池焉右軍洗墨池也其水可烹可鑑而香冽矣則陸羽泉暨清泉也對清泉而嶙嶙矣則白石也其攬諸勝而閣焉使川光潭影與文心相濬發而鳳

彌淳氣彌振者則浠上虎變豹蔚之邑人士也異日者必將英傑輩出如三十年前之盛則茲閣之巍巍爥爍寧僅耳目娛哉爰銘曰卓矣雲構縹緲崒嵂匪供登眺匪恣遊歷作新斯士斯昌斯熾山高水長與侯無極

重修儒學記

邑令　李振宗　嘉善人

邑之文廟學宮宋元舊址也元季悉燬於兵洪武甲寅趙尹繼光重建之嗣是圮而復葺者凡四興工役至我
朝順治庚寅倪尹翕元修之甲午李尹蓀又修之李尹之未竟者劉尹佑竟之歷記其事者文具載邑志中余於康熙十八年秋捧檄至蘄同溯李尹繼修之時越二十有六年日月既遠水旱薦臻學宮頹廢固宜而明倫堂爲尤甚余不敢辭責爲之極講修葺其爲殿廡也欲承其舊而增飾之若明倫堂則欲擴舊模而高廣之焉歲庚申捐貲百有餘金用未充也及謀之邑人則僉曰軍旅之事不能供億爰及俎豆未遑也余乃集五十八里值年之長而告之曰儒學之未畢工也與爾輩商之可乎爾不覽邑志乎前人有言

曰自割俸餘不敢不勉者先自責也鄉大夫之與乎此者不忘所自出也農商之與乎此者云有後也士其本業也無富貧一也此合宦紳與士與民而言之也黃公問有言曰諸生中有祀仙佛者矣爾輩讀六經呼夫子以求衣食佛無鼓吹六經之功而尸祝之丹青金璧盡輸禪院何顛倒耶爲士言之也胡公仲謨有言曰老佛宮墻溢於天下黃冠緇衣皆其徒也節衣食求布施時葺而日新之崇本始也誦讀詩書典司學校非夫子之徒耶此則爲士言之而並及在

位也凡此皆載爾邑志中者也非余之臆說也藉爾五十八里爲五百八十里勸爾五百八十里之長有鄉大夫有士與民毋異同人各二錢可得一百一十六金足畢工矣費小功巨無妨爾供億也而有裨俎豆亦何所吝而不爲乎言未竟衆咸踴躍從事焉勸諭於壬戌之二月落成於秋七月於是美其事效前人作記之意書而鐫諸石並別立一石鐫各輸助姓名以誌不朽

生生橋碑記　李振宗

昔蜀費禕使吳諸葛武侯送之橋上嘆曰萬里之行始於此因名萬里橋唐雍陶典陽安送客至情盡橋左右曰迎送之地止於此故名情盡陶題詩云從來只有情難盡何事呼爲情盡橋今日改名爲折柳任他離恨一條條遂爲折柳橋云邑之郭外北街盡處有橋邑之長幼卑尊以及官茲土者咸憩於此街盡於橋名曰盡街而不知萬里之行方始於此送者迎者綢繆繾綣之情方始於此也矧盡街云者文不雅馴余思有以易之思夫盡者生之始也陰盡則陽生冬盡則春生夜盡則旦生因改名生生邑人不以爲不然新斯橋而立碑焉今而後邑之長幼卑尊之往來於斯也夫豈無睠懷魏闕而生忠愛者乎豈無繫戀庭闈而生孝友者乎又豈無題柱進履而生用世之心洗耳濯纓而生潔身之志者乎而官茲土者則有觀荷鋤之苦辛覩力役之艱難而生父母斯民之念以至贈行送別勸酒賦詩而生如蘭斷金之誼者等而上之而刺史而觀察而牧伯而大中丞之蒞至於斯也采風問俗而恤殘黎憫勞吏之政生焉是猶外焉者也天地之大德曰生仁是也仁人心也人而不仁如生何如生生何余猶欲於治政之

餘與二三父老同登橋上以畢其說覽斯文者毋迂視此言哉

浠水浮橋記　董維祺遼東人

余於康熙二十二年冬奉尺一命佐郡來黃隨以公事經由浠上訪古遺跡而得躬歷夫右軍墨沼燕子綠橋及丹井茶泉諸勝又從城南紆迴渡河舟人指點巖壁擘空明三字云係坡公所書蘚剝苔纏雖真贋不可辨而風流藴籍迄今猶可想見也考蘄之南河每於水涸時架木爲梁漲則濟之以舟前成化中邑侯潘玉海更以浮橋橫刻巨

艘上用木板聯以鐵維相水之平漲以時斂放行旅便之迨其後官司不加意隄防旋至頽敗莫可收拾今李君欲仙蒿目利濟之艱慨然有懷於浮橋遂謀之紳士僉曰誠善於是捐金百餘又多方設法倣潘侯遺意而踵行之余渡越此河數矣不意今竟若履坦道焉則土人之與四方來者其德侯宜何如是烏可以無記

頒賜御書刻石恭紀　臣南夢班

康熙四十二年癸未春

皇上以河工告成南巡臨視三月初四日

駐蹕御壩步觀北岸郎陶莊引河皆賴

睿謨指授克底成功臣夢班分職外河跪迎

聖駕奏名甫畢

温語垂問伏思臣卑末小吏五年之間三覲

天顏臣於遭逢榮幸已極今茲黄水安瀾清流暢出

皇上俯念河臣宣力微勞

特賜御書以宏奬勵

命總河尚書臣張鵬翮頒給臣夢班叨荷臨米芾行書一幅

謹望

闕九叩祗領欽惟

皇上御筆挾翔鸞翥鳳之勢煥星鈎日珥之文冠古軼今人生罕遘臣旣庸陋少効胼胝特其常分乃蒙

宸翰寵賜殊恩異數感悚交深雖益加黽勉未足仰報萬一敬用勒之貞珉俾世世子孫永奉

鴻寶以彰

君賜云

修興賢莊記　邑令劉象賢鑲藍旗人

嘗考王制先王命鄉論秀士升之司徒司徒論秀而升之學大樂正論秀而升諸司馬司馬論賢以告於

王而定其論論定然後官之任官然後爵之位定然後祿之先王求賢之心至殷而進賢之階必循序有次鼓舞造就之意卽行於選舉之中典至隆也迨漢唐以後天子每三年親降制詔策天下士其先必鄉舉於賢書然後由南宮而名對猶彷彿古者賓興之遺意士之懷瑜握瑾者莫不洗濯磨淬上應制科由來久矣

今天子御宇六十餘年尤孜孜勵精夙夜以教養儒生爲

急務其壽考作人之化遍及寰區而菁莪棫樸之才蔚然膠庠詩云師師濟濟今且不啻什伯何其盛歟惟是儒者砥節厲名從來難進易退及公車就道又往往顧行李而踟躕則邁往之氣不堅功名之心或沮英雄不免撫膺而太息也余不敏自已卯入闈後屢躓科塲親歷艱難備知辛苦常恨不克捐尺寸之柄爲天下常布士稍進一籌區區此心藏之已久丁酉夏奉

命除蘄令戊戌二月捧檄來蘄下車伊始聞城北之十里舊有興賢莊一所創自前明李令迄今垂百年矣問其舍有堂宇可以聚俊彦習課藝問其產有義田可以資卷燭給舟車竊喜古人先得我心不覺素懷大慰翌日詣莊所巡視諸考備悉其制作精詳但日遠年湮棟榱傾圮惴惴焉恐勝事且將復墜於是經營適歲首解薄囊兼集衆力共得若干金以付紳士之賢能者董其事鳩工於庚子之春卽落成於是冬楹廡櫨欂煥然改觀規模雖不侈於前人而完固可垂休於永久莊之堂宇不卽鞠爲茂草者未必非幸事

也若其義田則李公汝燦原捐買六十二石於崇禎之六年李公振宗續捐買四十二石於我

朝康熙之二十四年許公祚遠查出學書侵稞四十二石付莊管業於康熙之三十八年今有國學生皮振宗母蔡氏捐稞三十三石余復捐找田價若干兩通計在莊田稞凡一百七十有八石其日新富有之盛更足肇丕緒於將來多士之進德修業者庶幾感激而興起余得藉以仰報

聖天子教養人才於萬分之一而愈年蓄願一旦少酬耳其於三代養賢造士之典抑或有當乎是則前賢創建之功非余今日所敢竊附也事竣而書其年月因援筆爲之記

記張東野始末

周茂建 黄岡人

余友張東野名素臣蘄水人也長余十歲雍正辛亥余年三十四矣時少司馬淩公視學湖北余與君同在幕中君善飲余不喜飲君喜談笑余善言古今奇事理無而事偶有者君作七言詩嘲余幕中轉相傳述幾遍湖北矣壬子君留幕余館臬唐公幕八月君舉於鄉癸丑君北上余館

黃陂幕寄君書末云有詩文未解可寄一商君置余書於案頭見者大笑皆指爲狂生乾隆丙辰冬余北上君自山東來下車即謁余丁巳君成進士余額上生瘡君朝夕來視辛酉君縣人南君念貽昌齡徐君仲光明理約余至蘄是後歲一二至每至必劇談數日君家貧而二三孤姪依君食食指既繁而蘄俗最厚富家大族常周其乏君得不饑君喜賓客客至必酌掀髯大叫聲聞戶外客素貧者君分富家所贈物少與之余亦時受其惠年六十一不能得官以疾卒嗚呼君貧與余同而蘄之風俗既厚又例可得

官故饋遺相繼君既可以無饑而乞鄰之與又可以周友人之急君既卒而君家之貧又甚於余矣哀哉

聖祖仁皇帝御書記　臣　邵應龍

皇帝二十二年秋臣應龍知縣事二載訪求文獻重輯邑乘凡邑之居官有績沐
聖朝寵賚者例得具其事以載於志有原任淮安府外河同知臣南夢班於康熙四十二年三月內恭逢
聖祖南巡臨視河工黃流安瀾
親洒宸翰頒賜羣工臣夢班領得
御書唐袁暉奉和聖製答張說扈從五言排律臨米芾字一張夢班摹搨泐石恭記紀
恩迄今五十餘年矣夢班孫太學生臣昌齡嘗被
召試今與纂修恭逢以示錦函襐軸輝映五雲臣應龍恭設香案九叩仰瞻不勝敬悚欽惟我
聖祖仁皇帝六十一載之厚澤深仁淪肌浹髓
翠華偶駐萬姓
嵩呼
睿藻焜煌分給河臣以宏獎勵夢班以河上微員遭逢及

此此凡爲臣子之所鼓舞傾心感激思奮以圖報稱者也況在其子孫身沐
恩榮世世無已者乎昌齡跪請一言以表
君恩以光志乘應龍職在守土書其始末如此且語昌齡曰爾其勉旃期無負於
天恩祖澤也記云良弓之子必學爲箕良冶之子必學爲裘謂貽謀之善宜繩繩弗替也以爾祖之宣力効勞沐
聖朝之寵異若斯爲子孫者宜如何振作以繼前休歟況

覲茲
鴻寶
聖祖之靈爽實式憑焉爾先人之靖共亦於是見焉
天顔旣不違於咫尺祖訓如親承乎提命忠君報上之心
與夫無忝爾祖之念其有不油然而興耶吾願爾勉
之吾願爾子若孫共勉之昌齡唯唯再拜恭捧以退

重修尊經閣記 邵應龍

黌宮之有尊經閣由來舊矣乙亥冬因蟻蝕復緣雨
雪遂圮予與司鐸涂君司訓周君各捐廉俸爲倡謀

所以新之邑紳士亦欣然解囊共襄厥事閣成諸生
乞一言以爲記予不敢辭夫六經爲載道之書學者
載籍極博必折衷於茲自實學不講士人往往以弋
取科舉之文爲捷徑通今好古之士求什一於千百
葢亦難之我
國家重道崇儒尊經法古
頒賜經籍於學宮俾士子咸知誦法學臣歲科按臨首
試經學有司務以實應雖舉者不多而
聖天子尊經造士之意典致渥也乾隆十六年復
特諭內外大臣保舉經學授以顯秩然則爲士子者躬際
聖朝崇尚經術之日其奮勵振興殫心努力以思報効宜
何如哉吾願諸生顧名思義因此閣一新而更新之
夫溫柔敦厚詩之教也學詩而必深於詩疏通知遠
書之教也學書而必深於書潔淨精微易之教也學
易而必深於易廣博易良樂之教也學樂而必深於
樂恭儉莊敬禮之教也學禮而必深於禮屬辭比事
春秋之教也學春秋而必深於春秋勿徒佔嗶勿掠
聲聞勿舍本而務末勿遺實而摭華博求而精思身

體而力行由是以之立德立功立言皆可以垂不朽
非然者口誦先聖之經或計功而謀利或窮高而騖
遠是之謂離經離經者畔道是之謂荒經荒經者蔑
古其何以仰副我
國家尊經造士之至意乎吾知諸生必不然也願共勉
之廣斯閣之不徒新耳諸生避席而前曰謹受教即
請以斯語書之壁

重建青蒿港橋記 邵應龍

蘭谿古名鎮也其東爲青蒿港港有橋橋袤十餘丈下環

三洞以殺水勢盍拆湖諸水俱由此港北入於河以達於江凡蘄州廣濟羅田並江南英霍二邑出入必由之路非特爲蘄邑之通津也然離大江不遠外受漾水之泛浸內有谿谷之激衝是以修葺未及數十年復見潰廢丁丑秋予道經斯橋目覩傾危之狀爰召鎮內士庶耆老而諭之曰雨畢除道水涸成梁令制也十一月徒杠成十二月輿梁成善政也爾等生長於斯往來於斯盍修是橋以便行旅歟有耆士叩首而前曰我公之言誠善矣吾儕小民何敢一日忘此哉但是橋之舉工費浩繁非二千餘金不能

蘭鎮士庶號素封者不過十之二三其餘皆業耕漁謹糊口朝夕安得餘貲以治此是以有志未逮觀望歲月焉予曰否否不然此亦爾等因循畏難無必爲之志耳如有必爲之志天下何事不可成千仞之山始於一簣萬里之行起於跬步費雖莫措積少可以成多人雖不一合衆可以集事予以五十金爲倡爾爲我立簿勸之耆士唯唯而退越數日余以他事至鎮耆老士庶遮道而請曰橋克濟矣前所發勸簿永鄉士民踴躍爭先某某捐銀若干某某捐銀若干約計已及二千餘金可以鳩工興作矣予初聞之而疑繼而驚疑則疑夫不若是之多驚則驚夫不若是之速終乃慨然曰此皆有志事成之一言感之耳設當日耆士進謁之日任其因循畏難而不以有志激勵之安望其今日之有成哉是以君子不可無志也工竣書其顛末以記之

遊飛泉寺記

李祖材　漢川人

白石寒吾膽實熱吾目爛熳堆衆䌷正於頂冢處得之偕非崎嶇軒昂焉能富我覩覽當其俯岡阜層疊朗然率皆類鄶以下雄東隅者長三角爾時憑高遐睇漸覺折節而

下亦似無多上人意然相距數十里度非咫尺且暮可就姑置勿道南望飛泉實襟帶肘腋間卻又招呼不肯來吾寧聽其傲睨於杖履之前不一爲振背以憑陵之豪興殊未快也盍至是得隴望蜀之意又怦怦縈方寸中矣歸郎謀之玉臺僧支木爲飛泉介紹約徐子半得與俱以雨阻踰月至陽之上弦復得張子柄南同以肩輿取道鐵爐嶺至圓通寺幽壁疎爽信是選佛場但寺當山坳所見殊不遠小憩便拂衣起而與人偷力避險巳先去遥俟於數峯之阿逶迤霜徑細石角戢短草錐卓雖不是東郭履畢竟

非奴氏標芒尖稜利幾踵決屐傚喘息再四始得就輿滿擬如就枕矣不數武峯回路轉一線狹斜盤繞絕壁上嫂嫂不得竟輿人足縮縮鵝鴨行望衡底人家俱豚笠鷄塒樣予命繫兩竿上而左桿叉綿傾向懸虛邊股趲倚傍右芾以鎮撫之兩睫堅扃口不住叮嚀飭囑暗想盲人騎瞎馬夜半臨深池二語恰似諒平生一肚皮詩狂酒豪到此都不知消歸何有矣行數里委折而西傍山之右腹稍寬平驚汗始定穿青巖黃葉中旋繞至十八盤舍輿而步斷續石磴多之元體因惶怖之餘酸及兩股實非關盤之磐

确齱齴人也老僧意林肅入寺一團青靄棲予輩於竹巔松頂之上正是倦飛斂翮時也寺唯中殿龕佛餘俱禪房客堂亦清曠其真實不虛處可琴可棋有寶珠䨓幹冒簷直上胎藥甚夥惜不當其矣春酡霞候耳脫塵小沙彌導引登寺後絕頂從碧寶中四望大抵可與此山抗禮者不過一二餘皆子弟行且遍體鬖毿多修毛龍鱗之而間垠玗交支必風翻綠㯶日月始有入處萬木青山只麽青唯此差可借贈下尋飛泉處祗一勺澠瀅無沸騰狀僉謂飛字不諦予思夫泉當作泉刀解非關飛字欠真直是泉字錯會耳何言之山之落實取材歲可千百緍此青蚨之飛來也腥羶致蟻垂羨者衆動以不貲膾彼朶頤此青蚨之飛去也泉之時義著矣哉命之曰飛不其然乎噫山之匿其真也久矣而山不言予以筆為舌當亦自痛前此之牛馬任人呼也矣擬飯訖即歸因寺僧傒陳肴饌酬酢半晌不覺寒光低戶而輿夫輩又酣飲酕醄恐昏黑中王山一頹勢必虀粉我輩遂止宿寺中與半得醉逃禪外矣遊橋中香吸石馬艷剪玉兔白戰罷喧罣甜遂久枕蝶回翔曉鯨驚吼起視寒空雲霧連屬目無所窺心無所觸豈真山

靈薄倖我輩剌促是殆墨之柱德機釋之無等等盡吾道之隱而見微而顯乎與子等汗漫乎溟涬無朕之天依稀乎太初渾沌之世濛澒鴻洞雲誼厚矣薄云乎哉然則自石晴看飛泉兩遊始盡雲峯變態茲遊顧可少哉於是羣情偕惕乘興而返趨下既易南道較坦雲覗履底人破層嵐而降想風輪徹車大率類此微雨逼登輿蝸宿黃岡中尋思近狀諒質之向來慣遊王謝諸公殆無以易吾言矣

序十一首

南贈公崇祀鄉賢錄序　王廣心 華亭

記曰聖王之制祭祀也法施於民則祀之以死勤事則祀之以勞定國則祀之能禦大災捍大患則祀之祀所由來久矣考大司成論說在東序以教國之子弟歿則祭於瞽宗斯釋奠之禮行焉至唐太宗以左邱明等二十餘人從祀孔子天寶七年復詔歷代德行之士令郡縣長官隨其所在立爲祠宇春秋以時致祭後世沿而習之凡鄉之以德行聞者許上其事於有司俾得俎豆學宮亦猶行古之道也祀禮不綦重歟故古者論秀書升必本於鄉始乎近也慨自三

代之在不作汝南月旦不無濫觴潛德幽光所俟核行而表彰之者其實良未易副矣我郡華亭霽岑邑侯出乃祖贈君崇祀鄉賢錄示余覽之不禁喟然興嘆也夫儒者澡身浴德篤行不倦今世行之能令後世之人奉爲楷式斯足尙耳今觀鄉人士之稱述贈君也其孝於親則芝生泉湧也弟於兄則姜被田荆也撫從子於襁褓則如劉平夏侯氏棄其子而存弟後也厚故交則解衣推食班荆贈縞不數古人之金蘭膠膝也是以里黨得之薄俗化之士林稱之雖贈君皓首一經窮年矻矻十赴棘闈累中副車卒不獲一第以酬其平生讀書攻苦之志其遇可謂窮矣然而困頓於生前者未嘗不食報於身後所以再傳而哲嗣長山

恩綸褒錫

榮施泉壤繼以賢孫霽岑邑侯堂構克承家擅治譜其蔭我華也清剛明決濟之以仁鎮之以靜而且興起教化躬先倡導有古循吏風非上繩祖武深有得於孝友睦婣之訓者烏能若是哉然則士君子懷抱仁義

使奕世而後饗祀妥侑廟食百代非苟焉而已也余於南翮君之祀於鄉而益信積善之必不爽矣爰泚筆而爲之序

勅贈李孺人南太母節烈詩序　王鴻緒 華亭人

余讀禮經至內則一篇未嘗不嘆古聖人之垂訓女子者其於婦道至詳且盡而獨死生節烈之際未之及焉非從略也夫事所不恒有者道其變聖人誠難之也閒考女史若敬姜之貴不忘勞孟光之貧而好禮可謂賢矣以迄緹縈救父絡秀許身續東觀之書咏謝庭之絮非不代生名

嫓籍甚香閨而殉難捐軀寥寥天壤雖所遭不同亦可知其槪矣節母李孺人以隴西名家女作嬪於南南爲蘄水望族孺人婉嫕莊敬執婦道惟謹房中林下綽有賢聲顧當前明之季所在盜起民皆不免於兵孺人以一女子身攖禍亂罵賊不少屈守正以死嗚呼烈矣夫膏劍不惜鞭期速盡古誠有之傳諸史册未嘗不咄咄稱異以視孺人其後先之同符何如也吾思古昔忠義之士當其至性激發一旦冒鋒刃蹈鼎鑊而不辭者夫豈樂有身後名而浩氣丹心彪炳千古今者旌揚盛典猶待舉行而稱述之下自令聞者感憤噓唏無不發之咏歌傳爲佳事秋霜皎日凜凜猶生其於古聖人之所謂婦道者寧稍有遺憾而顧與石火電光同馬飄忽哉余用書而序之以告當世之採風者

待旌姚貞婦王氏節孝詩序　黃岡　王澤宏

天下忠孝貞懿之行雖曰學習豈非天性哉而或者不察以爲可相勸而成也可勸而成則亦可誘而敗惡在其爲天性矣以余觀於姚貞婦之賢益信天性之足恃也貞婦吾王氏之所自出而字於姚爲今元魯公之冢媳姚爲崑斗相君之後而吾宗亦世爲右族方其結二姓之好而親百兩之迎其王女有琴瑟靜好之樂姑嫜得棗栗奉事之勤佩玉鏘鏘德音不忘何其樂也及一旦蘭摧玉折誓天斷髮泣下沾襟指同穴以爲期惟藐孤之是屬又何悲也當是時婦之信於壻者可以泣鬼神感金石而人之信婦或不如婦之自信則稍慮其年之甚少也顧能執志不移獨立不懼與其爲春花毋寧爲秋柏與其靚妝艷服於一朝毋寧白髮青裙於百歲子死而婦存克供子職者婦也夫亡而婦在訓以義方者婦也以其一身兼爲子爲婦之責使其翁若孫竟忘其無子無父之憂卽古烈丈夫之托孤寄命炳烺丹青者何以加茲而不播諸聲歌列之女史其何以厚人心而敦風俗乎此諸學士大夫之所以樂爲揄揚而不能自已者正孟子之所謂至誠而未有不動者也而吾獨以爲出於天性者夫誠者天道婦旣得全於天道而又能不壞於人其所樹立固非世之博習詩書曰譚忠孝者所得竊附而僞托也而又何疑於所立之卓絕如此哉吾聞元魯之孫才異常兒他日名成而俾其母節孝之名得以芬芳史策則後之採風者其必以是婦比之衛

共姜而是編亦得與栢舟之作媲美於以聲流千古亦可少挽元曾西河之痛即余亦與有榮施矣

詩經如說序　官純滋

九經至神明者莫如易至變動者莫如詩由是說詩易者最多夫以天地之至大運會剥復之至變鬼神之幽且賾人事之奇幻百出物情之微象數之莫可紀極無不盡於三百八十爻之中而三百八十爻又生於一畫之始則夫變動不拘亦孰有如易者惟詩亦然三百篇耳天道以備人事以浹殷周二代之終始十五國之風俗人心俱可令人想見於章句之中亦遂窮古今人之智巧以測之且測

之卒不可勝盡也譬之乎日行天匝地望之者面面都圓細至昆蟲草木野馬微塵莫不各隨其分以受日光而或則栩栩焉以爲獨得全日者則搆樂之見已而淺見渺聞者方且自負神悟妄出胸臆以相淆亂而似是之說遂以病詩此其弊有二弱者附會昔人之說不敢輕出一意以狥故强者必欲掀翻古人之說而妄鑿已見以標新豈知不能如詩以說詩而於詩多一附多一鑿即於詩多一蔽乎夫詩以言志而詩有不能明言者則隱約以蘊藉之不能正言者則旁側以引伸之不能直言者則假托以曲喻之旨遠詞微寓意言表以聽人之自會而往往略處是其精詳渾處是其透露淡寫處是其極贊夸張處是其深文連斷處是其脉絡無字句處是其含蓄複處無意處是其經營故人之易讀者莫如詩而吾則以爲難讀者莫如詩必一詩也吾置身其地其時與事以會夫作者之意與夫不盡言之意然且冥心静悟萬有俱捐以一其志川流嶽峙鳥鳴花開以博其趣貫串子史馳騁古今以定其識汪眼落筆不增一說於詩不少一說於詩不拘我見不拘陳說然後吾之意無不如夫詩之意吾之說無不如夫詩之

說客或難余曰子不自說詩而猶取人說以說詩安能如詩卜子顓孫子之傳序已不如春秋時公卿所稱引而韓之傳又不如卜顓孫之傳序而毛之箋孔之疏又不如韓之傳而考亭之註又不如毛之箋孔之疏安知千古後之說詩者不更新於今日之說詩哉是詩之說變遷於終古而未有已而子於諸賢不相如之說并進而兼收安在其如詩也余應之曰此正余之所以如詩也詩之說雖一而詩之用能新人者無窮人之新詩也無窮而詩之體仍自

一余惟博綜前賢諸說彙其如詩者緝之其不盡如詩而足與詩相發者亦比附以備參倘盡廢前賢之說而獨創一說以說詩則劉歆之周禮揚雄王通之擬經介甫之三經字說也又詩之罪人也

經世則後序　官純滋

余自齠齔卽心厭帖括每慨經世大業茫無聞知眞天地一蠹頑蘭絲牛毛無從入且空言罔裨實政也家大人訓寻小子曰而讀唐史乎文皇每與羣臣言其臣皆恍惚失守無他不學之過也今學士大夫琢磨文筆炳虎雕龍斐然炫目矣乃擷華含實求之經濟百不一二焉一旦當大任責敷對倉皇殘鼎丏羹動見肘露猶然試於鎖棘奉主司發策茫不知出何載籍也然則古人經生時卽以天下爲已任豈其迂耶夫知今而不知古其失也陋知古而不知今其失也迂二者能兼學斯有用況熟經史諳故實以經世務宜取諸懷而予之爾余小子受命退而廣搜博采類析條分勒成一書先詳典制之因革次列名賢之傳議前有敘以引紀述之端後有論以竟區畫之緒上溯姚姒下訖有明爲編十爲目六十有八爲卷百命曰經世則承

文志也後之學者取而稽之因以推沿溯之故得失之繇爲損爲益較然明白庶幾乎發謀揆慮達國體之宜盡適時之用歟余也無所用於世以帚布而綱羅故典俟譚當世之務是奏金鐘大鏞於邃華中也不已妄耶家大人有詩曰尙論年老媿是編之成博高年一日之娛云爾若如鄉河東所云恩報國恩惟有文章則余豈其人哉余豈其人哉

重修與賢莊兼新立顧俊莊序　黎致遠

今

上御極之元年春二月余膺

簡命按臨楚黃校閱士子每見蘄諸生氣習端謹文藝斐然可觀問接蘄令劉君輒詢所以教士因悉其培養善類賞拔英奇而鼓舞造就之方尤有踵前事而力行者乃具述蘄邑舊有興賢莊創自前令李君許君累置田畝積三歲士之錄科而試於鄉者得取資焉歷今百年莊房傾圮康熈庚子春躬率紳士捐清俸擴院宇增田產以勵文教又慮年來武生爭控另立一莊名顧俊田畝院宇悉備嗣是文武各止其所奐旋

意去冬劉君申文乞言並其所製諸碑記文詞就正於余余不敏謬職學政竊以爲學校之設有屬州縣者有屬鄉黨者州縣之學有司奉詔旨所建掌其事者廣文也鄉黨之學則賢士大夫留心斯道者所建如宋之石鼓白鹿岳麓應天四大書院是也昔人謂州縣之學或作或輟不過具文鄉黨之學前倡後隨皆務興起故土田之錫教養之規往往盛於州縣此固其遺軌歟朱子記崇安學田云周衰田不井授人無恒產而士尤厄於貧上之人欲聚而教之彼又安

能褁飯而學於我嗚呼此造士之所以廣設學而設學之所以不可無田也蘄人士居則肄習有地出則行旌有色青青子衿尚何憂焉劉君其知所先哉抑吾聞唐開元間議立武成王廟配享名將六十四人儀制亦如文宣而宋樞密上言古命將出征受成於學文武張弛其道一也顴俊之劇豈徝息爭訟毋亦俱收幷蓄以上副

朝廷崇文重武之至意歟雖然致此有本劉君蓄道德而能文章所來諸著作原原本本湛深經術其學之也裕故其教之也切其教之也切故其計之也深以遠而其防之也周以密所謂有立於成材建學之先者也豈易得哉因擊節而爲之言

徐元石先生輯書序　李鳳翥 建昌人

自龍門以循吏儒林分列傳而仕學判別嗣後論治者遂豔稱龔黃卓魯學則專推濂洛關閩尊爲洙泗嫡傳其實聖門德行政事雖有殊科而體用一源用行舍藏正未截然兩途也蘄水元石徐先生以名孝廉於康熙戊寅來宰吾建甫至卽興學校平役息訟

歷官五年邑大治時先君子解組歸田與先生投契甚厚文酒往返都無一語及私緣是互相敬重閒寓書示余曰吾邑令徐公愷悌廉明古循良吏不是過也惜余以館職居京師未獲從先君子後一接先生言論丰采時以爲恨洎建之三載

聖祖仁皇帝命將軍松公督師數千赴粤綏靖苗頑道出建先生不動聲色區畫周詳自出師迄旋京畧無擾累

將軍賢之復采輿論不勝嗟異還

朝之日首以先生奏對遂擢山陽令以外艱未赴任洎

服闋再補陝之白河白故彈丸地且僻處荒徼鬱鬱以終知先生者咸以才弗克用爲先生惜詎知先生理學宏深躬行實踐惟以聖賢之學律已訓人綜其生平固已合循吏儒林爲一體也頃與先生長君向一遇於京晨夕過從因出先生平日所輯書四卷屬余序余受而卒業其持敬克已執禮三篇皆爲已切務下學上達於是乎在大學實功一篇補輯處尤發宋儒所未發即以質之濂洛關閩心源如一然則向之所以宰吾建而奏最循良者良由先生功深理學因是達之政事愷惻廉明特其緒餘之萬一耳不讀先生是編卽寻不幾徒以循吏目先生也歟

亦吾盧詩序　　邵遠平仁和人

詩自三百篇風以托物比喻雅以序述事功頌以揚厲道德要皆本性情而出之漢唐而後運會遞遷一變而爲靡麗再變而爲對偶工緻多而性情少邇來自稱作者學步邯鄲效顰西子彷彿形似無有根柢自覺數見不鮮競倣朱詩雷同附和是猶般倕之棄繩墨養由基之亡的彀也習俗移人伊於胡底曩余與愼庵王宗伯同居史館直講筵論風雅之盛衰每亟稱其甥南子璞寻髮未燥輒善詩爲後起英雋越十年而于役袁浦見其人莊莊乎君子也旣而閱其制舉藝清新超邁操命中之技益加器重已而得其平日之所作詩尤爲心折其五古則樸雅敦厚如商彝周鼎不事雕鏤也其長歌則浩落雄渾若駿馬不施銜勒而控縱自如也其近體則淵粹而深流利婉轉儼然唐初之四傑盛之十子也究其心思與會之所乘掉臂游行神明變化經之以六義緯之以五音御法而不爲法所拘其詩固可傳矣古人云詩必窮而後工若璞寻日侍其尊公霽岑先生宦轍所經清名遍江左且年少舉選拔譽隆隆日起一生履順致足樂也而其詩之工如此此非本性情有根柢而能乎哉寻所閱詩自壬午春而止過此以往出入承明之廬校讎天祿之閣將見著作等身何可限量則其詩之必傳信矣

壽運使王心齋六十序　　潘思榘

嘗謂易之同人利涉大川言所同合於君子之正道乃爲利也又曰同人于門无咎言同之初無所偏黨自無所咎故曰同人親也有親則可久焉古之人傾

葢如故白頭如新殆必其志同其道同有所以固結而不可解者是豈投縞贈紵之節乎哉余與蘸使心齋王兄交有十四年于茲矣憶歲戊申余以假滿赴補雲司兄以孝廉方正貢

闕下授宛平令時研友莊君書石令大興莊君書年試北雍同年王君逑文在史館數君者皆余戚里舊好嘗相過從爰因兩大令之同寅同契也乃得共識心齋兄於書石所僉曰風度端凝君子也賦性倜儻卓犖多節槩及與上下議論窺見底藴又浩浩乎深博無

涯涘且由其敦倫力學積數十年一旦膺

輦轂重地郎以釐剔爲已任相視莫逆之下尤心折而佩服之計余在比部二年聞逓主心齋書石以圖良晤晤則相朂以道義相礪以廉隅聯床夜話剪燭淋漓雖旬日不厭數數見幾於晦明風雨共之矣越庚戌余先出守凌江燕樹嶺雲正苦岑寂未幾王君逑文視學廣節得相握手乙卯余承乏海南兄適來剌雄前後得相代益快昔之同道同志仕亦同方余三入欣慰望外猶恨余官海外不獲共晨夕迨歲丁巳余奉

命守糧驛駐羊城明年兄亦擢秉臬政於是公事之暇晦明風雨復得共之會已未逑文報蒲回京余亦入

覲同時受

恩命余忝量移司臬逑文觀察與泉閩與粤壤相接也而各官守屬指分襟已二年矣回念在都時知己五人書石自庚戌別後旋出守東甌今巡測海不得見者十有一年書年令蜀自甲寅晤里門後又六七年惟兄與余厤守相望得敦通家舊好無閒夙昔久而彌

親何天假之緣于余兩人獨厚耶五人中惟兄齒爲最長余與逑文暨書年昆季俱兄事之今辛酉秋七月十七日爲兄六十覽揆之辰詩曰樂只君子邦家之光又曰既見君子令德壽豈惟其有是德故壽而且樂也余素不工祝嘏之詞然與兄交最久知兄深兄之政績卓卓彪炳人寰又無俟余之贅言第縷述今昔聚首之樂爲兄侑一觴且冀異日余五人者老而復聚聚而竊倣前人故事相與話林泉誇矍鑠郎謂之同人手野不亦宜乎數子睽隔山海當必聞余

言軒渠以笑云是爲序

陳南皋歷試草序　彭士商衡陬

艾東鄉自序歷試草云小試甚苦作文甚甘東鄉誠有甘於此者在也余沉淪諸生中二十三年可謂苦矣而於東鄉所甘之趣味未之有得也今老矣凡所剞劂皆雞肋耳而門墻有人其所作每唫諷不置最淡者則有蘄水陳子南皋應縣宰童試冠軍洎府試適余居府募中置第二以郡守嫌與縣試雷同故也歐陽公不第二東坡乎文湛持不第二大士乎而南皋之文則真翹楚於黃矣嗣列弟子員中歷試無不冠軍每試拔學憲皆面奬禮數有加丙辰戊午鄉闈皆獲薦既得復失三院廉其文行兼優召入江漢書院肄業時掌院者孝昌夏太史也太史故名士改試爲課得南皋之文評騭歎賞不爽銖黍可謂具眼矣先是戊午冬余折柬聘南皋訓課子孫南皋義不容辭謁夏太史後因以余學署爲西河益肆力於學舍英咀華刮垢磨光聲名大噪黃郡生童有不得見其試卷者心輒嗛之南皋年方二十餘而其爲文蔚然

日上其誠有甘於此者乎食甘蔗者漸入佳境優而游之饜而飫之其所至詎可測哉東鄉瘦勁南皋潤而澤淹滯與逢時當於此乎辨之余其甘瓜抱苦蔕耶然終不能無屬望於南皋其捲帳序以貽之

贈淑孝王母華孺人序　周茂建

華孺人者吾友王述文母也述文與南君念貽交好念貽以宏博有聲余因得交念貽念貽不妄許可嘗稱述文余因得交述文述文弟佩文與其子巽懷從念貽遊余至蘄佩文巽懷又以文請質衣冠整飭言動皆有禮法望而知爲念貽門人也述文命其弟與子師於念貽又命請質於余則述文之所以教家者可知已而述文又皆受命於孺人則孺人之所以教述文者又可知已念貽曰述文尊人方翁先生少時即以父命爲其伯父仁翁先生後華孺人歸事其姑孝篤逾於所生昔房彥謙傳序其事所繼與念貽語同余時以爲人情之所難不足以見信於後世然以魏鄭公極力諫諍元齡又素所交遊不敢直斥其非及讀荆公世家其母能使夫之子忘其爲繼而夫之子之母族其一切禮數視夫之子之母皆有加又曾文定諸公所親

見者夫子使父忘其繼母使子忘其繼皆仁孝之大衆人之所不能而二人獨能勉强而力行之則元齡之所以爲名臣荆公之所以爲大儒有由然也余至蘄主念貽家述文必設饌禮意之隆溢於杯斝之餘余恒以爲過於豐矣而其家則一絲一粟皆儉而有節也念貽又云孺人愛其子甚佩文巽懷讀書夜分孺人不假寐夫華氏之整陳氏之愛雖各行其意而史稱兩不失其雍熙則莫不以慈爲根本之地然治家無節則慈祥或失於嬉嬉今述文伯仲之守禮法而不敢過如是兄弟友愛如是則孺人之所以

愛其子若孫有子與元方足以垂世家之典則者決不偏於姑息之私也蘄邑山川人物秀麗而文不異他郡而淳樸深厚藏之久蓄之大則吾楚有獨鍾者方翁先生志大而慎微謙而有禮爲後生所矜式其獲福之隆必有不於其躬於其後者今孺人七十初度念貽命余爲文以壽因本其平日所聞於念貽及所登堂親見者以推其德之大小福之長久若有浮誇以獻媚而欺世則無以對念貽矣余則何敢

傳八首

蘄水周氏世傳

顧景星

蘄水周氏吉水文忠公周必大之後明初徙蘄隱士永清始家於太營山麓三子仲宏太學生仲寬副榜恩貢成都府同知仲安廩生仲宏生環與其同堂弟瑄瑚珏璽不析箸歷四世如初事聞旌表環賜冠帶環十一子初娶生易邑學生餘皆繼出易友愛周摯謹事繼母萬歷間舉孝子邑令聞士選署其門曰閔孝姜義易生國勳郡學生以子光德貴封文林郎光德本名于德萬歷十一年舉人更名光德字翼明教

授章邱講學與行課士以德行爲甲乙所識拔輒多鴻儒有士黠訟令移讞於學光德曰明倫堂乃斷獄地耶裂其狀用是人愛廉隅章之人爲搆周子講堂焉升四川渠縣令冰潔自持公服絳皁皆用布夏稼害於雹跳哭社壇偃禾復起麥秀兩歧巡按以瑞聞明年報政聞父病投劾歸杜門著述撰周易翼翼太極圖說諸卦演義巡按御史求鄉賢令游王庭以光德對乘輿迓之輿夫躓光德墮池中胥走報令光德趣僕夫捞水馬腹令至光德笑曰馬逸耳令乃隱謝

家居無疾言而僮妾謹肅嘗寒夜燎爐火爇轂一婢就解揮去得童子乃解躁已爛膚七充鄉飲大賓崇祀鄉賢二子長健翀次健行健翀稍愎健行益讓以是翕好無閒言光德臨卒命絳布公服斂健翀易以緇不瞑健行爭如命乃瞑當賊亂厝於走馬岡兄弟結草爲廬廬賊至則伏荆莽賊去返卧苫凷閱四年窆而後去之厝側枯樅復生嵍井泉溢嗣家有大休咎樅必嘖嘖作聲泉始一涸云健行舉止方嚴尤多隱德光德家食時操江都御史胡東漸舊出其門使來逆焉命健行往報有盜橐千金請釋叱擲之蕭然而歸神旺也甲戌歲廷試得第一王司愛之酒罷遣妓侍明燭坐徹旦妓後語諸貴人諸貴人目爲周迂平居烈風震電夜亦顛倒衣裳而興日月食則亟拜鼓救復明乃已堂中書范魯公家誡命子弟旦夕雒誦茍燕坐聞丞尉導阿聲輒起立曰父母官過此邑有貧子鬻兒償逋鏹健行贖其兒而告於令令感動盡除案之貧而逋鏹者年七十値歲凶親交多箬粳菽爲壽可十餘鍾悉鬻糜飤餓者存活無算性樸魯

然能强識遂博及羣書棘闈十數試竟以明經老退而著十三經精言尙書析疑周子世業諸篇子壽明貴封文林郎壽明字天格十歲屬古文詞補郡弟子員甫弱冠獲崇禎丙子首解丁丑進士除台之臨海令台常苦賦壽明鑿渠引東湖南注河延三里許深廣三丈環台如金湯始無賦警海門衛額軍三千皆仰食縣令一不應則譁輒走海爲盜巡撫檄壽明勘軍裨將皆袴韡執戟郊迎壽明從容溢閱察濫免捕脫伍者寘之法軍乃不爲患葺剔倉櫃平里徭積竇盡除辛巳三月不雨至七月疫殍橫枕賑禱不遺力臨民爲築喜雨臺嘗並攝寧海天台三篆盤錯而繁務具舉薦卓異第一僅調曲周令曲周先此失守壽明鳩集流亡築濬城池三月報竣上奇其才召入中左門問禦賊幾宜同對三十三人壽明與滋陽令黃國琦特加納旬日間京師陷壽明乞丐南歸奉二親入山臺笠麻鞋二十年間足不涉城市乃更其字曰栢心以明志

世祖章皇帝詔舉遺佚巡方以壽明應壽明具呈懇請終養

情詞哀婉竟得請健行卒壽明執親喪一如健行乙巳三月病卒顧景星曰予聞之鄉父老崇禎末流賊屠蘄水周壽明二親得不死者以賊知臨海廉吏也周氏世有儒行其感賊宜哉壽明名對泌不傳辭徵終志盡傷可哀余懼其湮沒因爲周氏世傳貽後之君子

易楚衡先生傳

李見璧

易之貞字忠甫隆慶庚午科鄉試第八人司鐸青浦與屠赤水遊補長沙學學兩生爭貢粱富而魯貧然魯直而粱

曲公予直者太史莊天合時爲諸生親炙故增有句云月冷宮牆夜郑金再補海豐學冢宰楊一善理學先生也雅重公其子領鄉書矣遺之受學陞國學學正陞刑部司務又陞戶部員外郎轉郎中隨督餉易州時積逋米粟三百六十餘萬身家盡矣公爲之奏免二十州邑其藴行部至良鄉厰役旅襯不一逋糧官屬也公惻然請減其什之九且捐俸多方償之内璫王虎開鑛擾民奏罷之自是豪貴人憚之而思以中之矣出知馬湖府萬里孤臣三月典郡而返其初服矣有子八人而數畝薄田不能營其溫飽萬歷己未庚申間有銅粱李公長德來理黃郡李公父竹野故與公同寅戶曹俱以布素相尚李公襲父清風每加餽問周其不給於逆暮以八十二終焉雅善詩詩宗工部著易州集三舍篇邑僉議祀鄉賢先是青浦以名宦祀矣

贈文林郎張公傳

方象瑛 遂安人

癸卯之役象瑛獲受知於吾師蘄水先生追隨杖履得與聞家世甚悉癸亥秋奉命典蜀試歸次蘄春謁先生里第受先生命撰述先贈公文林郎公傳公姓張諱問德字心吾號端肅幼嶷重

不凡讀書通大義以古賢豪自命年十五時季父原碩公以孝廉授州倅將謁選公父原正公攜公同赴京師公性純孝請於父奉母氏偕往時明神宗在位日久長安中習尚華侈人競機巧公獨卓立不與儕俗伍視弱濟物必期承親志對正人原正曰兒制行如此又饒有才畧可出爲世用矣循例入太學筮仕得山西蒲縣二尹蒲地狹民貧易於爲非公潔操董勸多所勗贊邑以大治未暮以内艱歸宦橐蕭然晏如也服闋補山東費縣費魯之巖邑也俗慓人詐其

難治甚於蒲公㬋斷并行却糧例斥贖鍰邑中當輿
華事必得請乃已輿論翕然稱賢亞尹而原正公年
已踰七十矣會歲大旱民饑夙逋不能償公力請蠲
不得拊膺嘆曰吾介在參佐志與才俱不克展上無
裨於國下靡益於民且吾親老不得專奉養何戀此
升斗爲遂投牒乞終養歸原正公歿兩弟尙幼公策
蹇扶櫬還里拮据卜拔樓山南道人塲囷地奉考妣
襄事兩弟成立公爲擇聘娶之仍入都仲弟問仁狷
潔博覽善書季弟問行性醇厚公因材教廸俾各成

就問仁仕至繁昌丞問行官客雲丞皆能其官比解
任同居京邸數十年公和樂無私稱孝友者首推焉
當是時蘄人士官於朝多顯達公築會館一區以公
明德推爲長公力任之更建聚升樓葺堂廡廣解舍
置旅塜鄉人有公事悉咨公後行處困之扶筴弱躓
仕路者多方曲成之其有相告訐或驁悍不馴必正
色督過繼以婉語解之館中人來往懽愜忘其在旅
也年及四十未有子元配魏孺人爲公買妾已幣聘
矣乃聞於公公曰汝意良善然須密細訪之比詢諸

隣黨則其女父果以逋賦鬻女償官方相持哭不忍
別也公大驚曰吾爲育子計顧使人父女離散如此
其忍之耶立遣媒謝卻之并不索原聘金聞者莫不
嘆孺人之賢而尤服公之至仁且義也已遇相人者
謂公有大陰德後必顯公笑而謝之越三年舉長公
歲貢君又三年舉先生都人士咸賀公得令器公乃
治裝歸卜居邑西偏延良師訓誨先生幼穎慧淡旬
過一經公督之不少懈凡宴會交遊禁不得與池上
一樓椰陰冪冪中時聞誦聲耳崇禎末流賊蹂蘄黃

破城砦公一夕夢神挈公父子及幼孫藏石室中覺
而駭異之及三月邑城夜陷先生兄弟及幼孫各倉
皇縋城出公獨坐門外日過辰始徐登城見堞閒倚
長梯緣之下得脫當是時賊十餘萬布城市殺人如
草菅公所歷獨不見一賊乃知疇昔之夢神實默相
之非偶然也賊去廬舍盡焚公仍葺居舊址獨處斗
室足不履戶閾親友至有罕識其面者及時平赴賓
飲禮先生兄弟文名噪甚試必前矛然連困棘闈公
曰汝毋慍後必成名顧我老恐不及見耳七十有七

偶遘微疾而逝先生終制即薦於鄉明年成進士高等當授部員以新例除浙江紹興推官仁恕廉明政事文章聲蜚一時皆本公庭訓遺命未敢一日一事有忘也

覃恩贈文林郎浙江紹興府推官後先生遷西城金吾加級陞任待贈奉政大夫子二長歲貢君諱屏公兩中副榜以明經候選次即先生諱邦福戊戌進士歷任紹興郡司馬孫四人逢年廩生逢元歲貢君出萬選戊午科舉人萬熙膺恩例貢生先生出曾孫聅珂等

五人象瑛反復公之生平竊嘆公之爲人傳曰積行之報不於其身必於其子孫今先生既光大前烈而庭階濟濟輿未有艾天之報施善人洵如左券云象瑛於公爲門下士敬述所聞序次之以備信史之采非敢阿其所好也

南母陳孺人節烈傳　柴冲雲

南母陳孺人者吾友懷勋公之母也孺人生名冑爲邑庠生陳公諱斯猷之女庠生諱希舜之妹性端莊靜默陳公嘗取列女傳授讀之長適南時之先生先生篤志勤學負笈晏林有太翁翼衡先生暨太孺人在堂孺人晨起盥漱問衣燠寒及所欲敬進之嘗而後退時之先生無内顧憂益得肆力文學博通經史乃苕穎方擢早賦玉樓是時孺人年方二十有奇生懷勋公甫週歲孺人因自嘆曰昔人徹環瑱以養父母吾脫簪珥以事舅姑兩無憾矣況呱呱孤兒得保一點脉不有以慰夫子於地下乎於是盡去其故飾椎布澣衣其事太翁暨太孺人益見周謹閱十五年太翁暨太孺人相繼歿始專家政教子義方身先隹績操一切會計出入家奴莫敢抗爾時懷勋公年已弱冠會督

學王澄川先生拔取遊泮軒軒有凌雲志今而後孺人色喜可知也無何時處明季寇賊竊發懷勋公奉母寄居城中時往鄉效百里負糧意不期流賊侵城狼烟四起邑人各鳥獸散母顧侍婢馮氏曰寇深矣可若何死而死而汝抱幼孫潛行或得圖存萬一耳言畢投井而死及寇平亂靖都人士傳頌其事邑侯聞而賢之適友人揚君諱繼經者董修縣志俾載其事以垂不朽然紀載甚畧不及詳也余與懷勋公同事丹黃晨夕相依稔知孺人令德令儀表而出之爲孺人傳非以懷勋公故傳孺人也

贊曰古有介推范滂陶士行諸公之母人皆稱其賢敬之慕之今蹈常履變愼始全終如南母者何多讓也惜乎豈其德而嗇其遇所謂天者誠難測耶雖然男子抱七尺之軀混迹塵世而節義不立身名不彰若孺人之天性激發與日月爭光矣

何白雲先生傳

徐子芳玉田邑人

先生號白雲字子荼其鄉音武漢人也自二三十歲時旅次蘄黃間始以緝帽爲業繼乃改習銅工皆不較工值計日取十餘文或鹽米之類皆受之行必自肩一擔擔中自

所業工器外茶爐爨釜夜卧衾裯之需畢具以故能隨意所適或天雨及日暮可因隨在棲宿亦由數過蘄黃鄉曲人多熟識其來不拒去不畱習以常少壯日擔中嘗携一琴後無之問則已賣矣能琴能畫能爲小詩能飲酒亦能奕然皆非所好其所酷嗜者惟茶其烹茶也滌器察火鼓風扇爐其精神專一氣勢剛猛若觀水火敵戰使勝負自定而後入以佳茗焉其法度節制固又在鴻漸茶經外矣每過澄潭潔流則汲於陰凉疎曠松石高阜處息擔烹焉烹訖自飲間亦飲人飲訖遂他適或愛戀其處徘徊坐卧良久口中時時作聲似歌似泣似吟似笑人多聞之不解其寓居黃岡日久黃岡若李鄴仙先生鄭肯崖封翁及易開子萬常明呂孟陽諸前輩皆愛重之李嘗爲七言長詩手書贈之其詩字蒼老峭勁穆然古物白雲甚珍秘惟好友相對或獨坐焚香啜茗一展玩即拾藏不輕出康熙中年移居蘄水初寓邑王宿山側陳家庵余一訪之相與啜茗談笑半日許别去後移寓何廟舖去余居遂十餘里嘗三四次至吾家余亦贈有一詩視李詩不啻大小巫矣性好遊凡蘄黃名勝若白雲大崎三角斗方及一邱一壑之

勝皆遊之遍有問能悉言之其往返不計時日不約伴侶以飲食卧宿皆取具一擔無所藉資於人世故也其在黃岡時嘗附賈客舟南至金陵登鍾阜俯長江石城諸勝在蘄時嘗北渡大河望太行至邢臺欲詣京師未果徒步擔簦往返南北數千里亦如數百里數十里者其往無難色歸無倦容惟日瀹泉啜茗以爲快豈眞有茶癖山水癖與抑胸中塊壘蘊結有不可解舒者與寓蘄以來蘄人士亦多愛重者六七十後遂不復肩擔攻前業凡飲食衣履之需未嘗至甚乏絕以人多資給之也吾從姪公琨兄弟尤

好敎古誼其資給爲更篤每延住旬月聯床接衽有骨肉之愛者舊之敬焉康熙壬辰歲八月某日病將革公現聞殯赴經紀其殯殮且營之葬葬何所歸後山白雲皆曰我生平惟朋友一倫尚有緣誠哉是言宜其生死皆賴之矣白雲壽八十有三在蘄黃間近六十年與型莊士樂與之遊野老村豎皆識知無所忤其非匿罪亡命可知也非顧往昏曉可知也顧人世於親戚故舊斗粟寸帛有靳吝者至於白雲往往資給不使或困有所以感動激發之者也余恐久而湮滅貽令後之珥筆者有所採擇焉爰爲之傳

贊曰白雲之姓何因人問其姓答曰余何姓猶言余何姓隱其實何非其姓也顧七八十年至老且死不言所以與衆哉逝其歌哭無端行住無恒飲饌理會無所苟夫豈徒然者哉然其所經歷澄潭激澗懸岸危流長松怪石間過者如聞其聲息矣噫所謂遯世而不悔者非與庸詎必沉淵蹈海之爲至是與

銘曰不錙不黃時歌時哭中心耿耿永矢弗告老之松石之間石介松貞慨此幽獨

徐氏雙節傳

楊名時　江陰人

乙卯初夏蘄水徐子佑倫自雲龍抵滇省將北行詣余邸舍持其祖母暨母雙節行實丐余爲傳余覽其辭而詢其詳乃知兩世之以節受　旌有非尋常鄉邑貞嫠可等埒而觀者其祖母江孺人之以節稱也生平懿蹟卓乎可紀焉方爲女時隨父居山僻值寇亂抱巨絮越壘墮田澗中數日得不死後父遭寇刼走每酉望泣輒幾絶及長聰穎至性過人孺慕終身是其克篤於孝也言歸於徐夫子庠生徐君可時慈惠倜儻性樂解推婦克佐之執勤女事不辭劇易婉順潔齊樹德不倦邑有負官逋鬻妻者妻難其訣泣達

市徐君止之歸謀諸婦竭粧資代償之嘗湖水漲渡者時聞沒溺乃勸夫作二舟歲給操者穀石咸利涉焉順治末邑連旱人苦饑合量家儲給口食外盡貸於比落以及遠鄉能任者償毋貰不能不責償也是相夫之義也生一子名梁五歲而夫遘疾匝期不瘳毀容侍養勤不告勞旦望禱以身代遽失所天遺孤在疚矢死靡他宗人有合沙以射者煽羣盜而肆行刼掠伺寢息而思刈根株歷紀罔有寧居舉首懼投飛鏃母氏翼厥孤離心危慮深得全無害無何操戈之計未遂復爲拔棺奪穴之舉婦呼號搶救窀

轉穴中斧刀入額及寸命告絕矣七日復甦其人旋行賄當事業有成言江防道于清端公察知其事易服微行身雜致賄者間盡得其情實証據立爲讞鞫定案人咸服其才足鋤兇權足濟變拯弱扶危惠及矜寡也旁觀者以爲適有天幸而孰知婦氏之至誠所結足以貫金石而動鬼神與于公之仁心直道有默相感召者耶是其保嗣禦難激烈忘身尤大彰明較著者矣至其訓子也課學不輟居業有常戒驕佚而敦古誼周貧乏而輕財帛子用克自樹立名冠膠庠方壯而邑推宗匠後復誨迪諸孫俾成偉器

重維家道老勤壯業七十餘猶紡織終宵年八十卒其敬教育才整飭禮法嚴慈備至垂範後昆者又如此此其祖母氏之賢也厥母姚孺人之以節稱也其相夫之恭順事姑之誠孝持身之勤儉秉心之慈惠歷有足陳者氏幼習閨訓肅慎柔和先人後己端操執勤容工胥飭父愛適諸男教之經義辭如也年十六而賦于歸夫子梁姿頴異英果殊絕於人常畜冠雜二於寢室與與鳴俱每晨攤書以巨鍼力刺之隨所至爲度輒久不忘所著詩文雄健鴻博類陳同甫行已在儒俠間敬事孀母躬孝行置祀田穀石

承先世任卹之誼而尤務廣施冬日行田間見僵死者按之微有溫息因輿至家謀活之復償其亡貲終其後圖又有鬻身某等爲出貲旁贖凡所給施甚衆里中謂之徐倉以友朋聲氣自喜座中之冠若簇也婦主中饋潔齊酒食以奉賓客專靜斂飭未嘗以厨割聲徹戶外且居恒謹順罔不合調同心是其佐君子之行義施惠以及恪恭婦職着克嗣徽於姑如一轍也逮夫早世後鞠子五人有娠未誕後遺腹誕本僊即佑倫銜哀撫字惟恐傷孀姑之心深死者之憾一身之責愈重諸艱之集備嘗先是姑嚴氣正性課子婦

以禮早夜劬心專任勞役卑身曲從常若惴懼以得姑心姑有恒疾作則卧經旬時侍疾牀下衣不解帶者輒累月計窮至刲股以療籲天叩禱雖元朔令節常屈跪俯首未嘗弛勞一朝夕也其奉姑之孝發於至誠久而逾篤者如此家貲足自贍而衣惡衣飯素食惜物力務女工老不告衰乃加意於貧親弱族鄉里無告者人有乞假各獲其意以去慈畜諸子孫殫厥劬勞俾咸得專攻於學年七十有三卒子若孫曾孫二十餘人靡不敦榮擢秀日熾日蕃仰受護庭垂蔭之澤是又其勤儉慈惠貽謀者遠集慶者長

也余既備聞其事瞿然興曰徐氏兩世俱有美才卓行而不永其年乃竝得賢配相繼以貞節著克維其家克昌其祚允足樹巾幗芳型詎止增輝譜乘已哉爰採錄而爲之傳

徐惕廬先生傳　　周茂建 黄岡人

南徐爲蘄水望族有念貽昌齡徐仲光明理有道而文者也念貽祖父有政在江淮間無可考者作惕廬先生傳先生仲光父也諱乾文字公健顏所居曰惕廬人皆稱爲惕廬先生祖周史公邑學生考玉田公明經先生年十九補

邑弟子員先娶南生循理後娶鄭生明理卒年七十九仲光曰先君子長眉大耳坐立進退皆有常度家事悉委先鄭孺人自五十六以前待先大父循循守其家法雖遇子弟奴婢未嘗有疾言怒色而子弟奴婢亦無敢踰禮者性喜客有過者先孺人爲置酒殺盡懽而去以文事接見則留數日語非久與處者莫知其嚴氣正性也及先大父卒而先君子亦無意於進取矣又曰先君子讀書無閒寒暑家藏書少凡吾邑及他郡有書者皆借讀讀而記記而思人所難曉必條分縷晰盡其義而後止或勸其著書先君子曰吾於易詩書春秋四子精義所注已反覆爲諸公言矣他書亦不必著也念貽曰余少孤寄食外家年十八未知書歸蘄見先生先生述余先人一二事志意悲動余爲泣下遂感憤問治經法先生云東去傳註獨抱遺經閉戶深思久而自悟後或數月一至或一月一至鄭孺人愛余甚先生講誦孺人未嘗不在側而飲食敎誨余未及事吾母不知吾母又何如也孺人卒子姪姻婭及所往來門下者莫不盡哀如哭其師年七十二展野氏曰嗚呼昔揭徯斯誌定宇墓云澄居通都數登用學者四面歸之故其道

遠而章櫟居萬山間與木石俱故必待其書之行天下乃能知今先生既不克著書以自見而史稱王會之爲院長雖鄉之耆德皆執弟子禮國子祭酒楊文仲薦於朝謚文憲今世士大夫以勢力爲事雖深知其學問人品亦必勢力兼具而後推之而仲光念貽名位不著世無重其言者余至仲光家見其鄰里農夫牧豎皆謹厚揖讓不苟言笑而仲光出先生所批閱悉中闋會知其淵源有自云

徐母程孺人傳　　姚孔鈵 桐城人

孺人姓程氏明經宣裔公長女學博兼山徐公之子婧文

學漣漪公元配仰鄒若錢兩君子之母也康熙癸酉孺人年十八歸徐舅姑在堂善承志事夫子以微佐讀宜家多賢聲丁丑歲姑甯氏病篤夜焚香願以身代及卒哀毀踰常節越七年甲申漣漪公以母故內憺於心年三十一抱病不起孺人時年二十九哭之慟幾從地下兼山公遠宦持書慰之曰教子報夫徒死無益也且子女俱幼汝死其誰依因復廣集古淑媛賢母二十四則命仰鄒日陳誦母前題曰承志録蓋誨孀婦以教子實訓孤孫以奉持也孺人則辛苦備嘗躬機杼課兒讀以母兼父不敢過恣如是

者十餘年仰鄒昆仲漸次成立授家室兩女亦先後嫁先是兼山公年六十六投簪歸來孺人事益謹不敢懈至乙未兼山公卒孺人之哭視昔尤悲曩之無姑者尚有其夫今之無夫者更無其舅煢煢母子淒然欲絕時孺人所處亦痛矣哉未幾又十餘年鄉黨戚族憐孺人之苦節貞志不可無報欲請旌達之仰鄒孺人呼而告之曰汝獨不記承志録中語乎守節婦女常事何用此爲再請卒不許且曰汝諸伯父俱登仕籍汝宜努力功名繼父志晉弟養我汝去勿顧由是仰鄒稟母訓効力河上勤慎自持大憲嘉之辛亥擢滑縣二尹與予同舟政治之平如止水爲聞其遣人歸省孺人謂之曰傳語爾主我健飯毋相念但得爲賢能吏即孝子矣伻來仰鄒跪受之如其教豈知孺人中年以兩女孀居傷心愈切遂遘疾於壬子三月卒於家苦志二十九年壽五十七歲予溯孺人自于歸以迄於終四十年間以孝而言則洒陽之任氏也以節而言則孝感之王氏黄岡之魏氏諸人也以教子而言則孟母之講禮陶母之封鮓不是過也然則孺人之節孝慈固不必因承志録而始全而未必不以承志録而益勵孺人能以遵兼山

公之訓者報其夫則仰鄒兄弟之異日必能以高大門閭者報其母與父祖矣予拭目俟之是爲傳

引　三首

募建張王行宮引　李振宗

士之有節孝忠義者其生也精誠可以貫日星則其死也雖千百年之久而英靈爽氣歷世彌光至於匹夫匹婦猶知敬奉而闡揚之豈上之人諄諄誠導之使然哉亦秉彝好義之良發於其天而益徵正氣之不可磨滅也唐張睢陽殺妾饗士以死衛城苦節丹心淩轢天壤迄今血食徧

兩關而蘄之廟祀尤多明時黄州守盧濬不辨巴河之廟爲誰將欲毀之神降筆作歌有厲鬼明神之句得不廢固知洋洋之靈無往而不在也城北向有神像奉虔弗衰今都人士將就護國蘭若鼎建行宮善信李政宇富宇仝其母捐稞一十一石爲香火計悠長可謂始事之有基矣第其營搆之煩非一二人可以獨舉住僧照華因以募文爲請余既歎神之赫聲濯靈能使天下後世如是其不忘尤嘉李氏母子不靳所施善於倡始以覘庥豐厚操羸絀但知綢繆室家而寘大義於弗察者其賢不肖之相去何如

也昔狄梁公毀吳楚淫祠千七百餘獨留夏禹吳太伯季札伍員廟四所則知廟貌非容濫剏而剏之殊不可苟也張王爲國全其節爲臣子盡其模爲千百世之人心昭其名義宜乎廟祀之廣而凡有血氣者莫不同風而興起景慕之當不待余言而後樂從也矣

修昭化寺引　李振宗

楚地山川奇勝往往異人多托跡焉若慈忍盧尊者之於大洪靈濟祖師之於花山與大醫之於破額妙濟之於白兆所在結爲道場代傳衣鉢盖名山如是其多也蘄之昭化寺肇自李唐咸亨中五祖宏忍禪師開山結界葺成叢林歷宋元明屢經興廢癸未之變刼火燭天將千年絕續之緒幾委於瓦礫蓁蕪今幸僧人天起炯若醵金庀材恢宏舊業殿閣規模約畧布置而工作繁浩費且不貲一切鐘樓藏閣雲堂方丈以及象座蓮臺闕焉未備乃知勝果之不易圓而莊嚴之難就若此遊稽曩執固屬高人說濤之壇而近又爲官師習儀行禮之地非與尋常香刹幽僻可與可廢者比也余雅意宗門蕭然氷署弗能厚施爲衆倡惟願宰官長者暨迦羅越薌弗窒利須達多諸喜捨輩

發廣大圓滿之心轉相勸募使萬緣同力共扶瀉寶烏知不更遡震旦靈光還來宣化耶昔明初重建斗方梵宇感降輸般至今山頂有石梁石柱各具雕龍繡鳳之形斗方爲無着駐錫之所其感召猶然況茲寶五祖手澤所垂能無爭効布金以祈靈於永永也哉

曉園雜咏小引　官正德

詩發乎情實根於性性之敦厚者情必和平屬詞比事大有風人之遺旨所謂情景逼眞盖有眞性也吾姻翁敬菴張先生性甚醇情甚深而數甚不偶居稽之餘發爲咏歌

寓縱横於溫柔莫不與其性情相起三十年來杜門終養
益殫精於著述製有諸經註解及烟鬟堂詩文等集心力
既專手眼更别予以成好亦時得謬忝興同夫固知名山
風雨先生有以自老正不欲出而問世也秋杪因予札候
爰舉晚圃雜詠一帙見寄吟思淡永卓持己意以周旋是
性情之敦厚和平較向所見諸篇還又深且醇焉晚圃之
稱信有味乎其言之矣雖然古人云聲情所及每開風氣
之先誰實開之誰實從之有數存焉迄今猶未晚也予穩
先生之性情益嘉其識守遂不病夙昔商推之陋而復為

茲編引其端云

紀畧一首

玉臺書院紀畧　　桂陵

人以地傳乎地以人傳也雖然要必人與地交相勝
夫乃可以交相傳玉臺城南近地也山川奇秀邑志
首稱諸文人墨士靡不至至則或題之或記之或咏
歌之輝映棟宇間盖其盛也向者曲周劉父師籌書
之暇登臨選勝惟曰玉臺每至輒低徊留之不能去
顧瞻風景有菁莪棫樸之思焉爰建書院於其上仍
顔曰玉臺夫書院而玉臺焉書院猶賓之也玉臺而
書院焉玉臺又似乎不得而主之也從地乎從人乎
大抵皆師意也是役也吾黨諸同志實勷厥成為邑
巨觀至於今稱道勿絶也迨燕山李夫子繼蒞茲土
教澤化雨浩乎無旣而應城易師又訓迪之兩師仰
體
國家右文至意修黌葺序文治日益盛蘄人士蒸蒸然
向風唯謹兩師顧而樂之登臨選勝亦惟曰玉臺玉
臺於是乎益重諸同志奮然興曰上作下應如是其
盛且美也玉臺如是其足重也其會同志講習其中
歷寒暑勿怠相與以有成焉庶無負三先生作人之

盛乎夫乃知麟必於其藪鳳必於其梧竹諸同志微
此玉臺弗顧也雖然玉臺誠足重乎非有人焉重之
亦烏能亭亭物表傳之無窮乎哉爰述其槩俾蘄人
士識取指歸云爾

墓誌銘二首

桂閣巷先生墓碣　　湯永誠　盱江

先生諱啟芳字叔開閣巷其號也先世居我江右臨川明

初來蘄遂爲蘄水人以耕讀世其家傳八葉曰近湖公諱友金贈文林郎樂善好施生三子長曰木山東武城令次曰林貴州鎮遠府經歷三曰森是爲先生曾祖以明經任四川忠州州同有政績刱桂氏書室延名人以誨子生楚亭公諱三秋萬歷己卯副榜養高不仕贈奉訓大夫誕映虛公諱凌雲萬歷乙酉舉人歷官重慶郡守旋以卓異晉越叅藩致仕即先生之父也先生穎異絶倫早歲善屬文而蘄水爲楚名區代鍾俊哲與畢公九臣張公翀何公彬然邱公之宗金公顯程公焞互相砥礪號浠川七子聲藉

甚萬歷戊午先生年二十四舉於鄉崇禎辛未成進士授海陽令其地濱海難治百弊叢生先生下車悉得其情發奸摘伏令出維行遐邇震懾無何歲凶先生捐俸賑糜設四門以飼饑者更請臺司發倉粟三千餘石鏹二千有奇民乃大濟簿書之暇進諸生論文月行課季行試誦讀者爭自濯磨掇巍科濟濟分校己卯粵闈㝡得士先生又以表微闡幽始禋於名教故蘊烈婦有旌吳節婦有旌而邑之先儒廖德明者裔孫焜貧懦即爲之乞衣冠奉其祀典當是時海寇劉香熾甚土豪林龍角周端偉内應外聯子女玉帛惟其所欲少失意立糾香刼之郡邑吏胥皆其耳目凡一言一動必偵報報即爲備少急則變生不測從前守令以是惴惴然先生密計擒之立斃杖下然劉香數萬莫可誰何一日詐降制軍熊公文燦遣兩叅將同二道員往撫之香曰必錫我美官畀我土地乃返四公駕久之不得遂狂逞百粵皇皇先生時攝潮州府事夜半馳籲制軍制軍移檄閩帥鄭芝龍往討之仍命先生協謀先生曰兵貴神速與芝龍部署諸艘戴星鼓枻另設疑兵伏兵撼於岸使其莫措先是海有苟酬老者與香忤不相上下我軍

以數小舟示弱賊望見以爲苟酬老也殊輕敵禦之俄大軍突出香所部倉皇失措直擣其巢而香就擒迎兩叅將二道員以歸還所掠輜重無算其苟酬老亦俯首降矣是役也先生之力多焉粵人爲立祠勒諸貞珉臺司上其功擬擢吏部丁嗣母憂而返服闋赴補柄臣又忌之復任海陽先生笑曰窮達命也惟君所使豈百里非王事哉抵粤童叟爭觀曰桂公重臨矣居二年竭力興除召入都以科員用先生見時不可爲遂告休避地白門旋楚後不匝歲而亡距所生萬歷乙未僅享年五十有二先生賦性孝友

念荼藩公未盡祿養抱憾終天春露秋霜享祀泫然泣下其里居磊落光明入有急周之惟恐不逮有不平力爲排之雖權貴不避也子孫甚繁中有名曰贇者以詩文交余頗深屬爲之傳余朽劣不能文然先大司馬爲辛未會副時曾與先生長安叙同年友今垂八十年而先生丙戌之歿亦幾六十年矣曰贇尙惓惓表彰烏敢不一言爲慈孫慰哉其生歿年月子孫若干人以詳傳誌不復贅銘曰盗不息民不安公靖萑苻綽綽無難天生斯人囯諸海濱迫其將用國步艱辛拂衣歸來悵悵何所息影玉臺行吟浠

水浠水洋洋千祀孔臧象賢踵事奕葉鍾祥

桂蓮坡文學墓碣　湯永誠

余少時交楚一二俊人而知桂君蓮坡爲翩翩佳公子也今戊子秋來浠川其令嗣名曰贇者手邢孝廉誌銘而來余讀之則有云蓮坡讀盡天下人共見之書又讀盡天下人未見之書其下筆有神與風雨爭響日月爭光而僅以觀風受知於大中丞徐公僉憲徐公壬子入闈以爭元抑副卷老於諸生其爲人卓犖俊爽當幼失怙恃即能支撑本生長富貴及其中衰布衣蔬食泊如也性不嗜飲然贇酒娛賓則呼盧浮白皆搜極經史未嘗一語及時事惟於背理事嫉之如仇髮且豎嗚呼吾聞邢孝廉俯視羣倫多否少可而推崇一至此也余嗣曰不寧惟是再出前休寧令畢丹生先生紀畧則有云蓮坡師張恕菴先生以豪傑自命爲詩文彷彿眉山筆意試輙前矛會講學於宅後長庚菴從遊者衆當是時邑之邢侗士楊傳人諸先達偕劉雲麓明府建玉臺書院邀蓮坡主齋與同志諸君子賞奇析疑必期無疑義而後已設條教立文社門人私謚爲端敏先生所學一以程朱爲的狀如是嗚呼善屬文者未必砥

行砥行者未必優於文卽優於文僅探風雲月露之奇豈其殫力於濂洛關閩而蓮坡遂兼之若然則翩翩佳公子之譽夫豈誤耶蓮坡諱陵邑廩膳生先世由我臨川徙蘄水任四川忠州州判諱森者其高祖也副貢贈奉訓大夫諱三秋者其曾祖也大父諱凌雲任重慶郡守晉浙泰藩父諱啟芳崇禎辛未進士海陽令內擢歸隱母奚孺人蓮坡享年四十有四娶高氏子三長卽曰贇郡庠生工詩文次逢辰三滋蔚奉祠生孫男八人長公以余有世締屬爲紀之夫月旦之眞必本於閭里今觀兩誌狀其稱之也不

啓出諸口則余甚以蓮坡之不及聚首爲悵然也乃余濡毫甫竣而長公復泣而告曰五弟逢辰通五經融貫子史古文風雅亦既研精毕甲申劉撫臺觀風拔冠一邑乙酉應童子試一日七藝不售吾方冀其同紹箕裘也丙戌二月俄賫志以歿僅得年三十有五悲哉悲哉余聽其言而益嘉長公之孝友也倒得附載而爲蓮坡碣銘銘曰公子之生門庭奕奕旋而乃翁馳聲仕籍庸豐履腴童稚誰如遭家多難内外欺孤貧同吾輩長物安在維彼鴻章家聲弗潰弗潰家聲再世鍾英公雖不永其慰幽京

蘄水縣志卷之十八

署縣事宜昌府通判高　舉
知蘄水縣事蕉　扎　哈　纂輯

藝文志

詩賦

地饒山水俗尚風騷佩芷紉蘭蒸蒸日盛而往來名流縞紵贈答美不勝收今審酌體例別白眞贋期有當於風人之旨而登臨憑眺亦點染溪山之一助云

賦

國朝

敬授人時賦乾隆元年應博學鴻詞　廷試　徐本僊佑倫邑人

聖皇御宇中和建極惟康惟幾時萬時億孰綱紀是以劝其職也孰推行是而未有熄也毋曰高高在上帝謂不違於食息也乃以明明在下天則自呈於形色也則賴乎撫辰之有道而人事之咸得也則惟其時措之宜外以方主一之原内以直也原夫太極肇判二儀維均皇哉唐哉而無垠混兮闢兮而何因理宰氣以轉磨物受形而傳薪何假七日而報德漫言九變而維神既張弛於闔闢亦乘除於舊新彼夫悲哉爲

氣孰凜其商溫乎有象孰詔爾仁陰陽相薄莫云保合潔齊向明莫解亨屯惟成地以宜人者不外乎水火金木土穀而本天而屬物者必本乎歷象日月星辰斯四序之不忒而五紀之彬彬也乎故乃時也者至賾而不可厭至動而不可亂於德爲生於道爲貫於象爲蒙於序爲冠是曰善長光華復旦何滯不宣何翕不散何屯不遂何幽不煥是曰嘉會離明相見有行斯止有合斯判有造斯巔有涉斯岸是曰止義悅以爲斷或操其籥或植其幹或畜其窮或聯其渙是日剛反勞而不憚凡皆大化之遞嬗而維

王之幽贊也歟懿夫

聖主之敬授也作所無逸考祥其旋既理其緒復規其全明於四時具而成歲猶夫四德備而爲乾如是則得同然有先若燮撫事節宣八風之序仰觀俯察載賡七月之篇夫何俟乎渾儀純一念而遠周乎三百六十亦或假乎宣夜積一誠而上契乎九萬一千月有令維皇之命朔有告屬民之天六象六龍潛見準顧兎之盈縮五鳩五雉啟至順陽鳥而盤還聲何爲而

收發色何爲而婎姸氣何爲而溫肅形何爲而枯鮮或血氣心知而先覺神於造化或蠢愚蠕動而早智過於聖賢其遲也渺矣其速也忽焉於以程其節次其編有警其候有覺其前或可乎不可或不然而然莫不協仁聖義藏而作則順鳥火虛昴以相宣故曰四時以爲柄人情以爲田也由是布之畿輔達之郊鄙植類應之以榮枯化生因之而成毀飛者如期而寂喧潛者當候而伏起時則行慶施惠下逮孤子時則繼長增高烝我髦士時則落實取材百室盈止婦子寧止時則休老勞農數將幾終歲且更始是皆順其節序協其原委物以爲量人以爲紀有典有則如經如史夫何以知其然哉以此且夫憲天維

聖覺民惟師民望天而不及天日鑑而在茲苟非開天而明道由來日用而不知惟能以百穀成俊民章者省成愼需尚將以敘寒暑事風雨者翕受敷施以定天下之業以斷天下之疑以爲木鐸之喉舌以詔金鏞於鼓吹豈惟紀官之龍火懿厥前民之蓍龜無敢戲豫無敢馳驅一言以蔽之曰敬神而化之使民宜之

百世不惑者惟時其誰不樂普天之有道而仰
一人之無私也哉乃獻頌曰天惟顯思順以正之惟
聖時憲則而應之五者爲辰七者政之絜而矩焉授而柄
之小大稽首曰時哉時哉
帝庸作歌曰敬之敬之

詩

周

古歌二首

江上漁父歌 伍子胥自楚奔吳至江江上漁父渡之乃作歌以相約渡處即今伍州

日月昭昭乎寖已馳與子期乎蘆之漪

日已夕兮予心憂悲月已馳兮何不渡爲事寖急兮將奈何

唐

七言古一首

謝鄭公惠簟　韓愈

蘄州笛竹天下知鄭君所寶尤瓌奇攜來當晝不得卧一府争看黄琉璃體堅色净又藏節滿眼凝滑無瑕疵法曹貧賤衆所易腰腹空大何能爲自從五月困暑濕如坐深甑遭蒸炊手摩袖拂心語口漫膚多汗眞相宜日暮歸來獨惆悵有賣只欲傾家資誰謂故人知我意卷送八尺含風漪呼奴埽地展未了光彩照耀驚童兒青蠅倒翅蚤虱避肅肅疑有清飈吹倒身甜寢百疾愈却願天日恒炎曦明珠青玉不足報贈子相好無時衰

七言律 一首

送蘄春李郎中赴任　劉禹錫

楚關蘄水路非賒東望雲山日夕佳薤葉照人呈夏簟松花滿椀試新茶樓中飲興因明月江上詩情爲晚霞此地交情長引領早將元髮到京華

七言絶 二首

蘭谿　杜牧

蘭谿春盡碧泱泱映水蘭花雨後香楚國大夫憔悴日應尋此路遶瀟湘

過清泉寺　劉禹錫

珠圍遨懽興未賒賡詩煑茗坐蓮花上人我亦忘機者款桄相將到日斜

宋

五言古 六首

琢張牧之竹溪　林敏修 邑人

幽閒古城陰結屋清溪曲溪流堪回映上有青青竹漫郎欣得之緑髮詠空谷高風及前修勝趣隨遠矚惡客徒攘人立談非我欲麾去寧汝嗔眞意聊自足或言不當耳往往相謗譏答云豈吾私恐作林泉辱源流別涇渭臭味同草木肯當百事勝容此一物俗獨餘稽阮輩蕩漿戒臣僕濁醪澆古胸日没還秉燭僕忝瓜葛後意氣頗相屬平生幾兩屐共老三徑菊行年事無定此計諾已宿徑須買牛衣閒亦荷書篚從子竹間遊溪魚劉寒玉

曉至巴河口迎子由　蘇軾

去年御史府舉動觸四壁幽幽百尺井仰天無一席隔墻聞歌呼自恨計之失留詩不忍寫苦淚漬紙筆餘生復何幸樂事有今日江流鏡面靜烟雨輕羃羃孤舟如鳧鷖點

破千頃碧聞君在慈湖欲見隔咫尺朝來好風色旗尾西北擲行當中流見笑眼清光溢此邦疑可老修竹帶泉石欲買柯氏林茲謀待君必

寒食雨 二首　蘇軾

自我來黄州已過三寒食年年欲惜春春去不容惜今年又苦雨兩月秋蕭瑟卧聞海棠花泥汙臙脂雪暗中偷負去夜半眞有力何殊病少年病起頭已白

春江欲入戶雨勢來不已小屋如漁舟濛濛水雲裏空庖煑寒菜破竈燒濕葦那知是寒食但感烏啣紙君門深九

重墳墓在萬里也擬哭途窮死灰吹不起

弔徐德占有序　　蘇　軾

余初不識德占但聞其初爲呂惠卿所薦以處士用元豐五年三月偶以事至蘄水德占聞余在傳舍惠然見訪與之語有過人者是歲十月聞其遇禍作詩弔之

美人種松栢欲使低映門栽培雖易長流惡病其根哀哉歲寒姿骯髒誰與倫竟爲明所誤不免刀斧痕一遭兒女汙始覺山林尊從來覔棟梁未免傍籬藩南山隔秦嶺千

樹龍蛇奔大厦若果傾萬牛何足言不然老巖壑合抱枝生孫死者不可悔吾將遺後昆

離樊口宿巴河遊馬蘄寺　　張　耒

扁舟下樊溪江南正清瀉曉登巴河岸極目望春野步尋修竹寺古木爭偃亞云昔孫仲謀刑牲致師禡雄圖遡巳矣英槪足悲吒石梯造雲霧丹白開廣厦山僧安寂寞畏冷不出舍勞生渴閑境頓使我心寫晚江平若席風勢欲相借

七言古五首

有贈余以端谿緑石枕與蘄州竹簟皆佳物也余旣喜睡而得此二者不勝其樂奉呈原父舍人聖俞直講　　歐陽修

端谿琢出缺月樣蘄州織成雙水紋呼兒置枕展方簟赤日正午天無雲黃琉璃光緑玉潤瑩淨冷滑無埃塵憶作開封暫陳力屢乞殘骸避煩劇聖君哀憐大臣閔察見衰病非虛飾猶蒙不使如罪去特許還官還舊職選才臨事不堪用見利無慙惟苟得一從僦舍居城南官不坐曹門少客自然唯與睡相宜以懶遭閑何愜適從來羸薾苦疲

困況此煩歊正炎赫少壯喘息人莫聽中年鼻鼾尤惡聲癡兒掩耳謂雷作竈婦驚窺疑釜鳴蒼蠅蠛蠓任緣撲蠹書懶架拋縱橫神昏氣濁一如此言語思慮何由清嘗聞李白好飲酒欲與鐺杓同生死我今好睡又過之身與二物爲三爾江西得請在旦暮收拾歸裝從此始終當卷簟攜枕去築室買田清頴尾

次韻歐陽永叔端溪石枕蘄竹簟　　王安石

端溪琢枕緑玉色蘄水織簟黃金紋翰林所寶此兩物笑視金玉如浮雲都城六月招客語地上赤日流黃塵燭龍

中天進无力客主歆然各疲劇形骸直欲坐弃忘冠帶安
能强修觞特公寬待更不疑箕倨豈復論官職畄材平瑩
家故藏硯璞坳清此新得掃除堂屋就陰翳公不自眠分
與客知公用意每如此真能與物同其適豈比法曹空自
私却願天日長炎赫公材卓犖人所驚久矣四海流聲名
天方選取欲扶世豈特使以文章鳴深探力取當不寐思
以正議排縱横奈何甘心一榻上欲卧賴尾爲潔清賢愚
勞逸非一軌顧我病昏雖未死心於萬事久蕭然身寄一
官真偶爾便當買宅歸偃休白髮溪山如願始看公戮力

就太平却上青天跨箕尾

與廖開甫自淮南同行赴舉相别五年復相遇於蘄水縣爲詩贈之　孔武仲

來書吾初走夷門傾蓋得君慽不早蘭谿駐馬復相逢二
紀飛馳如電掃惜君憔悴力不任顧我滄桑髮先鬲憶昔
同行氣頗驕青驄馬快鞍韉好荒山破屋風豪横大澤長
堂雪傾倒高談灑落見天機健句縱横攄腹稿辛勤始得
到京邑文辭不入春官考可憐六翮委沙泥坐看羣仙上
蓬島壯年多難寸心折勁嫉已衰難破縞而君施設有餘
才西佐元戎奪城堡牛刀挑試一揮如引滄溟灌行潦
歸來起想天子庭正欲披腹呈瑰寶片辭未吐疾先入蓼
杖扶行色枯槁鹽與復指天涯去長川横濫聲浩浩莽罷
不日歸王闕那久低摧卧霜草

寄蘄簟與蒲傳正　蘇軾

蘭谿美箭不成笛離離玉箸排霜脊千溝萬縷自生風入
手未開先慘慄公家列屋閑蛾眉珠簾不動花陰移霧帳
銀牀初破睡牙籤玉局坐彈棋東坡病叟長羈旅凍饑
吟似饑鼠倚賴春風洗破衾一夜雪寒披故絮火冷燈青

誰復知孤舟兒女自嚶咿皇天何時反炎燠媿此八尺黄
琉璃願公淨掃清香閣卧聽風漪聲滿榻習習還從兩腋
生請公乘此朝閶闔

王齊萬秀才寓居武昌縣劉郎洑正與伍洲相對伍子胥奔吳所從渡江也　蘇軾

君家稻田冠西蜀擣玉揚珠三萬斛塞江流柹起書樓碧
瓦朱欄照山谷傾家取樂不論命散盡黄金如轉燭惟餘
舊書一百車方舟載入荆江曲江上青山亦何有伍洲遥
望劉郎洑明朝寒食當過君請殺耕牛壓私酒與君飲酒

細論文酒酣訪古江之濆仲謀公瑾不須弔一酹波神英
烈君（自注杭州伍子胥廟封英烈王）

七言律五首

題浠川八景　王禹偁

蘭谿時雨和甘棠石壁迴瀾映塔光陸羽茶泉金鼎冷右
軍墨沼兔毫香龍潭徹底明秋月鳳頂當空背夕陽乘得
綠楊春曉興玉臺井畔泛霞觴

自巴河至蘄陽口道中得二詩示仲達與秬同賦　張耒

落月娟娟墮半環嘔鴉鳴櫓轉荒灣東南地缺天連水春
夏風高浪卷山旅食每愁村市散近秋已覺暑衣單自慚
老病心兒女三日離家已念還

浩浩渾流卷白沙中流鼓楫四無涯喜逢山色開眉黛愁
對江雲起砲車雨足川原豐稻菽日斜鷗鷺滿蒹葭長年
怕作扁舟客賴有高談一笑譁（舟人占雲若砲車起輒急避乃大風候也驗之信然）

和秀野蘄簟之句　朱熹

使君兩鬢尚青青學道仍抛後院笙溽暑快眠知簟好晚
涼徐覺喜詩成人從蘄水當年寄句比韓公此日清坐對

更深誰是伴唯應闕月共長庚

雨中尋清泉寺　魏了翁

征帆百尺艤江皋小棹輕移到野橋爲愛清泉禪境勝不
知冒雨客途遙千尊石佛藏山霧一派珠流應海潮坐對
高僧清話處胸中塵想覺全消

七言絶二首

寄夏倪翁　林敏功（邑人）

嘗憶他年接緒餘先生落魄我迂疏溪橋幾換風前柳僧
壁猶餘醉後書

陸羽茶泉　王禹偁

甃石封苔幾尺深試嘗茶味少知音惟餘夜半泉中月留
照先生一片心

詩餘二首

清泉寺詞（浣溪紗）　蘇軾

黄州東南三十里爲沙湖亦曰螺師店余將買田
其間因往相田得疾聞麻橋人龎安時善醫而聾
安時雖聾而頴悟過人以指畫字不盡數字輒了
人深意余戲之云余以手爲口君以眼爲耳皆一

時異人也疾愈與之同遊清泉寺在蘄水郭門外二里許有王逸少洗筆泉水極甘下臨蘭谿水西流余作歌云　是日極飲而歸

山下蘭芽短浸溪松間沙路淨無泥瀟瀟暮雨子規啼誰道人生難再少君看流水尚能西休將白髮唱黃雞

綠楊橋詞西江月　蘇　軾

春夜蘄水中過酒家飲酒醉乘月至一溪橋上解鞍曲肱少休及覺亂山葱蘢不謂人世也書此詞橋上

照野瀰瀰淺浪橫空曖曖微霄障泥未解玉驄驕我醉欲眠芳草　可惜一溪明月莫教踏破瓊瑤解鞍欹枕綠楊橋杜宇數聲春曉

右唐宋詩二十二首較劉志所錄增其十簟詩疑借蘄春然爾時蘄水屬蘄春皆產簟舊志既收王作則諸詩例可並入寒食詩蘇黃州作也按年譜載太守徐君猷分新火蘇以詩謝之有臨皐亭中一危坐三見清明改新火之句但劉志沿傳已久後人復有和韻者仍存之弔徐德占詩亦黃州作也德占名禧洪州分寧人宋史

禧本傳載元豐五年九月戊戌永樂陷給事中徐禧死之蘇以三月過禧於蘄故知是詩非在蘄作也然所以弔之者適由此過則亦存之王齊萬以嘉州人寓武昌劉郎洑郎車湖地與蘄隔江然以其詩語及伍洲郎收之亦可特劉志沒其原題竟以伍洲二字目之則不可爾今改正王原之八景亦以劉志相沿存之宋詞綠蘇二首浩翁西塞詞地不涉蘄故刪之

明

五言古十一首

送戴仲英還蘄水　陶　凱臨海人

憶昨起干戈白日風塵昏子家浠水上少小失雙親生死不相知念念徒酸辛艱難適異域乃謂他人昆聖人握乾符仗劍驅妖氛思親不可見忽見故鄉人問言隔九泉涕淚滿衣襟茲行返故鄉壘土成邱墳墳前植松栢慘淡結愁雲常存純孝名錫類垂子孫

秋日送佰虛上人還蘄水　晉嘉猷華亭人

浮杯度江來遠自齊安道錫領雪堂雲名山恣幽討南遊朝普陀還謁雲栖老袈裟優鉢香骨相烟霞好舌吐青蓮

花泠泠發要渺閔茲中下根迷津苦浩淼願以一鉢緣瑱
函儲法寶手持尺素書叩我元亭草趺坐宣妙諦虛襟淨
於掃雨霽天初涼西行大江表一葦龍神抜海濶孤帆小
安得從師遊火宅離煩惱譬如野鶴飛高翔破清曉

清泉寺和燕長公詩有序　廣濟令劉應昌桐城人

癸丑秋七月二十三日余與宋德夫往黃州餞熊司理是夜飲司理宅漏下二鼓德夫先挈舟歸余有他飲復留半夜天明風逆甚湖水不可行行大江中四十里浪聲如雷舟中動色相戒庖人具盤

飧進不能食爲啜一杯羹而罷巳刻抵巴河德夫尚在遲余因同飲姚孝廉明恭宅午候別孝廉兼程至巴水驛德夫潛具暑甚不能飲飲數杯去昏黑至蘄水縣不入城繞城行數里憩清泉寺德夫巳有他貴客至邑不顧迫余寺中痛飲達旦因得盡覩長公詠歌夫長公先謫黃後乃遷粵余先謫粵後遷黃余才視長公天壤而蹤跡畧同三百顆荔枝兩碗豬肉年來受用亦畧相似因援筆爲和逆志以意詞雖不工可也

寒食雨二首

今朝歷江陸日已五飲食夜到清泉寺清泉艮可惜涼風
起庭樹樹杪聲瑟瑟僧盤簇野蔌銀藕爛堆雪交南好犀
琖與君賭酒力後醉者先去東方月初白
月白星欲稀天雞唱不已忽墮英雄淚數下沾衣裏採芝
或採菌刈蘭豈刈葦透札利在簇簇倣不穿紙自我苦行
役三年二萬里不忍見此老一嘯揮衣起

弔徐德占

我聞唐虞開求賢闢四門輔車必顧僕潤葉乃流根天生

賢哲人師表在人倫而使竄遐荒雙踵生繭痕用詘國何
利達時道適尊奸同與忠貞愈自爭籬藩日月自西沉海
水東南奔爲龍與爲蛇難向世人言陛下神仁武千億長
子孫願作百年計寶臣貽來昆

同金卜公遊嶮上寄題石壁　劉侗麻城人

高泉激危石一拳弗得遊白日流其巔古今徒渾渾薪者
行復歌遊人去來全寄題壁間字會令塵胥潤

登官陽谷先生閒雲樓　黃匪色慈雲邑人

蒼蒼城外山有樓踞其卓下瞰百丈巖常疑鬼工鑿四峯

以情來碧流自天落登樓想至人寄意何淵邈十年近君
王諫草如山岳一旦泉石遊對人還退却坐卧狎鷗鳥去
來忘疏數醉夢山水間虛舟寄寥廓山雲尚未閒沉潭非
漠漠獨有君子心閒哉倚雲閣

崇禎甲戌五月前邑令李衡嶠先生自燕邸以書見
及賦詩答之時蘄黄之寇深矣　黄正色

循良既已往世亂誰可倚豐沃舊郊原一旦兵戈始寇盜
萬里來安行類狀第一賊馬十乘千旗障空綺孤城急閉
門死生判從此夫妻荷擔奔子父安能俟祇道露沾衣不

知淚爲水且行安所之除到高雲裏藤刺黙藏身兒啼安
可止與君兩不活捫口寧兒死寇至何所爲一炬數十里
場稼躪爲泥凶烽染天紫收金已滿囊屠人類屠豕鬼録
一朝充人間減生齒村村血有餘飲馬須乎是闗門守慘
悽庚癸呼四鄙郊遂已如斯執戈空爾爾春秋兩度殘賊
去無全理郡道急黙兵深慈拯人殆太息兵來時賊行不
相待左次幾同涟目送千營尾跪懇官兵前念我尚饑餓
鷄豚賊所遺相餉誰云悔兵賊暴仍殊妻孥幸無臨憶公
無事年警備如多壘更樓黙黙明村鼓聲聲邇政令隱藏
兵伏戎不能起士隱卧深山人遊醉清市日月會幾何泰
亨遂爲否公今在鳳梧願以告天子

汲陸鴻漸第三泉遺譚友夏（泉出蘭谿石下）　黄耳鼎（貝實邑人）

谿南亦有蘭谿北亦有蘭吹香入石腹石下乳流泉長河
來無際蕭爾不可干河水如眼胞熒光徑寸閒陸子著茶
經妙鑒水史遷懷此行天下一朝題其三泉人不敢議亦
莫測所然予觀陸子意不以色味談君與同鄉里寘心寄
水山往來從嶽歸衣帶衡與參君當洞水魄遺君以一甗

縣西二十里有太公石屹立河心廣惟數武高不踰
尋洪濤激湍永無懷襄患相傳與水沉浮亦一奇
也偶經賞感而賦之　周健行（邑貢生）

平河突素邱脅水柱中流矚覽環衿帶適看一繫舟波湧
高峰沒此石昂白頭不知浲洞日可能汨陳不漫言怪石
供疑是小羅浮羅浮竹八圍巖笋瘦如簌如簌聊堪釣渭
老幾着釣當年洛令在肯教跡空留

題五義士祠（五人程爲常徐玉蘭蔡巨人胡方壺徐用極）　謝天知（邑孝廉）

千古無死士君父復何恩軹井易水上缺月弔哀猿戎馬
躪我郊五士爲之藩一旦爭赴義唱和如篪塤用士用其

苑不屑卹寒暄忠烈夙成性感激奚足論英風壽俎豆五
埜夔一軒武侯廟前栢至今霜雪根

七言古九首

贈李節初兄弟　邑學博　簡縉紳　江西人

我時守制歸林邱重攜書劍來黃州放舟赤壁泝蘄水緬懷盤谷多清幽山前喬木青岧岧山後流泉傍溪滴有時採山美可茹有時釣水鮮可食我昔訪舊曾經遊暑往寒來經幾秋高歌空谷留餘響夕陽野蔓凝寒愁卿家兄弟真豪傑文采珊瑚好標格出門握手懽相迎笑談綺語霏

晴雪闢筵燕容情懷舒葡萄不惜千金沽杯行令急鳴絲竹酒酣醉倒黃公壚須臾風起聲蕭瑟籬菊花開增行色明朝匹馬天一方千里相思共明月

清泉歌　田貢　少江　邑人

大夫公事云粗了拂袖歸來白髮少藜燈課子有餘閒木屐尋山無昏曉清泉古寺少年遊浮名牽出二十秋重來相見親雲水不是當年舊衲頭同袍王子人中妙恭酒追陪及夕照山林朝市俱夢中今日幸逢開口笑君不聞丈夫進退須及時莫教兩鬢如新絲韓彭若似張子房何須役役待封王陶潛折腰不知止那得工夫書甲子

琴堂明月歌贈斗墟父母陳蘭化　新建人　周申　邑貢生

君侯為政先紀綱時鼓七絃開琴堂十指宛有熏風揚梅花陰月和宮商琴堂月色懸清影照見冰絲如畫景焚香滴露鶴飛來流水聲高聞四境方今守令重推遷明月曾聞單父賢烏臺霜月借君去空憶琴堂月夜絃

偕徐副憲心溪遊清泉寺　楊伯充　邑人

朝登鳳棲山暮飲清泉水泉水冽且漣涓涓流石髓古樹躍虬龍亂卧白雲裏老僧合掌前飄飄西竺紫爐鎖香霧

半横空靜裏天龍示一指木鳴金吼散清梵五慾冰消谷神死錯煮雲根無纖塵一甌一甌香沁齒罷游更索陸羽泉山骨响韻生蹯趾

清泉寺　黃郡守　瞿汝稷　撫州人

清泉何湜湜峨嵋仙人曾賞識仙人騎鶴去不返清泉委翳蒼崖側仙人雲笈紀神樞我披雲笈閱瓊液白沙皚皚溪流碧曲徑久蕪没行跡剪萊試問轉盼得招提齋厨一垣隔漉囊不重八功德五熱那從法流滌古來好惡每如此何獨寒泉使心惻我掬一飲百神適飄飄如欲奮羽翼

拂衣更躡靈山巔落月照曜佳山川千峯秀削四望旋簇
簇蒄敷千葉蓮孤頂中踞翠旁圓誰移蓮朊來眼前寶光
交羅意冷然匡坐勝樂超四禪與君流覽莫辭暮邱壑難
逢會心處君不見昔人松下歌蘭芽此日幽蹊無昔樹松
年猶自莫能持况復人非幽幹固世上浮名空竹素轉頭
勝賞今猶故君當行酒我當歌過客悠悠何足顧

贈易大夫楚衡出守龍湖　張文光 澤渠邑人

漢武昔通西南夷戎瀘千里就羈縻龍湖部落最向化却
開郡縣雄西陲山中處處産神木會聞效靈出深谷只今

藉此賚大工干霄拔地成黄星兩宮已就矗嶙峋三殿將
茲擬紫宸勞民不擾重此郡鞎安偏擇循良臣君爲司農
經國久嘉績將將在人口公廉無乃世無雙善計由來復
稱首當宁思賢守遠疆大才飛使臨遐方高車五馬出帝
里蟾帷道上生輝光君行定不尋常調美政流傳滿西徼
治行何論渤海龔頌聲不減甘棠召他年超擢柄斗樞舟
下瀘江經峽走萬里輕装圖書還何異當年鬱林守

登閒雲樓 有序　官應震 陽谷邑人

浠邑山川甲於郡屬其南門對岸峭壁巉巖臨水
依山數千百年僅一東坡居士爲此地知己而以
聲空明三字鐫之巖石先恭人藏魄處距邑治可
六十里而遥余諸生時以展墓取道城南尾先中
議大夫后低徊留之不能去者葢三十年矣先
中議有意卜居而未逮也會歲戊申大浸稽天祖
居黄岡之烏林鎮苦懐襄甚廼徙而浠故以黄岡
人遂爲浠人者始此於時郎從崖上剏有小樓命
名閒雲旦晩憩息身世都忘不謂以進賢冠別此
樓去荏苒宦轍歷如許居諸而後乃今得解組歸
也登樓紀事爲歌一章聊以寫山水之癖云爾

是人盡忙雲獨閒山前水前自往還但能無事常垂釣與
人遊兮非人閒愧我半生忙欲死所以棄官如棄屣幽居
山中復何爲願向禪門問宗旨禪門苦行古來難雪山凍
殺佛所安衆生受盡無明障灌頂穿膝慮其殘聽説神仙
能到手願養金丹道之母安期羨門如尚在漢武如何稱
豈有黄芽白雪想難尋姹女嬰兒誰匹偶願作君平賣卜
身君平賣卜遠隱淪小人有母欲待養豈是東西南北人
願學手譚三百六河洛圖書數不熟拋却從前勝負心如

何黑白空相逐此外中心何所貌開元大業强爲探高適
學詩年半百我今半百又過三澁盡枯腸嘔不快不如兀
坐學癡憨癡憨兀坐寧可學混沌元神忌彫鑿鷄猪牛魚
逢着喫生老病死總是樂雲自閒兮我亦閒却是大憨還
大覺

太乙閣初成賦　姚明恭 崑斗邑人

太乙閣下江之水蒼茫海腹崑崙起寰中日月發天奇箇
裏鴻濛吹浩髓問道何年說古今閒雲片片飛山陰收作
藜光照夜半風聲雨聲驚不散投簪結搆此江干願擷烟
霞煮作餐萬億千秋峙碧落寧羨白雲與黃鶴

同王五岳春泛南潭望閒雲樓兼呈主人前官太常
先生　黃耳鼎

南潭潭水春雲生輕舟漠漠棹春明遠山涵青氣欲動澹
我舟中搖曳情巖頭羣木鬱幽光桃花脉脉隱雲房雲房
流雲雲有聲飛入花枝雲作香主人有樓臨潭水閒向潭
心看雲起須臾變滅古松閒雲滅雲生潭如此隔岸黃埃
隱城郭渡口漁人歸日落與君蒼茫暑煙去回首巖松啼
老鶴

五言排律二首

送李獻齋先生歸楚　狀元 沈懋學 宣城人

道大才頻試官閒政已成璽書將益秩野服竟遺榮金重
當時貴魚懸去日清敬亭標節峻宛水照心明邈矣能輕
世歸歟可避名江煙迷去棹山雨亂啼鶯煉石堪營宇蘭
谿好濯纓冥鴻秋色迴迴鴈暮雲橫七澤多幽賞三湘總
舊盟何當同託隱時和郢歌聲

祝官賜谷太常　周之訓 黃岡人

共競中元節相傳孕佛辰酌公欣此際矚景悟前因黃髮
人惟舊青山道一新園林秋水至臺榭晚煙勻月淨琉璃

色霞生麴米春蹂松雜逸響晝舸進垂綸雅頌一門得家
風萬石倫清高辭世網瀟灑得天眞憶昔神宗末猗與瑣
闥臣安危資獻納樽俎望丰神陸贄生平學張良帷幄身
勳名歸社稷道德洽沉淪蕉鹿久成夢神龍肯受馴不關
巢許意聊共偓佺論去住本無種彭殤豈有鄰與君商大
藥念念空微塵

五言律三十首

登三角山絕頂刻石題名　田貢 少江邑人

掛冠歸四載乘輿到名山江海目爲界星辰手可攀龍行天下雨虎伏石中斑老衲遊何處他年再扣關

曉起　蔡月涇 沙江邑人

曉起催行役長驅豈漫遊鳥啼隔寺樹花落逐溪流歲月長爲客星霜幾易秋功名華髮白家國敢忘憂

遊清泉寺因過茶泉墨沼　胡仲謨 敢忠邑人

郭外青泉寺邀遊策短筇殷紅千萬葉寒翠兩三松對酒新聲合觀山夕照重古來多勝跡莫遣紫苔封

題周孟器江村風木卷子 名珪邑太學生以哭母卒　胡仲謨

桂子淹南國萱華襯綠苔江村遥對客風木轉生哀舊業空機杼新阡半草萊獨憐清夜月長泣掌中杯

清泉寺詩二首　周瑯 兩山邑人

郭外探奇勝梵宮地自偏山光團樹彩潭影溢蛟涎禮足懷真諦皈心種福田坐來塵慮遣日晏已忘旋

春風拂巾舄春日麗溪山金界珠光動禪庭鳥語閒抱官慚佛性聽法解塵顔誓結西方社支公共往還

遊清泉寺　朱袗 浠桂邑人

清泉標勝地蕭寺藉爲名僧汲供烹茗人遊愛濯纓入雲金磬窅遠坐佛燈明欲證無生理都超世俗情

早秋清泉訪僧　胡贇 蘇州山人

古寺清泉畔荒涼已不支經壇交鼠跡龍像網蛛絲過雨軒檻潤迎風竹樹披坐來涼意滿新月在軍持

遊清泉寺　胡行謙 邑貢生

遊到清泉寺東風二月天禪心花笑日僧臘樹多年池滙羲之墨茶分陸子泉黄昏鐘磬發淹坐尚談元

昭化寺　周申 邑貢生

佛坐青蓮宇僧衣白社堂龍降珠自抱鶴懶夢偏長帶雨看鋤藥裁雲學補裳晚風吹月色裊裊度名香

九日過清泉寺　周中 邑貢生

九日登高侶扶筇破野煙欲酬黄菊酒漸入白蓮禪望遠雲依樹歸遲月過川疎鐘兼暮角同到客愁邊

石瞼　袁福徵

農霖川作信谷怪水爲梁俗以觀風覽林因避暑荒子魚供取次明鷺狎徊翔鐃鼓當流咽停樽且問航

送胡之驥還蘄水三首　朱期至 子德邑人

雨雪千村暮江城一騎還故人書白髮吾意卜青山游俠羞看舌憂愁强破顏乾坤詩句在那惜路閒關

去楚仍殘臘遊燕又隔春他鄉惟我共故國傍誰親野署江天遠柴門鳥雀馴相看俱老大見訪莫辭頻

汝去詩應減何人為破愁客邊惟一僕江上有孤舟對酒歌殘雪還家話遠遊卜居吾倘定踪跡肯他留

秋日過清泉　朱期至

古寺齊梁舊河沙遠至今高松歸瞑鶴荒砌隊寒禽欲證無生理空談不住心老僧閑卧穩吾亦擬投簪

過清泉　周道大　邑孝廉

古寺山深處尋幽客屢過高林常宿雨虛壁自縈蘿八水通津遠三乘演梵和空門餘浩刼人世總蹉跎

登鳳棲山因過清泉寺二首　蕭艮有　江夏人

拾級層巒迴憑高積氣深片雲攢壑秀環水滴松陰晝棟從崖借疎櫺任竹侵即看茗椀色吾輩合投簪

翡翠森千尺琳瑯簇萬竿澗寒清几席雲滿濕衣冠佛骨藏龕古山腰置閣寬坐來忘世慮次第幾凭闌

題函三閣　閔廷甲　盤虛邑人

巍閣構山椒芝窟卧寂寥天香飄石窟仙梵度雲端木葉秋吟露松聲夜帶潮相看萬里意若個阿龍超

遊清泉寺　汪元英　新安山人

古刹臨幽境烟霞到處生山春泉木秀石冷一泉清鳥下疑聽法僧來故問名虛堂齋磬響延坐共青精

由清泉過茶泉建亭其上　邑令卓世彥　大梁人

浠水多泉瀑茶泉獨擅名先賢風漸遠而我感常生煮茗何年事開亭此日情枯腸煩渴久一掬有餘情

秋日同友人遊清泉寺　胡其謙　邑高隱

寺據清泉勝泉清境更清故人來共適老衲坐相迎殿閣烟雲接松篁鐘磬鳴烹泉還自酌轉覺世緣輕

玉臺山睢陽廟落成　胡鎏　邑庠生

背郭琳宮起精英俯碧濤江淮障孤壘今古立天心遠檻浦爭白垂崖樹積陰鐘聲徹河水悲感百靈深

送春又送官六　劉侗　麻城人

客窮殊何事春去始驚春柳色寬塵土花辰促米薪夢鄉君漸近歌市我誰親一食吟長日家人問苦辛

寄大司成王敬哉先生二首　黃正色　慈雲邑人

憶昔來燕邸何年不問奇一瓢三戶老雙鬢九秋悲盛代風雲起明良選建宜緘書目征鴈無以慰相思

莫憂文獻遠東序叩洪鐘愛道憐城闕陶人借瞽宗德將干戚沛兵可鍵橐封兩詹何爲者知君念辟雍

白荆山寺同官綏之作　黄耳鼎 灊巖邑人

竹栢圍荒寺高寒子與同江烟望去白山菓摘來紅月守談經夜僧歸落葉中秋神如此向鐘磬亦鴻濛

月坐白荆山同恒度綏之　黄耳鼎

山静餘蛩響宾觀生衆音高天肅白月寒露淡空林迥覺孤峯上蒼然太古心長河烟一片對此各蕭森

金谷山同周開新掘菊送浠水令　王一翥 黄岡人

山閣蟾明夜楓籬雨過天香藏空翠樹幽避綠雲泉蠟屐分凉葉琴堂共暮烟别來無幾日秋色兩堪憐

七言律四十五首

贈應天府尹薛均　周源

鐘阜雲開霽景鮮暖風楊柳拂銀韉金臺鵬路三千里紫極龍光尺五天行卷揮毫詩似錦離筵飛斝酒如川歸朝入奏豐穰事爲說羣黎樂舜年

時雨亭　邑令潘珏 婺源人

甘雨時來不後先聖門造化此中全向來人力皆徒爾此去壟苗盡勃然芹泮香浮新漲水杏壇花發乍晴天眼前物物皆成遂始信神功妙不傳

南河浮橋　潘珏

南門河上往來頻有渡無橋憔悴人漂蟻何心求拯濟浮梁自我起經綸量隨水勢舟無數繫任河腰鎖有神月夜水光天上下開來橋上數星辰

盡街橋今名生生橋　潘珏

新甃長橋似底平盡街還襲舊時名水流川字環中過人在三生石上行半夜星河虹影静四時風雨馬蹄輕肩摩踵接應無數誰復逡巡滯去程

書福泉寺壁　田貢

十載江湖無定巢脚跟重寄此山坳地幽去郭廿三里僧少寒鐘八百敲石器尚存唐晉刻遺公曾與陸陶交燈牕遺典多詩句付與童徒次第抄

送李清之先生赴義烏　劉時 永新人

嘗怪浮名未易真起衰重見舊儒臣都將伊洛千年討又

作金華一樣春雨潤晴滋方長物鐸聲敲起未醒人聚方亭上君須記幾度凭欄月色新

送李清之考績　徐紹先 繼之邑人

唱徹離觴酒帶醺下沙惆悵手難分半生浮梗身皆客一段交情我與君隱隱青氈公輔器堂堂紫禁老成文此回便道朝天去霹靂聲中四海驚

樂壽堂　程文遠 邑貢生

泥途風雨怯沾衣臺築荒園祇自宜竹放靈根封砌穩樹庇清影下堦遲雲山對我情懷好鑑水涵天景色奇野興

濃然時未晚從容典則話羣兒

清泉宴集　胡仲謨 啟忠邑人

世間萬事苦輪迴松竹遮門手自栽杖屨經過貪小剎乾坤傲睨只深盃舟横野渡晴開鏡雪静春深翠作堆彷彿古人真率會醉來拳枕卧蒼苔

贈李松庄翁八十　狀元羅洪先 吉水人

山翁八十愛邱園不學長生道亦存已道桑麻同栗里更聞服器比桃源濯纓事罷時尋社問字人稀日閉門帷有生平片食意抱孫今已駕車輪

送長孫龔芳守高郵　李　湍 松庄邑人

天寵分符喜作州慇懃贈汝宦南遊牧民須信知民苦報國還當爲國憂孔孟文章宜再讀龔黄事業合全收而翁素守清貧慣肯怪歸囊只敝裘

舟泛大江　錢邦偁 合川邑人

乾坤萬里大江流界楚中分莽樹秋彭蠡遠連雲夢澤海門近映白蘋洲投鞭霸業今何在擊楫忠魂空自愁借問觀風江上客肯因地險廢訏謀

朱侍御浠桂招飲清泉寺　倪民悅 南直邑令

憑空寶地足幽棲乘興探奇路欲迷幾點蒼煙連楚岫一泓秋水自曹溪開樽幸以追先達問俗還須借杖藜莫道巖城更漏起蘇公遺跡尚堪題

和伯兄遊鷄公山作　周　申 邑貢生

秋日登山秋氣清乾坤着眼趂秋晴鴈回湘浦人無信地入柴桑菊有情一路曉嵐生雨屐萬家煙火起孤城弟兄不共茱萸約惆悵峰頭酒獨傾

夏日任昭化寺題惠上人梧岡　周　申

白社曾看種碧梧梧枝今拂惠休廬寶林擬鉢三花樹煙

水遥連五葉蘆片片石痕雲卧久溶溶夜色月來初無茲
自有南薰調閒與高僧校佛書

冬日登鳳棲山　　周申

烈烈山風吹褐衣蕭條野寺見僧歸日移林影鴉頻噪水
落灘聲鴈忽飛盛世行藏甘歲晚累朝生養總恩輝江村
不爲經兵燹何事年來鷄犬稀時紅巾賊駐羊角尖

△送斗峰李公致政歸　　盛唐嘉魚人

羨君種德邁青緗高尚清名海内香滿篋圖書舟載穩隨
身琴鶴劍生光鷗浮赤壁三更月楓落鈎稜兩岸霜曠世

薦王應作伴舒心多在水雲鄉

浠川八景選四　　易之貞忠甫邑人

空明一望思悠然野徑渾疑碣石懸入夜濤聲𢚩絶壁當
前雲影度晴川月明倍覺滄浪曉湍急猶看鷗鷺聯爲泝
流光仙跡遠孤亭空在好誰憐石壁迴瀾

一掬寒泉石徑幽千年無减晉風流涼生野竹竿竿碧雨
過林塘樹樹秋揮翰猶供書帶草看山如在會稽遊有誰
勝跡長懷古我亦臨池愧白頭羲之墨沼

獨憐石壁引芳泉野客臨流意爽然玉乳茶新行汲雪胡
麻飯熟好餐煙歌殘桂樹能招隱看罷曇花欲問禪鴻漸
不來新月上天風吹度白雲篇陸羽茶泉

縹緲仙壇何處尋丹房長秘白雲深洞門不隔真人氣瑶
水偏饒珠樹林落日時聞童子汲秋高忽聽老龍吟何人
白日能翀舉我向煙霞結素心玉臺丹井

春日過函三閣　　王希元白岳邑人

一望平川暮靄收千家城郭月華流人從蘿薜知幽處燕
啄香泥過畫樓洗藥經年泉石碧譚禪終日雨花浮坐來
自許能忘世野鶴孤雲任去留

中秋前五日坐清泉僧舍　　徐一唯心溪邑人

清泉禪室自來清況復清閒遠市城在野不知虞逐鹿問
年應指樹爲庚壺中秋水涓涓淨檻外雲山歷歷明世路
奔忙渾是夢欲從先覺了三生

祝心溪徐觀察七十　　李維楨京山人

七十蒼頭鬢未霜向來携鶴在維揚仙人招隱淮王桂太
傅齊名召伯棠雲樹千山邀躡屐煙花四序佐行觴明庭
有詔求遺老早晚安車賜上方

寄懷徐心溪年翁　　袁宏道公安人

老入空門生事微山前山後雨霏霏天分江水入南北心違蘄陽夢是非集散只憑吾道在卷舒眞與世情違故人欲會何時會紅葉山頭負釣磯

蘄水道中　王一鳴 黃岡人

蘄水縣西逢立春馳驅只在大江濱道傍車馬原非客霽後山河總戀人漫有濁醪勞歲月自憐詞賦混風塵交游却憶朱公子投轄幸盤事事新

題巴河睢陽王廟　朱期至 子德 邑人

將軍百戰睢陽日諸道援兵絕不來國亂干戈敢愛死時

危天地轉堪哀長江入夜吟風雨遺廟經春沒草萊灑淚最憐村父老每逢伏臘獨遲迴

登函三閣閱李太史記　周串 邑人

梵宮新閣此攀躋石上驚看太史題漫盥清泉參法相頓令凡臆悟羣迷依依河柳風煙古沒沒溪橋歲月睽我欲叩師傳淨業逢看長白渺天西

贈清泉釋堅公　周道大 邑孝廉

買山及遁剡中居滃上高僧剏結廬古樹留雲栖鴿靜寒潭浸月伏龍初繙經常閉燃燈室補衲偏依壘石除何幸有緣瞻道氣苾蒭巖畔問眞如

過浒流光訪同社黃美中　周延廉 邑名士

揭來一室面潭居潭水深深碧未如閒敞堦庭看爽氣靜披離影對扶疏縱狂絕不希嵇阮篆刻何當論子虛爲問楊雄文似否門前休泥使人車

別官暘谷太常 時之江右臬任　周之訓 黃岡人

重陽風雨正沉沉握別其如越鳥吟每悔出山成小草還思退步有長林憂時各洒英雄淚異地相懸大隱心廬嶽高臨彭蠡上何年三笑訪知音

題官太常閒雲樓　周之訓

閒雲閣下愛雲閒欲共雲閒雲已還出岫何心耶復爾與人近玩似猶慳春迷花鳥丹梯濕畫抱蛟龍碧水灣無俟遠煩神女約閒中來往異巫山

遊官太常如是菴二首　周之訓

如是我聞開淨土羣山合沓湧珠宮白雲斷處偏多嶺溪響不來忽聽鐘竹院陰晴分曲徑炎天氷雪下高峯比年怯試登山脚此日應憑列禦風

何年鷲嶺獨飛來列嶂崔嵬面面開寶地五丁多護惜深

山三伏半風雷前身識得高僧是小品時將新義裁見說
曇花今已長祇林樹樹手移栽

送李清之先生司訓永新　萬福 邑貢生

芭蕉曉雨滴秋聲餞卷題詩送客行江北江南非遠道秋
山秋水有餘情九重楓陛瞻龍御萬仞梧桐聽鳳鳴一曲
驪歌千里意橋門深處幾門生

寄程亦醇 名焆邑名士　桂啟芳 闔巷邑人

燈火園林二十年馳驅互許白雲前扁舟江上同風雨尊
酒春城共管絃燕邸夢回驚鴈散楚天書至慰鶯遷期君

獨向毘陵道却顧鄉關倍愴然

送王五岳 名三知邑庠生工詩字　桂啟芳

十載交情數日疑相逢相別歲寒時禪林夜月星河覆宦
海春風嶺樹馳草聖羲之原好道彈琴摩詰總能詩負君
車馬南來意一片氷心韓水知

餞金卜公　桂啟芳

江上風霜海上城離筵千里意偏親青雲再世相師友白
社當年共苦辛雞黍未須酬往約笠車似可愧前人蕭條
彭澤多歸思後爾寘鴻鄭子真

山居　黃正色 慈雲邑人

自入深巖猿鶴羣世無知者不求聞綠蓑衣上清宵月黃
犢蹄邊太古雲滿注小塘還塞漏未經霜樹莫操斤年來
消受農家趣肯使山移道客文

浠川八景選五　黃正色

空明一碧水沉沉欲覓蘓書石上尋却得風塵來短棹不
須幽討入長林月生自醒棲巖鶴雲到常連亂竹陰高閣
已灰潭未改夜深還似有龍吟 空明水石
弱水迴環片石宜流光川際意遲遲尚多野色邀行步何

獨曉風吹釣絲鷗影浮沉新漲後山容紅紫夕陽時年來
古渡喧聲少一艇無心上下移 川上流光
沙明泉碧舊蘄封浠上尋源百里逢石界東南橫割地水
連江漢直朝宗風煙草笠無懷客雞犬人家太古農歷盡
世途還坐此何曾有險怕扶筇 浠源峻嶮
河流西盡碧潭潭陸子嘗時水第三高士古多嚐異賞邑
人今遂有常談舟經小阜汲朝氣載向空江烹夕嵐世味
不勞頻見與一杯清澈此中含 三泉異味
遶入崔嵬石澗迴仙家福地好徘徊丹爐無恙萬山靜碁

局未收孤鶴來藥圃尚肥當日草春雲偏上昔人臺龍沙
八百相傳久只待碧桃花一開　仙臺藥茂

秋日過昭化寺答陳非石　王一翥 黃岡人
彤庭何得坐延宵望斷相如駟馬橋別鏡玉顏應避妬荒
城新月苦含嬌心懷閨怨難勝酒侶重綈袍莫換貂握手
晚裝驚漫跡情搖丹樹入元寥

訪徐球孫山居 名立國邑庠生茂孫從兄　王一翥
此村忠孝賦前盟漸避巴河市酒佯戰壘松風搖客夢仙
山蘿月笑盧名遠溪擬有投竿意聽曲猶傳出塞聲休羨

草蹻輕十里尚隨徐福訪蓬瀛

五言絕十一首

遊城山後菴　邱民悅 邑廩生
大都薜蘿多只是車馬少倚桐看石澗時時下鷗鳥

習靜茭湖別業　邱民極 邑廩生
蕉影覆長廊葉葉秋堪數負杖即蒼苺欲話還無語

茅店港寄贈鄭濬石錢季水二首　王一翥 黃岡人
落日遠青霞低山隱釣家與君同借宿何處是胡麻
秋晚雲飛薄霜搖樹淺紅何如僧榻雨能醒百年鐘

神光觀裏仙洞　王一翥
誰謝羅山令疑聞勾漏砂斧痕奇匠石門外水空斜

綠楊橋　王一翥
秋靜垂楊柳人行渡石橋高明遠塵俗非爲解鞍勞

擊空明石　王一翥
城中望此溪瀟洒生香雨石上擊空明碧紗浣西子

泝流光石　王一翥
流光不可泝誰起昔人語玉草澹秋村石醫明遠渚

金谷山書屋桂　王一翥

桂葉攢茅屋楓林結綵雲飄風鋪錦繡疑草北山文

金谷石臺　王一翥
青山已不遠白沼亦微香惟有酒堪醉憾無書可藏

卷懷菴　王一翥
碧蘆晴柳渡舊舟白雲家負郭人如此年年種菊花

七言絕二十三首

贈薛公均　趙艮
三月都城景物饒繡衣匹馬出東皐羣黎拜首無他事好
把丹衷佐帝堯

宏治十七年甲子應聘福建文衡闈人有干以私者
叱而絶之作自省詩　李汰 清之邑人
見我寒酸故易看手書相誘共爲奸豈知著力年來事正
在區區善利閒
平生自謗欲何如今日吾心敢負初暗室廣庭原不異孰
云仁義可蘧廬
一讀輌書一厚顔我生空自老塵寰直須私曲都忘却此
氣方能塞兩閒
答楊驛丞　李汰

義利從來識欲真黃金難換腐儒貧莫言暮夜無知者拍
塞乾坤是鬼神
送方大尹入覲　錢邦偁
驛柳蕭蕭驛鳥飛慇懃送客覲彤闈君王若問東南事莫
道湘江赤子肥
登擊空明亭憶倪紹江明府 舊令蘄　李繼嗣 民欽邑人
漠漠寒潭遍野花空亭猶自鎖殘霞何如潘令栽桃日贏
得河陽萬口誇
一水環臺兩岸花夜深燈火散雲霞風流人去高碑在孰

得兒童信口誇
神光觀書壁　周申 邑貢生
坐破蒼山碧草茵玉簫聲斷月移輪鳴尨不識榆花落閒
吹桃源洞裏春
訪古心上人其徒海印送茶至茶泉口占一絶　徐一唯 心溪邑人
携茶送客過茶泉清興疑同釋皎然莫道東林人去遠南
州今已學逃禪
題溪塘寺　何其謙 邑孝廉

溪水長留溪寺側面臨山勢如弓月老僧真樸渾無事敲
得鐘聲送遠客
永樂塔　陳厤志 邑孝廉
崛起修虹霹靂分淩霄猶自嘆孤羣欲尋氏福三年字邦
檝健兒一炬焚
過清泉贈守心上人　徐存德 恒菴邑人
横江何日浮杯至戶外探奇錯趾來願借息心通慧覺耳
邊一指耆如雷
贈古心上人　徐存德 恒菴邑人

笈杖經過履未酉泠泠泉畔草悽悽憐予不奈文園渴好爲柴桑渡虎溪

三泉潭徑　官應震 賜谷邑人

小徑縈紆逐水開三泉齒齒落寒梅盤崖竹影和雲渡撲面山光捧翠來

題李獻齋三當堂三首　周延奇 邑庠生

驅馬高軒意氣新出虞衔橛入虞傾寧知拾穗行吟者搔首田中體自清 右安步當車

黃獨無苗雪正深鐺中白石煑靈根先生舉匕黃昏後未

許金虀比玉羹 右晚食當肉

清獻時常一瓣香每如衾影細商量烏紗頭上無相負不數悠悠趙孟艮 右無罪當貴

咏東門池荷花　邑令 孔榮宗 南城人

翠蓋佳人臨水立檀粉不勻香汗濕風來一陣碧波翻珍珠零落難收拾

題松山精舍　王之佐 邑庠生

翠到茲山欲盡收一窩松竹野雲留老僧披衲搥鐘磬聽斷無聲與鶴幽

蘄水道中　劉若宰 安慶人

藤花歷歷水潺潺無數閒雲腕上拈忽到遠山愁閣筆却橫秋色在眉端

視清泉守心上人　熊文燦

不羨人寰幾百年茶鐺石鼎爨清泉分明記得前身事也是蓮邦一老禪

題斗方寺　柴以榮 邑庠生

何年開闢此山來巉石凌空噴雨雷最是白雲深妬客只教烟霧鎖寒苔

六言絶 六首

秋初巴河憶溢塘寺　王一翥

春静溢塘門閉夏深空苑未黃只説我猶未去分明鐘響西堂

麻橋　王一翥

隱者必有逋才廼在麻橋賣藥與賢庄外垂楊苦竹港邊藍鵲

葛令井　王一翥

水到渴時忘汲人因亂後還家夜月幾回茶竈秋風別自

餐霞

王右軍墨沼　王一翥

會刋瀟湘極浦却分江漢餘波自是羲皇遺畫巧將蒼頡

橫梭

玉臺山　王一翥

溪上不留絕壑意前似隱丹砂恍惚羽人飄杖離憂公子

琵琶

清泉寺前井水　王一翥

盧山傳說丁仙浠水僅留葛井儘供羣僧洗鉢幾度行人

顧影

詩餘一首

和蘸綠楊橋詞 舊志並載有和清泉詞誤押韻不錄　劉應詔 桐城人

漠漠野雲生墪亭亭岸柳干宵秋原粟熟雉囮驕夜半猶啼芳草　共是風塵小吏桃李難比瓊瑤披襟舉幘過溪橋人醉蒼茫天曉

蘄水縣志卷之十九

署縣事宜昌府通判高舉

知蘄水縣事蘊扎哈纂輯

藝文志

國朝

五言古 四十七首

石峽口 北距大營山七里　周壽明 天格邑人

爽秋曠阡陌峽口天地窄驅馬暗室中陡使雲日隔澗流駛且清石古相扞格欸雜激悲響一罅如瀨濤謖謖陰風來湫莽望虛白行行出沉冥晃然怡心魄世間險狹路白

晝逢鬼伯誰懷蹴躃憂趨奔似相迫

西山徵夫　周壽明

師行如飛翰徵調不須期轉糧亂山窟檄夫早春時令嚴無小邑丁壯悉驅馳回頭泣一別倉卒塞言辭牛羊奔夜黑臥雪枕殘骴約囊攀鳥道天際一稃秕狂氛四面合一鼓克肉籬男兒死王事僵路固其宜忠勇兩未許身死國不知道旁勿零涕汝涕亦奚爲義命自應爾行行莫怨咨

斗方山作　官撫邦 綏之邑人

出門忘所適蒼翠乃東指三角嵐秀天相逐搖百里悵余

陟彼稀靈岫胸中起矯首且遐觀清虛光氣裏斗方其支
庶信脚麓可抵紖縵背長川嵐輕川色緯探幽及秋素霜
磴清覡屐跂石影薄旭暎松霜亦綺步高朝爽親石峙疑
門啟疏疏僧舍散潔清識茗理岫曲無遠覽開塗客所擬
下行與日洞肘腹接苔徙嵌空俯萬仞曠望紛無紀

仲夏擊空明石偕杜子堅張房孺尋昔年余仝譚友
夏所剔餘字竟日放舟上泝清泉下沿塔影恒公
晚至　官撫邦

長日物象移沿洄習沙鷗出城得小艓情與空明投空明

非一涯遊放不可休松日陰絕壁薜蘿吹颸飀三字照碧
潭坡老如高秋剔者希贏餘苔蝕亦必搜流光爾何物歷
攬無濫收靜想到清梵回橈沙渚愁三峯引天半嵐翠東
悠悠沙紋弄魚影雙崖鎖龍湫稍進忽曠遠近寺風幽幽
斜陽紛告夕掛席順中流好風送餘清頓越晝所由堞燈
落河曲漁竈明灘洲靜侶不妨添恰有僧來舟崖柯排影
墮岸竹冥冥修塔月開綠天皎然百尺抽曩遊竟陵子矯
首於平疇勝蹟窔兀增閱人者川流夜深嘆未已歸掮雲
邊樓

逸叟李明孺有序　官撫邦

少起刀筆隱於津吏旋棄去素工書尤解中郎八
分體印章師何雪漁寫竹石自然蒼老凡支園瑣
事樂爲之性介甚善識人微善寸長津津道之不
倦意之所不屑不可得而食飲自製壙勒碑環以
青松暇日笑傲其上類古達者

逸人起闤闠逸與類飛鳥篆隸追秦漢筆外致矯矯鑴章
似風篁鋒勢千尋劍竹石墨蒼然知音筆如埽庸豪乞不
得焚研逃物表喜近竹素園不辭諸技小樂善識微長稱

心譚不了朱門難曳裾餒矣色未槁自輓學陶公種松槨
外遠觴咏狎其間自呼日蓬島達生笑樂多獨笑至於老

四叟詩　四叟爲昭化門廊廗地僧百川普濟赤脚僧碧峯不常住止頭陀雲空闕廟百二十歲禿頂張姓者

百川望海趨始達知歸宿半生廗寺廊回光內沐浴赤脚
踏層冰冰寒如未觸函蛻示何人普濟於百族頭陀戲雲
空雲深泥淖伏蓬頭面垢多道言舌半縮斯皆塵外人混
跡泯塵贖彭殤總一瞬豈期梟頸續如何愚苞叟甲子再
周足擔笈走百里七朝事爛熟孕有敦龐氣大年縱龜鹿

相觀均逝水清光對吾獨

城山即事選一　官撫邦

斜石冠層林樵聲起松櫝俯此蒼蒼陰鞠躬語樵者樵心亦太古睨斧皤然罷安能伴汝輩移住巉巖下

賀明府李雲孫先生新任　官撫邦

巖邑慕醇化循良忽焉至車下不數旬神明稱大治考古知元禮賦性能簡易交接寡平流師友荀陳類名教為己任淵清而嶽峙我公大略同髫年懷壯志博雅極羣書已具清廟器百里笙仕初安足以展驥瀟湘會洽潤三泉今

其次念載兵燹餘蒼生百愁積物力實艱辛所望古廉吏公來與休息庭靜清秋意左右凜若冰陋習安敢肆灌園致澹泊官市價無貳巡行躬必先道路寧拾遺亂絲固難理不棼先疏類有主乃靜生無欲自無累予也流離餘生還身若寄得拜君子堂夙懷良可遂惟公貴古處尋人具特識公餘復高歌千載西崐繼

枕浠閣送別劉明府　官純應 素士 邑人

一山背東城亭閣倂其上瞻茲几席間豁焉受青嶂令君時好遊至則高情暢不可雜吏人琴書自相傍無窮閣外水宛轉流西向上下幾釣船隨波日搖漾茲行千里遙閣影長迴望溪山與文物別此兩惆悵

午日赴郡至巴河過姚生叔兼　邑令劉佑 曲周人

午日巴溪雨數騎抵君舍多君欵夕扉設榻花間榭溪堂雲母屏衣冠舊王謝世講情依然歌舞歡入夜明晨欲東裝山黑雨如瀉密坐集幽齋雲光滴盃斝久厭簿書勞暫給琴尊假品茶復題石翦燭西窗下意澹適有餘古道照顏也

送張郛山之浙紹司理　徐東暎 日孫 邑人

禹越舊山川海上生黎庶清迹在蘭亭鑑湖秋靜處所以甲東南長才足其御棋聲應鴿巢休矣刑法署側聞泣罪仁茲土盛傳語西蜀琴鶴風吏此曾先著　皇王志康民急採當塗譽當塗亦何譽越中士與女士女冀天楚天楚當平恕六月發江瀆坐看江流遽旌旆古人心燈前誰借箸送君以三泉君載三泉去

送李欲仙之官蘄水　李霨 高陽人

李子抱利器盤錯未得當通籍逾一紀愧彼錐處囊墨綬今始綰作宰臨楚疆蘄春古名區提封控江黃西南嶺嵋

亂茲地臨戰場兵燹雖未及伏莽多強梁軍興苦供億閭
左蘊痍瘡呴摩令色起豈不資才良吾子邃經術政事兼
文章世故若觀火夙志懷慨慷吏治快游刃幹局森恢張
有如駕騄駬六轡凌康莊所期範馳驅跬步慎周行枉直
尋尺間浮譽不足償利澤被斯人坐使儒效彰下以謝友
生上以達巖廊水淹收溽暑西風薦新涼驪歌未忍奏把
袂惜離觴歧路寧不念乘時愛景光贈處希古象勉旃慰
相望

蘭谿三泉　徐惺 江寧人

蘭谿古三泉高士有定評豈以東郭茶而爲名泉攖李君
愛眞品諮訪叶中誠前年爲余言鑒別業已精君肯酌勺
水我當擕巨罌泉靈應不昧蘭草相敷榮

右軍洗筆　徐惺

右軍肄文藻洗筆豈成沼才人固有根墨華亦何窅或者
山川靈煙雲自迴遶我以詠茲池月出羣峯小

文昌聳秀　徐惺

天中紫微垣文昌居其前星躔忠孝宗煦耀山與川蘄春
昔兵燹舊閣實邇焉我來在庚戌結閣浠水邊憑高望玉

臺俯瞰臨淸泉爾來文風蔚孰非天所全從此備未衰人
物斯緜緜

擊空遺蹟　徐惺

岧嶤古邑治危巒來自東蜿蜒南以西下臨千尺澤舊有
擊空字厥書惟坡公吁嗟天地間浩浩本虛空我亦慕公
意引領來淸風

秋影樓同等觀夜坐　王豫嘉 扶風人

出門無近遠乘興起尋幽不謂囂塵內結茲方外儔人爽
地亦迥綺構如林邱橋長從拂水山小不藏樓憑眺睥睨

外軋軋浠上舟淸夜發靜理揮麈蕩恵休柳月墮南塘搖
光亂沉浮鍾梵集天香俯仰慚勝流蟲聲亦何急悄然楚
江秋涓涓梧葉露爲我洗離憂

姚貞婦王氏節孝　王澤宏 黃岡人

翩翩雲中鴈雙飛集淸池雙飛且雙宿兩心不復疑一朝
衝風起死別而生離死抱比翼痛生含交頸悲豈不念單
棲摯性不可移月明三繞樹四顧巢中兒父翮苦摧折羨
子好容儀羽毛既豐滿鼓翼如雲垂奮飛上阿閣百鳥不
敢窺竹花與竹實銜歸作母糜雄者横四海雌者守中坻

恩勤鬻子者誰能辨雄雌

清明偕等觀上人遊清泉寺二首　周斯盛鄞縣人

出郭暢幽尋沿流振輕策春風散餘清浠河蕩浮碧飛花時點衣鳴禽如笑客遥山亦含暉歷歷見白石寺後有入白石山寺雖不遠已與人境隔草木各有態泉聲自躭僻以茲泠泠心滌我營營迹澹漠無終窮幽潔信足適奈何好奇者探源强别擇寺外里餘相傳有陸鴻漸第三泉

旅次昧節候懶懷怯步屧湯休招我來遂得山心接僧房不種花往往雲如葉葉新雲亦澄坐久映眷睫緬懷黄州

老曾此一登涉桑海變無常墨瀋今猶浥遊覽本偶然但取意所協奚爲行坐愁擾擾如亂蝶余亦白髮生誰能對鏡鑷東坡遊清泉詞有休將白髮唱黄雞之句寺額東坡所題

和李明府採木葺文廟二首　周斯盛

梓杞生崇岡亭亭孤且直沐浴日月姿鬱紆霜雪色不知幾年歲幽貞善默默良才古所稀知己不易得運會誠有時一朝遭拂拭恭承明信意懷抱不敢匿知君飭瓊樹爲君成羽翼文章世已驚翦伐固所亟良驥九方過神劍風胡識契合非徒然願言保令德

足民本農桑厚俗敦學校農桑化輓輸學校廢寇盜草昧蘄春城講肆迹如埽從來綰符綬不暇謀德造今人重催科古人重文教唯君識本源勵志在化導陽崖既晨擊陰谷亦夕到以茲匠石意登頓非所悼直爲秉真心豈獨覽山貌蜀郡美嶽音奕代庶同調

浠川憶山中茆屋　李恕肇慶人

崇巒吐清氣邃室延幽光松風亦多情瑟瑟吹草堂偃仰適棲遲詩卷娱丹黄豈無饑餒來孰使娱中腸枯桐發新聲四壁皆陶唐騎驢入城市昏昏惟酒漿長揖别臺榭茆

茨吾敢忘不見陶元亮終日守柴桑

陸羽泉　張仁熙廣濟人

造物有奇珍異類相與資權衡既有託遂爲達者師陸生鴈橋客彷彿神仙兒茶論與茶經幽賞僻如癡天遺在山泉淨一發其姿有如出世友羽翼相差池陸生好澄潔易牙乃所嗤辨茶復辨水羣泉起所司神光一以燭尺寸靡有私蘭谿數百里含香到江湄有泉伏谿側如蘭不可窺陸生產竟陵訪嚼敢倭遲一歃輒投契秋光滿淨瓷蒼涼天地間位置已匪夷泉第三側聞高士逝泉亦葆幽奇又如

天地閉賢哲老茅茨苔碑空剝落有若商山芝始知造物理隱見各有時孤舟一回顧愴惻起相思

巴河舟中　顧景星 蘄州人

河聲帶大江秋水稍欲落南風擁高浪崖竇轉澆瀯前山上霽日宿霜倏如削應知夜雨來飄灑何豆藿炎歊不肯退時值三伏末俯舷愛清流庶以療肺渴江湖幸清晏腐儒老邱壑浩蕩宇宙間猶然殊生活客言五月中岳陽雲氣惡千里巴陵湖波心涌城郭五月廿五日憶在庚戌秋此怪曾一作山靈亦蒿目人事卒焉託望望西風塵雲中眯黃鶴安得起謝公風煙一清霩

蘭谿　顧景星

飛雨自東礀湍流抱西岡源自英六合衆溪西流過浠水入于江沿河聽泌響曲折遍舟航旭日水上出澄光蕩青蒼石壁閱人代流傳半荒唐陸泉既已失丹井安能詳筆沼訪壘竹圯橋猶綠楊何非蘇黃輩佳境何繇章空明四十里三月春草芳撫影歎變化懷賢多感傷

登石門山尋陳匪石何小皃子儁諸同學　楊繼經 傳人邑人

杖策遵修垌紆嶺尚陵緬嶇崁巖徑仄澹瀲露光泛羣峯既我從層房勢難辨殊響忽鏜鞳亂流正清洒白日麗原隰倒景翳陘峴南洲樹巳窺山阿葉復卷嘗懷丹邱生自結青霞撰羽駕不可從遂使衛阡淺撫茲中獨往乘月謝偃蹇雲際瞑當還落木下苔薜

述經詩選六　徐子芳 茂孫邑人

斑駁龜龍文法象因而顯聖必有成竹特藉神物闡疊二以成三疊三八八演毅為先後天一理自流衍何所抉之仲何所抑之倪爻象引其端彖繫抽其繭義文立之闡周

孔扃之鍵悟到無畫前天倪原不淺 易

括畧二千年典誥何高簡聖作聖爲述不同尋常調陶姚弗類黜子姬兕殘殄一亂開一治歷數應期轉禪征局有變其揆總無舛皐契讀何書大道豈本顯墳索既巳刪晉秦奚堪選嘆息霸圖與功利從茲衍 書

有情難自閟發為聲永言雲日明艮歌雅頌濬其源郁郁周文盛比興愈便番譸覺寓規諷其志亦無譏末世直道存猶見譏刺煩古詩有三千奚但踰垝垣若非無邪截刪

述幾含宛詩

尊卑乾坤定品節豈人爲仁孝饗天祖神聖治氓蚩孩童
瞽耄耋軒陛迨荒陋誰能不以禮相鼠乃無儀記者有瑕
疵天則百世維孰謂姦亂橫鼎隳終不移孰謂盜賊昏進
退有矩規如何聃周徒乃敢糟粕之 禮記

大義日星明大權實相維空言詎無補人倫分在茲禮樂
與征伐守府矢所司尼山老布衣乃獨勞夢思亂賊骨已
朽凜凜萬世知鳳杳麟復死去何不淨涑詆棄爲朝報叛
經誠可嗤 春秋

原是心胸大因而制作詳六官包萬象冢宰統厥綱上以

代天職五辰撫陰陽下以全民功養教盡其方英主與大
儒宜乎俱表章亦復有紕繆疑殆闕無妨如何專貨利誤
哉白眼郎須知良法在內聖乃外王 周禮

初秋晚投友人竹林　邑庠生　徐　暹

饑來迫我走欻然值初秋曉雲澹遠岫飄飄忘所求此行
猶在伏亭午仍汗流少憩投所契竹杪殘陽浮開門相顧
笑子亦爲食謀浣巾拭其簟汲井滌其甌坐我修竹下竹
暗風颼颼歸鳥四面落鳥喧竹更幽如碎萬竿玉雜之以
欲謳萬音響若一不辨鶯與鳩駿聽嫌其聒聽久心悠悠

春曉亭　餘杭人　嚴　沆

連蜷蘭谿間石子細可數倚閣寓閒亭聊爲丹臺補結茅
比綈錦椽竹何婿嫵不必千仞岡不必百餘武驤首天蒼
蒼井邑咸在俯此水能西旋至今流不腐昔日品泉客安
得相吞吐徒來磊落人十十還五五眺詠集深春遲徊聽
杜宇何時采芝行曉日綠楊樹

姚貞婦詩　郡守遼陽人　蘇良嗣

巖巖浠川山浩浩浠川水山水毓靈奇相業傳姚氏文孫
挺異姿佳配難爲媞瑯琊本世家有女才德美願言締百

年琴瑟靜蘭芷春風拂鏡臺秋月照書几韶光轉盼非中
道摧難理化石望不還泉路期相俟仰顧堂上親兩兩差
哀矣俯視懷中兒呱呱襁褓裏俛仰各誰託何敢遂一死
鬑髻謝鉛華龜手脫簪珥代子勤溫凊課兒飽經史兒以
母兼父翁賴婦如子卓哉稱未亡三世一身倚貞心冰雪
同勁節松筠似只今里黨間母儀咸仰止巾幗而冠裳鬚
眉較多恥表章曰寻責持獻需年齒我詩備採風更以勸
百爾

浠川別李明府　天門人　譚　籍

題詩清泉寺蘸筆白石渠此事亦偶然千里名不渝豈非貴其人今古韻不殊此邦風氣美時多賢大夫放衙山色裏拄笏水石區一行作吏來筆墨未嘗疎裁樽時飲客日與煙霞俱邀自人倫鑒徐公本顧廚諸葛拜牀下秦晁出大蘇政事原有本文章豈無徒松葛雖異質臭味適同株自懷箕穎情窮年迫憂虞秭放徑捷日傲岸甘自迂五字淡生活識者或相娛自笑百年身長使友朋扶一旦奪我

撫相憐勸曳裾吾道輕糠粃此物尤廢瓠謙謙君子心何以釆哀蕪盛德從所秉高懷迴不誣君看臯伯通亦有廡下儒

六神港官克之山居詰集（克之名撫勳邑庠生）　張鴻道（慈谿人）

乘春恣遊眺言歷清溪濱山山含蒼翠曲曲流漪淪漁舟還上下炊火吸煙雲石橋架懸崖山市臨幽津水迴岫復青依依殊可親哲人秉元鑒卜居爲比鄰寂寞桑腐閒書卷縱横陳足跡遠城郭蕭散絕囂塵昔常剡溪去乘興不嫌頻滿載餘杭酒多邀曲水賓我家越東鄙未獲接清芬偶然成遇合相對寫殷勤烹泉復炰炙洗爵持姒論所嗟投分晚倉卒逼斜曛感嘆獨歸來忽忽如飲醇

採木山中作　邑令　李振宗（嘉善人）

採木南山下斧斤以其時晨行𥨊霧中披荆路逶迤林壑如有靈愛此雨露滋觀彼衆材妙一二多瑰奇工師愼取擇聳幹忍棄遺直道古所貴大厦惟其支屈曲幸自全棟梁媿非宜嗟哉松柏心千年今見知

遊浠川月石巖有謝女飛昇石　陳鼎元（蘄州人）

南風不吹平五丁亦未闢致令亂山中聳此千仞壁造極無人境那經謝公屐我來爲探幽攀蘿恐一擲墨雲蒸古松白晝昏如夕相傳月石巖云是飛仙宅一團蒼老色不

似廣寒碧謝女杳難尋空流一片石豈亦竊靈藥往步姮娥跡削成青玉峽湧出白虹脊試問過來人去天還幾尺

蘄水士民爲其令尹侯公乞詩予耳其政聲舊矣因賦此詩　陳大章（黃岡人）

爲政若馭馬調人譬治絲馭馬無竭力治絲勿棼之令尹親民官厥爲慈惠師上以經國本下以卹民私龔黃與卓魯寬猛各有宜悉心求人瘼實至名亦隨頃歲三吳災告糴連尻雁泛舟急飛電一利百害滋吾郡當其衝刮地無留遺頗聞浠川宰次第能張施憂國如憂家哺民如哺兒

輸轉多實惠散斂匪虛縻一方訖安堵賢聲達四陲我聞
重太息救荒寧須奇斯民今猶古莫謂無秉彝因之訪餘
政道路多口碑隴雉馴將翼村犬臥生氂此亦豈異術誠
心念在茲士人未入官飾古尊筌蹄高談陋世務蹙額視
有司一行綰半綬初心日以非縣令古諸侯萬衆所瞻依
祿入已過優名位不爲卑勗君守初服努力匡　熙時

王心齋由宛平令出守南雄行次里門過訪寓齋詩
以送之　夏力恕孝感人

君昔起諸生　召對明光殿一語動　至尊綰符首

赤縣強項亦時聞丹心乃益見京洛諸貴人往往爭識面
側望好鬚眉心醉膽亦顫天欲老其才七年事　幾甸
罪拜嶺南　命道出楚江岸閭里望歸人五馬桃花片
車服固改觀鄉音仍野諺我侍蘄春間兼尋採藥伴憶昔
送君時傲篋鎖黃卷今朝　帝錫多委巷光如電匼匝
內府盤辟塵揮寶扇螭頭蜀錦來馬背吳綾薦卽事感行
藏願言申繾綣自古報稱難況當酬　帝眷敢辭良藥
言聊作醇醪餞生平勗朋交孤立絕黨援豈有七尺軀寄
人籬落畔斯語舊諄諄再三忘聒亂顛步趺衢途濫觴起
河漢萬事多儻來百年惟內斷肧胎一以成胥壞從茲判
器大人用爵公輔等曹椽不闇權衡心可以輕重變器小
爵用人有若九常轉小覺聲音移猛令腸胃換　廟堂
資股肱誰非操左券器也幾如君所期在拜獻晷雨暢征
途行矣戒昏旦束我舊時書滌我鄉時硯經綸貯腹中載
之一欵段丈夫策勳名事須酉簡汗賢良二千石允爲天
下勸粲粲羅浮梅折枝休折幹團圞合浦珠還去均非願
楚材世所稱要君一敵萬姓字紀屏風早晚慰宵旰我趨
十駕塵常苦二豎絆一事差情怡老親猶健飯

綠楊橋遺址　張素臣東野邑人

名勝久荒蕪蘄陽有遺址春曉亭畔橋綠楊三五里清泉
蕩芳蘅墨沼滋蘭芷一片杜鵑聲淒淒沁人耳自昔坡公
來明月爲知己醉依綠楊根欹枕臥不起綠楊橋上人綠
楊橋下水徙倚問前蹤煙草迷離爾

三鳳咏爲蘄水徐澹山黃岡周展野張虞溪送行作　莊有恭番禺人

楚黃有三鳳曰徐曰周張淳精稟朱行五色成文章食粒
豈在庭致身千仞岡偶集鳳麟洲得一愜所望余始識澹見於京師
噰噰相應聲虞溪來沅湘比翼各交輝小山誇女牀周也

禮不致隴蜀心倀倀類集未卜時分飛何太忙不集鳴歸昌翻舉鳴上翔固知非梧桐篠實羞筥筐安得貢阿閣聯翩鳴朝陽

贈王履謙 時出家藏圖書令客觀之　　周茂建 黃岡人

長日長芝蘭圖史分天巧碩鼠欽其餘欣然得所飽畫師悟前世追逐出與宵道人愛神駿飛騰勢刼掃美璞山生輝奇情世之寶怪變峯多並應接制未了雲心天際畱風箏月中皎

贈周宗魯　　周茂建

君以儒爲俠山海皆能涉富貴若浮雲詩書存本色昔赴蒲輪徵要路得肩息長揖無將軍不來有王式如彼西來馬未受金玉勒如彼陸漸鴻偏使羽毛匿千金既已散斗酒無所得故人招之飲狂態不能默人皆惡其言我獨欽其德清泉白石間位置當爾特

閒雲閣題贈僧人　　邑令 邵應龍 餘杭人

依山架小閣時有閒雲宿我來窮眺望溪山入畫幅迢迢浠川水環繞如往復靄靄鳳棲巒煙霞籠翠麓山僧掩禪關靜坐忘寵辱雲來任無心雲去歸空谷長松修竹下楞嚴卷一束朝魚暮鐘時爐煙香篆曲物外空諸有無求心自足愧余塵埃中苦爲浮名逐山雲如有知應笑余碌碌何時得暫閒來此結茅屋

七言古 十四首

慈烏行 詠姚貞婦　　姚淳燾 烏程人

虞淵煌赫西日曛長松乍摧青桂焚啼烏啾啾泣夜雲將雛含哺恩斯勤泉下有穴地有門今欲從之靈恐嗔雙丸東西跳氤氳秋霜既零春露翻雛飛蹋躚啄綠芹鶯鳴求友鳳求臣月明中天照重閣堂上羽衣白如銀南山石爛浠川乾斑竹生汗萬古新

送同年李欲仙之蘭谿　　袁景星 平樂人

我聞蘄水在湖北襟溤洞庭帶彭澤浠水遶城復向西山川雲物堪題索黃州去邑百餘里子瞻故宅存遺址寒碧橫江尚有無竹樓芬馥令人齒又聞此地士好學推尊程氏爲先覺土厚田腴訟獄稀民間風俗稱淳慤羨君筮仕得斯邑吏雜多端須自立琴鶴相隨出　帝京兒童竹馬爭迎揖年來三楚集雄兵轉輸供應日縱橫君去湖南始平復蘭谿鴻雁尚哀鳴滇黔蜀粵勞師旅　聖主宵

肝無寧處卜式當年已大家劉盆裘馬何掀舉與君同譜
十六年知君經濟有淵源願君政成膺卓異同來燕冀近
堯天

寫寒山圖題寄蘄水程尼城元宣 李恕肇慶人

二十年來滯雙趾拓落論交少知已剏迹難投逐客書獨
探江蘺向湘水一杯對飲哭燈前摇首捋鬚吟可憐半夜
開門問山鬼山鬼不應星河懸且喜蘭谿入金谷修竹池
塘帶書屋無端移去傍他人不見鳴鶯見檀木買山卜居
途亦窮老僧沽酒酣老翁只言方外得怡悅誰料逢君蕭

寺中逢君索我寫詩句又索枯毫寫枯樹英年意氣干霄
雲邂逅之間已如故何不結交尊貴人老夫耄矣病且貧
安得爲君致高譽世人寶玉君寶珉王屋歸來未相見一
瘧再瘧長瞑眩欲往從之霜露繁咫尺金牛隔鄰縣寄將
一幅寒山圖紅樹蒼松無處無請看别有歲寒意腕下毫
端無老夫

憶玉臺山春曉亭 楊繼經傳人邑人

玉臺芝老狠煙蟲三十年前山盡禿玉臺花發春雨深又
向巖邊結茅屋屋前寂歷春曉亭春花爛熳春山青春泉

欲斷不復斷春鳥未聽時可聽三年此别意長往石門苔
磴隔塵壤昨夜燈前夢落花依稀似到山亭上

楊菊廬索題春曉亭 華亦祥無錫人

蘭谿之水清且漣西流汩汩稱名泉屹然有山在東郭昔
人丹竈今依然流泉斷石蒼翠合綠楊橋亘連山巔山曲
有亭傍閣立萬象森然一眼集村村雲樹錦屏横簇簇園
籬花雨溼猿啼萬壑楚山空燕集沙隄江水急水濱漁父
棹歌來樵叟提壺戴雲笠遊人相見不相識無端邂逅相
憩息高懷寄物惟楊公前與髯蘇趣畧同名亭春曉春常

住此亭千古來薰風

敕贈南母李孺人節孝詩 潘士謙黄山人

故明末祀現欃槍黄巾赤眉肆縱横廟堂聚訟無定見徒
將撫剿相讐爭剿不討賊但誠民撫惟射利功罔成蔓延
日盛勢莫制君子皆爲小人輕楚黄被禍尤慘酷僵尸載
道遭荼毒卓哉蘄水南太君從容殉義無瑕玉少小何曾
出繡闥天傾地圻避匡谷鋒刃臨頸白如霜强項駡賊皆
刑戮猛拚一死樹風維孝子仁孫憾難贖至今長江萬里
流陰雨常聞鬼夜哭彤管千秋姓氏香 國史鄒評総

芳躅

王氏節孝歌　　邑令李振宗嘉善人

蘄春八月初停轍采風待欲披貞節縣譜猶傳宰相家潯陽江上留雙烈烏柏紅經三十霜懷清遺事今堪說有子趨庭讀賜書門高交滿公卿列季心然諾重當時塵世凉蟾幾圓缺北風蕭瑟臧西河素幃幾度相辭訣只爲纁緣養大家兼看荻管存瓜瓞莚離瑟柱調孤鸞春隔空庭花百結祗今玉樹漸菁葱祖摩孫頂翁心慨能把冰霜護苗蘭誰言巾幗非人傑生女猶將節義持王家那得淮流竭

愧余守土有成規表章未使幽芳擷惟期教子早知名壽母高題貞孝碣

送李嵋雪北發兼懷畢丹生　　官純滋蘭九邑人

嫩綠新紅遍四野波映霞天碧而赭紫陌春光縈駿馬楊花飛颺輕裘惹踏花擔酒何人斯都是李君送行者李君項背何嵯峨春和四暝氣揮酒與來命酌擊唾壺高文援筆銀河瀉共君金臺有畢君高視古人若土苴孔楊大兒與小兒駢鶩畢君壘灊下楚璧雙雙對大庭南風之競推董賈畢君嗜酒臥酒肆歸來過我蘆中共酌葦蘆中幾何時不日歡坐兩君廣庇之大廈

宛美歌爲黃慈雲先生作　　畢紹昌丹生邑人

不見先生已六年先生之去峨嵋巔夢中數與先生遇醒時先生若暮煙回仙閣上雲依樹紫雲庵下石流泉嗚呼先生去不還長安哭兀見一士鬚眉語笑幾宛然乍疑遊戲向燕市平生學僊今果僊使我雙眸不能轉淚灑西州忽覩面生寫一卷小像圖穀城片石猶幻變昔者孔北海沉思蔡中郎曾見虎賁肖引坐話高堂雖無老成典型在痛哭無如此語傷百歲千秋幾知已大雅淪亡賴有此昌

也今爲潦倒人窮途廢學生客鄙疇昔手澤留丹鉛開篋發歌時徙倚世間流水亦能西

送南偉公之任長山　　李見瑤仲崑邑人

鶉火吹煙午晝長巵映榴花琥珀光使君持節　君門別行行東出泰岱旁岱北岱南舊花縣棠陰閣上顏生面手種桃李百千株至今春路猶爛熳昔同待聘長安道致身雲霄均不草横才八面首推君匣裏光芒聞雞早芻牧中原十二年簿書歷練波瀾老君家民部起上第小試烹鮮越諸暨南山先生筮仕浙之諸暨咫尺瑤階旦晚過拊循妙得仙人

意郎今　聖主念蒼生簡拔華簪寄崇城於陵第宅聯鄒魯採風莫負絃歌聲鳴君撫琴蒞君士文正祠堂循吏譜二東立望起瘡痍與爲父也寧爲母典型不遠古人師

璽書飛下自雲塢

閒雲閣宗印上人索題徐顛客浠川縣圖 顛客名琮蘄州人

夏力恕 孝感人

我聞昔者有二顛在唐日張宋曰米墨花淋漓酒氣濃石勢突兀筆鋒偉今之顛客何爲哉風流與昔相鼎趾高懸鐵畫凌漢秦恣意蒼綠倒山水解衣盤礴天地開白眼科

頭冠蓋裏浠城川外閣最高我時巡簷跨其涘山禽入坐盟幽香老樹浮天塌青紙壓市聲常渡水來疎鐘亦逐漁歌起老僧示我卷軸佳羅先城郭論萬里遠觀不暇覩標題顛氣勃勃來口耳聽水雙橋兩岸交摩霄一塔半山倚雲生衣袖朝雨青霜過秋林暮霞紫此閣飄然入畫圖最幽最僻最中峙參差岩壑橫兩頭如左右手護脣齒滄桑兵燹與莶歌浩劫荒城幾屆指萬竹叢陰硯瓦香顛翁意匠此間是前年我寓鄂州城邂逅見翁之二子長君磊落尤好奇一身飄泊身如洗只餘顛氣酷似之高士箕裘乃若此夢隔鄉關遠別離眼看卯墓生荆杞蒼凉遺跡滿江湖珍重摟羅光　國史郎今展圖重慨慷南州榻在空爾爾今人不復憶古人三顛名謚從茲始老僧若肯繼大顛參伍以變亦奇詭

遊清泉寺

周茂建 黃岡人

浠川居士何勞勞指點頑石飛雲霄我欲圖繪仙風飄黑雲影落西江蛟摩天古劍揮冰綃涎沫已化流脂膏鬼神呵護走猿猱潺湲滴瀝來顏瓢洗滌五臟除煩囂纖纖盥手羞溪毛季卿伯蒭齒牙聲知味辨色非吾曹山林無復

符來要富貴致物何矜驕

贈方紫山

徐立蘇 邑庠生

古稱鄉國多善士眼中誰哉奇男子結交之道重金蘭與其爲醴寧爲水我有懷人姓者方家居小巷城東裏檻外橫塘清照心門前雉闕森如齒蕭疎楊柳自生風淡蕩閒雲眠不起與懷安道輒相過到門欲扣還自止徘徊躑躅久不去戶內書聲常徹耳我感此意良太息城市杜門迺如此丈夫生不上堂階囊空四海惟經史爲想酣歌嘯咏情胷中當復無餘事勞人日夕薄言歸歸馬斜陽墜如矢

願言假寐託通誠未到神山風輒駛晨起披衣坐未安叩門云有青鸞使啟函上言會晤難下言屬我書箋紙君心如紙紙逐潔何爲點染生渣滓願垂令德揚休風一洗鉛華淨糠粃何時竹榻埽松陰揮翰清譚發妙旨却愁此身似飛蓬計日將復行萬里聚散風雲難遽量各期無負於知己

乙亥臘月舟泛蘭谿有客餽茶清香甘美詢之乃陸羽第三泉也拈筆漫賦　　邑令邵應龍餘杭人

我從京口泛江心第一名泉光皎潔又從錫山挹惠泉泉水清漣香且冽二者之外不聞他茶鼎松風稱兩絕今逢殘臘赴蘭谿醉後紅爐煮冰雪冰雪之味苦太寒好水難於求趙壁忽有人兮餉龍團潑灩杯中浮嫩白枯腸頓得三椀澆直覺清風生兩腋異哉此味從何得頗似金山惠泉液細詢父老所由來云在此間近咫尺茶經陸羽第三泉浠川勝地名藉藉朝來泊棹上山崖特爲前賢覓遺跡泉源半畝蓄方塘荊棘縱橫連阡陌靈湫偏不受塵污鏡面平鋪照眼碧持得清泉數甕歸活火煎烹快吾腸蟹眼初看魚眼生妙法欲傳鴻漸脈

蘄水縣志卷之二十

署縣事宜昌府通判高舉　知蘄水縣事蔣扎哈　纂輯

藝文志

國朝

五言排律

雨中同楊傳人夏非熊遊清泉寺　　邑令劉佑曲周人

近郊小飲處香刹隱層巒一宿堂何在三賢跡未殘撥雲捫峭壁俯石吼驚湍綠樹攢雕栱青山倚畫欄竹風經帙亂花雨磬聲寒潭靜留天影泉甘試月團溪山誰作伴詩酒未妨官苦嫩真堪畫嵐輕秀可餐高談驚野衲小艇渡遙灘落日漁歌起閒情愧釣竿

步劉雲麓父母遊清泉寺韻　　何之旭夢山邑人

雨餘溪響發出郭渡層巒字古苔生綠池深墨未殘蒸松雲到缽梵石夢聞湍饑鳥時窺戶潛虬欲上欄山樵桑桂賤泉沸酒歌寒坐對漁燈渺行看月影團文心如舊約詩思自忘官畏陸驚先着依劉且勸餐琴敲花似落鳧動虎過灘何日得尊酒重來問釣竿

浠水迴瀾　　張師聖 邑廩生

矗矗層巒迴溪長疋練縈清潭翻絶壁急瀨繞山城石曲濤旋轉岍斜水縱橫潺潺揺日影滚滚漾星明漲起魚鷩躍風輕浪欲平晴空雲氣静透映碧波清

聖駕東巡恭紀五言排律一百二十韻乾隆三十六年　臣 范思皇

運際承平日
宸遊啓盛規歲巡稽舜典時邁協周詩法
祖勤清問承
歡逆福釐春曄融

鳳輦霽色藹
龍旂令節花朝近良辰社日宜芳疇芝蓋展綵甸玉驄騎雉扇濃雲靄獅爐寶篆欹千條縈翠柳百囀聽黄鸝新漲晴偏駛澄潭淨不緇光天開淑景大地遍韶姿遊豫羣情愜尊親衆志維謳歌連綺陌忭舞列龎眉碧綴迎風草丹傾向日葵巳欣瞻
聖藻還喜肇
隆儀祀典昭嚴翼神庥凜肅祗天孫培厚脈泰岱亘靈基秩視三公位巡當二月時
鑾儀輝日觀
輦道接天逵澗草迎香駕巖花拂畫旗三峯懸縹緲萬笏聳嶔崎目覽羣山小形探衆壑奇嵩雲蒸異彩岱雨濛輕霏一路沖霄上千官陟巘隨層巒環棟宇列嶂護壇壝肅肅明禋舉巖巖峻德貽燔柴隆望秩秉鬯潔馨粢貝葉宣瑶笈曇雲爛玉池祈年綿景祿祝嘏頌純熙
聖壽山俱永
皇圖岳並垂萬靈咸擁護百職儼奔馳

至聖爾欽若惟神共鑒之巡行齊魯徧典禮漢唐追更向春山道言循泗水湄龜蒙瞻屹嶪鳧繹望嵾嵯楷模
儒宗仰淵源聖域窺
臨雍恢古制
釋奠謁
先師鐘鼓侵晨振旌旗向曉麾杏梁新廟貌檜樹舊門楣林草鍾神秀宫牆遶邐迤規模宗碧瓦禮器貯金絲俎豆期來格章縫凜在斯潔涓申兕獻典重肅雞彝玉幣森陳列犧牲用禱祠八音諧管磬九奏答塤篪

燎火連雲爕松陰帶月節
御題輝畫棟
宸翰炳華榱事攷尼山蹟文傳闕里碑禮儀爰告備仙仗
更重移
鑾輅周青甸
龍帆溯碧漪九河環淼淼萬頃望瀰瀰每軫波流迅從來
澤國畀隄防資捍禦保障切圖惟砥柱羣相賴安瀾
永不危桃花平縠浪竹楗肇籓籬瑞合呈龍馬誠應
感鱷鯢恩波承太液德水達臨淄河海徵清晏山川
靖險巇人家依古渡香稻遍春陂自此舒

乾顧於焉廣
孝思推恩周蔀屋篤慶本
璇帷天啟重光運入當大順期
蓂階騰燕喜
萱幄兆鴻禧八秩仙籌紀千秋景祚丕頻年逢國慶率土祝
春祺桃實登瑤圃璚漿泛玉巵
慈雲凝瑞氣
愛日益晴曦文采翔青鶴芬芳茂紫芝

嵩呼傳瑞應
華祝登諛詞
孝治中邦式
王綸薄海推
詔從三殿下
澤徧九垓滋沾溉先文苑涵濡被聖涯金臺高百尺玉燭
耀毫氂藻榜羅楨幹龍津鼓鬣鬐四門聰更闢多士
藻孳摛拂拭期無爽搜羅豈或遺詞臣崇雅正體必
判醇疵科以

恩彌重文皆道所持奎章分爛熳雲錦振芬菲棫樸菁莪
化鹽梅霖雨資堂廉趨奭旦颺拜効龍夔玳瑁華筵
啟珊瑚鐵網披雅賡魚在藻瑞叶鳳鳴岐
化日隨時照
仁風到處吹民情欣樂利
帝念尚疇咨賑卹逾常格蠲除不計貲
特恩寬總秸兆姓飫膏脂列土租均免分年惠不遺黍苗
榮五穗穧麥秀雙岐戶益千倉積家無八口饑含哺
歌大有擊壤頌如坻九有敷淳化羣倫暢鬱伊紘綖

皆皞皞胥盱每孜孜風雨思無逸農桑念在茲謨猷
神指畫道法藉肩仔王道無偏黨周行自坦夷
九重端作所五夜問何其陰惜分兼寸功收倍與蓰人知
敦禮樂孰敢廢耘耔野盡横經子田無佩犢兒童程
昭整肅風俗警游嬉
聲教敷鞮譯
經綸邁燧羲更因
幾務暇伏見
睿情怡玉軸披焜燿瑯函探委虵硬黄摛瑞鳳飛白繞靈

螭六藝叅神妙羣言闡積疑一中原獨受萬理本無
虧喬嶽高千仞洪波納衆澌光華賡復旦朗鑑炳重
離允矣
文明盛猗歟
治化彌小臣慙譾陋自昔荷
仁慈詞館叨榮命銓曹列典司入官多階越課績鮮黻爲
詔許襄文治才偏負
主知連年蒙
簡畀

疊命播恩施無地酬高厚捫心勵切劘栽培沾
雨露鼓鑄仰
鑪錘躨蟻誠常切駑駘質自疲窺天徒握管測海愧持蠡
瞻就申三祝賡歌展寸私光依
雲近日福履頌康綏

五言律七十二首

蘭谿訪隱者　佳繩生 邑人

五柳先生宅臨江一釣竿癖書時篆隸任放不衣冠妻子
歌攀桂諸侯操猗蘭只容狂阮籍得訪卧袁安

春暮如是菴三首　官撫邦 綏之 邑人

香刹依天迥晨星傍枕明筍高爭一息花寂入無生煙磴
鐘聲引邨流霞影縈朝朝此山色曲曲向人清
朝餐如蕨飽起步逐蹊斜拜石如逢友巢雲亦有家鄉搖
矜物候蝶舞戲生涯曉夜山春續勞勞人事賒
偶眠松畔石幽夢閱泉聲山氣能清午花香半媚晴數畦
寒日漾疊樹爨煙平餘粒餐山鳥人過了不驚 時多松花亂落

泛三泉試茶二首之一　官撫邦

把甌遊且泊返照減還明月對一泉古潭衣静者清魚習

分壁出風竹繫航輕寄與滄浪水空傳孺子名

玉臺丹洞　官撫邦

何年誰羽化留此洞旁仙丹炊溪霞種元心石壁傳三更潭集綱背郭竹吹煙赤嶂差儕秀待浮秋夕船

訪徐若谷林居　官撫邦

入林古意滿霜雪凍松年幹倚高軒老風將嘯啄傳繞簷羣岫面一姓數郵煙得叙幽情暢臨觴竟嗒然

署內隙地爲築練光樓成漫題　邑令劉佑 曲周人

山樓初眺日秋色掛簾旌遠渡來江岸飛泉雜雨聲酒難

消客慮詩可發山情信美非吾土徘徊百感生

閏七月初八舟出浠河夜泊逢大雨距南溪尚二十里　高耀基 邑孝廉

蘄邑吾將老浠川此夜舟枯逢逢雨急細火傍沙留壯志猶桑梓飄蹤半渚洲明晨堪放棹一望滿江秋

朱泉詩 有序　何之旭 邑拔貢

花埠前去余宅數里有地曰朱隴中有磽田百頃其間渝然有泉仰出夏涼而冬溫甘美異常有芹藺生其旁土人名曰朱泉或曰有隱者朱子嘗居之或曰昔土人耕此見大石瓮覆百許出之震霆立至大雨雹泉沸高數尺見小龍十數皆尺許倏忽遊迅泉色赤如珠遂名焉因係以詩

獨守谿田冽澄澄久不更交遊蘭蕙重代序煥涼生倉烏曾何跡風雷總未驚無人還自澈古道照蒼秔

舟中送別姚元曾 相國之姪　徐惺 江寧人

擁被扁舟卧凌虛聽大風夢迴殘夜墨心意小春紅飄泊眞無計離愁似轉蓬故人今欲別前路惜西東

贈李欲仙同年　周斯盛 鄞縣人

水勢西流急山形北望遥三年饒枳棘百里穩魚樵風俗迂儒事艱虞俗吏腰頗聞齋閤下詞賦日超超

雨中泛浠水過陳氏山齋二首　周斯盛

到此忘孤客眞堪卧一邱漁舟來檻下鳥語落牆頭夕雨飛仍急村舂響亦幽怡然人境外無事更埋憂

杜宇催春去提壺喚酒來人都臨水坐簾爲看山開暮靄當門樹輕寒襲甲杯客懷殊未已欲去更徘徊

同等觀上人過萬兼山秀才山齋　周斯盛

別業依城曲清陰面面開檐虛初日近地僻晚雲迴叢菊枝仍潤垂楊手自栽開門稀剝啄只有鳥聲來

荷芰紛斜徑藤蘿覆短墻偶隨方外士閒過讀書堂山色東來滿溪流西去長茫茫夕照外極目楚天荒

清泉寺二首　李　勰肇慶人

繫馬疎林外看山引步逕有懷窮浩刼無法問沙彌夢覺鐘聲在滄桑井水知梅花如已悟開落任南枝

地自貞元闢泉因陸羽題早春鴻競去老樹鶴能棲華髮西風亂紅塵落日低勞勞無住着吾最負招提

送周既僕孝廉下第南還名梓　郝惟訥霸州人

多才推楚國模楷在先民射策經綸古傳家衣鉢新十年工一賦六翮養三春無限青衢路行行尚自珍

楊菊廬索題春曉亭　徐元文崑山人

四眺雲峯合千迴石磴開丹巖臨綺榭錦渚傍層臺曙覺春禽好吟生灌木哀何人會此趣獨愛草元才

次韻題春曉亭四首　吳　綺江都人

蘭谿何處是雁齒占鷗沙尚有蘓公路曾栽潘令花曉風新杜宇春水舊胡麻爲問橋邊草裙腰幾度斜

聞說當年事清風一板狀煙霜存慷慨詩酒付蒼茫百戰青山古三春碧澗香漫同宣武嘆攀折慽垂楊

賴有楊雲在紅亭集酒兵解鞍山月小浣筆野溪明亂定生江草官閒夢楚蘅雙柑眞不易寂寞爲流鶯

髯公殘醉後君更幾時賦此地猶前日吾儕動隔年晴煙開宿鷺老木響啼鵑峴首逢鄒湛應傳叔子賢

偕等公遊清泉二首　周　綱

郭外尋幽徑春風引路長飛花縈客袂小鳥說年芳修竹圍清影孤松盪日光遥聞鐘磬響山曲是僧房

雲門遠市郭泉碧映遥天芳草無人跡斜陽何處煙引遊隨老衲流墨想前賢亦有干戈擾殘碑欲悵然

別如圍宿巴河懷等師暨官鴻士鄭存樸　向　古

浠水連雲瀉輕飄不暫停鷗浮沙渚白煙亂暮山青江接巴河市人依帶草亭醉鄉昨夜月獨寐歎晨星

湧蓮庵　邑令李振宗嘉善人

清池蓮湧處小築勝名區松徑消殘暑僧房入早秋霜前新菓嫩雨後晚苗稠自笑多迂拙乘閒欲解憂

宿太乙閣　李振宗

江雲常作雨況復是春寒捲幔風增怯添香語未殘思因愁病斷夢藉客杯安待月膽牛斗空天放眼寬

維舟巴河哭王子雲先生三首之一　顧景星蘄州人

綠草春江岸維舟落日情因憐故人逝不上五蠻城（東漢巴水五蠻城此）漂泊悲公子風流失步兵百年忠孝畢似爾已成名

拆湖　顧景星

荷芰遠聞香漁舟出浦長月光擢兩槳明滅水中央草樹弄山影禽魚安夜涼當年風鶴驚春浪隱千檣

贈浠水金亮言（思默故人頤之子）　顧景星

友道觀生死凡情殊不然爲憐任昉子欲著絶交篇但覽凌霜骨仍存舊日氊青山作屏障好在枕書眠

尋第三泉　顧景星

分茶陸處士戴笠老坡仙荒草迷前路名山仗後賢莅蘭空磧裏煙雨大江邊誰道寒漿失廉泉在目前（欲仙求之五年不得其處）

尋綠楊橋　顧景星

悠然今古事杜宇一聲中誰卧橋亭月偏當酒旆風舊堤無老樹野店發新叢往蹟知何在溪光處處同

洗筆池　顧景星

文竹留餘墨千秋照水涯如何右軍意獨許此君知老筆孤鴻爪前賢一字師接䍦堪倒着日日醉山池

秋日與友舟過三泉　桂　陵（邑庠生）

西風開曙色佳興共吾徒一艇迎秋水千峯入畫圖依稀巖上字翔集渚中鳧遙指情相答舟人莫亂呼

登葛公亭　徐子芳（茂蒸邑人）

一路到深處煙雲相護持泉深堪止渴山色可療饑鐘磬安禪理禽花結獨知就中觀衆妙修煉盡於斯

飲桂延陵宅時延陵入居邑城有更還意作此慰之　徐子芳

城市亦幽逸入山何必深有光能自匿無物復相侵以此

安時論知君同素心相逢關損益不在酒頻斟

山館　徐　暹（邑庠生）

門外村村路頻年到者稀幽原不擇地清豈必茹薇向曉雲攢秀到暝鳥倦歸臨流藉草外半是掩荊扉

閒雲樓與友叙別　徐仕英

日落河樓晚遊人思故鄉與來景倍切醉後語偏長豈不懷高義而難泊遠航臨歧傷解纜風月更悽涼

贈馮子彜占（名之貞）　鄭文先

不謂澆漓俗猶存渾樸人風流散水石瀟洒見天眞學海

千秋重交情三世親慙余多蹇劣湘水二毛新

登斗方山　李見傑 邑庠生

旋轡入紫極飛嶺度清川石自中天劈雲迴老樹纏探奇寧憚險息靜暗餐煙墟里長空盡蒼蒼暮影連

由斗方寺西細路入羅漢洞　李見傑

疊嶂青霄出到門雲亦歸風霜摩石老今古歷人稀窟轉猶旋塔蘿牽作薄幃下方空覩此誰識我依依

上巳登天然寺　李見傑

三日驚春暮天臺危路通江明西塞近雲淨上方空貝葉翻初地幢旛曳大雄山僧忘五蘊何處會宗風

三泉異味　畢紹昌 邑人 丹生

吾愛陸鴻漸評泉復著經千巖知茗性一艇入蘭汀標我雲潭味懷君古客星松風鐺裏出已覺似中泠

贈詹宜震　南光發 邑人 璞子

詹尹稱高士傳神更絕羣胸懷隱巖壑點染起煙雲茅屋山中卧丹青天下聞桂花香正滿來共醉斜曛

贈李美發石竹巠名根　梅舒 邑人

雅道誰能識唯君覺自然到門人似玉默坐意如禪竹榻

王猷韻石經米芾傳百年同僻賞樂此續前賢

湧蓮寺和韻　李根 邑人

蓮湧當年寺佳名得久留村煙依夕照江籟渡新秋楓葉紅初染蘋花碧自浮扁舟尋勝跡礛礴足消憂

過如是菴坐御之上人方丈　李根

古院穠陰裏坐來山外山路通松徑曲扉轉竹林環天影峰頭潤雲光几席閒境幽人寂寂悠意竟忘還

乙亥九月過訪李二世兄山居拜謁十潭先生遺像感賦三章之一　程元宣

十載依金谷何年到玉臺腸迴浠上水淚濕嶺南梅桐葉悲秋暮猿聲惱夜哀重泉一片月空對楚蘭開

立春夜宿葛洪山　程元宣

披衣當靜夜倚竹聽東風寒景何時改春光到處同隣雞催曉月松梵雜晨鐘山色朗如許令人憶葛洪

登玉臺山　張師聖 邑庠生

曲水環城堞煙光望裏賒遠山懸暮雨嬌鳥囀春花井畔芳踪杳洞門石徑斜丹成曾化鳳何處覓仙槎

浠川文昌閣六首之二　夏力恕 孝感人

閣自何年創僧居老欲仙未嫌偷半日難了第三泉古木
平鋪地疎鐘遠接天此身慳羽翼回望迥翛然
萬山圍不住真宰意森森塵土憐朝暮生涯變古今弄流
因洗耳看竹亦虛心別有無窮趣蒼茫未可尋

同佑倫諸子遊文昌閣次舊韻六首之二　夏力恕

春郊浮暖日溪水卧危樓屈曲如相抱清空若未流亂山
蹲虎豹交樹挂猿猴到眼仍城市將毋負此邱
聞道今何暮吾生已厚顏醉醒多少事夢覺幾重關落日

空凝海浮煙遠作山此中凝睇迥此意莫全刪

送徐佑倫赴滇南六首之二　夏力恕

天語誰當宿嚴冬正遠行夕陽紅樹盡衰草白波平有歲
隨人望無絃解獨鳴文章與經濟翹首自公卿
莫薄官爲宰須知國重民萬家能穩卧一路是陽春天地
存吾屬山河借此身道傍相借問辛苦讀書人

石泉精舍看梅四首之二　夏力恕

野趣耽幽地寒香入洞天水隨三徑遶山在一城巔氣肅
當簷雪光融薄暮煙等閑成小集尊酒玉堂前

往歲經元墓愆期未得看即今花事好自古盛名難勁節
隨修竹天香任牡丹飄飄衣袖裏歸去襲輕寒

遊清泉寺次方五濤韻　李大鶴 邑孝廉

沿山尋爪逕微雨洒松枝寺以泉稱勝僧因老更奇煙霞
情似我水月更黍離面目肴山叟風流應在茲

蘄春佳勝地 次沈韻　徐本任

清韻隨風發春光倩酒銷亭招浠水月歌壓綠楊橋翠竹
一床近青松萬古遥沇公遊覽去勝概自寥寥

石潭月夜泛舟　汪世燦

高秋逢好月巨浪涉滄茫水底驪珠湧空中桂子香扣舷

搖玉幌擊楫散晶光不淺今宵興乘槎想漢郎

蘭谿　周起璸 邑高隱

半掬蘭谿地人煙出綠楊沿門齊見水避拂每移堂日落
船依市江溢藻在梁三冬收潦日一雨亦徬徨

淼潭　周起璸

極目寒秋浦中流見石門河魚排雁字樵斧下雲根西塞
煙波遠名泉古碣存悠悠何所際新月倚潺湲

和南樗野遊仙女廟原韻五首之二　余華國 休寧人

白雲空去日黃鶴返無時但有名難朽何須某在斯陸能
詠旱魃水可靖馮夷誰見桃源畔於今尚架犁

聞說遊仙路崎嶇最膽寒懸崖無雀過深洞有龍蟠藥臼
挺霜冷丹爐候火難怎如仙馭穩鸞鶴往來安

偕潘鳴虞徐蓮夫南樗野張扶九方紫山汪園小飲

兼懷徐澹山　邑令　邵應龍　餘杭人

公餘饒雅興載酒集嘉賓座擬南皮盛園如金谷春一溪
羅帶繞千嶂翠屏新無限蒹葭思夕陽回首頻

丁丑秋初中尊雲谷先生聘徐孝廉澹山南徵士樗

野暨諸同學開局修志喜而有作即疊汪園小集

原韻四首　貳尹　潘汝鳳　烏程人

仙吏才名重曾傳觀國賓栽花來楚甸布澤滿蘄春次第
勳猷集輝光志乘新好將班馬筆雷照古今頻

著述誠難事徵修禮上賓提綱先體例詳校閱冬春鐵筆
霜凝冽鴻文腐化新鑒裁歸巨手未識不須頻

南徐兩學者應不媿賢賓自受文侯聘難安少室春籍開
圖史古藻發歲華新餘子能搜採毋嫌問難頻

大邑遺文獻名山館列賓玉臺爭吐彩班管自生春往跡
百年晦幽光一日新哦松慚謭劣頌德敢辭頻

七言律一百七首

上巳遊舊縣山剎　周壽明　天格　邑人

莫將鶯夢廢吟哦遲步長干攬野薇笑揖老松風月垂嘈
詢舊里古今情卜花幾處思民樂賜柳何年憶士榮山氣
既開原色淡好添癯衲十分清

春日飲雲路賦得宴黃花限韻　畢十臣　恒泰　邑人

一片冰心對物華半隨流水半隨花與君但不嫌名姓念
我何須問室家蔬圃藥欄長自在芸香野綠等天涯放歌

自省生來癖不寄籬邊學押衙

題蘄上石潭古松　邑學博　鄒應孝　臨川人

天際孤松藐十洲何年法物寄蒼虬盤桓獨隱高人撫蹐
躑時牽旅客愁雨淨霜華驚碧落月篩雲影滿溪流蕭然
覽盡齊輿事不禁名園對爾愁

祝清泉寺守心上人　金甌　邑孝廉

青山亭畔見幽人相對惟餘元度親自是空門忘歲月況
兼遁跡遠風塵長年振鐸天花落百代傳燈貝葉新若問
個中誰悟得蕭然一衲老江濱

閒雲閣　官撫邦 綏之 邑人

人區誰得似雲閒時宿清溪時度山遥作雨奇晴亦好澹籠城去樹都刪主人出岫同無意潭影當牀不掩關蒼碧寒松送流水朝朝閒往袖雲還

又 秋望雨標山塔　官撫邦

空明水石接流光光竟寒川塔影長曉挿嶺雲天落落暮懸溪色露蒼蒼世誰物表凌空立我欲身輕似鳥翔宜有佛燈標碧漢人天清濁照無方

咏銀杏樹 有序　程維伊 懷人 邑人

登龍山麓程杏亭宅右有銀杏一株傳晉杏山葛仙翁常留此種宋郭侍郎手植也歴今八百餘年高百尺枝葉扶疎重陰而葢狀如亭盛夏日不穿地爲一邑喬木之冠異鳥時巢其上程因號杏亭處士

誰云一木所關輕八百年來事幾更勝蹟爭傳仙葛種遺風秖識侍郎名歸雲常擁遊人意過雨翻迴宿鳥聲笑傲荒亭閒自適時來樹下聽流鶯

贈黃美中　邑令 劉佑 曲周人

江夏無雙道自尊羨君白髮老邱樊孤琴有客尋蘿徑五柳何年蔭竹門白練題詩驚北里清樽邀友過南村但期叔度頻相訪小閣秋高聽夜猿

贈官綏之　劉佑

稍嘗世味即抽簪不學劉郎問大鈞延客花枝代麈尾著書松體遍龍鱗幾年裘馬稱豪士此日溪山作道民贈我新詩投紵帶逼家孔李世誼新

又 贈邢個士　劉佑

雞林文價重浠川俠骨奇情祗自憐山色凭欄青入座湖光載酒綠沉船臨池筆洗羲之墨留客茶烹陸羽泉待我簿書稍暇却杖藜穿破一溪煙

題蓮花山 山去蘭谿三里許高數十丈　高耀基 邑孝廉

蓮花寧易逗嵐光此則居然君子鄉翠嶂嶙嶙泥不染蒼煙冉冉豔非香雨來夏際青凝萼雪向春消粉褪房玉井不須開十丈奇英華嶽鎮蘄陽

夏日城南晚眺　陳璨 邑孝廉

向來此地泊煙簑城柝漁舟隔岸和積翠尙留芳草媚流光難覓小舟那月明南浦深千尺山隱東門綠一坡何處愁砧沙際起可將高致等苧蘿

同黃蕊雲官凝之泛舟摹東坡石刻　徐文覲 邑庠生

百里溪流哭石逢觀瀾此處慶朝宗波翻絶壁雲蒸鼎浪
繞窮巖物化龍李白有時悲落雁蘇君無地肯藏鋒苔痕
尚護當年墨聊拾清疇到小舠

偕登三角山時黃慈雲初歸里　徐文覲

參差數里入雲峰尋得三山次第從星月偏宜腰半繫霞
霞不似頂開縫幾多雨液肥新藥無限風濤刮古松想是
巨靈虛折足倒將黃耳覆泥封

送劉雲麓明府擢任泰州二首之一　官純應 素士 邑人

尋遠新詩晉魏流三泉潤洽幾春秋朱旛忽向羅浮嶺白

鷺難追畫鷁舟梅放官衙猶古韻錢齎道左繼前猷絃停
賴有桃浠在 桃浠閣明府新剏 閣上登臨水共悠

遊黃龍寺限韻　官純仍

廿載重過結伴稀溪山如昨健時非客輕路險扶笻到僧
傍雲行帶鉢歸竹色護橋流暗水松陰着地冷秋衣尋幽
忽見荒林在古殿摧頹畫掩扉

△送姪康孫鳳凰山館　徐宗齡 邑庠生

疎茅小葺可成廬風雨相過接席初但喜朝陽山有鳳休
悲彈鋏食無魚田家炊早猶篝火野寺鐘遲好讀書生意
滿前皆自得青青總草不須除

送姪茂孫往策山館　徐宗齡

花市未停春酒卮殷勤遠赴贊稱師溪雲蒸濕侵行袂山
雪瑩寒照客姿董子知名嫌去早丈人輸欵情來遲但逢
有道須深拜執敬常如侍我時

丙申春讀書蓮花池有感 池傳爲康茂才所濬　邢子愿 邑孝廉

結廬池畔暫相依池上風光是也非兩徑煙塵空綠樹數
家燈火伴殘扉未聞雨過和香汎豈有波迴蕩月微誰是
茂才追往跡依然五月採蓮歸

和黃中美浠川八景之三　夏奇男 邑拔貢

天生孤峙不消沉時引幽人載酒尋空翠野雲穿石竇玲
瓏潭月映瓊林水深苦没千年字巖老亭含萬木陰不負
靈山全賴賦東坡去後聽余吟 空明水石

去城三里問清泉古寺蕭條幸未燃幾處殘碑零野露獨
留孤磬戀荒煙譚經僧向三生石弔古人逢九月天滿目
悲涼秋漏永歌聲恰共梵聲傳 清泉梵響

巖洞嵚崎澗水迴小橋石磴任徘徊山僧杖帶孤雲去古
寺花隨春瀑來靈藥幻紅傍老砌莓煙浮綠上丹臺牧童

笑指天台路劉阮時時待爾開 仙臺葉茂

巴河宿江山書屋　徐煋

面俯長江帶大湖胸包五嶽百川圖欟花處處紅初放荷葉田田綠已鋪日午亭陰栩夢蝶月明林靜數棲烏我來一夜山頭住燈火前村半有無

贈等觀　顧景星 蘄州人

等公今之支遁林慧業禪機予所欽三生石上尋殘夢五粒松間長道心花草滿園鐘磬靜圖書萬卷薜蘿深鬚鬢皤表男兒氣對酒常歌梁父吟

過清泉寺藴文忠公遊處　張仁熙 廣濟人

城頭野寺立河東河上飛花曲曲逢抱郭穩帆春色裏出林清梵夕陽中慣迎社客曾容古喜度山風牧笛同不倦臨流探往事斷碑殘壘憶藴公

葛洪精舍 浠川十二勝跡選一　楊繼經 邑人

逃名欲與白雲深攜得煙霞種石陰鐺煮青泥松作爨洞呼明月鶴依林西流無盡澆傴藥天馬常看長道心可是昔人乘鯉去鹿門精舍晚鐘沉

城東隙地與劉雲麓使君搆春曉亭其上率題以志始事　楊繼經

綠楊晴崦一溪橫新築園齋附郭城不為蘭畦多闢地肯因莎路獨躬耕白雲聃聃當牕落青嶂層層隔岸生誰道鬚公呼不應數聲杜宇晚春情

策山謁孫伯符仲謀二像懷詠　畢紹昌 丹生邑人

峰頭蘭若踞層臺彷彿江東氣壯哉三國英雄瑜亮并六朝王業弟兄開雲生舊壘旗晨動濤響橫谿馬夜來莫歎一磯清磬後西陵銅瓦久成灰

南贈公崇祀鄉賢　湖廣糧道 葉映榴 華亭人

鳳棲世業著青襟醇行鴻才衆所欽訓子手裁忠孝録濟人事切溺饑心風雲氣像傳　恩誥俎豆馨香起泮林自是宮牆宜祀典褰帷深喜托高吟

客蘄水作　吳昌祺 華亭人

地當僻處人爲客秋欲殘時雪作花朔氣中宵生角枝清光侵曉透牕紗歲時有記懷千古寒暑無端悄萬家故里陰晴相似否欲憑征鴈問天涯

宿浴蓮菴二首　方象瑛 遂安人

街　命新從萬里歸層城春色正芳菲高樓過雨青山

迥野水平橋白鳥飛晝靜不知門近市夜涼時有露侵衣
偶然訪舊來僧院一榻鐘聲入翠微

僧房曲曲傍城闉楊柳堤邊芳草洲三月春光花滿逕半
軒秋影竹當樓鐘清別院僧初定門掩寒燈客暫留聞道
淮南遺澤在文章詩酒自風流

使蜀旋過蘄水謁張夫子 諱邦禎　方象瑛

追隨猶記越溪東十載西湖遠夢空蜀道幸迴新使節蘄
泉仍坐舊春風暫看方外閒司馬須信蒼生待謝公
聖世只今求宿德肯容絲竹久山中

厶同年李欲仙之官浠上　邵遠平 仁和人

河朔天高秋氣清驪歌今日送霓旌欲馴江國魚龍舞暫
假中朝麟鳳行花徑喜看仙令種梧垣從見故人迎王
孫蘭澤多芳草作賦重題李白名

秋影樓清明漫興二首　周斯盛

乘春重泛九江船訪舊初遊三楚天帆泝小孤晨霧裹雲
橫大別夕陽前桃花開處聞疎雨燕子聲中又禁煙節物
感人深不覺知余羈旅信多年

到處孤踪傍野僧樓頭秋影綠層層雨多未試登山屐夜
靜空懸照佛燈春色漸從江路去東風猶遣暮寒增最憐
門外垂楊樹欲舞腰支老不能

題畫寄程萬維 名元憲　李恕 肇慶人

星角新鶯斷續啼桃花落盡草萋萋只言謝氏春池好無
奈王孫歸路迷病起推窗開潑墨夢迴拈筆漫留題雖然
老大辛勤甚猶勝紅塵逐馬蹄

宿萬人齋中二首 名兒傑　李恕

名園無冷亦無炎盡日相過也不嫌已許清樽留賀監更
教黃菊待陶潛牙籤香裹芸千卷玉軫聲中月一簾況是

吾家周柱史猶龍無地不撝謙

玉臺金谷十年餘誰道窮愁更著書到處花開啼百舌幾
回河上泣枯魚居分北道終慙阮榻下南州敢當徐垂老
賴君憐惜在豈知人世重簪裾

巴河鎮登太乙閣　鄧漢儀 泰州人

平津賜第久荒蕪傑閣巍然瞰楚都高處銜盧天外伏到
來雲夢雨中無千家烟火猶洲渚幾葉風帆自畫圖會是
赤嵩燒不盡奎光深照斗牛孤

春曉亭　熊賜履 孝感人

草堂未到杜陵前浠水樓臺靜可憐每說晴天如嶽寺時
聞蘭雨洗紅泉魚罾斜掛緑楊外野舫横拖白石邊何日
溪山容我去三竿旭景枕書眠

金門送李明府　宋敏求 黄岡人

柳綰旗亭別思長送君南去近三湘滄江水落秋聲細赤
壁舟迴夜色蒼此日花栽潘岳縣他年樹芾召公棠家園
亦在蘭谿畔極目西風雁幾行

歸思寄浠川雲紫弟　張祚昌 郡庠生

久客天涯不自由離情每抱鶺鴒愁清泉汲入浠川夢白

鬓羇棲鄂渚秋隱卜山莊花滿谷居連水畔徑通舟何時
共棹蘭谿口把臂長吟老一邱

贈畢丹生明府　張鴻道

感嘆秋風吹客衣徘徊旬曲靄斜暉幾盃花醞沉吟久十
載闌城芳訊希老我浮蹤遊未倦饒君薄宦去何微細思
五斗無多戀陶令籬邊菊自肥

春曉亭三首　曹爾堪 嘉善人

峰迴楚甸對江城水却西流繞岸清化去神仙存舊跡亂
餘亭榭署新名澄潭放艇垂楊影曲徑憑欄杜宇聲螺髻
染青波染緑春來曉色最分明
橋畔詞頭憶宋人使君題咏復清新攜觴頻醉三更月捲
幔長吹萬里春丹竈蘚痕迷洞口玉臺花片亂溪濱他年
倘試三泉水自社相尋許卜隣

三泉　李滋 興化人

芳泉獨湧向沉潭似遜商明品第三石火漫煎消宿渴松
濤徐沸助雄談時分子午同潮汐地繞蘄蘭擁夕嵐我欲
攜鐺崖下住細將茶味靜中探

山居寄懷學士孫子在豐編修方子象瑛行人羅子

十載金門獻策還一堂受業笋成班廣平獨坐傳風雅

映台諸及門　張邦福 鄉五邑人

伊洛同源接斗山玉樹扶疏清夢裏仙槎縹緲白雲閒栖
遲正好藏迂拙盡日幽間自閉關

清泉梵響　畢紹虞 邑孝廉

清泉仍是古清泉梵磬齋魚共夐然沙鳥閒依東郭渡嶺
松孤帶北城煙吹來佛號風生浦夢過禪房月滿天誰道
心燈宜續録木犀香意已先傳

秋影樓　官純滋 蘭九邑人

自遣蜀埃結搆幽收將淡素與心遊野煙寒薄池光浸梧葉敲空梵響流千載人俱高几榻一時天際靜蜉蝣我來頻共清秋放雲在衣裾月在樓

歸感四首之一　徐　暹 邑廩生

我生多故敢求安踞蹐歸來天地寬此日妻孥閒俯仰去年雷雨夜蹣跚茆編山麓穿冬雪芹采江洲當晚餐盡室流離成鄙賤幾回顧影影猶寒

訪等公不遇題山壁示四明周子　徐仕英 邑庠生

望斷高軒過敝廬秋蛩秋雁竟成虛想緑柳葉驚風後不

似桃花照水初古寺無人厖吠影青山有夢翠盈裾好教意向匡君話拾得清光盡也餘

賦得解鞍欹枕緑楊橋　張萬選 邑孝廉

山光水色在城東春日遲遲落照紅爲愛馬嘶芳草地却隨花睡月明中碧波澄處迴天影清夢來時度晚鴻弱柳長堤渾未改風流應許古今同

輓李十潭先生　金思默 克言 邑人

松臺處士窮何極忽抱懷王墮馬悲絶世才華山鬼哭故鄉關塞旅魂覊誰憐萬卷蹉跎盡獨慨孤星慘淡移總欲不留名姓在曲江采石信同歸

贈懷徐茂孫　王封濼 黄岡人

南州孺子最相聞落月吟成且見君抱道鄉評圭璧重多才國器瑾瑜分門前柳色青回日夢外松濤緑到雲解榻不爲樽酒約蓬窓細細在論文

居山吟二首　邢子椎 邑孝廉

樵風漁浪遶吾家竹徑逼香杏有花寫馬金刊丞相傳騎牛歌出潁侯衡清聲半樹鶯三月緑字千年蠹五車爲報先生春睡早侍兒休唱浣溪沙

爲慙半額畫娥眉作賦難工世所遺閒比高僧惟食肉感生往事又删詩飛花紅點當圈句病葉青含未斷枝窮盡宛陵梅子集更無風雨得相知

偕同人汎舟滯上不果即席分賦　張屏公 邑明經

河山有意惜輕芳不使遊人借一航兩岸花陰空往復迴溪波影自洸洋耶酬佳興牽詩思暫買春光入醉鄉何日招舟重汎酒好將星月引流長

傴人洞　鄭文先

傴人何事不重來怕着芒鞋破碧苔天上空疑黄鶴在洞

門只見白雲過青山接目摇藜閣碧水連天望藥臺清磬
數聲山翠度野花啼鳥亦徘徊

東畢子奇玉　　高　鎬 邑人

斜陽樹色夕微曛的的清暉許共君別後談心猶可憶攜
來餘興欲相聞山川靈異尊文物景色浮沉空水雲一曲
也堪風月主有懷當不惜平分

山城秋眺　　桂大生 邑庠生

天風淅瀝動高秋曉色蒼茫戍鼓收雞唱隱隨殘月落雁
聲新拂曙雲流飛來爽氣樓頭挹貢去朝暾水上浮叢桂

誰招香自瑟寒催刀尺憶鷞裘

蒲節前二日侯令君讌集同人於文昌閣即席賦呈
二首　　邑佐張　夔 桐城人

天氣黃梅雨乍晴風流大尹集羣英尊開五月菖蒲酒鳥
喚千村布穀聲詞藻爭推冰鑒重溪光難比玉壺清追隨
勝事良非偶揮麈雄談滿座驚

文昌高閣俯清流恰喜登臨正麥秋煙火萬家殘照裏溪
山一帶野雲浮薰風到處膽棠蔭雅奏當筵報酒籌名上
檮公遺跡在古今佳興許同儔

暮秋歸自漢上舟泊三泉夜坐感賦　　程翼士 邑庠生

疎燈黯淡照無眠望斷銀河悵遠天月照青燐餘野哭霜
隨白鷺下平田桐花遠逕愁生樹秋色催人夜放船無數
好山相對處棹歌聲裏落寒煙

殘雲漠漠隱浮槎酒熟隣邨入夜賒一路湖山身是客三
更燈火夢還家春光背我年年去霜葉侵人樹樹花為訪
香山閒處士白頭我亦老煙霞

贈魏以賢名國徵　　顧　昌 蘄州人

我愛詩人逢魏野更欣名士有君謨 內翁蔡自珍 相期曾笑疎
籬菊持贈親咀九節蒲座有文章來客話家藏瓶盎待君
需明年重湖桃花水會見堂前數燕雛

渡巴河　　南光發 璞予 邑人

巴河南枕大江流立馬西風古渡頭驛路回看疎樹碧楚
天遙指暮雲秋九霄壯氣雙長劍萬里雄心一葉舟半世
升沉殊未定忘機飜欲羨沙鷗

過蓮臺寺　　官劉純

蒲徑蒼苔為若開月明搔首向蓮臺林封丈室花同老芳
鎖新枝鳥見才聲到上方皆靜籟山留殘衲對雲隈頻聞

清磬催予急相坐蒲團話去來

冬至後一日濂兒自齊安來蘄魏以賢潘仙草程儀廷尼城畢蒼游鑑眉招同夜集　蔣鑨 武進人

頻年無復問班荆懶慢遊人恥姓名攸好何緣偏折節相思不獨在聞聲閒探碁局留清笑每借觥籌快勝情戴笠乘車欣有約會看袞袞入承明

巴河夜酌　程亚翔 邑貢生

江上殘燈伴客明相思起坐聽更聲荒村野渡魚歌寄古寺寒林佛咒清笑傲不須尋地主因循[illegible]懶問時名舟中

飲澈家園酒露濯寒光淚自平

蜜蜂八景選二　操應魁 邑孝廉

碧水潺湲落照西巖前有刻昔人題 錢合川先生鐫天寶泉三字 月生草際天光漾雲捲峯頭疋練迷丹井鑿成清澈底香廚引入淨無泥源流總不關河漢汲盡東南百萬溪 巖前天寶

孤峯斜插獨崔嵬曉日初凝萬壑開樵徑只通深隱客石門長鎖舊時苔懸巖翠竹雲千片逼戶疎桐月一堆堪怪此中無吐飯胡爲蜂向耳根來 東嶺聞蜂

清泉寺訪朱赤菴山人　吳振起 邑庠生

磴轉荒城入翠微鐘聲引我到禪扉松蟠古殿和雲住花落疎簾帶鳥飛有榻常隨衲子共多詩頻向故人揮溪山此日惟君擅泉水清清自樂饑

秋日晚晴法華菴訪友不遇　張世諫 邑庠生

雲淨天空露正肥金風徐引殆忘機樹經積雨千枝禿鷹帶殘霞一字飛有菊居然資客況逢僧自可當君歸與闌誰肯甘蕭瑟結伴鐘聲與夕暉

感寇焚宋誥 家傳伊川先生舊誥爲寇火所焚　程嘉翰 邑人

宋誥昭垂五百年子孫累世守先傳眞儒道契周朱重正

學光同金玉懸辟詔有書崇德望史臣載筆頌名賢可憐一炬成灰燼痛惜先朝雨露捐

過董漢書齋頭小飲　姚謝玉 邑貢生

林泉高致品幽人自許芙蓉物外身三徑葉濃花欲盡半窗風細竹如皴家無擔石常留客坐擁琴尊不厭貧我去餘君悲寂寞扁舟何幸共汪倫 時偕汪錫予返棹

清泉寺晚眺歸過洗墨池　魏國徵

閒雲片片鎖禪門池水香浮柳色繁野鳥多情留客語山花含笑對人翻斜煙半接歸鴻路淡月長橫處士軒瀟灑

幽情猶未已夕陽移影向前村

圓通菴阻雨　魏國徵

山寺陰濃積雨生竹窗夢短證孤情讀書方悔才輕使任俠終知氣不平曉磬暗隨松裏渡飛泉疊向石邊瑩老僧收偈頻相問性僻年來到十成

送桂山君南遊 名日韻　鄭毓修

臨行且漫說相思樽酒離亭覆一巵宿鳥驚寒南國冷征鞍敲送夕陽遲三泉月冷愁無伴萬里鵬摶應有期自古江南春信好逢人莫惜寄新枝

留十潭先生粵東之行　程元宣 邑人

閱盡升沉鬢已皤眼前消息竟如何好沽春甕酣清晝莫放扁舟泳碧波涼月一天孤夢杳愁山萬疊片帆過可憐飄泊無家日不爲窮途淚更多

開雲閣　邑令 劉象賢

嵯峨樓閣對江城好趁公餘攬轡行四野喜沾春雨足一窓坐愛竹風清鐘聲細逐溪聲響山色晴開樹色明碌碌三年成底事偷閒半日快浮生

登三角山　桂曰馥

欹登此際恰臨風三角橫斜浠水東地僻峰高紅日隱崖懸徑曲白雲封石邊松古成蒼鼠洞口泉潺老臥龍矚覽不知天地大江山盡入兩眸中

讀書秋影樓　張師聖 邑廩生

城闉舊構藏書閣石徑蕭疎印綠苔郭外青山憑入戶燈前漢史足銜杯松雲孤映秋陰澹桐月雙敲玉宇開檻外疎林人靜後參差影裏任徘徊

開雲樓遺址　張師栻 國學生

名勝荒蕪事已虛閒雲潭影夕陽餘春風幾謝莓苔地殘

碣空留蝌蚪書爲繼芳踪曾刻石因標碩德漫題閭清修渾是神仙路令我長懷滌放居 官授之軒名滌放居

過蘭谿訪僧不遇　華載勳

蘭谿不減虎溪同慧遠來開兜率宮偶爾披襟河柳下伊誰解帶雨花中三泉水沸聯枝秀七碗生香兩袖風爭道小舟乘興訪劫先飛錫卓崆峒

送別張一齋二尹陞任北上　汪林茂 邑庠生

蘄春佐治賴名賢嘖嘖仁聲樂誦傳露湛庭前調舞鶴風清閣上聽揮絃將離浠水民環轍緩過滹沱詩滿船臨別

秋高倦桂酣遥瞻輦指　帝城邊

寄佑倫四首之二 時客京邸　夏力恕 孝感人

前度登堂拜母來朔風燕雪幾徘徊九還尚失金丹候百
丈孤牽鐵網開從此竟馳毛義檄可能長抱子雲才第三
泉水依然潔倍覺香飄茗一杯
土室荆扉早閉關支離病骨渾消閒一犁好雨飛春夜半
塢寒雲出斷山殘夢易歸天拓落遺書傭字作刁頑翻憐
故紙焚將盡三百篇詩忍再删

送王心齋里選入都　夏力恕

獨抱遺經久閉門鶴頭招隱下荒村雕蟲粉蠹成新策皂
帽青衫仰　至尊兩漢宜言推董子千年曲學恥公孫
多君為我先鞭着敢惜殘痾廢討論

攜子姪輩遊清泉寺二首之一　夏力恕

禿盡中山一塚毫墨池猶湧右軍濤誰扛健筆持牛耳獨
抱遺經擢鳳毛萬樹森羅如對壘千峰簡蕭似分曹舞雩
歷歷今朝是三百篇詩肯變騷

贈陳石蓀 名珽　夏力恕

我愛城西有盍簪今人冠履古人心傳經時見擔簦客盃

老惟聞策杖吟盡掃鉛華金百鍊絕無藤蔓樹千尋眼前
車馬如蟬噪誰向枯桐索賞音

和夏觀川韻寄徐佑倫二首之一　周廷楹 國學生

修阻江關幾萬重風簷遥接意無窮蒹葭秋水連霜白驛
使春梅綴字紅檢點恐遺千古憾追求只在寸心中楚雲
片片滇南去始就音書附一通

重陽邀飲文昌閣　張素臣 東野邑人

秋山紅樹久相期暫向籬邊拾菊枝人老不堪逢令節蟹
肥正好供清卮坐欹軟草情偏適茗供松蘿醉更宜一首

新詩成絕唱仲宣别具有才思

坐禪光觀　李永治 邑庠生

造物何年闢與府玉臺仙梵落人間鐘聲夜度空城靜搭
影朝浮碧水閒蘿翠拂簷門自鎖桃花横徑洞常關南華
一卷晒春曉雲滿樓臺月滿山

遊鳳棲石　金振祖 邑高隱

玉臺仙境寂無言化鳳何年跡尚存不向碧梧棲至止偏
來白石作高蹲披殘苔篆秋初老覽遍雲根日未昏最是
羽儀翔集地不堪回首見鴉屯

初秋遊華桂山訪羅子真道人不遇　徐源舒 崑亭邑人

登山浩興最無涯華桂清秋入望賒幾點白雲前代寺半林紅樹野人家御風何處尋仙跡飼鶴無糧啄蘚花歸去杳然忘出處東皐凝睇夕陽斜

送徐澹山北上二首之一　周起瓚 邑高隱

臘月蘭江把袂詩一尊相酌兩心知根盤梅蕚香含早春入桃花信有期冠世才猷真性分闡情古道見鬚眉與君舊話青雲約何止摛文達鳳池

石泉精舍 邑人程右繩書屋孝昌夏太史題額　余華國 休寧人

園林瀟灑路谽谺去市原來只數家籬落半含苔蘚潤畫欄環繞柳陰斜亭無素壁清宜夏池有明泉淺見沙更宜一峰高絕處遠山煙渚望靡涯

調任漢陽留別蘄邑士民四首　邑令劉育杰 泰州人

二十年來笑挈餅楚天吳月總飄萍壯心半逐星軺換世事全從伏櫪經花未紅時頭早白酒於綠處眼偏青幾番跋涉同朝夢又去征途聽驛鈴

記得來時古渡邊茶鐺高唱第三泉山川繡入吳綸手人物爭歸李膺船處處農耕雲浪裏家家機響夜窗前閒從

晴閣憑虛望笑指生涯茂叔蓮

彈指三年過隙駒頻行贈別意躊躇同居九世全憑忍閉戶長吟不是迂貧富詎由魚會券譸張徒逞舌鋒孤公卿做到無災害好教兒孫只學愚

去日征衣戒曉霜憑風翹首故園香山因客去花爭送人到離時話最長遷大一官黃鶴夢腸迴千里白華堂春來覓得東風便取次歸帆過舊塘

舟泊蘭谿寄徐紫垣兼懷玉臺書院諸子　劉育杰

取次歸帆過舊塘汀蘭沅芷昔時香南州久別陳蕃榻東道還歌召伯棠風雨故人詩思少河山知己夢魂長憑欄欲向西流水寄語晴雲守葯房

二月三日蘄春書院延師課士　邑令邵應龍 餘杭人

靄靄春風二月天高懸講幄育羣賢鳥呼林外朋初集花發庭前句亦鮮山擬玉臺懷嶽嶽泉從丹井探淵淵鵞湖鹿洞規非遠化雨期需浠水邊

四月十六日郊外勸農　邵應龍

黃麥初收又揷秧田家四月最稱忙荷鋤出慣披星曉牽

犢歸多帶月光依士共知勤饁餉長官端合勸壺漿分酬
老幼歡娛去早卜西成千萬箱

遊飛泉寺　邵應龍

亂山環合梵宮幽偶駐籃輿爲小留竹影參差巖翠翠松
濤鼓盪韵颼颼雲生屋角閒無礙泉湧山門靜不流心跡
到來偏繫戀何時蓮社結同遊

春曉亭落成偕同人小飲　邵應龍

當年勝跡久沉淪喜得佳亭今一新四面峰巒凝翠黛半
灣溪水躍魚鱗杜鵑聲裏仍如昔綠柳橋邊可有人此日

正當春曉候傾樽相賞莫嫌頻

五言絶八首

題城山醒酒石　何彬然 邑貢生

醉桃石頭眠清磬松間響醒來天問我悠悠發深想

寓黃石港望梅山故居 時鼎夢十六年　楊舉善 邑庠生

落日江流靜徘徊念舊邱故園人有意或亦在高樓

城南八咏之四　程維侗 邑庠生

𡾊嵂開三角羣峰拱揖忙須知雲霧意爲爾斂鋒鋩 三角浮雲

煙靄一峰晴斜陽上修竹覰面挹清暉樓居等空谷 葛洪返照

雨過石玲瓏潭深月色早偶上探珠船船空月更好 空潭月色

隔岸浮高閣疎鐘過草亭懵騰千戶睡喚得幾人醒 大士鐘聲

與十潭先生夜步河洲　徐文覲 邑廩生

斷霞棲樹落孤雁映波飛遥見寒潭上萬類渾渺微

留別官李諸子　顧景星

碧樹望如煙春江眼中漾留與山中人高聲讀茅屋

七言絶十五首

渡壽昌　蔡希孟 邑庠生

風露蕭條怨曉笳渡頭遊子問人家江南分外春來早蛙

鼓催紅二月花

舟泊蘭谿晤周旣樸世兄因悼尊人天格　曹溶 秀水人

長江瀲灔接浠水一曲菱歌度晚煙却憶滬池高隱第名
山著作冷清泉
二十年前對古人逢君促膝話酸辛相期莫讀送窮句清
白吾曹是後身

石潭秋月歌四首選二　奚祿貽 黃岡人

黃閣門前野草秋文昌堤上白蘋流可憐一片巴江月獨

照潭前欸乃舟

面面垂楊燕子磯東流江水幾時歸不知月色能多少長傍磯頭燕子飛

散花洲　鄧漢儀 泰州人

横槊高歌月滿船東南風起焰連天極知江左人才盛無那周郎更少年

牡丹石二首　李浤 興化人

色香品位壓春官每妒狂風損藥欄今日芳姿成玉骨不須重立相風竿

眠茗着草縱奇觀雨露憑沾蕊不攢盡道生公能點首乞將根蒂向風安

避暑枕浠閣　王鳳徵 黄岡人

斜枕溪流一閣荒山雲帶雨入牕涼磬摇疎砌僧歸後隔岸新荷送晩香

送別張一齋二尹陞任北行　梅琮 邑孝廉

浠上清流兩岸秋芙蓉香裏踏驊騮瑶琴攜去聲將遠一路新詩自校讐

蘭谿消夏　周起璸 邑高隱

江湄有客度炎蒸十里湘光柳翠凝抱甕常如漢上叟種蕉時逼零陵僧

庚子冬過浠上横山先生燕巢園初成偶題四斷句兼以志別 燕巢園李美發書屋也　張楠 黄岡人

屋小如巢學燕棲荆扉常掩古塘西白頭漸少客還拜日爲看雲一杖藜

窓無塵到自清虛玉室金庭兩不如滿地寒藤蟠結處也勝草幅米家書

曾愛仙人煮石方至今常有好容光愛君風味真瀟洒巖

壑中閒置不妨

修竹團欒閒老梅瓦爐活火養香灰明年春韭休輕剪待我閒時冒雨來

詩餘十三首

送李欲仙之蘭谿 踏莎行　沈荃 華亭人

露白山亭風丹水驛翩翩親捧蘄春檄到時菱葉共蘋花江鄉故國同秋色　甲洗星橋烽青雲夕玉臺風景渾如昔仙鳧指日向瑶京鸞坡畫省虚前席

送李欲仙鳳棲梧　朱霙 石門人

十六年來論仕宦我始來京畧緩君初綰金馬浮沉君莫
羡一城着遣經綸見　猶憶邊烽連楚甸江北江南近已
銷爭戰試種桃花應滿縣綠楊橋畔開如霰

玉臺山張王廟　滿江紅　　張鴻道

仰嘆孤忠甚到處蒸嘗不絕曾記取睢陽圍困食窮兵竭
悵望賀蘭援已斷痛呼南八聲何烈剩纖腰一捻饗軍多
心尤結　光瀲灩浠川月秋黯淡孤臣節想英魂不散飄
飄黃葉古廟莫教著鼠竄空城徧被將軍掘倘吹來風笛
玉臺高還悲咽

九日登玉臺山觀操最高樓　　張鴻道

攜手去登眺玉臺高雲淡淡雁嗷嗷丹楓樹影黃花酒嫩
涼天氣薄寒袍最關情風裏帽髩邊毛　看不盡旗翻魚
共鳥聽不住馬嘶原上草霜始降水無濤輕慓子弟爭超
距風流邑宰喜投醪笑書生長倚劍興空豪

迴瀾懷古　高山流水　　高鎬

攜來野步立江干正千秋離思無端帆影亂驚鴻誰人擊
楫先鞭肴翬覺故紙殘編荆湘地吳苑楚宮事業海水桑
田縱離亭仍在那識舊浠川　情憐是現前花鳥應供有
紫翠雲山逍遥好緩風暖日領畧時閒山靈曾也遇真仙
懇金丹須教頹垣斷岸玉砌金鈿漫心傷不堪白頭咏洄
瀾

蕲邑唐以蘭谿名縣境內名山勝跡頗不勝書公餘
無事戲寄調江南好以誌意　邑令邵應龍餘杭人

蘭谿好陸羽有三泉活火烹來霜雪白龍團試後齒牙鮮
妙處不須傳
蘭谿好橋鎖綠楊煙杜宇聲傳殘夢後玉堂人醉惜花天
蕭洒憶蘓仙

蘭谿好筆沼水沉沉修竹千竿餘墨瀋喬松百尺起雲陰
觴咏欲追尋
蘭谿好翠擁玉臺山雉堞參差青靄外梵宮高峙白雲間
蘿薜掩仙關
蘭谿好三角插雲霄月出明珠擎掌上雨餘玉筍起山椒
舉目望非遥
蘭谿好古刹曉鐘鳴數里雲封無路入一灣曲徑少人行
寂歷道心生
蘭谿好秋月皎龍潭萬頃銀河天外落一輪明鏡水中函

載酒泛城南

蘭谿好觀水有迴瀾風卷旋窩雪浪湧山環曲澗翠濤寒
峭壁看飛鸞

附

五言古一首

題法華菴壁　釋戒顯號晦山

法華此蘭若高出層城巔浠水西逆流澄渟繞其偏我來
春正暮深綠暗江天夜雨雜清梵聚首話雲禪東坡有醉
墨漾舟泛晴川鐵書秀萬古賦詩響流泉雪泥鴻爪跡韵

事廼獨傳傍此忽四宿洵屬三生緣行行重回首企想在
昔賢

七言古一首

立秋雨後有懷蓉亭翁　釋農隱

微雨迎秋涼在樹濤聲半與雲露遇入座如聞太古音起
行月照山邊路山邊水邊待誰語月共幽人自來去

五言律二首

題斗方偈　釋三昧

斗方堪卓錫諸子與心同怪石疑蹲虎蒼松類伏龍行經

羅漢窩坐臥雨華峯敷座期他日毘尼演梵宮

晚步龍岡　釋農隱

一日春山裏龍岡兩度遊愛松情不厭拂石故爲儔曲逕
苔文細江村夜氣浮會心誠可賦坐待月臨頭

七言律三首

初遊清泉寺　釋海梁恒度

憑虛古寺隔城寰宴息翛然物外閒風過野花香入袖月
明潭水碧流瀠鳳棲山掛松雲裏洗筆池存竹靄閒身在
此中心未住綠楊橋畔草斑斑

擊空明次韻懷古　釋寂果

一溪秋色動寒眸千載幽思溪上頭斷岸春回蒼路滑長
天日暮碧雲流野樵意懶摹殘碣仙客名沉鼓卧蚪憶昔
浠川川底月空明閣上照誰遊

坐浴蓮菴　釋道惺等觀

池上樓閒夜不扃晴峰遥對片窗青瞑生草際虫先覺凉
到砌前杵欲停星照露光多在竹月憐人靜細移櫺蓮花
香遍情如浴何處繁華肯獨醒

七言絶四首

三角四景　釋天章

眼底孤峯刦外經苔痕月印出微塵磨穿石骨知無別慚愧當年爲後人　拜經臺

曳杖桃源洞未開緑撑磷翠峭春臺虛空定起花飄祇漁子曾傳莫浪猜　桃源洞

風波險處石爲舠直溯雲濤駕廓寥檣棹不施君便渡別峰無事手相招　石船

何年鞭石駕長虹碧落無門却許通曾是御風人去後箇疍鳥道碍虛空　天橋

蘄水縣志卷之末

署縣事宜昌府通判高　舉
知蘄水縣事蕪扎哈纂輯

雜志

祥異

祥異之事史側書之備鑒戒也邑治地雖一隅而休咎之徵責在所職故凡水旱偏災皆足以廑念慮而省刑罰夫和氣致祥乖氣致戾五風十雨之休一稃二實之穎皆和氣之翔洽也

唐貞觀十四年甘露降

中和二年春三月天鳴若轉磨無雲而雨

宋咸平二年秋八月羣雞夜鳴至冬不止

淳熙七年大旱

元大德五年旱

延祐七年旱

至治元年旱

至正十二年大旱人相食　十三年大旱疫

明嘉靖元年夏五月旱冬火　六年水　十四年秋七月旱　十六年夏六月旱　二十三年大旱水竭木

槁死升粟值錢貳百逃者載道　二十四年旱　三
十三年旱　三十九年四月大水　四十五年九月
陰雪竟月河流凍合民多僵斃

隆慶六年地震

萬曆十一年九月訛言有蝴蝶鐵頭彩尾飛入人戶傷
人人恐戶作佛事　十二年九月杏華　十三年二
月地震　十七年大荒　四十六年彗星見　四十
八年陰雪四十餘日竹木盡折

天啟元年春正月大雪四十餘日人多凍死　五年荒

崇禎二年荒三月地震一日五震有聲如雷屋瓦搖隕
是時天下皆震夏又震冬十一月又震　六年二月
二十八日巳時地震如雷自西北來　七年又震三
月晝晦　八年又震　十三年蝗　十四年疫　十
六年九頭鳥鳴空中滴血漬人牆屋

國朝順治九年元旦震電大雪自正月至二月地屢震是
歲大旱　夏秋日中見星經天　十二年疏次山居
人家有雌雞化爲雄

康熙六年春夏旱　二十四年水　二十九年饑　三
十二年旱　三十三年旱　三十九年三月十六日
地震

雍正五年水　十三年旱

乾隆四年春旱五月始雨農乃栽秧　十五年自四月
至五月不雨　十八年大水破民居屋　二十九年
大水　三十二年大水　五十年大旱　五十三年
大水　五十九年麥穗兩歧（鄉耆鄭敬亭獻）

兵事

人生不覩兵革而蒙樂利之休幸矣然古人安不忘

危又曰兵者國之大事蘄邑前史所載攻伐戰爭之
事不概見自元徐壽輝作亂受其荼毒洎明季獻賊
數寇受毒尤慘癸未以前守土之令與鄉士大夫謀
備禦之策至今聞者動容吁含哺而嬉擊壤而歌優
游化日之長盛世之澤也

吳黃武初吳晉宗爲浠口將以衆叛如魏還爲蘄春太
守圖襲安樂取其保質孫權以爲恥乘六月盛夏出其
不意遣賀齊督麋芳鮮于丹等襲蘄春遂生虜宗（浠口舊志作縣郡志作蘄口俱非今照賀齊傳作浠口據水經註浠口即今蘭谿口也）

宋孝武於元嘉二十八年爲都督江州刺史時緣江蠻爲寇文帝遣太子步兵校尉沈慶之等伐之使上總統衆軍三十年正月出次西陽之五洲會元凶弒逆上率衆入討荆州刺史南譙王義宣雍州刺史臧質並舉義兵三月乙未建牙於軍門是時多不悉舊儀有一翁班白自稱少從武帝征伐頗悉其事因使指揮事畢忽失所在自冬至春常東北風連陰不霽其日牙立之後風轉而西南景色開霽有紫雲二蔭於牙上 孝武帝紀

齊中興元年長史王茂太守曹景宗圍郢州東昏侯遣寧朔將軍吳子陽軍主光子衿等十三軍救郢州進據巴口西臺諸將欲分兵以襲西陽武昌高祖曰西陽武昌取便得耳得便應鎮守守兩城不減萬人糧儲稱是卒無所出脫賊軍有萬人攻一城兩城勢不得相救若我分軍應援則首尾俱弱如其不遣孤城必陷一城既沒諸城相繼莫支天下大事去矣若郢州既沒席捲沿流西陽武昌自然風靡何遽分兵散衆自貽其憂及郢州下兩郡俱平 梁武帝紀

陳大建五年西陽太守周炅隨吳明徹北討所向克捷齊遣尚書左丞陸騫以衆二萬出自巴蘄與炅相遇炅留羸弱輜重設疑兵以當之身率精銳出間道邀其後大敗騫軍虜獲器械馬驢不可勝數進攻巴州克之於是江北諸城並誅渠帥以城降進炅散騎常侍 周炅傳

唐興元元年李希烈反淮南泝江徇地節度使曹王皋討之遣將伊慎爲先鋒與賊夾江陣賊柵蔡山不可拔皋聲言西取蘄引兵艦循厓泝江上賊聞以羸卒

保柵悉軍行江北與皋並西去蔡山三百里皋遣步士悉登舟順流下攻蔡山拔之間一日賊救至大敗遂下蘄州平黃州兵益振天子在梁州包佶轉東南財糧次蘄口賊遣驍將杜少誠以兵萬人遏江道不得西慎選士七千列三屯相望偃旂以待少誠分圍之未合慎自中屯鼓之諸屯悉出奮擊賊亂少誠走蘄別將許少華漕無留難拜慎爲安黃節度使貞元末詔安黃爲奉義軍即爲奉義節度 曹王皋傳 按韓退之曹成王碑有撇蘄水還大膊蘄水界中等語則蘄水實當其鋒矣

周顯德五年周世宗臨江遣水軍擊唐破之唐主遣使
獻舒廬蘄黃四州地畫江以爲界周師乃引還 綱目
元至正十一年羅田徐壽輝兵起壽輝羅田人又名眞
一業販布袁州僧彭瑩玉以妖術與麻城鄒普勝聚
衆爲亂用紅巾爲號奇壽輝狀貌遂推爲主九月陷
蘄水及黃州路敗威順王寬徹不花遂即蘄水爲都
稱皇帝國號天完建元治平以普勝爲太師倪文俊
爲丞相明年江浙平章政事卜顏帖木兒等討壽輝
於蘄水破之壽輝走免獲其官屬四百餘人已而復

熾遷都漢陽爲其丞相倪文俊所制十七年文俊謀
弑壽輝不克遂奔黃州陳友亮隸文俊麾下數有功
爲偵兵元帥遂乘與殺文俊幷其兵 徐壽輝傳
明正德七年閏五月流賊劉六劉七齊彥名等爲官軍
所敗遁走經邑北尤河至黃州一帶掠舟入揚子江
至南京
萬歷十六年蘄黃大饑黃梅賊劉少溪余孟新等倡亂
焚掠鄉村時兵戎久弛人心搖動知州徐希明設法
防禦州判陳策死之事聞上命湖廣巡撫南京操江

御史合勦三月會兵蘄州凡九閱月討平之
崇禎七年流賊始渡河寇江北地方八年二月初五日
賊破羅田始入蘄圖陂境焚殺甚縣秋九月復至焚
殺更慘自此每歲往來無虛日民始避寨寨破繼渡
江又繼入城城內僦居幾數十萬十三年苦蝗十四
年苦疫道殣相望大兵數歷境供億匆斐復迫田地
拋荒家室流亡塗炭之慘古未有也十六年正月流
賊張獻忠由黃梅陷廣濟尋陷蘄州相去百餘里爲
時一月有餘當事曾不一爲偵探三月初五夜半賊

選丁壯兼程渡河襲城城陷殺戮殆盡擄婦女平城
先是蘄州陷時有雀無算霧中俱投入江死蘄水城
內居民亦先聞九頭鳥夜鳴滴血漬人牆屋尋有此
變數百年生聚蓄積一朝而盡甲申三月京師陷 舊志
崇禎九年十二月朔流寇入黃逼蘄邑人官撫辰商守
禦却寇之方撫辰建議練鄉兵急招募同時議者欲
請救兵於上撫辰謂請救固善但往返需時月不若
團練鄉兵鄉兵各有父母家室其守禦之情必切官
兵不過奉調遣冀賞賚且賊多賂兵兵不擊賊於是

設五營以五人主之塅有夫堡有長晝夜更番四郊要害設伏以捍之使勿迫城諸山寨有急命救之以爲犄角之勢當是時賊據姜家河爲老營戒勿輕入初頗遵其法雖有寇不大創後遷延歲久人情玩愒賊不遽去去卽復來庸庸者旣不解練戰敎守之意卽勇於殺賊者亦未免急功而喜鬭雖賊之愛子援首梟黨火殲而不奉切勿深入老營之戒以致姜家河一潰五義以身殉之賊勢益張城困益甚廼撫辰用奇門致雨大水盈河賊不得渡隔河與守者問答

幾有去心而卒不可遏逮辛巳撫辰南下白門守者撤兵入城要險無備鄉間諸寨悉委賊壑閉孤城以爲固守之計十六年三月初五夜賊自西門緣城而上守陴無人遂陷廻思前數年間賊未遽遁而守禦多方不致殘破則敎戰敎守曷可少哉

國朝順治二年冬山寨亂總鎭黃州徐勇督師執其魁去

五年江西金逆叛兵抵九江蘄黃英羅各山寨誤聽之聯結雄長亘數百里蘄東北一帶亦爲所愚攻城掠野幾一年許民用逃竄六年夏督撫遲及柯率師招安之尋又變大兵復進又招安然婦女廬舍之分雜擾亂甚矣 舊志

康熙二十七年五月二十二日督標裁兵夏逢龍叛陷省城漢陽府及黃陂縣邑中聞警時值賽神會變起倉猝人情洶洶六月朔賊舟蔽江而下寇黃州時江水泛漲礮聲聞數十里終日不絕黃協副總阮逃守北城捍禦兵卒多與賊通俄見清源一字兩門皆豎白旂逃不能制棄城走保蘄水知府蘇良嗣在省署按察司篆黃岡知縣任灝先期攜印遁賊肆抄掠摟

騾馬近府城數十里多被其害據府城兩月巴河鎭去府城四十里頑愚有被煽惑者賴不久卽平故無大創逢龍在金口爲提督徐治都所敗逃還省城僞總兵官胡耀乾閉城不納遂奔走黃岡地陳氏家陳素識逢龍不敢匿八月鎭武將軍瓦岱督本部官兵追討至黃州陳率鄉人縛逢龍至軍門磔於城東五里墩黃州平諸縣悉平

乾隆十七年春江南霍山縣白雲菴姦僧正修及湖廣姦民胡濟修等黨同首逆馬朝柱前在羅田縣天堂

寨開山燒炭招集無藾繼在英山縣天馬寨假立神異煽誘動衆鄉愚無識流言四起蘄州尤甚密邇鄰邑人心惶懼四月初八日制府永督師從巴河竹瓦店至羅田進剿一路分兵由蘄水蘄州進剿部署凊嚴秋毫無擾民始安堵獲逆匪貳百餘人起兵器藥火三百餘件楚督永常江督尹繼善會勘黃州先後

奏

聞分別輕重按律處決於黃州府校場僧正修胡濟修處以極刑其首逆馬朝柱從逆熊得勝等尚未就擒奉

部飭懸立償格通緝如初

外志

僊釋

僊釋之說儒者難言之然其爲術自秦漢以來往往傾動人主而忠臣義士淪落不偶又嘗托跡於其間或往來與游以消其磊塊不平之氣此歐陽氏之所以三致意焉而韓子不塞不流不止不行猶未得其本也雖然汩汩於名利之場而熱中無巳覩此一編又不啻濯新流而引淸風矣

漢

張道陵蜀人少游四方遇異人令勿食即不食者五日令勿寢即不寢者五日異人曰子可學矣因授以書嘗居靑城山巳寓蘄之玉臺山鑿井煉丹神光燭天雞食所煉丹化爲鳳飛去里許高巔居人異之名其山曰鳳棲旣居蘭谿大江之滸一日有龐眉道士與道陵語道士去道陵謂弟子曰吾去矣子勿呼遂見白雲隱隱擁轎道陵而上弟子竟不敢呼人謂道士者或即嚮之異人今之仙靈觀所傳飛昇處也

劉眞人在縣東九十里大羅浮山飛昇今石上有履

跡遂名曰仙人臺

唐

伏虎禪師姓韓名令珪涿州人母夢星隕而生祝髮來居三角山乾化間始建寺寺旁石筍雙出有龍聽法日送供用自雲中下山南深潭曰龍洞歲旱禱雨取水輒應苦山多虎人不敢行師住此虎悉遁去因號伏虎禪師宋仁宗賜額龍門賜號慈應禪師高宗加賜龍門資敎慈惠妙濟禪師郡志誤入蘄州不知

此山分隸兩屬寺屬蘄水洞屬蘄州今據寺應入蘄水、

謝仙女家月子山嘗謂人曰我將禽獸屏跡又能辟易風雨其言歷驗不食五穀鄉人祠之、

宋

劉仙女家蜜蜂山父公平業農每出耕女日宜荷笠即晴亦雨或陰雨日無笠是日必晴後謂其家人曰當索我於白雲之鄉父母怪而隨之漸不得其形聲鄉人立廟祀之至今祈禱晴雨甚應

明

釋德心居三角山之白雲菴初拜僧勉菴爲師不識字惟司炊爨拜觀音願文而已一日於傾淨水處見生蓮花一枝語師師以杖撥去之曰以此語人恐涉妖妄後遂頓悟解諸經通文字嘗入蜀所居寺後有巨石壁立數十丈一日忽鏄勢欲欹岌岌壓瓦上德心飛身坐石上頌心經一卷石復合

雲空河南僧頭毛垂數寸來蘭谿古廟中守者夢神告之曰此僧非凡因敬禮之嘗游城市坐富貴人門强索食嬉笑詬渾又於汙穢破衲蟣蝨窟中取棗栗餅餌啖富貴人間從嬉笑中指人意中事郭吏部士望爲作募油小引有曰神仙家變現不常總之游戲汙瀆弄神通以爲接引也後遇一無賴少年毆之折其齒遂不見　以上舊志

僧雲峯姓張正德丙子年生遊方六十年歸里故人無一存者惟一老婦朱氏識之朱浠桂留居關廟官太常應震延入竹影園啖以酒肉亦不辭黃正色詢以正德嘉靖年事皆不知叩以鄉間事亦不能答黃

笑曰此僧之所以壽也崇禎五年卒年百有十七歲應震爲作壽僧傳

梅道人竹瓦店農人也得異人術遂棄家以薄田付子孫自掘土室大可容膝坐臥其中五十餘年其子日以糜粥餉之子死孫繼之置黃庭一卷時時展視人叩其道默而不言朱顏豐澤膚膩如脂土室外雪深三尺道人不冠而出徘徊冰凌中不寒也年八十餘坐逝即土室封之人以爲尸解云　以上通志

班道人燕都人也肌潤而髮香官太常解組爲爐囊

泉石之盟居竹影園小樓十有五年晨昏禮佛坐臥一蒲團如一泓止水園有祟人多患之道人獨無恙後化去黃正色有詩弔之曰燕瓢楚衲總無心一種荒幽蹋草尋竹月何嘗知爾去終宵移照影森森官撫邦亦有詩云煉形爲鶴會知歸況可休糧被草衣誰道紫陽篇善悞焚經臺畔有眞機

秀峯浙僧弱冠辭婚訪道雲棲行脚入蘄自滴水巖沙岸樹下結草蓬閱三載衆爲築圓通菴居之苦無水舉杖導泉泉卽出引之入廚官太常嘗與送難爲

方外交　以上舊志

國朝

大農字儂隱後更農隱結衲於邑崇山之如是菴究本宗三昧兼能詩字畫秀松古石畫不多見故人但知農隱之字而罕知其畫詩集亦未覯其全嘗見其謝友人茶心贈竹杖詩云一枝班管劍層層欲伴芒鞵老未能只合君家來洒墨畫寻攜此對邱陵眞可謂一代詩僧也年七十餘趺坐而逝

襄老和尚字禹門弱冠時自金陵至天元寺聞劍叟釋之名特訪之侍者請命叟聞其年少不令見和尚固請之艮久乃出與之談覺有異因出所著語錄一册示之和尚卽援筆點掇不移晷已竟叟遽驚卽退天元寺居之與農隱爲禪契而佛法無量則推和尚寺故有牡丹稱極盛邑人鄭太守文先少時以嗣息問和尚卽摘含苞牡丹與之曰到開時便知後鄭生子果如所開花數其前知靈應類如此

道惺字等觀如園浴蓮菴住持也精禪理尤皎然靈一之嗜著秋影樓詩蘄州顧景星爲之序四明周斯盛復選三百六十餘篇謂其確乎可存序而梓之

寺觀

祠廟之關於祀典者有司主之其餘緇羽所居其與我何而詳志之也昌黎云古之爲民也四今之爲民也六吾固已民之矣志其所居宜也

寺

昭化寺在治東唐咸亨間五祖宏忍建洪武中僧寶靈重修知縣謝爵及僧明德等增修又僧本貫重修大粱卓世彥命僧紹祿等貯藏經六百三十八函曰

藏經閣天啟間復修崇禎十六年焚於獻逆順治年僧漆啟炯若修

清泉寺治東北二里唐貞元六年建鑿井得泉清洌故名清泉元至正間羅田徐壽輝起兵據清泉毀其寺宇古井猶存宏治十三年知府盧濬重建崇禎末兵寇無不焚者而此寺獨存劉禹錫蘇軾魏了翁皆遊此所詠詩尚存順治初匡山僧最弱講經於此有邑紳李成棟捐鳳棲山田棵肆拾石以為寺東廊金粟閣香火之資

附載朱期昌清泉寺碑

邑東二里有清泉寺考故志唐貞元六年鑿池得井洌而甘故以名寺或曰即唐紫玉大中禪師所駐錫故以紫玉起堂及觀五臺陸公所輯明教嵩公鐔津外有清泉紫玉堂又考子瞻家譜元豐五年壬戌先生以事至蘄徐得占見訪遊清泉作寒食雨詩元至正間寇徐壽輝起羅田據蘄毀寺為平地遂使雨花禮鷲蕩然一空至洪武初平定區宇諸所湮滅皆興即如禪林祠宇均得並起亡壞而蘄人猶識清泉故址圖復其壇宇說者謂盧公興修此寺迄今久而摧折不墜如綫識者痛之邑侍御李公時成夢佛與語囑以琳宮公默存之明日有僧淨法來募蘧蘧然夢中事公乃延高僧如通為主若寺捐金為首大衆發心以襄隆舉於是兩廡有齋中有毘盧殿又逆而左有無量殿前有大雄殿又前有天王殿寶月重圓金篦再映豈非浠川之鴻舉震旦之碩觀哉嗟乎寺興貞元至元而滅至今茲而復興成敗興廢此必有故因以為序

龍泉寺在治北石鼓山之陽

白荆寺在白荆山

拔樓寺在拔樓山

月峯寺在玉鏡山之陽

福泉寺治東三十里

岳林寺治南二十里　金山寺在蔣家山

大冊寺治南三十里

雲林寺治南三十里有大宮粉荼花及化龍池諸勝相傳有異僧補鐘事

一天然寺在青獅山三祖僧燦大師得法之後即駐錫於此越六世爲丹霞往來南嶽江右常托宿焉後丹霞至馬祖禪堂騎聖僧頸而坐職事者報方丈馬祖入堂昂首曰我子天然丹霞下拜云謝師賜號遂至青獅開創禪林即以名寺四十餘世智劒修復

鳳城寺治西四十里唐開元七年馬祖師建元兵燬洪武僧德懃重建

蓮臺寺治東十里

大覌寺治東四十里

觀音寺治東四十里迴龍山畔

斗方山治東五十里唐同光元年無著禪師建元兵燬洪武僧心節重建相傳魯般曾欲造石殿於此語衆僧曰今夕坐待雞鳴則成搆矣衆欲臥假作雞鳴石梁柱礎有飛至者落山頂有未飛至者落半山中皆有雕龍繡鳳之狀非復人間所爲

三角寺治東六十里盤踞兩蘄界有宋人趙不迹書觀頤祝履四大字三峯插天峯有龍洞洞有三泉旱則取水禱焉其山煙雲出沒人以之決陰晴唐伏虎禪師修煉於此

穆悲寺在治東五十里舊有鐵佛及鐵羅漢

松山寺在治西北五十里爲故主簿宅有古樟大數圍婆娑蒼翠

永樂寺在治西北五十里有古塔旁石碑上鐫天福三年造正德時賊劉六劉七出油河時毀之隨有僧圖珊修寺得不廢崇禎十年流寇踞其下疑有寶器逼數千人掘之下有鐵柱爲幹越境求煤燃爐鼓鑄以斷詐稱得寶劒神書而去土人避賊塔内者盡死

其塔本係造藏佛骨後爲石塔乃永姑樂姑所造二姑蓋儀賓也舊有永樂儀賓府松山王簿家之語内有沉香佛一坐佛頂大磚之上有箱藏法華楞嚴金剛三經金剛以烏金紙槢金寫之上書天福三年萬歷初有何氏老婦欲修此佛前十日有道士誦經其上忽大雷雨中見一形似鷹者口吐火燒佛腹不解何故越數日發佛覌之内死一生翅蜈蚣塔初有二層相傳爲雷攝去三層在攝湖中故名攝湖

白猷寺治西北三十五里相傳未建寺時栗林葱蒼

有禪僧斫而入見有白獸臥此因建寺以名

龍泉寺治北五十里

天福寺治北六十里

華桂寺在縣西北九十里華桂山之巔舊爲賓陽寺唐元宗鑾輿行在賜名華桂元順帝時紅巾賊起焚燼洪武中里人李伯寬邢道鑑倡復之英宗初邑進士徐紹先及里人王景徐朝仕王仲蕭存禮擴而大之

萬壽寺在巴河鎮

玉鏡寺治西十五里即石鏡

月頂寺治東十里

攝湖寺治西七十里

槃樂寺治西六十里

寶蓮寺治西六十里在西陽河

裕福寺四十里

資福寺治北八十里有古銀杏三株枝葉婆娑癭瘤遍體傳自唐來樹下爲東京官道今爲田隴耕者猶得店舍磚瓦前寺荷葉殿傳爲元末徐壽輝所焚惟巨礎數十列其處

普度寺

國清寺順治十三年僧應靈開創

飛泉寺治東二十里

五福寺治東二十里

金輪寺　天鏡寺俱在三角山

護國寺在北關外

觀

神光觀治東一里玉臺山下漢張道陵自蜀青城來此煉丹有仙井水可解熱疾有仙洞洞有石牀石臺神光燭天因以名觀俱見一統志

仙靈觀在蘭谿鎮大江滸世傳張道陵煉丹玉臺已成者三雞食其一化爲鳳去遂名曰鳳棲山已而揭其二丹徙居蘭谿一日市人見一道士與陵窃語遂升化因名焉

儼居觀　鳳城觀在巴河

玉泉觀在玉泉山

廟

東嶽廟有七一治東五里一巴河鎮二一拆湖一朱店
一城角橋一梅梓山一團陂鎮
南嶽廟有二一治南五里一在龍泉山
晏公廟有四一在麻橋一在巴河鎮二在城南河岸
一在蘭谿
葛洪廟在葛公山晉葛洪嘗隱於此
龍女廟在月子山上有龍潭見一統志
仙女廟在蜜蜂山宋劉平隱於此山其女仙去鄉人
祀之

太子廟治南二十里
雨水廟城南二十里
黑水廟城北二十五里
福主廟在拆湖
陳家廟城北五十里
廣王廟城北六十里
菴
觀音菴在治北六十里大靈山
星彤菴治東北六十里

城山菴在城山
野朝菴治西五里
綠蘿菴禪僧三藏建
圓通菴萬歷中禪僧秀峯建前此菴無水僧拜求之
甘泉湧出
白雲菴在三角山
三多菴治東九十里
如是菴太常卿官應震爲高僧無空建
浴蓮菴在昭化寺側

長庚庵在治北康熙年間邑人張屏公等建輔仁義
學於其側爲會文講肄所同會人錢從夔爲之記泐
於碑
蓮花菴　法華菴　水月菴　大士菴　圓鏡菴
普濟菴　龍王菴　紅雲菴　青雲菴　清凉菴
止水菴
景行菴
閣
大士閣有二一在巴河鎮一在文昌閣側

文昌閣有二一在巴河一在城南一里許舊址爲蘇公亭圯明萬歷間知縣孫王相繼建成後頹康熙間蔣令重新閣層有三各五丈餘上設文昌神像面郭臨流爲學宮聳翊康熙五十一年知縣侯方夏倡邑紳汪基聖等募置桂家灣田稞六石並茅灣田數坵及關廟前陳姓所居地基每年租銀壹兩玖錢俱付大士閣僧於文昌誕日辦祭及收惜字紙之費乾隆十八年閣災僅存其址

太乙閣在巴河巔明崇禎時大學士姚明恭建雍正

初年知縣劉象賢重修

準提閣在巴河鎮

翦雲閣在梅梓山邑人楊伯爵建

玉皇閣在白石山

函三閣在清泉寺邑人朱期昌建

殿

眞武殿在巴河鎮

祖師殿在躍龍門外

三皇殿在本城內

藥王殿在本城內

摭聞

述異搜神士傳爲誕然考古今藝苑所記若此類者奚啻汗牛東坡謂汝妄言之吾妄聽之亦或各有取焉耳必曰楚江萍實肅愼矢括雖聖人博物焉又局矣

巴河故有張王廟明宏治間郡守盧濬將毁之神乃降筆作歌曰皇天生我兮男兒君王用我兮熊羆力拔山兮雄勢氣貫日兮虹霓月正明兮拔鎗將劍星

未落兮擊鼓拖旂搗賊窒兮焚寨臠賊肉兮充饑食馬草兮旣盡殺妻妾兮心悲爲厲鬼兮披鐵甲爲明神兮執金鎚亦莫指我爲張巡亦莫指我爲張飛寻張巡兮在世與許遠兮同時在東嶽兮押案都統事兮冥司侍蓬萊兮殿直任酆都兮獄推景佑眞君兮陽皇封爵忠烈大夫兮天上官資漫濡毫而揮翰俾人世兮皆知此祠因得不廢萬歷十三年知縣闔士選刻之石

程節婦山後人年十九而寡壽八十餘會正月元旦

族子姪往拜遙見其門懸金書大字兩行曰節氣橫
山嶽精光湛玉壺衆異之以爲貞節之應
嘉靖二十四年秋邑有謝氏父子孫三命同爲雷擊
死又轟李氏樓邑人田頁有記變詩曰嘉靖乙巳秋
皇怒何其極謝氏斃三命父子孫同仆李氏轟其樓
百貨成灰黑真宰不濫刑斯必有隱慝一擊一焚之
大可懲穢德
桂友金邑人性慷慨嘗於饑歲見一觜丈夫頻蹙而
來面有餒色迎至其家具酒食贈以路費各叙姓名

而去後桂以商販湖湘中夜盜刦其舟火光中見爲
首者指揮羣盜如左右手忽見友金呼曰汝非石三
乎對曰然因解縛呼恩人並釋同舟者反其原物另
贈二桶爲别歸視之皆白金即前觜丈夫也
趙報子萬歷間人相傳邑北郭門外舊有小邱爲骸
骨墩一日醉歸時暮臥土邱上恍惚有人揖至一舍
類清泉寺兩班文武嚴肅有禮與敘賓主各通姓字
已而置酒酬酢盡歡聯詩倡和達旦而醒彷彿猶記
姓名詩句按籍稽之皆故徐壽輝官將也豈骸骨墩

卽當時遺塚乎
萬歷間官太常應震於南河岸構問雲樓客有高思
齋者黄岡人負扶鸞之技一日座中令賦問雲樓逞
乩如飛詞曰憶當年景界村莊野石幽地巉嵒春風
幾謝有誰開恰遇著風流大夫逐景尋來展開鑿混
沌手段鑿破蒼苔粧點出峻閣樓臺水明沙秀隊隊
安排漫道此形容出自天裁有數株松數竿竹數莖
梅野花襯地還也奇哉更有那獅子吼聲露吐浙瀛
光景瀠洄後閣中老僧般若瞭既城闉內少婦歌唱

盈腮真堪愛真堪愛又何須尋芳赤壁討勝西江稍
趣蓬萊幾時月細風歪夜闌雲在搭晚唱的漁舟撤
金鈎釣得六鼇尾擺問東君是獨樂還與人偕肯許
我唐朝道士著芒鞵踹一踹　以上俱舊志異聞
黄可久常夏夜獨臥黄鶴樓江月照樓中見兩道人
奕一道人旁觀碁子大如櫟樓空子落其聲砰砰然
震人狀貌殊異急披衣就之不見自是可久身心較
異一日夜渡陽邏江舟覆至底見江水通紅一黑人
長與天齊以手托之置覆舟底上漁父夢一人冠袍

從鏡匣中起覺以語妻妻曰今夜風惡恐舟行不利何不向江干一行漁父至見可久坐風浪中拏舟救之又嘗寄寓廳脂山火家人盡奔逃可久坐樓上翻道書不驚火既迫前鄰人望樓上窓猶有人疾呼之乃舍卷出居遂火 舊志本傳

何鳳起家貧往來英霍間訓蒙歲晚攜牛數頭及茶葛諸貨遇虎鳳起從容語曰吾生平正直終爲世用汝則逝否則死汝口虎俯首而去 舊志本傳

謝童子不知其何許人亦不詳其名字相傳或宋人

少選恢十歲不能言父母竊怪之多苦焉令牧牛一日忽歌曰何若何遠遠騎牛下淺坡長笛一聲鳴也鳴清歌一曲囉哩囉後遂能言神益清朗並能詩與書然不傳傳者僅此 郡志摭聞

周應期讀書斗方山寺一夕夢伽藍神語曰汝父生年高擬矣至乙酉果登賢書嘗館於義水歲杪歸值途中有負逋者將鬻其妻以償且欲自溺惻然憫之傾橐代償不問姓名明年辛丑遂釋褐人以爲陰功所致云

梅梓山楊氏家譜傳自元楊萬里大集先人遺像彷闕中赤泉侯以下遞伯起龜山誠齋諸先生俱列名賢題跋真蹟纘成譜幅後不知何故落浙江金華劉清客之手劉氏子析箸以此幅當大半貲產付其次子次子嗔焉清客曰第守之楊氏後當有以百朋償者明崇禎六年楊楚龍以浙建德令送考省邸藏譜者夜夢幞帽朱衣數人云我裔來矣亟以譜付之尋攜譜至邸舍授閽者置席側楚龍以公事歸晚臥未理夜深見室中有異光驚起問幅何來閽者曰客有

賣畫者稱爲相府佳畫楚龍展視喜曰此吾先代寶何乃現於此焚香禮拜因急厚購得之取所膺本身誥勅共珍函焉蓋異數也舊志藝文載記一首署修撰劉若宰名惜其文非劉真筆也然事之異則不可沒云

楊伯爵字四完邑諸生父柩久停日夜憂慮偶遇道人指吉穴在梅梓山西北十五里楊家園葬畢不見因扶鸞詢之乃呂師也自是嘗降乩編有梅山問答一書萬歷四十四年建閣於梅梓山巔供奉閣成降

筆題曰翦雲閣有詩題其父墓曰玉骨空山裏林深歧路多崎嶇尋水竹窮窕入藤蘿峻嶺穿雲渡危橋踏月過間行聊自適不覺點泌坡復指某田間有古樹根盤屈偃臥取以爲座狀類虬龍至今猶在

康熙年間徽商許明野賣鹽巴鎮攜婢女綵能年未及笄明野悅其色欲納之乃飾幃幙盛妝奩具香水命之浴女斥其衣飾覆香水登樓自縊死自是明野不久亦赴泉臺其樓轉徙流移於他姓來居者女輒見形最後爲國學生葉松齡所居煙宵月夕出沒隱

見於簾屏庭戶之際若有聲響家人怪之松齡心知其故曰汝第勿作祟吾當爲汝表揚之乾隆二十二年松齡子龍章於雨夜篝燈讀倦隱几夢一青衣項繫素帕含泣語曰君家志之耶龍章驚寤語其父松齡曰是欲不沒其節耳因具呈其事以闡嗚呼以青衣之賤不受主汚欲爭光於彤史其骨已朽其靈不散可不畏哉

石佛山之石蓮寺舊有神像尸祝俎豆時顯威靈庇佑鄉里禱之輒應然不知其爲何神也乾隆十一年邑進士何俶龍纂輯家譜考其遠祖天澥有爲神之說因令其裔天爵往寺驗看啟其腹臟果係天澥爲元末人從明洪武爲千戶攻陳友諒有功歷滁州參軍後落職歸甃於此精氣不散士人思其功惟其歿因塑像焉迄今四百餘年矣